100 Jahre Predigerseminar Preetz

Eine Festschrift

herausgegeben von

Gothart Magaard und Gerhard Ulrich

Lutherische Verlagsgesellschaft Kiel

ISBN 3-87503-085-0

Lutherische Verlagsgesellschaft Kiel, 1996
Alle Rechte vorbehalten
© by Lutherische Verlagsgesellschaft
Druck: Clausen & Bosse, Leck

Inhalt

Autorinnen und Autoren 4
Vorwort der Herausgeber 5
Grußwort (Karl Ludwig Kohlwage) 7

Das Predigerseminar Preetz von den Anfängen bis zum 2. Weltkrieg
(Claus Jürgensen) 9
Leben und Arbeiten im Seminar nach dem 2. Weltkrieg (Claus Jürgensen) 58
Das »Preetzer Modell« - Skizze seiner Entwicklung (Gothart Magaard) 63

Text-Dokumentation 85
Bild-Dokumentation 103

Alle Theologie will praktisch werden (Gerhard Ulrich) 119
Die pädagogische Ausbildung - Aperçus aus der Vogelperspektive
(Redlef Neubert-Stegemann) 131
Entwicklung braucht Räume - Sinn und Aufgabe des Mentors/der Mentorin
(Anne Reichmann) 145
Liturgische Ausbildung im Seminar (Gertrud Schäfer) 158
Frauen im Vikariat (Karin Boye) 165
Autonomie - Wahrnehmung - Gestaltung (Joachim Klein) 171
Acht Jahre Vikariatsleiter in der Gemeinde -
Die Ausbildung aus der Froschperspektive (Christoph Störmer) 178
Frömmigkeit im Übergang - Frömmigkeit an Übergängen/Zur Praxis pietatis
einer Hamburger Vikarsgruppe (Dirck Ackermann, Ilsabe Stolt) 181
Ausbildung aus der Perspektive von Vikarinnen und Vikaren der 90er Jahre
(Anja Jessen, Andreas Crystall) 186
Das Kirchenrecht in der Ausbildung der Vikarinnen und Vikare
(Klaus Blaschke) 188
Von der Lust und Last des Prüfens (Wolfram Conrad) 192
Eine Kapelle für das Predigerseminar?! (Gerhard Ulrich) 198
Meine Preetzer Zeit (Joachim Heubach) 210
Abendliche Reminiszenzen an das Predigerseminar 1970/72 (Maria Jepsen) ... 212
Persönliche Erinnerungen an 35 Jahre Ausbildung (Hans Christian Knuth) 214
Persönliches Wort eines Ausbildungsbischofs i.R. (Ulrich Wilckens) 220
Glaube in unserer Zeit - Zur Ausbildung zum Pastorenamt (Dieter Seiler) 222
Wünsche an das Vikariat aus der Perspektive der Theologischen Fakultät
(Peter Cornehl) 229
Semper reformanda - Über die Notwendigkeit eines neuerlichen Wandels
in der Pastorenausbildung (Reinhard Schmidt-Rost) 235
Dank und Anfrage aus der Sicht des Personaldezernats
der Nordelbischen Ev.-Luth. Kirche (Jens Hermann Hörcher) 242

Anhang

Mitarbeiterinnen und Mitarbeiter 247
Kandidatinnen und Kandidaten 249
Pfarrvikare 272

Autorinnen und Autoren

Pastor Dr. Dirck Ackermann, Kirchengemeinde Kiel-Projensdorf,
    Vikar in der Ausbildungsgruppe Hamburg-West 1993-95
Dr. Klaus Blaschke, Präsident des Nordelbischen Kirchenamtes
Pastorin Karin Boye, Hamburg-Niendorf,
    1992-96 Mentorin am Predigerseminar Pinneberg-Rissen
Oberkirchenrat Dr. Wolfram Conrad,
    Ausbildungs-Dezernat beim Nordelbischen Kirchenamt
Prof. Dr. Peter Cornehl, Fachbereich Ev. Theologie an der Universität Hamburg
Vikar Andreas Crystall, Ausbildungsgruppe Kiel 1995/97
Bischof i.R. Prof. Dr. Joachim Heubach, Direktor am Predigerseminar Preetz 1963-70
Oberkirchenrat Jens Hermann Hörcher,
    Personal-Dezernat beim Nordelbischen Kirchenamt
Bischöfin Maria Jepsen, Bischöfin für den Sprengel Hamburg
Vikarin Anja Jessen, Ausbildungsgruppe Kiel 1995/97
Pastor Claus Jürgensen, Mentor für die Region Hamburg-West 1982-91,
    Direktor am Predigerseminar Pinneberg-Rissen 1991-96
Pastor Joachim Klein, Diakoniepastor im Kirchenkreis Plön,
    Mentor für die Region Kiel 1979-90
Bischof Dr. Hans Christian Knuth, Bischof für den Sprengel Schleswig
    und für die Ausbildung in der Nordelbischen Evangelisch-Lutherischen Kirche,
    Studienleiter am Predigerseminar Preetz 1977-80
Pastor Gothart Magaard, Studienleiter am Predigerseminar Preetz seit 1991
Pastor Redlef Neubert-Stegemann, Studienleiter am Predigerseminar Preetz seit 1992
Pastorin Anne Reichmann, Mentorin für die Region Hamburg-West seit 1991
Pastorin Gertrud Schäfer, Studieninspektorin am Predigerseminar Preetz seit 1992
Prof. Dr. Reinhard Schmidt-Rost,
    Theologische Fakultät der Christian-Albrecht-Universität Kiel
Pfarrer Dieter Seiler, Direktor am Predigerseminar Preetz 1970-82
Pastor Christoph Störmer, Kirchengemeinde Altenholz bei Kiel, Vikariatsleiter
Pastorin Ilsabe Stolt, Christophorus-Kirchengemeinde Großlohe, Hamburg,
    Vikarin in der Ausbildungsgruppe Hamburg-West 1993-95
Propst Gerhard Ulrich, Kirchenkreis Angeln,
    Direktor am Predigerseminar Preetz 1991-96
Bischof i.R. Prof. Dr. Ulrich Wilckens,
    bis 1991 Bischof für den Sprengel Holstein-Lübeck und für die Ausbildung

Vorwort der Herausgeber

"Möchte denn unter Gottes gnädigem Segen dieses Seminar unserer Kirche das werden, was wir erhoffen, eine Stätte, da unsere künftigen Geistlichen in das volle Verständnis der geistlichen Amtsarbeit eingeführt, da sie mit den Schätzen der Kirche, sonderlich ihren Kultusschätzen, ausgerüstet, da ihre jungen Seelen in gut lutherischem Sinn mit kirchlichem Geist und Bewußtsein erfüllt werden, damit unsere Geistlichen künftig besser ausgerüstet als einst wir in die Arbeit der Kirche treten und mit größerem Erfolg, als uns beschieden gewesen ist, in unserem Volk die Kirche Christi bauen."

Was der damalige Generalsuperintendent D. Kaftan am Schluß seiner Ansprache zur Eröffnung des Predigerseminars in Preetz 1896 als Wunsch dem Seminar mit auf den Weg gab, hat es in seiner wechselvollen Geschichte auf unterschiedliche Weise und nach unterschiedlichen Konzepten zu verwirklichen gesucht. Die 100jährige Geschichte unseres Seminars zeigt, wie sehr Arbeit und Leben in ihm von dem Grundgedanken bestimmt sind, der sich zuerst beim Theologen Seckendorf findet, der im "Christenstaat" 1685 den Vorschlag macht, "Seminaria oder Colloquia" zu stiften, die "ad praxin gerichtet" sein sollen und in denen diejenigen, die in der Theorie schon das Nötigste begriffen haben, "vornehmlich in den Stücken zur Seelsorge gehörig, wie auch im eingezogenen, exemplarischen und mäßigen Leben unterrichtet und geübt würden". Schon damals wird deutlich, daß die Ausbildungszeit im Predigerseminar der Förderung von persönlichen Fähigkeiten dienen soll. (Zitat bei Dietrich Rössler, Grundriß der Praktischen Theologie, Berlin/New York 1986, S. 129)

Immer geht es im Predigerseminar darum, einen Beitrag zu leisten zur Herausbildung der pastoralen Identität, wie die neue Pastoraltheologie es ausdrückt.

Darüber hinaus zeigt die Geschichte unseres Predigerseminars wie die der Predigerseminare insgesamt, daß diese Häuser nicht nur Ausbildungsstätten sind, sondern immer auch Orte, an denen die geistliche Substanz und die Theologie der Kirche sich zu bewähren haben und von denen her Anstöße kommen für ihre Erneuerung. Sie sind immer auch Orte der theologischen Auseinandersetzung mit Kirche und Amt unter den jeweiligen gesellschaftlichen Bedingungen.

Die vorliegende Festschrift zum 100. Geburtstag des Predigerseminars in Preetz zeigt diese besondere Bedeutung auf.

Unser Wunsch war es, daß die Festschrift zunächst die Geschichte dieses Hauses angemessen würdigt und dann Einblick gibt in gegenwärtige Aspekte der Ausbildung. Schließlich haben wir Autorinnen und Autoren um Beiträge gebeten, die die Ausbildung in unserem Predigerseminar sehr persönlich und aus unterschiedlicher Perspektive, Nähe und Distanz, betrachten. Diese Beiträge finden sich im hinteren Teil des Buches. Ergänzt durch Bild- und dokumentarisches Material ist die Festschrift ein Zeugnis lebendiger Ausbildungsarbeit in der Schleswig-Holsteinischen - und späteren Nordelbischen Evangelisch-Lutherischen Kirche.

Wir danken allen Autorinnen und Autoren für ihre Beiträge zu dieser Festschrift und allen, die uns Material aus privaten Sammlungen zur Verfügung gestellt haben.

Ein besonderer Dank gilt Claus Jürgensen für die Aufarbeitung der Geschichte des Predigerseminars Preetz von seinen Anfängen bis zum Ende der 60er Jahre des Jahrhunderts.

In seinen Beiträgen zeigt sich, daß er mit der Geschichte unserer Kirche und dieses Seminars besonders vertraut ist. Claus Jürgensen selbst hat unsere Ausbildung zu unterschiedlichen Zeiten aus unterschiedlicher Perspektive erlebt und mit geprägt: als Vikar, als Vikariatsleiter, als Mentor in der Ausbildungsregion Hamburg-West sowie als Direktor des Predigerseminars Pinneberg-Rissen. Seine Beiträge leben von dieser besonderen Nähe zur Geschichte des Seminars, die zugleich ein Stück seiner eigenen Lebensgeschichte beschreibt.

Wir danken den Sekretärinnen am Predigerseminar Preetz, Frau Ursula Brandenburg und Frau Elke Kahl, für die Bearbeitung der Manuskripte, Frau Elisabeth Bubert für die Korrektur und dem Verlagsleiter Johannes Keussen für seine Geduld und seine verlegerische Betreuung. Der Nordelbischen Kirche danken wir für einen Druckkostenzuschuß.

Bei unseren Leserinnen und Lesern hoffen wir nicht nur auf Interesse, sondern auf Freude am Erinnern und Entdecken.

Preetz, im Juni 1996

Gothart Magaard   Gerhard Ulrich

Grußwort anläßlich des 100jährigen Bestehens des Predigerseminars in Preetz

von Karl Ludwig Kohlwage

Pfarrer brauchen wir. Aber wie bekommt man sie?
Johannes Bugenhagen, der Reformator des Nordens, beantwortet diese Frage in der Lübecker Kirchenordnung von 1531 mit einem Dreischritt:
"Zum ersten ... müssen wir von Herzen eifrig dem Vater aller Barmherzigkeit danken für das Evangelium unseres Herren Jesus Christus ...
Danach sollen wir auch, wie uns Christus in Matth. 9 lehrt, den Herrn der Ernte bitten, daß er Arbeiter in seine Ernte sende, d.h. daß er uns gute Prediger verschaffen wolle. ...
Wenn wir aber ... Gott die Sache ... anbefohlen haben, so wollen wir auch das Unsere dazu tun und es an nichts fehlen lassen, daß wir solche Diener des Wortes bekommen können." (Lübecker Kirchenordnung, S. 89-91)
Seit 100 Jahren gehört das Predigerseminar in Preetz zu diesem dritten Bereich, um es an nichts fehlen zu lassen, gute Predigerinnen und Prediger zu bekommen. Es ist damit im Leben der Kirche eine noch recht junge Einrichtung. Seine Gründung ist das Ergebnis eines Umbruchs.
Zum einen hatte der industrielle Fortschritt im vergangenen Jahrhundert zu einem Wandel der bis dahin fast einheitlich bäuerlich geprägten Lebenswelt auch in Schleswig-Holstein geführt (Industriestadt Neumünster, Marine- und Werftenstadt Kiel), mit dem die Kirche nicht Schritt gehalten hatte. Der sonntägliche Kirchgang war schon Mitte des 19. Jahrhunderts nicht mehr selbstverständlich - so wurde nicht nur von Inspektoren der Inneren Mission geklagt - und damit fiel auf, daß die Theologie nicht von selbst praktisch wird.
Zum anderen hatte sich die theologische Ausbildung an den Universitäten im Zuge des Aufklärung immer mehr vom Leben der Kirche entfernt. Die Praktische Theologie galt nun nicht mehr als Krone der theologischen Wissenschaft. Die Ausbildung von Pastoren wurde also nicht mehr als Sache der Allgemeinheit angesehen, sondern war zu einer Angelegenheit der Kirche geworden.
Ging es vordergründig zunächst mehr um die Frage der Methoden als um die Inhalte, so dokumentieren die Einführung eines Lehrvikariats und die Einrichtung des Predigerseminars einen wichtigen Schritt der Kirche in die eigenverantwortliche und unabhängige Ausbildung.
Ich selbst sehe mit Dankbarkeit auf meine eigene Zeit Anfang der 60er Jahre in Preetz zurück. Damals gab es noch das Institut des Studieninspektors, in das nach den seinerzeit gültigen Regeln ein Absolvent des II. Examens und frisch Ordinierter berufen wurde. Beides habe ich erlebt; unmittelbar nach dem II. Examen, auf das ich in Preetz vorbereitet worden war, wurde ich zum

Studieninspektor ernannt und in den Lehrbetrieb übernommen. Ich wechselte also von meinem Zimmer im 1. Stock in das geräumige Zimmer des Studieninspektors im 2. Stock. Die Bedeutung des Lernens und Lehrens in Preetz haben sich seither tiefgreifend gewandelt. Geblieben ist die Möglichkeit, in einer ruhigen und schönen Umgebung kirchliche Arbeit auf dem Hintergrund eigener grundlegender Erfahrung zusammen mit anderen zu reflektieren und auszuprobieren.

Seit 1970 werden in Preetz auch Frauen ausgebildet (vereinzelte Ausnahmen gab es vorher schon). Rückblickend wird man dies als einen epochalen Durchbruch erkennen können - nicht ohne Widerstände errungen, aber inzwischen unumstritten. Ich greife dieses Datum aus einer Vielzahl bedeutender geschichtlicher Ereignisse heraus, weil uns vielfach gar nicht bewußt ist, wie sehr sich unsere Kirche allein dadurch verändert hat (und noch verändert), daß es nun Pastorinnen gibt.

Die Anfänge reichen weiter zurück, und "Gemeinschaft von Frauen und Männern" steht wohl auch nicht auf dem Lehrplan eines Predigerseminars, aber das gemeinsame Lernen, Arbeiten und Leben in Preetz und den anderen Ausbildungsstätten unserer Kirche schafft eine gute Grundlage für den wichtigsten Wandlungsprozeß der letzten 100 Jahre, der neue Dimensionen kirchlicher Arbeit eröffnet hat.

Wie es scheint, stehen wir heute abermals in einer Umbruchphase. "Traditionsabbruch" lautet das vielzitierte Stichwort. Grundlegende Veränderungen in den Werthaltungen der Menschen fordern die Kirche heraus. Zweifellos ist die Weitergabe des Glaubens an die nächste Generation die Hauptaufgabe einer Kirche in dieser Zeit, und die Bedingungen scheinen dafür nicht schlecht. Neu ist, daß die Kirche ihre Botschaft in Konkurrenz zu anderen zu bewähren hat.

Dieser Schritt heraus aus der Selbstverständlichkeit eröffnet die Chance neuen Zugangs und neuen Glaubens.

Zugleich stellen sich so viele junge Frauen und Männer für den Dienst als Pastorin und Pastor zur Verfügung, wie dies noch nie in der Geschichte unserer Kirche vorgekommen ist.

Die Auseinandersetzung mit dem Berufsbild gehört zu den zentralen Aufgaben einer zeitgemäßen zweiten Ausbildungsphase. Wo Vorbilder nicht mehr bekannt sind, sie fragwürdig geworden sind oder es sie einfach (noch) nicht gibt, muß eine Berufsidentität neu entwickelt werden.

Das Predigerseminar in Preetz ist dazu unser Forschungslabor und Experimentierfeld, damit aus Fachleuten für die Religion gute evangelische Predigerinnen und Prediger werden.

Ich wünsche allen, die im Predigerseminar Preetz leben und arbeiten, Freude, Unverdrossenheit und Gottes Segen.

100 Jahre Predigerseminar Preetz
Von den Anfängen bis zum 2. Weltkrieg

von Claus Jürgensen

Eröffnung am 18. 11. 1896
Unter den Lokal- und Provinzialnachrichten meldet die Preetzer Zeitung am 20. August 1896:
"Das Predigerseminar hierselbst, welches bereits in nächster Zeit von einigen Kandidaten der Theologie bezogen werden wird, während eine größere Anzahl zum 1. Oktober folgt, ist nunmehr fertiggestellt. Das Seminar ist äußerst solide aufgeführt und macht einen gefälligen Eindruck. Auch die Räumlichkeiten wie die innere Einrichtung machen einen überaus freundlichen Eindruck, wenn auch die unter dem Dache befindlichen Wohnräume etwas dunkel sind. Im Erdgeschoß befindet sich außer Küche, Badezimmer und Waschküche die Wohnung des Hausmeisters. Im ersten Stock befindet sich außer einem großen Konferenz- und einem gleichen Speisezimmer die Wohnung der Hausdame sowie eine Stube für den Herrn Direktor, während die oberen Stockwerke als Wohnungen für die Kandidaten bestimmt sind, und zwar erhält jeder Bewohner ein eigenes Wohnzimmer, neben welchem ein für zwei Mann eingerichtetes Schlafzimmer sich befindet."
Etwa ein Jahr lang war an dem Haus gebaut worden. Die erwähnte Zeitung berichtete regelmäßig von den Fortschritten am Bau dieses Hauses. Daneben ebenso regelmäßig von den Fortschritten am Bau der Gasmeisterwohnung und dem Umbau der Gasanstalt. Während bei dem Predigerseminar erst die Kellerarbeiten beendet sind, ist das Gasmeisterhaus bereits im Rohbau fertiggestellt.
Im Mai 1896 berichtet die Zeitung, daß das Königliche Konsistorium zu Kiel Herrn Klosterprediger Rendtorff zum Studiendirektor bei dem Predigerseminar Preetz ernannt hat und gleichzeitig die Stelle einer Hausdame bei dem Predigerseminar der verwitweten Frau Pröpstin Mau in Kiel übertragen worden ist. Die Stelle des "Intendanten" (Rechnungsführer) am Seminar ist dem Klosterschreiber Blöcker "hierselbst verliehen worden". Jetzt kann es losgehen. Die "Anstalt" ist bereit für das Eintreffen der "Zöglinge". Am 1. August 1896 wird gemeldet: "Der Bau des Predigerseminars ist in seiner inneren Einrichtung so weit fertiggestellt, daß dasselbe nunmehr bezogen werden kann. Als erster Bewohner desselben zieht am heutigen Tage der Hausmeister, bisheriger Werftschreiber Kaiser, ein, während die zukünftige Hausdame, Frau Pröpstin Mau aus Kiel, in nächster Woche einziehen wird. Zum Direktor des Seminars ist bekanntlich Herr Klosterprediger Rendtorff ernannt, welcher seine bisherige Wohnung beibehält. Sind somit die ersten Bewohner der Anstalt hier eingetroffen, so wird es hoffentlich auch nicht lange mehr dauern, bis die

Zöglinge eintreffen werden und die Anstalt ihre Thätigkeit in vollem Umfange wird aufnehmen können. Hoffen wir, daß die Wirksamkeit des neu eingerichteten Seminars zum Segen für die künftigen Schüler desselben und unserer evangelischen Landeskirche ausfallen und daß die Errichtung desselben in unmittelbarer Nähe unseres Ortes auch diesem zum Vortheil gereichen möge."

Die eigentliche Einweihungsfeier fand am Montag, dem 16. November 1896 statt. Das Kirchen- und Schulblatt berichtet: "Gegen 1/2 12 Uhr vormittags waren sämtliche Teilnehmer versammelt. Se. Excellenz Kultusminister D. Bosse war mit dem Geheimrat Schwarzkopf erschienen. Das Konsistorium war vertreten durch seinen Präsidenten, beide Generalsuperintendenten, Konsistorialrat D. Clausen u.a., der Gesamtsynodalausschuß durch Klosterpropst Graf Reventlow und Landrat a.D. Baron von Heintze, die Königliche Regierung durch Regierungsrat Schow, die Kieler theologische Fakultät durch die Professoren D.D. Baumgarten und von Schubert, das adelige Kloster Preetz durch die Frau Priörin von Wedderkop und die Conventualin Frl. von Ahlefeldt. Außerdem waren geladen und erschienen der Direktor des nordschleswigschen Predigerseminars, P. Prahl, Propst Beckmann-Schönberg, Bürgermeister Klinger-Preetz und die beiden Ortsgeistlichen der Preetzer Stadtgemeinde. Der Vertreter des Kreises, Landrat Graf Rantzau-Rastorf, war am Erscheinen verhindert, sandte aber, wie Konsistorialrat Soltau und die Kandidaten des Haderslebener Seminars, ein Glückwunschtelegramm."

Nachdem der Gesang "Lobe den Herrn, den mächtigen König der Ehren" verhallt war, sprachen Konsistorialpräsident Dr. Chalybäus, Generalsuperintendent Kaftan, der seit etwa einem Jahrzehnt um die Gründung des Seminars bemüht war und "das Referat in dieser Angelegenheit" hatte. Ferner sprach der zum "Leiter der Anstalt" berufene Studiendirektor, Klosterprediger Rendtorff. Die Grüße der Kieler theologischen Fakultät überbrachte der Prodekan Professor D. Baumgarten. In Anerkennung der Notwendigkeit der Einrichtung der Predigerseminare erhielten der Leiter des Preetzer Seminars, Klosterprediger Rendtorff, und der verdiente Direktor des Nordschleswiger Predigerseminars in Hadersleben, Pastor Prahl, die Würde eines Licentiaten der Theologie honoris causa. Die beiden Graduierten bedankten sich, und Generalsuperintendent Dr. Ruperti sprach das Schlußgebet, auf das noch drei Strophen des Liedes "Ach, bleib mit deiner Gnade" folgten.

Das Kirchen- und Schulblatt berichtet weiter: "Nachdem unter Führung des Leiters der Anstalt die Räumlichkeiten des festlich geschmückten Hauses besichtigt waren, versammelten sich die Festteilnehmer zu einem einfachen Mahl, welches durch zahlreiche Ansprachen ernsten und launigen Inhalts gewürzt wurde. In allen Reden kam noch einmal die Bedeutung der Feier und der Dank für das mit der Einrichtung des Seminars Erreichte voll zum Ausdruck. Besondere Erwähnung verdient die Rede Sr. Excellenz, des Herrn Ministers, welche, wie treffend bemerkt wurde, die ganze Feier auf die Höhe der

Situation stellte. D. Bosse behandelte in seinen Ausführungen zunächst das Verhältnis zwischen Staat und Kirche, indem er die Frage aufwarf und beantwortete, was den Staat veranlasse, der Kirche hilfreiche Hand zur Erfüllung ihrer Wünsche zu bieten. Der Staat sei sich wohl bewußt, daß er die Kirche in ihrer Arbeit zu unterstützen habe, denn er könne ihrer nicht entraten; ein gottloses, ganz im Irdischen untergehendes Volk ist ein schlechtes; darum habe der Staat der Kirche zu dienen, nicht über sie zu herrschen, und wenn er sie auch, wie vorhin (von D. Kaftan) bemerkt wurde, getragen habe, da sie fast das Gehen verlernt, er habe sie doch auch hindurchgetragen. Auch über das Verhältnis zwischen Theologie und Kirche sprach sich der Herr Minister aus, indem er hervorhob, daß die Kirche vom Bekenntnis nicht lassen dürfe und könne, andererseits aber auch der Staat mit Polizeimaßregeln über die freie Forschung nichts vermöge. Die Schwierigkeiten, welche sich daraus ergäben, würden wohl nicht immer voll erkannt und gewürdigt. Die Rede mündete aus in ein Hoch auf Se. Majestät den Kaiser und König, den Vertreter des Staates und zugleich das Oberhaupt unserer Landeskirche, der in diesen schwierigen Zeitläuften schwer an seiner großen Verantwortlichkeit trage. Offenbar machten die schlichten, aber warmen und freimütigen Worte auf alle Hörer einen tiefen Eindruck, und sicherlich werden sie noch lange fortleben in den Herzen zugleich mit der dankbaren Erinnerung an diesen Tag voll erhebender und erquickender Momente. Der Herr aber, zu dessen Dienst das Haus draußen vor unserer Stadt gebaut ist, gebe, daß alle treue Arbeit, welche zur Erreichung des Zieles erforderlich gewesen ist, nicht vergeblich sei, sondern daß alle Segenswünsche, welche an diesem Tage ausgesprochen wurden, im reichsten Maß sich erfüllen zur Ehre unseres Gottes, zum Segen unserer schleswig-holsteinischen Landeskirche und unseres Volkes."
Der Bericht über die "der Bedeutung dieses Instituts entsprechende Feier" zeigt deutlich, in welchen Kontext Planung, Bau und Einrichtung des Seminars verweisen: Das Oberhaupt der Landeskirche ist seine Majestät Kaiser Wilhelm II. als König von Preußen, zu dem Schleswig-Holstein seit dem Deutsch-Dänischen - (1864) und dem Preußisch-Österreichischen Krieg (1866) gehörte. Er hat zu sagen. Die schleswig-holsteinische Landeskirche wurde nicht dem Oberkonsistorium der unierten preußischen Kirche zugeordnet, sondern als lutherische dem preußischen Kultusminister. Das neu eingerichtete Konsistorium hat nach Königlicher Verordnung vom 24.9.67 in Baden-Baden die Aufgabe der "Beaufsichtigung und Leitung der gesamten evangelisch-lutherischen Kirchenangelegenheiten in den Herzogtümern Holstein und Schleswig". Der Präsident des Konsistoriums, eine staatliche Verwaltungsbehörde für kirchliche Angelegenheiten, vertritt den Minister, der im Auftrage des Landesherrn, des Summus Episcopus, die Kirche leitet.
Der Minister spricht das Verhältnis von Staat und Kirche an. Von einem solchen Verhältnis konnte erst gesprochen werden, nachdem der Staat die Kirchengemeinde- und Synodalordnungen erlassen hatte und somit eigene kirch-

liche Verwaltungs- und Leitungskörperschaften gebildet werden konnten (in Schleswig-Holstein 1876). Bis dahin waren Christen- und Bürgergemeinde nicht klar zu unterscheiden. Sie durchdrangen sich in ihren verschiedenen Zuständigkeiten. Die Aufgaben in Kirche, Schule, Gesundheitsfürsorge, Armenwesen und Verwaltung wurden staatlicherseits wahrgenommen. Die kirchliche Versorgung, der Bau von Kirchen und Pastoraten und die Anstellung von Pastoren waren ein Teil der staatlichen Aufgaben.

Der Eintritt des Generalsuperintendenten Kaftan in sein Amt 1886 bestand in der ihm zugesandten, vom König unterzeichneten Bestallungsurkunde und einem festlichen Beisammensein in der Wohnung des Konsistorialpräsidenten Mommsen, der ihn als Mitglied des Konsistoriums begrüßte. Es gab keinen Einführungsgottesdienst, sondern eine Einführung, die "in der in Behörden üblichen Form" verlief. Der Generalsuperintendent war verantwortlich für Visitation und Ordination. Darin war er selbständig. Er hatte seine Berichte dem Konsistorium einzureichen, und dies entschied dann, welche Maßnahmen im einzelnen einzuleiten waren. Der bürokratische Charakter des weitgehend von Juristen geleiteten Konsistoriums war unverkennbar. Seine Macht war groß. Der Präsident des Konsistoriums konnte dem Generalsuperintendenten die Einberufung eines Konventes mit den ihm zugeordneten Pröpsten untersagen. Das neuerbaute Predigerseminar gehörte dem preußischen Staat. Als es Preußen nicht mehr gab (ab 1945), dem Land Schleswig-Holstein. Erst mit dem Staatskirchenvertrag 1957 wurde das Predigerseminar der Landeskirche überlassen.

Entstehungsgeschichte des Seminars
Kaftan schildert in seiner Ansprache bei der Eröffnung des Predigerseminars den langen, mühsamen und teilweise auch enttäuschenden Weg, bis es zur Errichtung des Predigerseminars in Preetz gekommen ist. Noch bevor er Generalsuperintendent wurde, hat er die Einrichtung eines weiteren oder erweiterten Predigerseminars gefordert, denn die Schleswig-Holsteinische Kirche hatte bereits ein Predigerseminar in Hadersleben, wenn auch ein ganz besonderes.
1864 erließ die "Kaiserlich-Österreichische und Königlich-Preußische Oberste Civilbehörde im Herzogthum Schleswig" eine Verordnung. Diejenigen Geistlichen, die in den Dänisch sprechenden Gemeinden ihr Amt ausüben wollten, sollten in einer besonderen Prüfungsbehörde ihre Fertigkeit in der dänischen Sprache nachweisen. Am 25. April 1870 wurde dann durch den preußischen "Minister der geistlichen, Unterrichts- und Medicinalangelegenheiten" ein "Reglement des Königlichen Prediger-Seminars für Nordschleswig" erlassen. Das Predigerseminar für Nordschleswig hat den Zweck, Kandidaten des Predigtamtes für die Verwaltung des Predigtamtes an Gemeinden mit dänischer Kirchen- und Schulsprache zu befähigen. Die Bewerber um die Aufnahme in das Seminar haben ihre Zeugnisse sowie eine lateinisch, deutsch

oder dänisch geschriebene Skizze ihres Lebens- und Bildungsganges einzureichen. Der Direktor des Seminars hat darauf zu sehen und zu wirken, daß der Aufenthalt im Seminar den Kandidaten förderlich werde und überhaupt zum wahren Segen gereiche. Insbesondere leitet er in diesem Geiste als erster Lehrer die homiletischen, katechetischen und liturgischen Übungen der Kandidaten, "wobei er nach Erfordernis einen Cantor und Organisten sowie einen Chor hinzuzieht". Ein zweiter Lehrer erteilt den besonderen dänischen Sprachunterricht. Die Lehr- und Stundenpläne werden dem Königlichen Konsistorium für jedes Semester von dem Direktor zur Genehmigung oder anderweitigen Festsetzung vorgelegt.

Die Kandidaten hielten sich ein halbes Jahr im Predigerseminar auf. Sie legten eine Prüfung ab und mußten sich verpflichten, fünf Jahre in der Art zur Verfügung des Kirchenregiments zu stehen, "daß sie die ihnen im Kirchendienste an Gemeinden mit dänischer Kirchen- und Schulsprache definitiv oder provisorisch zu übertragenden Ämter anzunehmen und in denselben zu verbleiben verpflichtet sind".

Das Seminar hatte fünf Plätze. Es hat unter seinen beiden Direktoren Christian August Valentiner (von 1870-1891) und Hans Schlaikjer Prahl (von 1891-1918) seiner Bestimmung entsprechend segensreich gewirkt (vgl. den Bericht von A. Popp in der Dokumentation, S. 85 ff.).

Im August 1883, als Kaftan noch Regierungs- und Schulrat in Schleswig war, schrieb er in der Allgemeinen ev.-luth. Kirchenzeitung einen Artikel mit der Überschrift: "Die Nothwendigkeit und zweckmäßige Einrichtung evangelischer Predigerseminare". Die Zeitung war ein Wochenblatt und wurde in Leipzig herausgegeben. Der Artikel erscheint am 3. und am 10. August 1883, merkwürdigerweise, wie nahezu die Hälfte aller Artikel dieses Blattes, anonym. Er befindet sich in guter Gesellschaft. Zur bevorstehenden Lutherfeier (400jähriger Geburtstag) wird geworben für ein Luther-Collossal-Portrait, Hochrelief in altdeutschem Rahmen, zu 12 Mark und für das deutsche Reichswappen in Schildform, beides aus Papiermasse hergestellt von der Papierstuck-Fabrik G. Adler, Leipzig. Für das im Aufbau begriffene Gymnasium in Breklum wird ein Lateinlehrer gesucht. Die vier unteren Klassen bestehen schon, und jedes Jahr soll eine neue Klasse hinzukommen.

Kaftan geht in seinem Artikel von der verbreiteten Klage aus, "daß unsere Kirche wenigstens in weiten Theilen des evangelischen Deutschland nicht den Einfluß ausübt, dessen sie zur Erfüllung ihrer Aufgabe im Interesse des Reiches Gottes wie der Wohlfahrt des Volkes bedarf". Macht oder Ohnmacht der Kirche entspricht die Kraft oder Schwäche des geistlichen Amtes. Wer den Einfluß der Kirche heben will, muß das geistliche Amt stärken. "Evangelische Kirchendiener sind das, was sie sein sollen, nur dann, wenn sie vom Geist ihrer Kirche durchdrungen und getragen zugleich Vollbürger sind im Geistesleben unserer Nation."

Kaftan lobt die Gymnasialbildung und ebenso die Universität. Es ist von

großer Bedeutung, "daß die künftigen Geistlichen mit den Philologen, Juristen und Medicinern die Bildungsstätte teilen, gleichsam aufwachsen in der gemeinsamen Bildungsatmosphäre der studierenden deutschen Jugend". Es muß aber noch "eine spezielle Ausbildung für den praktischen Kirchendienst, rein kirchlich vermittelt", hinzutreten. Er verweist auf entsprechende Zusatzausbildungen der Mediziner in der Klinik, der Juristen in den Verwaltungsbehörden und der Philologen im Probejahr. Er sieht zwei Möglichkeiten:
1. das Vikariat (hier Gemeindevikariat) und
2. das Predigerseminar.
Die Einführung in den praktischen Kirchendienst in einem Vikariat ist ihm nicht ausreichend. Er verweist auf die Einrichtung von Predigerseminaren in den verschiedenen Landeskirchen, in Wittenberg, Berlin, Loccum, Herborn, Heidelberg, München und Leipzig. Gleichzeitig kritisiert er diese Einrichtungen. Die meisten sind nur auserlesenen Kandidaten zugänglich und legen ein zu großes Gewicht auf die wissenschaftliche Fortbildung. Kaftan hat etwas anderes im Sinn.
Drei Gründe sprechen für die Einrichtung evangelischer Predigerseminare:
1. Die Forderung des praktischen Kirchendienstes. Um deutlich zu sagen, was er meint, spricht er davon, daß es neben der wissenschaftlichen Fortbildung auch einer "technischen" bedarf. Das ist kein Vorwurf gegen die Praktischen Theologen an den Universitäten. Sie können die technische Vorbereitung nicht leisten. Homiletische und katechetische Seminare reichen nicht aus. Sie fallen zumeist in die Schlußsemester, die schon durch die Examensvorbereitung in Anspruch genommen werden. Davon abgesehen fehlt bei diesen Veranstaltungen der Gemeindebezug. Ebensowenig kann die Universität die Einführung in den "heiligen Beruf eines Religionslehrers" leisten.
2. Es geht auch um die "allgemein schulmännische Ausbildung" der künftigen Geistlichen. "Kirche und Schule gehören historisch und ideell zusammen." Selbst wenn es mit der Schulaufsicht zu Ende gehen wird (von Kaftan schon 1883 vermutet, immer wieder von ihm gefordert, weil er den negativen Einfluß auf das Verhältnis von Schule und Kirche sah, 1918 aber erst durchgeführt), muß der Geistliche eine gewisse "schulmännische" Bildung haben. Es wird immer auch um die Gestaltung des Schulwesens gehen und den Einfluß der Kirche darauf.
Die Technik des Unterrichts muß erkannt und gelernt sein. Wenn Kaftan seine Zeit auch nicht für das Jahrhundert der großen Pädagogen hält, so gehört doch in sein Jahrhundert "die psychologische Fundamentierung der pädagogischen Arbeit, die Ausarbeitung der Methodik in ihre einzelnen Zweige; ihm gehört insonderheit die Fürsorge für die freilich mehr oder weniger gelungene technische Ausbildung aller, auch der einfachsten Dorfschullehrer". Der in Preußen für zukünftige Pfarrer vorgeschriebene Sechs-Wochen-Kurs auf einem Schullehrer-Seminar reicht nicht. Der Hauptgrund aber für die Einrichtung evangelischer Predigerseminare ist für Kaftan noch ein anderer:

3. Neben der technischen und schulmännischen Ausbildung geht es um das "kirchliche Bewußtsein". Die Stärke und Leistungsfähigkeit des geistlichen Amtes ist wie durch die Tüchtigkeit und den Eifer so auch durch das evangelisch-kirchliche Bewußtsein seiner Träger bestimmt. Nur ein Predigerseminar kann den Einfluß vermitteln, "den die Kirche mit Recht auf die Ausbildung ihrer Diener verlangt".
Die Ausbildung an den Theologischen Fakultäten, so gut sie wissenschaftlich ist und so intensiv die Begegnung mit manchen hervorragenden "Trägern evangelisch kirchlichen Geistes" ist, reicht sie doch nicht für den notwendigen kirchlichen Einfluß. Diesen durch die Mitsprache bei der Besetzung der theologischen Lehrstühle zu gewinnen, hält Kaftan für falsch.
"Wir halten es daher für richtiger, auf jene fragwürdigen Bemühungen zu verzichten und in den kirchl. Predigerseminaren die Stätte zu schaffen, wo die Kirche institutionsmäßig die Ausbildung ihrer Diener beeinflußt." Sämtliche künftigen Pastoren sollen "in die geistige Machtsphäre der Kirche" kommen. Einschränkend gilt: "Wie weit das damit Erstrebte in jedem einzelnen Fall erreicht wird, muß dann, weil es von mancherlei der Berechnung sich entziehenden Faktoren abhängt, dahingestellt bleiben; aber mit dem Möglichen muß auch die Kirche sich begnügen, und sie kann es im Vertrauen auf die höhere Macht des Geistes, der in ihr waltet."
Sehr praktisch und detailliert entwirft Kaftan die Einrichtung eines Seminars: Die Anstalten sind landeskirchlich einzurichten. Mehr als 30 Kandidaten dürfen nicht auf einmal anwesend sein. Die Kandidaten leben unter einem von ihnen selbst erwählten Senior nach einer Hausordnung in einer Haus- und Tischgemeinschaft. Jedes Seminar hat zwei im praktischen Amt stehende Lehrer. Der eine soll eine längere erfolgreiche Amtspraxis als Pastor hinter sich haben, der andere Lehrer an einem Volksschullehrer-Seminar gewesen sein. Beide sollen ihre Berufstätigkeit beibehalten; so würde das Predigerseminar "mitten in den Strom kirchlichen Gemeindelebens hineingestellt". Das gottesdienstliche Leben kann sich in seiner Fülle entfalten, Bibelstunden, Missionsstunden, Vorträge sind wünschenswert. Gleichzeitig kann das Seminar mit der pfarramtlichen Schultätigkeit verbunden werden. Die Kandidaten sollen den Religionsunterricht übernehmen. Ebenfalls ist es wünschenswert, wenn sie auch in anderen Fächern unterrichten. Vor der Praxis geht es um technische Übungen, homiletische, liturgische, katechetische, didaktische, musikalische u.a.. Der erste Lehrer leitet die homiletischen und liturgischen, der zweite die katechetischen und didaktischen Übungen. Dies die eine Hälfte des Seminarlebens, in der anderen geht es um feste Stunden, um Vorträge und Besprechungen aus dem gesamten Gebiet kirchlicher Praxis. Ebenso um das Gebiet der Schulpraxis, über die Geschichte und Entstehung des Volksschulwesens u.a.. Fortlaufend soll es im Arbeitsplan der Seminare Lektüre der Heiligen Schrift und der Bekenntnisschriften geben.

Abschließend macht Kaftan sich über die Realisierung seines Projektes Gedanken. Er hält die Einrichtung der Seminare für durchführbar, organisatorisch und finanziell. "Die größte Schwierigkeit würde in der Beschaffung der Geldmittel liegen, aber auch diese ist nicht unüberwindlich." Die Kandidaten sollen kürzer studieren und müssen ihren Unterhalt bei freier Wohnung selbst bezahlen. Der sechswöchige Schullehrer-Seminarkurs würde entfallen, verschiedene Stiftungen und Stipendien könnten in den Dienst des Seminarkurses gestellt werden. Das "noch weiter Erforderliche wäre aus öffentlichen Mitteln zu beschaffen, was dann doch nicht zu schwer halten dürfte." - Hier irrte Kaftan.

Als Kaftan 1886 Generalsuperintendent von Schleswig wurde, hat er sich von seinem ersten Tag an um die Einrichtung eines solchen Predigerseminars, wie es seinen Vorstellungen entsprach, bemüht. Um nicht weiterhin statt Pastoren "Dorfprofessoren der Theologie" auszubilden, plante er zunächst, das seiner geistlichen Aufsicht zugeordnete Predigerseminar in Hadersleben im Sinne seiner Pläne zu verändern.

Neben seiner Gründungsbestimmung, in die dänische Religionssprache einzuführen, wünschte er zugleich eine stärkere Vorbereitung auf die pfarramtliche Tätigkeit der Seminarteilnehmer, als sie bisher üblich war. Er trug im Konsistorium vor und verfaßte einen entsprechenden Bericht an den Minister. Dieser war einverstanden, plante aber weiter. Er wollte die Vorbildung der Geistlichen grundsätzlich verbessern. Er wünschte, daß die Verhandlungen der Eisenacher Konferenz (1886) über eine bessere Vorbildung der Geistlichen berücksichtigt würden. In Eisenach, dem Verhandlungsort der seit 1855 regelmäßig alle zwei Jahre stattfindenden Deutschen Evangelischen Kirchenkonferenz (= Eisenacher Konferenz), zu der alle deutschen Staaten bevollmächtigte Vertreter ihrer Kirchenbehörden schickten, um alle gemeinsam betreffenden Themen zu beraten (Neugestaltung des Gottesdienstes, Reform der Kasualien, Bibelstunden, Kindergottesdienst, Reformationsfest, Revision der Lutherbibel), waren Möglichkeiten zur Reform der Vorbildung der Geistlichen beraten worden. Es gab den Vorschlag, die Theologen nach Abschluß ihres Universitätsstudiums als Haus- oder Privatlehrer unter Führung eines Superintendenten in Kandidatenvereine zur Weiterbildung zusammenzuschließen. Vorgeschlagen wurde auch ein Predigerseminar oder ein Vikariat bei einem tüchtigen Geistlichen oder ein öffentliches Schulamt, bevor sie ins eigene Pfarramt kämen. Jetzt ging es also um ein Predigerseminar für die ganze Landeskirche. Wen konnte das mehr erfreuen als Kaftan?

Kaftan besuchte im Herbst 1887 die Predigerseminare in Loccum, Herborn, Wittenberg und Berlin. Aufgrund seines Berichtes wurde geplant, das zu errichtende Seminar für alle Geistlichen obligatorisch zu machen. Das Nordschleswigsche Seminar Hadersleben sollte auf sechs Plätze erweitert und im Süden Schleswig-Holsteins ein neues Seminar mit 12 Plätzen errichtet werden. Geplant wurde: Nach dem Studium sollte ein einjähriger Kurs im Predigerseminar und darauf ein einjähriges Vikariat in einer Gemeinde absolviert werden. Der Weg dahin sollte noch lang sein.

Überlegt wurde auch: Sollte das vorhandene Predigerseminar in Hadersleben für die gesamte Landeskirche erweitert werden? Dann wäre es wohl richtig, dieses Seminar in Nordschleswig zu lassen, um dem dänischen Sprachraum nahe zu sein. Fünf Tage reisten Kaftan und der Ministerialdirektor Barkhausen vom Kultusministerium in Berlin durch Schleswig-Holstein, um einen geeigneten Ort zu finden. Lügumkloster wurde besichtigt und verworfen. Ernsthaft wurde Gravenstein an der Flensburger Förde ins Auge gefaßt. In einem alten Park gab es ein Haus, das damals günstig zu kaufen war. Es sollte die Wohnung des Studiendirektors werden, und auf der Wiese neben dem Park sollte das Seminar mit Lehr- und Bibliotheksräumen, Wohnungen und Wohnräumen für die Hausdame und die Kandidaten und anderen erforderlichen Räumen errichtet werden. - Man hielt zunächst also an einem "utraquistischen" (hier gemeint: zweisprachigen) Seminar fest. Es wurden wegen des Ankaufs des Grundstücks in Gravenstein Verhandlungen eingeleitet. Alles lief gut. Allein: Es fehlte das Geld. Jahr um Jahr wurde das Geld nicht bewilligt. Das Grundstück in Gravenstein wurde anderweitig verkauft. Kaftan plante schon wieder, die Lösung durch eine Erweiterung des Seminars in Hadersleben zu erreichen. Vielleicht ein Seminar ohne Internat? Der Minister entschied, am Internat sei festzuhalten. Für 1894 wurde die Bewilligung der Gelder in Aussicht gestellt.

Neue Beratungen begannen. Neben Hadersleben wurde Preetz ins Auge gefaßt. Den Ausschlag für Preetz gab wohl die Nähe zu Kiel. Nach langen Rechnungen und Kürzungen wurden für den Seminarbau 73.000 Reichsmark veranschlagt. Die Stadt Preetz wurde gedrängt, einen eigenen Beitrag dafür zu leisten, daß das Seminar in Preetz gebaut wurde. 3000 Mark wurden geboten. Erwartet wurde mehr. Von Regierungsseite wurde auf andere Angebote hingewiesen. Die Stadt versprach, zusätzlich noch den Anschluß an das Gaswerk zu erstellen. Das Seminar wurde auf einem dem Kloster gehörenden und zur Verfügung gestellten Grundstück ("Dänenkamp") errichtet. Der Klosterprediger Franz Rendtorff wurde als Studiendirektor in Aussicht genommen. Nach Kaftans Meinung war nur ein Studiendirektor zu gebrauchen, "der selbst mit Erfolg im geistlichen Amte gestanden habe, über wissenschaftliche Bildung verfüge, aber einen Eid leisten könne, daß er sich nicht im Besitz eines Systems der praktischen Theologie befinde". Wenn das Seminar nur der theologischen Weiterbildung dienen würde, so würde man in der alten "Misere" bleiben.

Kaftan entwarf einen Lehrplan, der homiletische, katechetische, liturgische und kirchenmusikalische Übungen vorsah. Hinzu kamen "praktische Exegese", Einführungen in das Recht und die Ordnungen der Kirche und ebenso in die Pädagogik und das Schulwesen. Kaftan wörtlich: "Erhebliches Gewicht legte ich darauf, den jungen Theologen ein geschichtliches und sachliches

Verständnis aller der Funktionen, die das geistliche Amt umschließt, zu vermitteln. In meinen Augen ist das ein unentbehrliches Inventarstück für einen ordnungsmäßig gebildeten Geistlichen." Sogar hinsichtlich Didaktik und Methode der Seminararbeit machte Kaftan sich Überlegungen: "Für die Einführung in das Verständnis der geistlichen Funktionen nahm ich nicht Vorlesungen in Aussicht, sondern im Anschluß an das, was ich in Loccum gelernt hatte, Referate der Kandidaten, die diese nach der ihnen zugewiesenen Literatur zu bearbeiten hatten und die dann unter Leitung des Studiendirektors in dem Studienkreis der Kandidaten vorzutragen und zu besprechen waren. So entspricht es der geistigen Höhenlage eines an das akademische Studium sich anschließenden Predigerseminars." Kaftan spricht in seiner Rede am Einweihungstag von einer Etappe.
Die der theoretischen Einführung der Geistlichen in ihre Tätigkeit folgende praktische Tätigkeit in einem Vikariat war das Ziel, an dem er festhielt. Die Durchführung eines zusätzlichen einjährigen Gemeindevikariats war noch nicht zu erreichen.
Viel geklagt wird heute über die Sitzungen, Besprechungen und Absprachen von Gremien, Ausschüssen und Synoden, die erforderlich sind, bis ein Projekt verwirklicht werden kann. Das ist überhaupt nicht zu vergleichen mit den Gesprächen und Verhandlungen, die Kaftan zunächst einmal mit dem Konsistorium führen mußte, dem er "nebenamtlich" zugeordnet war, darüber hinaus dann mit unzähligen, immer wieder wechselnden Ministerialbeamten und Ministern. Er hat sich als Generalsuperintendent oft Entscheidungen fügen müssen, die eine ferne Ministerialbürokratie vom Schreibtisch aus anordnete, ohne gute Gründe der praktischen Anschauung und Erfahrung zu berücksichtigen. Es muß für jemanden, der aus seiner praktischen Arbeit heraus die besten Gründe auf seiner Seite weiß, oft enttäuschend gewesen sein.
Als Kaftan den Entwurf von Landbauinspektor Angelroth für das geplante Seminargebäude in Gravenstein sah, war er mit Freude und Stolz erfüllt, seine "arme" Kirche so repräsentiert zu sehen: "Das Gebäude war so stattlich, als handelte es sich um einen Bau der Postverwaltung." Über das gebaute Predigerseminar in Preetz urteilt er: "Ein Torso des geplanten Gebäudes." Sein Urteil ist verständlich, denn ursprünglich war das Preetzer Haus schmaler. Aber jetzt zunächst ein Blick zurück.

Wie es vorher war
Nach der Reformation in Schleswig-Holstein scheint es ein Hauptanliegen der kirchlichen Ordnungen über die Besetzung von Pfarrstellen gewesen zu sein, daß keine falschen und unfähigen Kandidaten eine Pfarrstelle erhielten. Es gab aus den Zeiten vor der Reformation schon ungute Erfahrungen. Ein wesentlicher Gesichtspunkt ist wohl auch der gewesen, den christlichen Glauben entsprechend reformatorischer Einsichten zu bewahren und diese auch

nicht durch nachreformatorische Verwirrungen zu verfälschen. Die Schleswig-Holsteinische Kirchenordnung von 1542 ist da sehr deutlich:
"Wo men de Kercken Dener Ordineren schal. Unde ys desse Ordeninge nicht anders, den ein Kercken gebruck, einen tho esschende, unde tho Ordenerende thom denste des Wordes, unde der Sacramente. Den ydt schal nemandt dorch sick sulven, de nicht recht geesschet und geordineret ys, sick des Kerckendenstes understan, edder sick ock nener Kercken underwinde, wor einer Kercken eines Deners von nöden syn wörde. Den schal men erst von Gade na dem Exempel Christi bidden, darna mögen de yennen de des tho donde hebben, mit erem Praweste einen erwelen, denn se dartho geschickt erkennen, darvan se ock eine gewisse tüchenisse, der Lere unde des Levendes, dem Bisschoppe thoschriven können. Darumme schal de Prawest unde Pastor, ene ock vlitich Examineren. Dat he nicht alse ein ungeschickeder, tho dem Bisschoppe gesandt werde, unde se scholen dem Bisschoppe ack darvan schriven, welcker ene ock vlitich vorhören schal.
Item, van vorleninge der Kercken bidden de Prelaten, Adel unde Stede, dat eines yedern herrlichen ungekrencket bliven möchte. Late wy tho, ydoch dat se de Kerckheren, so se setten, erstlick tho dem Bisschoppe schicken, unden densulven alldar Examineren laten."
Diese Kirchenordnung sieht also vor, daß die Gemeinden, Städte, die Patrone oder Pröpste, die einen Kandidaten für ein Pfarramt vorsahen, diesen gründlich hinsichtlich seines Lebens und seiner Lehre überprüfen sollten, um ihn dann dem Bischof zu nennen (Nominatio) und zum Examen und zur Ordination zu präsentieren. Dieser Vorgang wird Eschen (= heißen/poscere) genannt. Die Gemeinden wünschten, forderten oder erbaten vom Bischof, dem Kandidaten die Pfarrstelle zu übertragen. Bei der Auswahl der Kandidaten galten je nach Pfarrstelle unterschiedliche Regelungen. Es gab Pfarrstellen, die der Landesherr direkt besetzte, und die Gemeinde konnte nicht einmal protestieren; es gab Patronatsstellen, die durch den Patron besetzt wurden; es gab in manchen Gemeinden das Recht, zwischen drei oder mehreren Kandidaten zu wählen; gelegentlich wurden die Pfarrstellen durch Übereinkommen aller Beteiligten besetzt, ohne den gesetzlichen Weg zu beschreiten. Bekannt ist, daß viele Pfarrstellen manchmal Generationen hindurch vom Vater auf den Sohn "vererbt" wurden. Es ging nicht immer darum, alle Rechtswege auszuschöpfen und einzuhalten, sondern vielmehr darum, daß alle Beteiligten sich gütlich einigten.
Weil die Studenten an den Universitäten durchweg nicht geprüft wurden bzw. das Examen an der einen oder anderen Universität in der jeweiligen Landesherrschaft nicht anerkannt wurde, wurden die Kandidaten von den Generalsuperintendenten im sog. "Tentamen" gründlich geprüft. An die Stelle der Generalsuperintendenten traten Pröpste, Hauptpastoren oder Superintendenten, die mit der geistlichen Aufsicht in den verschiedenen Landesteilen, deren Herrschaft bis zur Bildung des dänischen Gesamtstaates am Ende des 18.

Jh. häufig wechselte, beauftragt waren. Es ist für den prüfenden Generalsuperintendenten auch nicht einfach gewesen, einen vom Landesherrn, einem einflußreichen Patron oder auch von einem Propst schon vorgesehenen Kandidaten nach einer Prüfung abzulehnen. Dennoch aber hat sich dieses Verfahren in seinen Grundzügen bis ins 18. Jahrhundert erhalten.
So wenig Schleswig-Holstein ein einheitlicher Staat war, so wenig gleichförmig waren die kirchlichen Ordnungen. Die Reskripte, Instruktionen, Verordnungen, Verfügungen, Consistorialbekanntmachungen, Konstitutionen und Resolutionen galten in den verschiedenen Landesteilen unterschiedlich. Die Zuständigkeiten wechselten sehr häufig. Generell aber läßt sich sagen, daß die Generalsuperintendenten oder hier und da auch Pröpste zuständig waren für die Beurteilung der Bewerber um ein Pfarramt. Eine Instruktion für den Generalsuperintendenten von 1739 regelt es so: "Damit auch in Bestellung der Prediger gute Richtigkeit gehalten und das Predigtamt mit tüchtigen Subjecten besetzet werden möge; so soll Unser Generalsuperintendent bevor er ein Studiosum theologiae zur Kanzel läßt, bei dem angeordneten Tentaminae desselben Testimonia, angewandten Fleiß, leer und leben genau examiniren, und, wenn er dabei etwas auszusetzen findet, demselben kein Testimonium ad licentiam conzionandi ertheilen und den Predigern ernstlich untersagen, daß sie bei willkürlich Pön keinen, der nicht tentieret, viel weniger dem der rejiziret worden die Kanzel verstauen." Das Tentamen bedeutete also ursprünglich die Zulassung zum Pfarramt und für die, die kein Pfarramt erhielten, die Zulassung zum Predigtdienst.
Nachdem Schleswig-Holstein nahezu vollständig unter die dänische Königsherrschaft gekommen war, wurde für das ganze Land eine Verordnung wegen der Kandidaten des Predigtamtes und der mit ihnen vor ihrer Beförderung anzustellenden Prüfungen vom 6. August 1777 "erlassen". Jetzt gibt es genauere Regeln. Die Studenten, die von der Universität kommen, werden "zur Betretung der Kanzel" nicht zugelassen, bevor sie sich dem Generalsuperintendenten, in einzelnen Landesteilen auch dem Propst, vorgestellt haben und er sie "tentieret" und ihnen damit dann die Erlaubnis zum Predigen erteilt und ein Zeugnis darüber ausgestellt hat. Vor dem vollendeten 25. Jahr darf kein Kandidat in ein Predigtamt berufen werden. Von dieser Bestimmung kann dispensiert werden.
Dieselbe Verordnung, die 1826 noch einmal ausdrücklich eingeschärft wird, führt dann ein zweites Examen ein. Dieses Examen wird Oberconsistorial-Examen genannt. Wer das Zeugnis über das Tentamen und über das Oberconsistorial-Examen hatte, konnte in den Herzogtümern Schleswig und Holstein und ebenso in den Herrschaften Pinneberg, der Stadt Altona und der Grafschaft Rantzau den Adeligen, anderen Kirchenpatronen oder den Gemeinden mit Wahlrecht präsentiert werden. Bei der Präsentation sollen vorwiegend solche Kandidaten Berücksichtigung finden, die "sich den ersten oder zweiten Charakter (Note) erworben haben".

Um dieselbe Zeit (1774) gründete der Prokanzler der Universität und 1. Professor der Theologie, Johannes Andreas Cramer (als Liederdichter und Herausgeber eines sehr verbreiteten Gesangbuches im Geiste der Aufklärung bekannt), ein Predigerinstitut. Er selbst war dessen Direktor. Hinzu kam ein Inspektor. Für 12 Studierende wurde es eingerichtet für Predigtübungen in der Kapelle der Kieler Schloßkirche. Aufnahme fanden die Studenten erst nach dem Studium der Dogmatik und der Moral und dem Halten einer Probepredigt. Der Reihe nach hatten die Mitglieder des Instituts ihre Predigt in einem Wochengottesdienst zu halten. Die Disposititon und später die ausgearbeitete Predigt wurde dem Direktor eingereicht und "circulierte" dann in einer verschlossenen Kapsel unter den Mitgliedern. Jeder konnte Bemerkungen zur Predigt auf die eingeschlossenen leeren Blätter schreiben. Wöchentlich fand dann ein Gesamtgespräch mit dem Direktor statt.

Dieses Institut, gelegentlich auch "Predigerseminar" genannt, hat zeitweilig eine katechetische Entsprechung gehabt. Es wurde bei wechselnder Leitung mehr oder weniger intensiv geführt. Manche Professoren der Theologie haben ihre Aufgabe sehr verantwortlich wahrgenommen. Zeitweilig verkam es aber auch zur Bedeutungslosigkeit. Angegliedert waren später unter Anleitung von Organisten wöchentliche Übungen im liturgischen Singen. Je "wissenschaftlicher" die Praktische Theologie im Laufe des 19. Jahrhunderts wurde, je mehr es in einem "System der Praktischen Theologie" darum ging, die Pastoralkunst als Fertigkeit in der Anwendung von Regeln zu lernen, um so weniger leistete die Universität die eigentlich praktische Ausbildung mit praktischen Übungen.

Die an der Universität ausgebildeten und sehr verantwortlich durch ein Tentamen und das Oberconsistorial-Examen geprüften Theologen haben in der Regel viele Jahre auf ein Pfarramt warten müssen. Meist waren sie als Hauslehrer, aber auch als Lehrer an Schulen oder als Hilfsprediger von vermögenden Pastoren angestellt. Wer von ihnen seine Bewerbungsfähigkeit erhalten wollte, mußte in jedem Jahr ein von ihm exegesiertes Stück des Alten - und des Neuen Testamentes, bald in lateinischer -, bald in deutscher Sprache, zum Zeugnisse, daß sie das Studium der Sprachen und der Exegetik fortsetzten, dem Propste des Distrikts, wo sie sich aufhielten, zukommen lassen. Sooft der Propst oder der Generalsuperintendent zur Visitation in die Gegend kam, hatten sie sich bei ihm einzustellen, damit er sich nach ihrem Fleiß und Wachstum erkundigen konnte. Jeder brauchte Zeugnisse seines fortgesetzten Fleißes, über anständiges Verhalten in den Häusern, ebenso von anderen glaubwürdigen Personen, von seinem Beichtvater oder von den Predigern, in deren Gemeinde er sich nach dem Examen aufgehalten hat. Er soll für eine Präsentation nicht berücksichtigt werden, wenn solches nicht aufzuweisen ist. Und so blieb es, ein Tentamen beim Generalsuperintendenten und ein Examen beim Konsistorium. Das Consistorial-Examen wurde später Amtsexamen oder unter Preußen auch Staatsexamen genannt. Staatsexamen deshalb,

weil der preußische Staat alle Bestimmungen über Vorbildung, Ausbildung, Studium und die Prüfungen erließ. Jetzt gilt:
Alle kirchlichen Anstalten, dazu gehören auch die Prediger- und Priesterseminare, stehen unter der Aufsicht des Staates. Hausordnung und Reglement sind dem Oberpräsidenten der Provinz vorzulegen. Lehrer und Erzieher müssen Deutsche sein. Werden die Vorschriften nicht befolgt, so "ist der Minister der geistlichen Angelegenheiten ermächtigt, bis zur Befolgung die der Anstalt gewidmeten Staatsmittel einzubehalten oder die Anstalt zu schließen". Ausländer müssen innerhalb von sechs Monaten die Reichsangehörigkeit erwerben. Alle Entscheidungen der "geistlichen Oberen" müssen der Regierung, d.h. dem Oberpräsidenten, vorgelegt werden. Er kann vielfältigen Einspruch einlegen. Aber auch: Wenn ein Pfarramt nach Erledigung (d.h. nachdem es freigeworden ist) innerhalb eines Jahres nicht dauernd besetzt worden ist, kann er die Wiederbesetzung mit Geldstrafe bis zum Betrage von 1000 Talern erzwingen. Auch das ist preußische Staatskirche.
Nachdem Schleswig-Holstein 1866 preußisch wurde, gibt es sehr detaillierte Vorschriften über die Vorbildung und die Anstellung der Geistlichen.
Voraussetzungen sind:
- das Abitur auf einem deutschen Gymnasium,
- ein mindestens dreijähriges Studium an einer deutschen Universität,
- das Tentamen beim Generalsuperintendenten,
- das Amtsexamen,
- ein sechswöchiger pädagogischer Kurs an einem der Lehrerseminare (Segeberg, Eckernförde oder Tondern) und
- eine wissenschaftliche Staatsprüfung (seit 1873).
Seit 1869 gibt es eine detaillierte Examensordnung, die im wesentlichen der bisherigen Ordnung entspricht. Das "Amtsexamen" wird unter dem Vorsitz des "Consistorialpräsidenten" vor den Generalsuperintendenten, allen geistlichen Räten des Consistoriums, einem Mitglied der Theologischen Fakultät der Universität Kiel und zwei zu ernennenden Mitgliedern der "Schleswig-Holsteinischen Geistlichkeit" abgelegt. Es beginnt jeweils am zweiten Montag nach dem Osterfest und am Montag nach Michaelis.
Die Gesuche um Zulassung zu dem Amtsexamen sind spätestens 13 Wochen vor dem Eröffnungstermin bei dem Consistorium einzureichen.
Den Gesuchen sind beizulegen:
1) ein Taufschein;
2) ein Gymnasialzeugnis der Universitätsreife;
3) das Abgangszeugnis von der Universität, nebst Nachweis des vorgeschriebenen Kursus in der Praktischen Theologie und in den dazugehörigen Übungen. Das Abgangszeugnis kann "nöthigenfalls" auch nachgeliefert werden;
4) das Zeugnis über das bestandene Tentamen;
5) eine in lateinischer Sprache abzufassende kurze Lebensbeschreibung;

6) ein kurzgefaßtes Glaubensbekenntnis;
7) eine deutsche und eine lateinische Abhandlung, in welchen frei gewählte theologische Gegenstände behandelt sind; die beiden Abhandlungen müssen jedoch verschiedene theologische Materien behandeln. Einer jeden Abhandlung ist eine kurze Disposition beizufügen; außerdem muß jeder Abhandlung die Bezeugung, daß sie von dem Einsender selbst verfaßt, auch von niemandem verbessert worden sei, beigefügt werden.

Ob ein Kandidat wegen sittlicher Bedenken oder mit Rücksicht auf das eingereichte Glaubensbekenntnis nicht zum Amtsexamen zugelassen wird, entscheidet das Konsitorium. In der schriftlichen Prüfung gibt es 16 Fragen, davon vier auf lateinisch. Diese werden allen Kandidaten zugleich vorgelegt und in einer Klausur beantwortet. Diese schriftliche Prüfung dauert zwei Tage, in Vor- und Nachmittage geteilt. Es folgt die mündliche, ebenfalls in zwei Tagen. Der Fächerkanon entspricht dem heutigen. Zu erwähnen ist, daß sich in ihm auch immer noch die biblische Geschichte mit Geographie und Archäologie und Weltgeschichte aufhalten. Die Ausbildung in der lateinischen Sprache ist besonders zu beurteilen. Die das Amtsexamen bestanden haben, erhalten folgende Prädikate: Bestanden (dritter Charakter), mit Auszeichnung bestanden, mit rühmlicher Auszeichnung bestanden, mit sehr rühmlicher Auszeichnung bestanden (zweiter Charakter), sehr gut bestanden (erster Charakter). Der im Amtsexamen erlangte Charakter wird dem Kandidaten mitgeteilt. Zugleich werden ihm "etwa geeignet befundene Rathschläge und Erinnerungen" mitgeteilt.

Das vor dem Generalsuperintendenten oder anderen leitenden Geistlichen abzulegende Tentamen bleibt erhalten. In diesem wurde in den Hauptfächern geprüft und eine Predigt gehalten. Mit ihm bleibt die Erteilung der Licentia concionandi (Erlaubnis zum Predigen) verbunden. Vom späteren Direktor des Predigerseminars, Amandus Weinreich, ist das Tentamenszeugnis erhalten: "Herr Amandus Friedrich Wilhelm Weinreich aus Offendorf im Fürstenthum Lübeck, der Theologie beflissener, hat sich, nachdem er 2 Jahre in Kiel, 1 Jahr in Erlangen und 1 1/2 Jahre in Greifswald studiert, den bestehenden Vorschriften gemäß von mir tentieren lassen und eine Probepredigt vor mir gehalten. Von den ihm aus den Heiligen Schriften alten und neuen Testaments in den Grundsprachen vorgelegten Stellen übersetzte und erklärte er jene gut, diese gleichfalls gut. Die ihm aus den übrigen theologischen Wissenschaften vorgelegten Fragen beantwortete er fast gut. Seine Predigt war fast gut angeordnet und ausgearbeitet und wurde gut und konceptfrei gehalten.

Ich erteile ihm deshalb hiermit die Erlaubnis, in den Kirchen der Herzogthümer Schleswig und Holstein die Kanzel zu betreten und öffentlich das Wort Gottes den Lehren und Vorschriften unserer Kirche gemäß zu verkündigen; so wie er sich auch von nun an zum theologischen Amtsexamen melden darf, um den bestehenden Verordnungen gemäß ein Zeugnis über den Befund seiner Tüchtigkeit zum Predigtamte zu erlangen.

(L.S.) Königliche holsteinische Generalsuperintendentur zu Kiel, den 12. August 1884. Gez. D.A.D. Jensen."

Das Tentamen verändert sich von einer gründlichen Prüfung der Kandidaten in der Reformationszeit, die gelegentlich sogar Verhör genannt wird, zu einem mehr oder weniger persönlichem Gespräch zwischen dem Kandidaten und dem zuständigen Generalsuperintendenten, durch das ein erster "amtlicher" Kontakt entsteht, das auch die Bedeutung einer Zwischenprüfung oder einer Studienberatung haben kann, in der es aber auch darum geht, ob der Generalsuperintendent dem Kandidaten die Erlaubnis erteilt, den Predigtdienst von den Kanzeln der Landeskirche wahrzunehmen. Es war auch eine Art Vorexamen. Seine ursprüngliche Bedeutung verlor es durch die Einführung des Oberkonsistorialexamens 1777 und dann endgültig durch die Einführung des preußischen Amtsexamens 1869.

Das Tentamen wurde von Kaftan eine "vortreffliche Einrichtung" genannt. Dennoch aber gab er das Tentamen auf nach Einrichtung des Predigerseminares, um nicht "das Gute des Besseren Feind sein zu lassen".

Jeder Kandidat mußte vor oder nach seinem Amtsexamen die Beteiligung an einem Schullehrerseminar-Kurs nachweisen. In einer Instruktion vom 12. April 1870 werden die Einzelheiten geregelt. Kurse beginnen in Segeberg am Montag nach dem 15. Januar, in Eckernförde am Montag nach Trinitatis und in Tondern am Montag nach dem 15. Oktober. Es geht um den Gewinn "realer Anschauungen aus dem Gebiete des pädagogischen Lebens und Arbeitens". In derselben Instruktion wird von den Kandidaten erwartet, daß "sie sich bereits vor dem Cursus mit Werken wie Zellers Lehren der Erfahrung, Raumers Geschichte der Pädagogik, den drei preußischen Regulativen vom 1., 2. und 3.Oktober 1854, den Schriften zur Geschichte und zum Verständnis derselben, Weiterentwicklung der Regulative, den Beiträgen zur Geschichte der Regulative von Stolzenburg, der Unterrichts- und Schulkunde von Bormann oder dem Wegweiser für evangelische Volks-Schullehrer von Bock bekannt gemacht haben". Es ist eine theoretische Ausbildung mit vielen Hospitationen. Die "Abhaltung einer Probelektion" kann gestattet werden. Der Nachweis der Teilname an diesem Seminarkurs war für die Kandidaten notwendig, da die meisten von ihnen ja die "geistliche Schulaufsicht" ausübten. Praktische Erfahrungen schienen nicht notwendig zu sein. Wer ein Predigerseminar besuchte, konnte von diesem Schullehrerseminarkurs befreit werden.

Dazu galt: Nach einer Instruktion von 1873 hatten alle Kandidaten des geistlichen Amtes eine wissenschaftliche Staatsprüfung nachzuweisen. Bei dieser öffentlichen mündlichen Prüfung soll darauf geachtet werden, ob der Kandidat sich "die für seinen Beruf erforderliche allgemeine wissenschaftliche Bildung, insbesondere auf dem Gebiet der Philosophie, der Geschichte und der deutschen Literatur, erworben habe". Die Ansprüche sind hoch. Nachzuweisen sind deutliche Kenntnisse über die philosophischen Systeme, über die

Grundlehren der Psychologie, der Logik und der Pädagogik. In der Geschichte geht es besonders um vaterländische Geschichte und in der Literatur natürlich um deutsche Literatur. Hier werden umfassende Kenntnisse erwartet. Auf die Jahreszahlen ist aber kein "unverhältnismäßiger Werth" zu legen. Die Prüfungskommission wird vom Minister der geistlichen Angelegenheiten ernannt. Von dieser wissenschaftlichen Staatsprüfung kann von 1882 ab wieder abgesehen werden, wenn die Kandidaten durch vorgelegte Zeugnisse den Nachweis führen können, daß sie während ihres Studiums Vorlesungen aus dem Gebiet der Philosophie, Geschichte und deutschen Literatur mit Fleiß gehört haben. In der für mich 1959 gültigen Examensordnung gab es noch deutliche Reste dieser Bestimmungen.

Die Anfänge der Arbeit
Bereits am 26. März 1896, weit vor Fertigstellung und Eröffnung des Seminargebäudes, erließ der Minister der geistlichen Unterrichts- und Medizinalangelegenheiten, Dr. Bosse, eine Verwaltungsordnung für das Predigerseminar Preetz: Das Predigerseminar ist für die wissenschaftliche und praktische Vorbereitung für das geistliche Amt bestimmt. Die "obere Leitung und die Vertretung des Seminars steht dem königlichen evangelisch-lutherischen Konsistorium zu Kiel zu." Da die schleswig-holsteinische Kirche, wie Kaftan immer beklagt, wie alle Kirchen in Preußen vorwiegend juristisch geleitet wurde, ging es bei der Einrichtung des Seminars und bei der Durchführung der Seminararbeit darum, sie juristisch zu verantworten. Das Konsistorium hatte aber in jeder Hinsicht keine Vollmacht: Es hatte die Genehmigung des Ministers einzuholen bei der Anstellung des Studiendirektors, der Feststellung des Haushaltes, bei konstruktiven Änderungen am Bau und bei der Änderung dieser Verwaltungsordnung. Zur Leitung und Vertretung des Seminars gehörten nicht nur die Verwaltung, sondern ebenso die Feststellung des Studienplanes, der Disziplinarordnung, der Hausordnung, Disziplin unter den Kandidaten und alle Personalangelegenheiten. Der Studiendirektor ist verpflichtet, die Vorschriften des Studienplanes streng einzuhalten. Im übrigen hat er die Leitung des Seminars selbständig zu führen: Er führt die nächste Aufsicht über die Kandidaten, hat durch Beispiel und Ermahnung zu wirken, "um sie zu einem des geistlichen Standes würdigen Verhalten und zu einem christlichen Wandel anzuleiten". Bei Ausschreitungen ernsterer Art hat er dem Konsistorium Anzeige zu machen. Dieses wird dann über weiteres disziplinarisches Einschreiten entscheiden. Zu seiner Unterstützung kann dem Studiendirektor ein Inspektor "beigegeben" werden. Seine Obligenheiten werden durch das Konsistorium festgestellt. Die Wirtschaftsführung wird "einer älteren Dame übertragen, in der Regel der Witwe oder Tochter eines Geistlichen". Die "Bespeisung" dagegen wird durch eine vom Konsistorium festzustellende Bespeisungsordnung geregelt. Das Seminar kann 12 Kandidaten aufnehmen, die in der Kandidatenliste des Konsistoriums zu Kiel ver-

zeichnet sind und den "staatlichen Bedingungen für die Bekleidung des geistlichen Amtes genügen". Sie erhalten freie Wohnung (auch damals schon ohne Bettzeug und Bettwäsche) und "einfache, aber reichliche und nahrhafte Beköstigung". Das Konsistorium hat viel zu dekretieren. Sogar die Einzelheiten der Geschäfte des Hausmeisters und Gärtners werden vom Konsistorium festgestellt.

Die berufene Hausdame, Frau Pröpstin Mau aus Kiel, war Witwe. Ihr Mann, Karl Mau (1814-1888), war Propst von Süderdithmarschen in Burg/Dithmarschen gewesen. Sie selbst war eine Amerikanerin. Sie zog als erste in das Seminar ein. Der Direktor wird in seiner Klosterprediger-Wohnung wohnen bleiben.

Der Klosterprediger Franz Rendtorff, der zum Direktor berufen worden war, stammte aus einer bekannten schleswig-holsteinischen Familie. Sein Vater, Heinrich Rendtorff (1814-1868), gehörte ebenso wie Kaftans Vater und viele andere mehr zu den Pastoren, die 1850 nach der schleswig-holsteinischen Erhebung und Niederlage wegen ihrer politischen Gesinnung (sie wollten den Eid auf den dänischen König nicht ablegen) Schleswig-Holstein verlassen mußten (ebenso wie andere Beamte, zum Beispiel Theodor Storm). Als Pastor von Arnis wurde er des Landes verwiesen und war dann als Pastor in verschiedenen Gemeinden und als Agent bzw. Sekretär in der Inneren Mission tätig. Schon 1861 konnte er als Klosterprediger von Preetz nach Schleswig-Holstein zurückkommen. Anzunehmen ist, daß das Kloster in Preetz für diese Anstellung keine regierungsamtliche Genehmigung brauchte, da es ein selbständiger Kirchenbezirk ohne organisatorische Bindung an die schleswig-holsteinische Kirche war.

Dessen Sohn, Franz Rendtorff (1860-1937), war in Gütergotz, Brandenburg, geboren, als sein Vater dort Pastor war. Er wurde Pastor in Westerland, dann Stiftsprediger in Eisenach und von 1891 an Klosterprediger in Preetz als einer der Nachfolger seines Vaters. 1896 wurde er, wie beschrieben, Studiendirektor des Preetzer Predigerseminars. Er blieb Klosterprediger, d.h. ganz im Sinne der Ideen Kaftans Gemeindepastor. Die Klostergemeinde als Übungsfeld der Kandidaten hatte damals etwa 250 Gemeindeglieder. Eine Klosterschule gab es auch. 1902 habilitierte Rendtorff sich an der Universität Kiel. 1906 wurde er hauptamtlicher Konsistorialrat in Kiel und verließ das Predigerseminar. Von 1908 an war er zugleich ordentlicher Honorarprofessor für Praktische Theologie und Neues Testament und wurde als solcher 1910 nach Leipzig berufen. Auch in Leipzig hat er als "Geheimer" Kirchenrat im Konsistorium in Dresden mitgearbeitet. Er war Vorsitzender des Zentralvorstandes des Gustav-Adolf-Vereins und hat sich sehr für die evangelischen Auslandsdeutschen eingesetzt. 1919 war er Abgeordneter in der sächsischen Volkskammer. Wenn er gewollt hätte, wäre er 1924 Bischof in Schleswig-Holstein geworden. Hochgeehrt feierte er am 1. August 1930 seinen 70. Geburtstag. Theodor Kaftan hätte ihn schon 1895 gerne als Generalsuperintendent von Holstein gesehen, hatte aber keinerlei Einfluß auf die Berufung durch Seine Majestät.

Im Dezember 1896 wurde der Pastor Friedrich Schröder erster Inspektor am Predigerseminar. In seiner Lebensbeschreibung erzählt er, daß seine Aufgabe war, "dem Studiendirektor zu helfen, wo er es wünscht". Er wurde am 7. Februar 1897 ordiniert. Er war Adjunkt des Klosterpredigers und nicht des Studiendirektors. Anders ließ sich die Ordination kirchenrechtlich nicht begründen. Von Seiten der Klosterdamen gab es Widerstand gegen diese Einrichtung. Sie waren auch mit dem sehr jungen Inspektor als Prediger nicht immer zufrieden. Es gab Beschwerden.

Schröder berichtet in seinen Lebenserinnerungen über die Arbeit im Seminar. Es gab täglich zwei Stunden Kolleg über Seelsorge, Liturgik, Hymnologie, Konfirmation, Amtshandlungen u.a.. Die zu behandelnden Themen wurden auf die Kandidaten verteilt, die dann nach gründlichem Studium ein Referat vorzutragen hatten. "Unerläßlich war stets eine geschichtliche Orientierung. Aus dem Verständnis der geschichtlichen Bedingungen und Beziehungen wurden dann die Forderungen der Gegenwart und die Gesetze der kirchlichen Praxis beleuchtet." Alle 14 Tage gab es einen Abendgottesdienst mit Predigt eines Kandidaten in der Klosterkirche. Ein anderer Kandidat mußte diese Predigt schriftlich rezensieren. Zwei Stunden lang wurden am Mittwoch Predigt und Rezension erörtert.

Wenn keine abendliche Klosterpredigt gehalten wurde, gab es eine Kandidatenpredigt im Betsaal des klösterlichen Armenhauses vor etwa 20 alten Frauen. Diese Predigten wurden wohl besprochen, aber nicht eingehend rezensiert.

Jeder Seminartag begann mit Bibellektüre unter der Leitung des Inspektors. Es wurden kursorisch das Alte - und das Neue Testament in Hebräisch und Griechisch gelesen, je zweimal kursorisch und je einmal statarisch mit streng wissenschaftlicher Exegese (Lektüre durch ausführliche Erläuterungen des gelesenen Textes immer wieder unterbrochen). Die praktische Exegese unter Rendtorffs Leitung war immer ein Höhepunkt.

Die pädagogische Ausbildung begann durch Hospitationen in der Klosterschule. Später übernahmen Kandidaten biblische Geschichte und Katechismus-Unterricht für zwei Wochen mit einer Schlußkatechese, die im Seminar besprochen und beurteilt wurde. In einem Kolleg hielten die Kandidaten Referate aus dem Bereich der Geschichte und Methodik der Lehrfächer der Volksschule. Daneben gab es Kollegs über Katechetik, Konfirmation und Konfirmandenunterricht, die "Einrichtung eines Kindergottesdienstes", der damals durchaus nicht selbstverständlich war. Es gab im Seminar Abendvorträge zu den Themen Mission, Gustav-Adolf-Verein und zu anderen "Reichs-Gottes-Arbeiten". Die Seminar- und auch die Klosterbibliothek standen zur Verfügung. Im Lesesaal lagen zahlreiche Zeitschriften aus. Dazu gab es sorgfältig vorbereitete Studienreisen. Der Inspektor hatte seinem Direktor bei verschiedenen Schreib- und Verwaltungsarbeiten zu helfen. In Vertretung des Klosterpredigers hat er auch einmal eine seltsame "Amtshandlung" durchgeführt: ein Armen-Examen. Aus einer jahrhundertealten Stiftung erhielten Alte und Bedürftige an bestimmten Tagen fünf Groschen in bar. Ihre "Würdigkeit" mußten die Empfängerinnen und Empfänger nachweisen durch ein "Katechismus-Examen". In einer Runde gab es statt der Abfragerei ein Glaubensgespräch. Am Schluß erhielten jeder und jede fünf Groschen. Schröder blieb zwei Jahre in Preetz.

Am 28. und 29. August 1906, zur zehnten Wiederkehr des Eröffnungstages der "Anstalt", wird zu einer dritten Zusammenkunft der "ehemaligen und gegenwärtigen Mitglieder des Predigerseminars zu Preetz" eingeladen. Am ersten Tag gibt es einen Gottesdienst, Essen, Abendessen und geselliges Beisammensein mit Mitteilungen aus Leben und Arbeit. Am nächsten Tag gibt es vormittags ein Referat über "die Gesangbuchfrage in Schleswig-Holstein" von Brederek und ein Referat über "zeitgemäße Heilsverkündigung" von Chalybaeus. Dazu 12 Leitsätze; darunter:

1. Unsere Zeit ist stark religiös, wenig christlich, gar nicht kirchlich interessiert.
2. Sonderlich in unseren Tagen ist die individuelle Ausprägung des persönlichen Glaubenslebens des Predigers wichtiger als kirchliche und biblische Korrektheit.
3. Der Prediger soll nicht so sehr dogmatischer oder ethischer Volksbelehrer als vielmehr Priester der Religion sein.
4. Die Predigt geht nicht auf Erhaltung der Volkskirche, sondern auf Bildung der neuen Menschheit aus.
7. Neu zu beleben ist das pantheistisch geartete Gottesbewußtsein von dem alles durchwaltenden, lebendigen Gott der Offenbarung.
9. Neu zu beleben ist das mystische Element der Christusgemeinschaft im Geistbesitz, da es heute ein fast verlorener und doch wesentlicher Bestandteil des neutestamentlichen Seligkeitsbewußtseins ist.

Nach dem Mittagessen gab es einen Waldausflug und abends wieder geselliges Beisammensein. Rendtorff wird mit einer Sammlung von 20 Rembrandtschen Meisterwerken in das Konsistorium verabschiedet.

Am 8. August 1906 ist vom königlichen Konsistorium in Kiel ein ausführlicher Studienplan des Predigerseminars in Preetz erlassen worden. Der einjährige in ein Sommer- und ein Wintersemester unterteilte Kursplan dokumentiert, was Kaftans Ziel im Seminar war, nicht die wissenschaftliche Arbeit der Universität zu verlängern, sondern den Praxisbezug der Theorie zu bearbeiten. Es wechseln sich ab:
1. praktische Übungen,
2. theoretische Erörterungen über verschiedene Gebiete der Praktischen Theologie einschließlich des Kirchenrechts und der Pädagogik,
3. praktisch gerichtetes Schriftstudium.

Die theoretischen Erörterungen umfassen Geschichte und Theorie des Gottesdienstes, die Lehre von der kirchlichen Erziehung, die Lehre von der Gemeindepflege, das Kirchenrecht und die Schulkunde mit Didaktik.
Es sollen keine Vorlesungen gehalten werden, sondern Besprechungen auf Grund von Referaten stattfinden. Diese Referate sollen nicht nur vom Leiter des Unterrichts gehalten werden, sondern, soweit es der Stoff zuläßt, von Kandidaten. "Da die Zeit durchweg zu einer erschöpfenden Behandlung des fraglichen Gebietes nicht ausreichen wird, ist die Behandlung entsprechend auf die Hauptpunkte zu beschränken und des weiteren dem Privatfleiß zu überlassen; es soll dadurch jedes Abbrechen vermieden werden." Exemplarisches Lernen ist angesagt. Es ist ein Protokoll darüber zu führen, was in jeder Stunde durchgenommen ist. Sehr ausführlich wird angeordnet, wie die homiletischen und katechetischen Übungen abzulaufen haben.
Diese Anordnungen erforderten eine höchst detaillierte Planung. Es gibt große Planungsbögen, in die die Unterrichtsstunden der Kandidaten mit Namen und den verschiedenen Unterrichtsinhalten verteilt auf die unterschiedlichen Klassen und Zeiten aufgelistet worden sind. Der Inhalt des Religionsunterrichts war immer derselbe: Biblische Geschichte, Perikope, Kirchenlied, Katechismus. Daneben gibt es Hospitationen und Unterrichtsproben auch in anderen Fächern, die kritischer Besprechung unterzogen werden.
Sehr ausführlich und intensiv waren die "musikalischen Übungen". Drei Wochenstunden sind dafür angesetzt. Eine Stunde ist Einzelunterricht: Elementar-Musiklehre, Stimmbildung, Aussprache, Deklamationsübung. Der Direktor kann Dispensation erteilen "aufgrund eines völligen Mangels an musikalischer Befähigung". Die dazugehörigen Vorträge über die Geschichte der Kirchenmusik, den gregorianischen Choral, über "die Orgelstruktur alter und neuer Systeme, einschließlich der bei Orgelneubauten maßgebenden Gesichtspunkte", begleiten diesen Unterricht. "Auch die dispensierten Kandidaten haben den Vorträgen beizuwohnen."
Alle Melodien des schleswig-holsteinischen Gesangbuches sowie die in den sonntäglichen Gottesdiensten vorkommenden Responsen der Gemeinde oder des Chores werden durchgesungen.
Dazu gibt es freiwilligen Unterricht im Orgel- oder Harmoniumspiel. Im Sommersemester geht es im Kirchenrecht mehr um die Verfassung der Kirche, im Winter um das geistliche Amt und die kirchliche Vermögensverwaltung. In der Lehre von der "Gemeindepflege" ist die Gemeinde nach ihrer prinzipiellen Bedeutung wie nach ihrem empirischen Bestand (schleswig-holsteinische Kirchenkunde) zu besprechen, einschließlich einer, soweit es bis jetzt möglich ist, religiösen Gemeindepsychologie. Es geht weiter um Amt, Ordination und "Introduktion". Seelsorgerliche Fragen werden im Zusammenhang mit Beichte, Trauung und Begräbnis besprochen. Jeder Kandidat hat eine Kasualrede auszuarbeiten. Zur Erörterung der "Privatseelsorge" sind die Kandidaten mit "der klassischen Erbauungsliteratur, sonderlich der in un-

serer Landeskirche gebrauchten", bekanntzumachen. Wichtig ist die Didaktik und Methodik der Volksschule und wegen der "geistlichen Schulaufsicht" eine Art Übung in einem entsprechenden Revisionsbericht.
Weiterhin gibt es eine Stunde "Geschichte des Gottesdienstes". Die Kandidaten halten Referate zu den entsprechenden Themen. - Nach diesem Plan haben Franz Rendtorff und sein Nachfolger ihre Seminararbeit betrieben.
Das Seminargebäude erwies sich als zu eng. Es wurde 1906 um einige Meter erweitert. Eine Entwässerungsanlage und eine Zentralheizung verbesserten angezeigte Mängel.
Nachfolger von Rendtorff in der Leitung des Seminars wurde Amandus Friedrich Wilhelm Weinreich. Der Oberbürgermeister von Altona wurde um Stellungnahme gebeten. Weinreich war Pastor an der Kreuzkirche Altona. Hervorgehoben wurde sein Einsatz für die Volksbildung. Seine Personalakte ist erhalten geblieben. Er wurde 1860 als Sohn eines Schmiedes in Offendorf im Kirchspiel Ratekau geboren. Damals, wie es hieß, im Fürstentum Lübeck. Er hat das Katharineum in Lübeck besucht und war als Stipendiat der Schabbel-Stiftung ein guter Schüler. Er studierte in Kiel, Erlangen und Greifswald. In Kiel gewann er die Ausschreibung einer Preisarbeit über das Thema "Die hermeneutischen Grundsätze Luthers im Zusammenhange mit seiner religiösen Entwicklung und seiner Lehre von der Heiligen Schrift, dargestellt und mit seiner exegetischen Praxis verglichen". Sie ist verbessert im Umfange von 214 Seiten handgeschrieben erhalten. Seine Examensarbeit hat er in lateinischer Sprache (Dissertatio) verfassen müssen, die schriftlichen Prüfungen in der Exegese ebenfalls. Es gab im Examen viele mündliche und schriftliche Themen zu Spinoza, Schleiermacher, dem Begriff der Persönlichkeit Gottes etc.. Ordiniert wurde er 1887 in Stettin und war zunächst als Diakon in Gützkow/Pommern tätig. 1890 wurde er Kompastor in Neumünster, 1893 Pastor in Ottensen/Altona, erst an der Christianskirche, dann an der Kreuzkirche. Zum Wintersemester 1906/7 fängt er in Preetz an. Er erlebt ruhige, stille Jahre, die Kriegs- und die schwere Nachkriegszeit im Predigerseminar.
Der 1. Weltkrieg hat die Arbeit im Seminar sehr eingeschränkt. "Wie von Schulen und Universitäten eilte auch vom Predigerseminar die Jugend zu den Fahnen" und versuchte, bei dem ungeheuren Andrang der Kriegsfreiwilligen wo nur irgendmöglich "unterzukommen". Es wurde leerer und stiller im Haus; bald trafen auch die ersten Todesnachrichten vom Felde ein. "Gar mancher junge, lebensfrische Kandidat hat dort draußen sein Leben für seine Brüder und Schwestern gelassen." So heißt es in einem Bericht. Eine Gedenktafel soll den kommenden Geschlechtern genaue, erschütternde Kunde davon geben. Im Seminar gab es nur Kandidaten, die aus dem Felde schwer verwundet zurückkehrten oder "sonstwie nicht brauchbar" waren. Ein Semester lang gab es nur einen Kandidaten. Nach dem Kriege stiegen die Zahlen. Den Kriegsteilnehmern wurden Studienzeiten und auch Ausbildungszeiten erlassen. Ein älterer Freund meines Vaters blieb auf dem Gymnasium sitzen. Er

kam in seine Klasse. Nach einem Jahr blieb er wieder sitzen, meldete sich dann freiwillig für den Krieg, erhielt das Reifezeugnis, brauchte als Kriegsteilnehmer nur ein sehr verkürztes Studium abzuleisten und war auch nur kurz Vikar. Als mein Vater dann sehr jung, mit 24 Jahren, 1928 ordiniert und Provinzialvikar (d.h. von der Landeskirche bezahlt) auf Fehmarn wurde, traf er seinen Freund als Dorfpastor auf der Insel wieder. Der war schon drei Jahre zuvor ordiniert worden.

Die Jahre nach dem 1. Weltkrieg müssen für Weinreich anstrengend gewesen sein. Eine neue Theologengeneration wuchs heran. Viele, auch der Leutnant Halfmann, hatten am 1. Weltkrieg teilgenommen. Teilweise waren sie in Gefangenschaft gewesen. Sie stritten sich kräftig, setzten sich mit alten lutherischen und neuen reformierten Positionen (Karl Barth) auseinander. Im Staat und auch in der Kirche ging es nicht mehr so gleichförmig und berechenbar zu wie in guten alten Zeiten.

In die Zeit der Seminarleitung Weinreichs fällt 1921 die Feier zum 25jährigen Bestehen des Predigerseminars. Um drei Uhr nachmittags beginnt der Gottesdienst in der Klosterkirche mit den geladenen Gästen und früheren Kandidaten und vielen Freunden des Seminars vom Klosterhof und aus der Stadt Preetz. Professor D. Weinreich predigt über Offenbarung 14,6 ff. ("Und ich sah einen Engel fliegen mitten durch den Himmel, der hatte ein ewiges Evangelium zu verkündigen denen, die auf Erden wohnen, und sprach mit großer Stimme: Fürchtet Gott und gebet ihm die Ehre ..."): "Auf allen Seiten rührt sich das Verlangen nach Anbetung. Und wenn sie auch in absonderlichen Sekten, in Spiritismus und Theosophie Frieden suchen, es ist im Grunde doch das Verlangen nach dem ewigen Evangelium, das allen Frieden bringen kann."

Der Festakt fand im Seminar statt. Über 80 frühere Kandidaten waren gekommen. Der Präsident des Kirchenamtes, D. Müller-Kiel, warf einen Blick auf die Entstehung des Seminars und betonte die Fortschrittlichkeit der Vikarsordnung von 1898. Die Schleswig-Holsteinische Landeskirche war die einzige in Deutschland, die eine zweijährige Ausbildung, ein Jahr auf dem Seminar, ein Jahr in der Gemeinde, vorsah. Se. Magnifizenz Generalsuperintendent Petersen betonte die Charakterbildung und die Bildung zu einer christlichen Persönlichkeit als Früchte des Seminars.

Als Vertreter des Gesamtsynodalausschusses brachte der Geheime Oberstudienrat Wagner aus Altona Grüße und Glückwünsche der Landeskirche. Senior Ewers von der Lübecker Landeskirche grüßte und dankte, Professor Mandel von Kieler Fakultät betonte, daß Wissenschaft und Praxis aufeinander angewiesen seien. Der erste Leiter des Seminars, Professor D. Rendtorff, konnte leider nicht kommen. Professor Weinreich gedachte der "Schirmvogtei" des Klosters. Es hatte nicht nur Grund und Boden zur Verfügung gestellt, sondern stellte immer noch seinen Klosterprediger dem Seminar zur Verfügung. Klosterpropst Graf zu Platen-Hallermund und die stellvertretende Frau

Priörin, Frau von Rumohr, waren vertreten. Weinreich dankte auch all den anderen Mitarbeitern im Seminar, und "zum Schluß wurden die Namen der 15 im Felde gefallenen früheren Kandidaten verlesen, und die Festversammlung ehrte ihr Andenken durch Erheben von den Sitzen". Am Donnerstag, den 4. August, ging es dann im geschlossenen Kreis weiter. Es ging um den Austausch der Amtserfahrung: Wie weit muß die Predigt auf den modernen Menschen und seine Bedürfnisse Rücksicht nehmen? Man sprach über Theosophie und Anthroposophie. Einige erzählten von den Leiden und Freuden ihres Amtes. Es gab Spaziergänge und Unterhaltungen in kleinen Kreisen. Alle standen abschließend unter dem Eindruck: "Es hat sich in diesen beiden Tagen unter allen eine Gemeinschaft des gleichen Wollens und desselben Geistes gebildet. Das Bewußtsein, an ein und demselben Strang zu ziehen, dem gleichen einen Herrn zu dienen, gibt allen die Frische und neue Kraft zur Arbeit. Es ist etwas Großes und Herrliches, der schleswig-holsteinischen Landeskirche anzugehören, man spürte es, daß sie vom Heiligen Geist beherrscht ist. Auge in Auge nahmen sie voneinander Abschied mit dem Entschluß: Wir wollen wieder hier zusammenkommen und dann noch mehr zusammen arbeiten und uns noch mehr miteinander besprechen."
Im Rückblick waren sie sich einig. Einige Jahre später gehörten sie zu verschiedenen Gruppierungen und mußten sich heftig untereinander und mit Staat und Kirchenregierung auseinandersetzen, in welcher Stellung sie sich damals auch befanden, als Leitende, als Lernende oder als Gemeindepastoren.

Die 20er Jahre

Wilhelm Halfmann, der spätere Bischof, wurde 1923 Inspektor am Predigerseminar. Er hat sich mit Weinreich und Weinreich hat sich mit ihm besonders gut verstanden. Halfmann urteilt darüber in Briefen an Frau Weinreich und Herrn Professor D. Weinreich. Der Grundzug seiner Tätigkeit habe gelegen in der "Freiheit von allem Zwang". Er habe die persönliche Eigenart eines jeden geachtet. Das sei immer wohltuend gewesen. Jeder konnte in seinen Arbeiten vorbringen, was er wollte - war es überhaupt ernsthaft gemeint, fand es wohlwollende Beachtung . "Seine Kritik entsprach dem Grundsatz der Freiheit und des Geltenlassens. Sie war vorsichtig, manchmal zu vorsichtig." Sein ästhetisches Empfinden für die Schönheit der Gedanken und des Wortlauts hebt Halfmann weiter hervor. Er hatte es lieber, wenn Weinreich die Liturgie sprach, als daß sie von oder mit H. Rendtorff gesungen wurde.
Über das Sommersemester 1924 gibt es einen Bericht. Die Kandidaten nahmen sich vor, stärker in der Öffentlichkeit aufzutreten. Sie luden die Preetzer Jugend in den Seminargarten. Groß und Klein versammelte sich zum Volksliedersingen. Kandidaten spielten Geige und Laute, in einem stattlichen Laternenzug ging es in die Stadt und wieder zurück. Noch ein zweites Mal lu-

den die Kandidaten zu einem Kinderfest ein. Es gab ein Märchenspiel, viele Lieder, und Kasper war auch da. "Am Abendessen nahmen mehrere geladene Arme der Werkhäuser teil." Zum Schluß gab es wieder einen Laternenumzug zum Klosterhof. Dem Kandidaten, der an diesem Fest nicht hatte teilnehmen wollen, wurde seine ganze Bude ausgeräumt. Die Kandidaten paddelten, ruderten, spielten Faustball oder Boccia, und es gab eine Studienreise nach Bethel. Auf dem Wege gab es in Paderborn Kontakte zum katholischen Priesterseminar, in Bremen zur Stadt- und Auswanderermission.
Die Kandidaten bildeten eine "Currende". Sie sangen Choräle und geistliche Volkslieder im Werkhaus und bei Alten und Kranken der Stadt. Inspektor Halfmann setzte zweimal wöchentlich einen Singabend an, den er leitete.
Nachdem Weinreich 17 1/2 Jahre, länger als alle Studiendirektoren vor und nach ihm, das Predigerseminar geleitet hatte, gab es einen bewegenden Abschied. Er wurde noch einmal Gemeindepastor - in Sterup in Angeln, ganz in der Nähe seiner Tochter, die mit Pastor Fernando Wassner in Sörup verheiratet war. Fünf Jahre ist er dort noch Dorfpastor gewesen. Seiner Frau ging es nicht gut. Sie brauchten zwei Hausangestellte. Mit fast 69 Jahren ging er in den Ruhestand und zog nach Schleswig. 1933 starb seine Frau, und er zog zu einer Tochter nach Schwerin. 1936 bekennt er in einem Brief seinem ehemaligen Inspektor Halfmann gegenüber, daß er im Frühling 1933 der Meinung war, "wir ev. Christen müßten die Gedanken Hitlers fördern in der Art, wie die Deutschen Christen es damals wollten". Den Weg konnte er dann bald nicht mehr gehen und hat sich der Bekenntnisgemeinde zugewandt. Er traute es Halfmann zu, daß dieser sich von Einseitigkeit und Übertreibung freihalten könne und "dadurch reinigend in den Kreis der Bekenntniskirche" wirke. In Schwerin ist er im kirchlichen Dienst noch sehr aktiv gewesen. Er schreibt: "Mir ist es, als wenn ich jetzt erst recht predigen könnte, als wenn ich jetzt den Menschen erst recht viel zu sagen hätte und es jetzt besser kann als früher. Ich predige hier recht oft und habe sehr volle Kirchen. In dieser Hinsicht tut es mir leid, daß ich alt bin und bald aufhören muß." Er starb 1943 in Schwerin.
Das Wintersemester 1924/25 (vom 1.11.-30.3.) war das erste Semester, das von Studiendirektor Lic. Heinrich Rendtorff geleitet wurde. Unter den Kandidaten gab es Differenzen. Der Senior trat zurück, und es gab nur noch einen geschäftsführenden Senior. Sie nahmen an der Einführung von Rendtorff als Klosterprediger, der dritte Rendtorff in diesem Amt, durch Bischof Mordhorst teil. Einen Tag darauf erlebten sie seine Einführung als Studiendirektor. Sein Vater, Professor D. Franz Rendtorff, nahm als Rektor der Leipziger Universität daran teil.
In einem Aufsatz zum 60jährigen Bestehen des Predigerseminars 1956 erzählt Heinrich Rendtorff, daß er schon als Junge beim Bau des Seminars die Gerüstleitern herauf- und heruntergeklettert sei. Seine Mutter Luise war die Schwester Adolf Schlatters. Im 1. Weltkrieg war er Leutnant und Batterie-

führer an der Westfront. Sein besonderer Einsatz galt der Volksmission, zuerst als Dorfpastor in Hamwarde/ Lauenburg und dann in Rickling beim Landesverein für Innere Mission. Mit Flügelhorn und Büchertasche zog er durch alle Landschaften der Landeskirche. Rendtorff blieb nur eineinhalb Jahre in Preetz. Dann wurde er Professor der Theologie in Kiel und 1930 Landesbischof in Mecklenburg. Unermüdlich ist er auch dort in allen Landesteilen volksmissionarisch tätig gewesen. Nach dem Bruch mit dem Nationalsozialismus wurde er Pastor in Stettin und nach dem Krieg wieder Professor in Kiel. In meinen Jugendjahren nach dem 2. Weltkrieg war er wieder überall im Lande auf kirchlichen Wochen als Referent und Bibelausleger tätig.

Der Wechsel in der Leitung des Seminars brachte "allerhand Änderungen" im Studienplan mit sich. Die Andachten bei Tisch wurden nicht mehr ausgearbeitet, sondern vorgelesen. Die ausgearbeiteten Andachten an den Mittwochabenden wurden durch "Bibelstunden und volkstümliche Vorträge" ersetzt. Sie waren als Übungen gedacht. Arbeit gab es viel. Die Kandidaten nahmen gemeinsam 16 Pfund ab. Sie hielten Schulunterricht, sie sangen in der Kurrende, halfen mit im Kindergottesdienst, hielten liturgische Adventsgottesdienste in der Klosterkirche, führten mit dem deutsch-evangelischen Frauenbund ein Krippenspiel auf und musizierten dazu. Es wurde überhaupt viel musiziert und für Breklum gesammelt. Eine freiwillige Arbeitsgemeinschaft veranstaltete Vorträge über Sexualität, den Aufbau einer "deutschgedachten" Theologie, den Sinn des Todes vom biologischen Standpunkt aus, das Blaue Kreuz, das Bekenntnis, den Kirchenbegriff, China und Japan sowie über "Kirche und Volk".

Gearbeitet wurde zu den Themen: Volkskirche, Bekenntniskirche, Evangelisation, Gemeinschaftspflege, Volksmission, Großstadt und Religion, Volkstum und Religion, die Situation des Proletariats, der Gebildeten und des Bauerntums. Es wurden Vorträge ausgearbeitet zu den Themen: "War Jesus ein Jude?", "Dürfen wir minderwertiges Leben vernichten?", "Der Christ und die Bühne", "Die Bedeutung des Alten Testaments", "Wir fordern evangelische Erziehung".

Der Anspruch Rendtorffs an die Kandidaten war hoch. Manch einem war es zu anstrengend. Wie Halfmann urteilt, hatten sie zu seinen "soldatischen Zügen" keinen Zugang. Er strahlte Zucht, Gehorsam und zielbewußten Willen aus. Er verstand den Pastor als einen "Offizier, der an der Front steht und in wacher Kampfbereitschaft die Lage ernstnimmt". Ein Kandidat urteilt: "Das Predigerseminar war ihm ein Rekrutendepot unmittelbar hinter der Front." Als Rendtorff an einem Treffen der DCSV (=Deutsche Christliche Studentenvereinigung, die Vorläuferin der Ev. Studentengemeinde) teilnahm, erhielten alle eine Woche Urlaub, um sich zu erholen.

Um das Seminar zu schmücken, wurde von vielen Persönlichkeiten und Stellen Bilderschmuck erbeten und dann aufgehängt. Im Januar nahmen die Kandidaten am sozialen Pfarrerkurs im Johannisstift in Spandau teil. Aus Platzmangel wurden sie in der Zitadelle untergebracht und sahen ihren "geliebten Juliusturm" (so wurde scherzhaft die Kasse der Koinonia, der Kandidatengemeinschaft, genannt). Es gab eine gemeinsame Freizeit mit den Predigerseminaren Schwerin und Wolfenbüttel in Harburg. Halfmann wird bei seinem Abgang als "Hilfsarbeiter" an das Landeskirchenamt vor seiner Jerusalemreise ein Füllfederhalter geschenkt.

Vom Sommersemester 1925 (4.5.-5.10.) ab erhielten die Kandidaten RM 12,50 Taschengeld im Monat. Es gab wieder viel Arbeit und viele Vorträge und einen anderen Inspektor, Hans Rohlfs. Am 10. August war ein großes Gewitter. Vom 2. Stock aus konnte man sieben Brandherde beobachten. Das Kirchenamt bewilligte die Anschaffung von Posaunen. Es wurde so viel geblasen, daß bestimmte Übungszeiten angesetzt werden mußten. Die Anschaffung eines Ruderbootes wurde bewilligt. Die Hausdame, Fräulein Schmalz, stiftete anläßlich ihres Geburtstages den Kandidaten ein Gewehr, um Spatzen und Krähen zu verscheuchen und auch zum Scheibenschießen. Vom 27. September bis zum 4. Oktober gab es eine Aufbauwoche in der Kirchengemeinde Preetz, die das Predigerseminar mitgestaltete. Die Kandidaten verteilten Einladungszettel in jedes Haus und boten Traktate und Bücher zum Verkauf an.

Am Sonntag gab es um 10 Uhr in allen Schulen der Kirchengemeinde Preetz und in der Stadtkirche einen Gottesdienst zum Thema "Wohin Dein Weg?", am Montag und Dienstag Vorträge zum Thema "Gibt es für Dich ein Heil ohne Heiland?", morgens für Schüler und Schülerinnen und abends öffentlich einen Vortrag von Dr. jur. Berg aus Neustrelitz zum Thema "Kann man nach dem Kriege noch an Gott glauben?". Am Sonntag predigte Dr. Berg morgens in der Stadtkirche, sprach nachmittags in Drillers Gasthof auf einer Jugendversammlung über den "Kampf der Jugend" und abends im Deutschen Haus (nur für Erwachsene) über "Naturtrieb und Lebensfreude".

Die Studienreise des Seminars ging zu den Lutherstätten. Im Wintersemester 1925/26 war Rohlfs weg und Halfmann wieder da. Die Kandidaten betreuten eine Jugendgruppe, die im Anschluß an die kirchliche Aufbauwoche entstanden war. In den Preetzer Außendörfern hielten sie Bibelstunden. Sie hielten Vorträge in Frauenstunden über Mahatma Gandhi und Mathilde Wrede. Sie hatten feste Kindergottesdienstgruppen. Zu besinnlichen Adventsfeiern spielte Pastor Halfmann passende Klavierstücke. Es gab sehr viel Schnee in diesem Winter und das Schwentine-Tal sah im Frühjahr wie ein See aus.

Auffällig ist, daß in diesem Semesterbericht, abgesehen von der Hausdame Fräulein Schmalz, die für alle wie eine Mutter ist, zum ersten Mal von Frauen die Rede ist. Es wird erwähnt, daß die Kandidaten Bräute haben, sich verloben, oder auch, daß Schwestern von Kandidaten ihre Brüder im Seminar besuchen.

Zum Sommersemester 1926 gibt es einen Leitungswechsel. Heinrich Rendtorff wird Professor für Neues Testament und Praktische Theologie in Kiel.

Halfmann wurde Pastor in Schönberg. Von dort aus hat er hebräische Anfängerkurse an der Universität gegeben und wechselte im Mai 1933 auf eine Pfarrstelle an der Kirchengemeinde St. Marien in Flensburg. Seine weiteren Amtsjahre bis zu seiner Wahl in das Bischofsamt 1946 sind durch den Kirchenkampf geprägt.

Nachfolger von Rendtorff als Leiter des Predigerseminars wurde lic. theol. Hans Pohlmann, Pastor in Heiligenstedten. Er war damals 33 Jahre alt. Möglicherweise hat Bischof Völkel ihn vorgeschlagen, der ihn als ehemaliger Propst von Münsterdorf kannte. Pohlmann hat eine Arbeit geschrieben über "Die Grenze für die Bedeutung des religiösen Erlebnisses bei Luther". Sie wurde 1920 bei Bertelsmann veröffentlicht. Das religiöse Erlebnis wird bei Luther durch die Schrift begrenzt und autorisiert. Nachdem die Schrift ihre Autorität verloren hat, muß es eine andere Autorität geben, die die Objektivität der Glaubenssätze stärkt. Eine solche Autorität kann es nur in uns und neben dem Erleben geben. Es wird darum, so meint Pohlmann, zu einer Erneuerung der Natürlichen Theologie kommen. Ein prophetischer Satz, der in Erfüllung ging.

Pastor Ludwig Steil aus dem Rheinland wurde Studieninspektor. Im Gegensatz zu dem vorigen Semester herrscht zwischen allen ein gutes Einvernehmen. Ein "frischer Zug, der das Ganze beherrschte", war zu spüren. Offensichtlich war das Klima nicht mehr so anstrengend.

Mein Vater war 1926/27 Kandidat in Preetz. Das Seminar wurde an das Stromnetz angeschlossen. Es gibt viele Photos aus dieser Zeit, auch von der Studienreise nach Schweden. Der Kandidat Rudolf Hoffmann hatte eine schwedische Braut, die Tochter des Propsten und Hofpredigers Claes Caroli in Stockholm. Es gab gute Kontakte zur schwedischen Kirche und zu den deutschen Gemeinden in Schweden. Die Kandidaten nahmen auch an einem Gottesdienst mit Erzbischof Söderblom teil.

Sie spielten Schach, trieben viel Sport, meistens Faustball, wanderten, schwammen viel und ließen es sich neben der Arbeit gutgehen. Viele beständige Freundschaften hielten sich aus dieser Zeit. Es sind die Jahre, in denen sich die Kandidaten in das Kandidatenbuch eintrugen mit Anschrift und Studienorten, dazu ihr Gewicht beim Eintritt ins Seminar und beim Austritt aus dem Seminar. Mein Vater wog beim Eintritt am 1.5.26 nach den Entbehrungen der Studienjahre 148 Pfund und nahm in dem einen Jahr 13 Pfund zu. Er hielt nach den Meldungen im kirchlichen Gesetz- und Verordnungsblatt den "Jagdkalender" (=Verzeichnis der Gemeinden und Geistlichen) auf dem laufenden, damit die Kandidaten jederzeit wußten, wo vielleicht eine Pfarrstelle für sie frei war. Er lernte freiwillig, auf dem Harmonium Choräle zu spielen.

Von Pohlmann gibt es einen längeren Bericht über das Predigerseminar. Vermutlich ist er die Grundlage für die Ausführungen über die Ausbildung in der "Denkschrift über wichtige Erscheinungen des kirchlichen Lebens in der Schleswig-Holsteinischen Landeskirche seit Einführung der Verfassung der

3. ordentlichen Landessynode, erstattet von der Kirchenregierung" vom Jahre 1928. In seinem Bericht muß sich Pohlmann 30 Jahre nach Gründung des Predigerseminars immer noch auseinandersetzen mit der Frage: "Warum überhaupt ein Predigerseminar?" Die Notwendigkeit hatte sich unter den Amtsbrüdern noch nicht allgemein herumgesprochen. Umstritten ist die Frage, ob nicht ein halbjähriges Praktikum vor dem Seminar sinnvoll wäre. Die Praxis stellt die Fragen, die im Seminar dann wissenschaftlich durchgearbeitet werden. Die Kandidaten arbeiten längere Referate aus. Gemeindearbeit ist obligatorisch. In aller Arbeit, die getan wird, geht es um die Gemeinde. Nur was der Gemeindebildung dient, zählt.
Pohlmann spricht von einer Fülle der Aufgaben, die das Predigerseminar hat. Der einzuhaltende Studienplan von 1906 muß verändert werden. Pohlmann organisiert eine intensivere Beteiligung der Kandidaten am Schulunterricht und auch häufigere katechetische Übungen im Seminar. Die Pädagogik scheint einer seiner Schwerpunkte zu sein. Er rückt die Seelsorge stärker in den Vordergrund und macht sie zu einer selbständigen Übung. "Wir können in der Kirche nicht mehr achtlos an der Individualpsychologie und verwandten Erscheinungen vorübergehen." Er führt eine Übung "Einführung in die soziale Frage" ein. Wichern, Marx, Stöcker und Naumann werden gelesen. Jugendkunde kommt hinzu. Aus der "Sektenkunde" wird eine "Kirchenkunde". Die musikalischen Übungen bleiben ein Schwerpunkt. Er bemängelt das Fehlen pädagogischer, seelsorgerlicher, sozialwissenschaftlicher und "neuerer" Literatur. Zum Thema "Wege persönlicher geistlicher Förderung der Kandidaten" merkt er an, daß sie nicht neben der Seminararbeit, sondern in dieser zu erfolgen hat. "Mir scheint, daß eher noch die Gefahr besteht, von geistlichen Dingen zuviel zu hören."
Im Predigerseminar Preetz hielten sich durchweg zehn bis 13 Kandidaten auf, ebenso viele in den Lehrvikariaten der Kirchengemeinden. 1928 gab es im Sommersemester nur fünf Kandidaten und im Wintersemester keinen einzigen. Die Vikare erhalten RM 15 Taschengeld im Monat und freie Station. In diesem Jahre wird staatlicherseits "zur Deckung der Unkosten der den Lehrvikaren gewährten freien Station ein Betrag von jährlich 4000 RM gezahlt". So schnell ließen sich die alten Verbindungen von Staat und Kirche nicht trennen. Kirchenleitende Persönlichkeiten fuhren oft nach Berlin zu Gesprächen mit staatlichen Stellen. Es gab noch viel zu regeln nach Auflösung der Staatskirche.

Die Prägung der Vikare
Ihre Väter waren Pastoren, Missionare, Lehrer, Bauern, Kaufleute, seltener Handwerker und Beamte. Ihre älteren Freunde oder Brüder hatten am 1. Weltkrieg teilgenommen, und viele waren gefallen. Alle hatten die Hungerjahre und die Inflationszeit danach erlebt und sich als Studenten oft sehr mühsam durchgeschlagen. Von bürgerlicher Herkunft, dachten sie wie ihre Lehrer

konservativ und national. Der Niedergang des Kaiserreiches und des preußischen Königshauses waren ein Unfall. Hier war Unrecht geschehen. Eigentlich hatten sie alle die ganze Weimarer Republik nicht verdient. Liberalismus und Demokratie waren unchristliche Erscheinungen. Sie sollten wenigstens im kirchlichen Bereich keinen stärkeren Einfluß gewinnen. Der Staat wurde zwar als Ordnungsmacht akzeptiert, nicht jedoch der Sozialismus, nicht die Sozialdemokratie, dann schon eher der Nationalsozialismus. Es gab kaum Pastoren, die Mitglieder der SPD waren, es gab dagegen eine ganze Reihe von Pastoren, die sehr niedrige Parteinummern der NSDAP hatten. Es gab einige Ausnahmen, auch unter den Lehrern an den Gymnasien. Manch einer war ein überzeugter Anhänger der Weimarer Republik. Der eine oder andere machte seinen Standpunkt als Sozialist oder auch als Christ deutlich.
In den Kirchengemeinden ging es sehr traditionell zu. Ein junger Schüler hatte kaum andere Mitwirkungsmöglichkeiten, als im Posaunenchor zu spielen oder im Kindergottesdienst mitzuhelfen. Als die Jugendbewegung sich in Jugendbünden uniformierte, gab es organisierte Jugendarbeit. Einige Vikare haben vom Predigerseminar aus CVJM-Jugendgruppen geleitet. Allenthalben gab es eine marschierende Aufbruchsstimmung. Nicht nur die SA, der Stahlhelm oder das Reichsbanner, sondern auch jüngere Christen marschierten in großen Scharen auf überregionalen Gau-Veranstaltungen durch Altona. Zur Zeit des 100.000-Mann-Heeres wurde viel marschiert und demonstriert. Weltanschauungsfragen wurden öffentlich diskutiert. Zu Hunderten, ja auch zu Tausenden sammelten sich Suchende und Ratlose in Festsälen, Gewerkschaftshäusern, Kirchen und Gesellschaftsräumen und hörten sich Vorträge an über die Jugend und den neuen Staat, die Kirche und den Marxismus, Gott und die Nation, Christentum und Sozialismus und andere Themen. Es gab bekannte Prediger, die Sonntag für Sonntag in vollen Kirchen predigten. Manchenorts gab es Schülerbibelkreise. In Flensburg gab es einen Schülerkreis, der mit Hans Asmussen die Bekenntnisschriften las. In Altona lud ein Schülerkreis Pastoren zur Bibelarbeit ein. Pastor Engelke von der Altonaer Hauptkirche St. Trinitatis verstand es besonders gut, jungen kritischen Schülern die Bibel nahezubringen. Er wurde später Leiter des Rauhen Hauses und dann "Reichsvikar" beim Reichsbischof Müller (beide zusammen haben Hermann Göring getraut).
In Nordschleswig und später dann auch in Südschleswig hat die Nordschleswigsche Erweckungsbewegung mit ihrer besonderen Frömmigkeit prägend auf viele Theologengenerationen gewirkt. Die Väter und Großväter dieser Bewegung fühlten sich dem Bekenntnis verpflichtet; sie wollten betont lutherisch sein, dem Volke dienen und in Lebenshaltung und Lebensgestaltung einen eigenen Frömmigkeitsstil deutlich machen. Viele Theologiestudenten aus dem Norden waren von ihnen beeinflußt. Dieser Einfluß wurde nach 1920 noch stärker, als viele Pastoren aus Nordschleswig nach der Abstimmung in Südschleswig oder Holstein tätig wurden.

Die Theologen studierten in Tübingen wegen Schlatter und Heim; sie gingen nach Erlangen wegen Althaus und blieben dort wegen Ehlert, studierten aber auch in Leipzig, Berlin, Marburg, Bethel, Rostock und selbstverständlich Kiel.
Die Kandidaten in Preetz kannten sich zum Teil von den Universitäten her. Sie gehörten zu verschiedenen christlichen Verbindungen und Gruppen, zu Sangesgilden, zum Wingolf, zum weißen Wingolf oder zu den Nibelungen, zur DCSV oder zur Philadelphia, einer ursprünglich von Lutheranern in Leipzig gegründeten Theologenverbindung, in der das gemeinsame Lesen der Bekenntnisschriften wichtiger war als der Bierabend.
Das Kirchenamt kümmerte sich um die Studenten überhaupt nicht. Die Theologiestudenten organisierten selbst gemeinsame Tagungen für Vikare und Studenten. Zu diesen Tagungen oder Freizeiten, manchmal auf einem Bauernhof, luden sie dann einen Bischof oder bekannte Theologen ein, um mit ihnen zu diskutieren. Einzelne Pastoren luden Studentengruppen in ihr Haus, um von ihnen über die theologische Entwicklung an den Universitäten zu hören. Zugleich gab es eine Aufbruchsstimmung in der Kirche und ein intensives Fragen nach dem Wesen und Auftrag der Kirche.

Die Kandidaten im Predigerseminar
Jeweils zum Mai und zum September kam eine neue Gruppe von Kandidaten in das Predigerseminar. Es gab kein durchlaufendes Curriculum. Wer da war, machte alles mit. Einige Kandidaten kamen direkt von der Universität, wenige hatten schon ein halbes Jahr Praxis hinter sich. Oft waren es nur vier oder fünf Kandidaten in einem Kurs. Gelegentlich wurde das Seminar für ein Semester geschlossen. Manchmal gab es einen Inspektor. Von den Kandidaten wird bemängelt, wenn es zeitweilig keinen Inspektor gibt. Wichtig war der Senior. Der Senior war im Amt, wenn die Neuen kamen, und wurde später aus dem Kreise der Neuen gewählt. Er war der Sprecher der Kandidaten. Einige Kandidaten waren ein Jahr in Preetz, viele auch nur ein halbes. Das Kirchenamt entschied sehr willkürlich, manchmal aber auch nach den Interessen der Vikare. Wer es in Preetz vor Langeweile nicht aushielt, sprach mit dem Bischof und erwirkte so die Möglichkeit, ins Ausland zu gehen oder in der Landeskirche einen anderen Platz für sich zu finden. Beklagt wird von vielen Kandidaten der Mangel praktischer Erfahrung. Es muß für den Leiter des Predigerseminars nicht leicht gewesen sein, die Verbindlichkeit der gemeinsamen Arbeit deutlich zu machen.
Die Inhalte der Arbeitseinheiten scheinen etwas willkürlich. Es gibt kursorische Lektüre, praktische Exegese, Gesangbuchkunde, Andachten, Predigtübungen, Übungen zu den Bekenntnisschriften, immer und immer wieder Kirchenrecht; es gibt Choralsingen, Orgel- und Harmoniumspiel, liturgisches Singen und Sprechübungen bei dem blinden Kirchenmusiker der Klosterkirche, Herrn Petonke. Es gibt Vorträge von Missionaren über die Mission

("Zwischen Wasser und Urwald"), über die Innere Mission, über die Fragen: "Welche Bedeutung hat die Kirche für die Volkserziehung?" und "Hat die Kirche eine Kulturaufgabe?" Die Kandidaten selbst referieren über Kirchen- und Sektenkunde, über "Luther als Begründer kirchlicher Kindererziehung" und die hochkirchliche Vereinigung; mein Vater referiert über die Kritik des Pietismus an der Seelsorge der Orthodoxie. Fachleute reden über das Blaue Kreuz, über Jugendpsychologie oder stellen sich der Frage: "Was können wir tun, um für die Mission zu werben?" Es geht um die Bedeutung der religiösen Volkskunde für die Seelsorge und darum: "Welche Grenzen setzt das schleswig-holsteinische Volkstum der Erfassung des Evangeliums?" Es geht aber auch schon gelegentlich um Barth und Bultmann und die religiösen Sozialisten.

Gesichtspunkte der Denkmalspflege spielten immer wieder eine Rolle. Beliebt sind Studienreisen zur Besichtigung von Kirchbauten auf Inseln und Halligen in Nordschleswig, in Lauenburg, aber auch in Mecklenburg. Die Kandidaten sind verantwortlich für den Kindergottesdienst in der Klosterkirche, sie halten Vorträge und Bibelstunden in den Dörfern um Preetz herum, selbstverständlich auch Gottesdienste. Wiederholt fanden die Kandidaten großen Anklang mit den Krippenspielen, die sie für die Stadtkirche einübten. Es gab Studienreisen nach Schweden, an den Rhein, nach Dänemark oder auch nach Thüringen und Sachsen zu den Stätten der Reformation in Eisenach und Wittenberg.

Im Sommersemester 1928 besuchten nur fünf Kandidaten das Predigerseminar, von ihnen war ein Kandidat mehrere Wochen beurlaubt und ein anderer mehrere Wochen krank. In diesem Semester gab es besonders viele Reisen, wohl weil die restlichen drei in das Auto des Direktors paßten. Am 25. Mai wurde der 150. Geburtstag von Klaus Harms gefeiert. Seine Thesen und seine letzte Predigt wurden vorgelesen. Zum ersten Mal wurde die neue Kirchenfahne gehißt. Ihre Einführung war von der schleswig-holsteinischen Kirchenregierung 1927 beschlossen worden. Sie wurde auch als ein Protest gegen die offizielle schwarz-rot-goldene Fahne betrachtet, die man in kirchlichen Kreisen nicht gerne wehen ließ.

Ein Photoalbum aus den Jahren 1925 bis 1933 erzählt viel. Das Seminar sieht freundlich und bewachsen aus. In den ersten Jahren sind alle Kandidaten mit dunklem Anzug, dunklem Schlips und Stehkragen abgebildet. Die lockere Wanderkleidung fordert nach wie vor den Stehkragen; zu langen Schnürstiefeln werden Wollgamaschen getragen, auf Ausflügen tragen sie fast alle Hüte, einzelne wagen auf Schiffen und ländlichen Wegen schon mal eine "Prinz-Heinrich-Mütze". Die Hausdame dieser Jahre heißt immer noch Fräulein Schmalz. Der große Hund, der sich mit allen Kandidaten anfreundet, heißt Troll, der kleine Hund Dux(!). Erst auf dem Gruppenbild mit Fräulein Schmalz, Troll und Dux vom Jahre 1933 sind die ersten Schillerkragen zu sehen.

Am 16. September 1928 feierte Fräulein Schmalz ihren 70. Geburtstag. Das Wintersemester 1928/29 fiel aus. Wegen der geringen Zahl der Kandidaten wurde umdisponiert. Im Sommersemester 1929 wurde eine Schreibmaschine angeschafft. Sie bedeutete eine große Erleichterung. Das wöchentliche Singen der Kandidaten im Krankenhaus wurde eingeführt. Im Wintersemester 1929/30 standen sich die Kandidaten in grundsätzlichen Fragen schroff gegenüber. Es wurde von Disharmonie unter den Kandidaten geredet. Die Gründe für diese Disharmonie sind nicht zu erkennen. Ein Filmapparat wurde angeschafft. Im Sommersemester 1931 wird zum erstenmal ein Referat mit einem Thema neuer Art, Christentum und Nationalsozialismus, von Kandidat Meyer gehalten.

Im Wintersemester 1932/33 gab es Schwierigkeiten mit dem religionspädagogischen Praxisfeld. Bisher war es so gewesen, daß montags einige Mädchen und dienstags einige Knaben ins Seminar kamen und für ein paar Groschen den Kandidaten zu religionspädagogischen Übungen zur Verfügung standen. Diese Mädchen und Knaben wurden von den Lehrern des Ortes geworben. Dazu waren die Lehrer nicht mehr bereit, aus Verärgerung über den "Erlaß über die Einsichtnahme in den Religionsunterricht". Die Kirche hatte sich darüber beschwert, daß die Konfirmanden zu wenig Grundkenntnisse im Religionsunterricht erworben hatten. Daraufhin war der Kirche die Einsichtnahme in den Religionsunterreicht zugestanden worden. Das erinnerte die Lehrer und Lehrerinnen an die gerade vergangene und so unheilvolle geistliche Schulaufsicht. Pohlmann war Mitglied des NS-Lehrerbundes. Er hatte daher gute Kontakte. Für die Kandidaten wurde es möglich, wieder Religionsunterricht in den Schulen zu geben. Sie nahmen auch an den Vorträgen des NS-Lehrerbundes teil. Diese Vorträge hatten zum Inhalt "Dokumente über Versailles" und "Glaubensbewegung Deutsche Christen".

Alle, die sich an den Direktor des Predigerseminars von 1926 bis 1934 erinnern, Herrn Lic. Hans Pohlmann, sind sich in der Beurteilung seiner Person einig. Sie nannten ihn "Pepi". Er war nett und freundlich; er konnte niemandem weh tun, aber er hatte keine Autorität. Die Kandidaten kamen bei ihm nicht auf ihre Kosten. Sie machten, was sie wollten. Sie boykottierten die Regeln der Seniorenwahl. Es gab bei der Neueröffnung eines Semesters die Bekanntmachung, daß bei der Seniorenwahl nicht mehr alle Kandidaten wählbar waren, sondern nur die, gegen die der Direktor keine Einwände hatte. Weiter hieß es, zu den Festlichkeiten müßten der Direktor und auch seine Frau nicht unbedingt eingeladen werden. Das Programm solle vorgelegt werden, und der Direktor könne grundsätzlich an allen festlichen Veranstaltungen teilnehmen. Diese Regelungen sprechen wohl für sich. - Pohlmann hatte es gern, daß ein Dienstmädchen ihm das Tor zum Grundstück des Predigerseminars öffnete, wenn er mit seinem Auto von seiner Wohnung im Kloster in das Seminar fuhr. Die Kandidaten liebten es, den empfindsamen und etwas biederen Pohlmann zu reizen und ihm auch ihre Geringschätzung deutlich zu machen. Sie kamen erst in die Unterrichtsstunde, wenn das Tischtennisspiel entschieden war.

Zunehmend wurde deutlich, daß Pohlmann offensichtlich der falsche Mann an diesem Platz war. Der "Curator" des Seminars, Bischof Mordhorst, sprach offen und hinter dem Rücken von Pohlmann mit den Kandidaten über dessen Mängel. Als Pohlmann im Frühjahr 1934 als Konsistorialrat nach Schneidemühl (Westpreußen) ging, hatte das nichts mit der politischen Wende zu tun, aber allenthalben war Erneuerung angesagt, darum auch im Predigerseminar.

Das Predigerseminar in den "Wendejahren" 1933 und 1934

Die neue Zeit kündigt sich zunächst nur zaghaft an. Der Arbeits- und Lebenslauf im Seminar sieht scheinbar gleich aus. Es gibt Schulunterricht, Sprechgesang und Harmoniumunterricht, Referate der Kandidaten über Freud und Adler, Kirchenrecht, Besuch der Ausstellung "Symbol und Form", Predigten, Gottesdienste und Kindergottesdienste im Kloster und im Stift, praktische Exegese und Klärung eines Streitfalls. Das Arbeitsamt in Kiel wird besichtigt, und mit dem Landeskonservator, Professor Sauermann, gibt es immer noch Exkursionen zu alten Kirchen. Es gibt auch noch das Referat: "Hat die Kirche eine Kulturaufgabe?" Neu sind auf dem Programm Turnen und das dogmatische Konversatorium bei Propst Schmidt aus Kiel. Propst Schmidt war ein Nordschleswiger, eine große eindrucksvolle Gestalt, authentisch in seiner persönlichen Frömmigkeit. Die Begegnung mit ihm hat für viele junge Menschen, auch für spätere Pastoren, große Bedeutung gehabt.

Am Dienstag, den 21. März, steht im täglichen Arbeitsbericht zu lesen: "Feierlicher Staatsakt der Nationalen Erhebung in der Garnisonskirche zu Potsdam, gehört anläßlich einer Einladung bei Herrn Direktor Pohlmann." Im Sommersemester 1933 ist die neue Zeit zu spüren. Die Themen und Inhalte verweisen auf den politischen und kirchenpolitischen Kontext. Am 26. Mai heißt es: "Besprechung der Thesen von H. Vogel, Kreuz und Hakenkreuz, Thesen des Protestes, der Frage und der Bitte an die Glaubensbewegung Deutsche Christen - und deren Beantwortung durch Lic. Gebhard." Am 26. Juni heißt es für den Nachmittag von vier bis fünf Uhr dreißig: "Gegenwartsfragen, Referat von (Erich) Pörksen: Was ist von der Idee der Reichskirche zu halten und wie ist sie zu gestalten? - mit Diskussion." Am 9. August wird ein Buch referiert, das bis zum Ende der dreißiger Jahre immer wieder vorkommt: Ernst Krieck, Nationalpolitische Erziehung. Der fromme Propst Schmidt hält am 17. August einen Vortrag über das Thema: "Kampffront und Kampfziel der Deutschen Christen". Am nächsten Tag referiert der Kandidat Mohr: "Was wollen die Deutschen Christen und was will die Deutschkirche?" Derselbe Kandidat Mohr muß gleichzeitig eine Kasualie vorlegen: eine "Traurede für einen Tagelöhner aus dem östlichen Holstein" - über 1. Korinther 13. Zur Frau gibt es keine Angaben.

Die neue Zeit wird immer deutlicher. Der Kandidat Rosansky referiert über die Beziehungen zwischen Volkstum und Religion im Neuen Testament. Am Montag, den 11. September, fahren alle Kandidaten nach Hamburg zur Teilnahme an der Huntertjahrfeier des Rauhen Hauses. Sie bleiben dort bis Mittwoch, den 13. September. Dort erleben sie den schon erwähnten Engelke als Leiter des Rauhen Hauses und den noch nicht eingeführten Reichsbischof Müller, der bei dieser Gelegenheit Engelke überredet, als Reichsvikar nach Berlin zu kommen. Nach einigen freien Tagen gibt es am Sonnabend, den 16. September, einen Semesterschlußabend und eine Abschiedsfeier für Fräulein Schmalz. Dann heißt es: "Die Mitglieder des Seminars verteilen sich auf Arbeitsdienst und Wehrsportlager."

Der Kandidat Johannes Hansen (später Pastor in Möln und Viöl) schreibt einen sehr feinsinnigen Bericht über das Sommersemester 1933 (s. Dokumentation, S. 98). Alle sprachen von Gleichschaltung. Es fehlte die innere Ruhe zu konzentrierter Arbeit. Die Pflege der musischen Künste trat zurück. Jetzt gab es Waldlauf, Freiübungen und wöchentlich einen Pflichtturnabend. Neue Zeitungen wurden abonniert, ein Radioapparat wurde angeschafft. Die Arbeit wurde kontrolliert. Jeder mußte ein Arbeitstagebuch führen, das wöchentlich dem Direktor vorzulegen war. Zwei Kandidaten trugen das "Braunhemd". In die Semesterausbildung wurden ein dreiwöchiger bzw. vierwöchiger Wehrsportkurs und Arbeitsdienst einbezogen. Das Semester schloß schon am 16. September.

In diesem Semester konnte man zum ersten Mal die vom Seminargebäude herabhängende schwarz-weiß-rote Hakenkreuzfahne grüßen. Zu diesem Zweck mußte eine neue Fahnenstange angeschafft werden. Pohlmann bemühte sich um die Finanzierung durch die preußische Regierung, d.h. durch die Abteilung für Kirche und Schulwesen in Schleswig, die Provinzialbehörde des preußischen Ministeriums für Wissenschaft, Kunst und Volksbildung. Der Staat Preußen hatte bisher das Predigerseminar im wesentlichen unterhalten und sich durch einen Vertrag mit den evangelischen Landeskirchen auch weiter dazu verpflichtet (11.5.31). Es gab neben allgemeinen Staatsdotationen genau festgesetzte Summen für die Bauunterhaltung: A für kleine Notstandsregelungen, B für Dach und Fach, C für Bauerneuerungen und Bauergänzungen. Niemand wußte den Vorgang einzuordnen und zu entscheiden: Wer bezahlt die neuen Fahnen (Flagge schwarz-weiß-rot, 1,50 x 3,00 m groß, nebst Leine für 14 RM, die Hakenkreuzfahne, 1,50 x 3,00 m, für 14 RM und die notwendige Fahnenstange, etwa 8 m lang, mit Anstrich für 30 RM, also zusammen 58 RM)? Es wurde behördlicherseits der Vorschlag gemacht, durch Abänderung der alten Reichsflagge 9 RM zu sparen, es ging also nur noch um 49 RM. Handelte es sich wirklich um eine Baumaßnahme? Über ein Jahr lang hat dieser Vorgang in einem regen Briefwechsel verschiedene Behörden beschäftigt. Es wurde schließlich ein Jahr später, im Mai 1934, entschieden, daß die Fahnenstange aus Geschäftsbedarf zu zahlen sei.

Zum Wintersemester 1933/34 fanden sich 14 Kandidaten ein. Das Sommersemester 1934 fiel ganz aus. Es gab ja keinen Direktor. Die 12 Kandidaten, die bereits ein Semester im Seminar gewesen waren, kamen in ein Gemeindevikariat.

Der neue Direktor
Diese 12 begannen das Wintersemester 1933/34, zusammen mit acht neuen Kandidaten und einem neuen Direktor, am Dienstag, den 6. November 1934. Die Eintragung im Tagebuch lautet: "Bis vier Uhr Anreise, halb sechs Uhr feierliche Eröffnung des Seminars und Einführung von Herrn Studiendirektor Horstmann durch die Herren der Schleswig-Holsteinischen Landeskirchenregierung. Halb acht Uhr Festessen zur Wiedereröffnung des Seminars. Anschließend bis ca. elf Uhr kameradschaftliches Beisammensein mit einem Vortrag von Herrn Studiendirektor Horstmann über seine Arbeit in Nordschleswig."
Ein neuer Stil (kameradschaftlich), eine neue Zeit (ein Seminar, das schon viele Jahrzehnte bestand, wurde feierlich eröffnet), ein neuer Direktor, Pastor Gottfried Horstmann. Er wurde 1881 als Pastorensohn auf Röm geboren und begann 1908 als Pastor in Skrave oben an der Königsau. Fünf Jahre später war er Pastor in Bröns, etwas südlicher an der Westküste Nordschleswigs gelegen. Fünf Jahre später wurde er Pastor in Scherrebek, ebenfalls etwas südlicher an der Westküste gelegen. Die Gemeinde mußte er 1920 nach der Abstimmung verlassen, weil er deutsch gesonnen war. Über diese Zeit hat er ein Buch geschrieben: "Erinnerungen aus verlorenem Land", das er seiner guten Kameradin Erna Horstmann und allen lieben Nordschleswigern gewidmet hat. Es ist ein liebe- und gefühlvoller Bericht über seinen ersten Lebensabschnitt und die Bedeutung und Wirkung der "Nordschleswigschen Erweckungsbewegung" in den Gemeinden.
Horstmann erzählt auf vielen Seiten begeistert von dieser Erweckungsbewegung. Charakteristisch für diese Frömmigkeit ist der durch die Herrenhuter-Siedlung Christiansfeld/Hadersleben und ihre pädagogische Arbeit genährte Wunsch nach christlicher Lebenshaltung und Lebensgestaltung, nach Frömmigkeit des Herzens und des persönlichen Lebens. Dieser Wunsch verband sich sehr intensiv mit der Frage nach dem eigenen lutherischen Bekenntnis, nach der Kirche, zu der die Schleswiger gehörten. Sie wollten sich nicht trennen von ihrer Volkskirche, zu der sie gehörten; sie wollten sich nicht trennen von ihren Verwandten, von ihren Freunden, von ihren Nachbarn, unter denen und mit denen sie leben. Darum ist diese Frömmigkeitsbewegung auch ausgesprochen missionarisch gewesen. Sehr früh spielten die Laien eine Rolle. Die Nordschleswiger hatten auch einen besonderen Stil der Leutseligkeit, der Freundlichkeit und der Gastfreiheit. Horstmann war in diesem Sinne ein echter Nordschleswiger und ein Deutscher. Darum konnte er nach der Abstimmung nicht mehr Pastor in Scherrebek bleiben. Er bewarb sich in Marne, ganz

im Süden der Westküste. Er galt als betont kirchlicher Mann, im liberalen Umfeld Dithmarschens als "Schwarzer". Anläßlich der Pastorenwahl soll folgender Vers im Umlauf gewesen sein:
" Willst dem Schwarzen Du ins Garne,
wähle Pastor Horstmann, Marne!
Willst Du die Freiheit aber,
wähle Pastor Graber!"
Horstmann wurde gewählt. Er wechselte1926 nach Nordschleswig zur nunmehr Deutschen Freikirche, bevor er dann im November 1934 Studienrektor im Predigerseminar in Preetz wurde.
Er gehörte zu den "Deutschen Christen". Es gibt von ihm einen Aufsatz "Die Glaubensbewegung Deutscher Christen" in einer nordschleswigschen Zeitung vom Oktober 1933. Er hält die Glaubensbewegung für eine Bewegung zur Kirche hin. Sie will dem nationalsozialistischen Staat die christliche Grundlage geben. Es soll nur eine evangelische Reichskirche geben. Wie im Staat, so soll das Führerprinzip in der Kirche herrschen. Wie der Staat, soll die Kirche kämpferischen Charakter haben. "Wir wollen eine heldische Frömmigkeit." Wie der Staat, soll auch die Kirche völkisch sei. Das Christentum soll die Güter Volkstum, Rasse und Nation bejahen. Die Juden gehören einem anderen Volkstum an. Sind sie getauft, so sind sie christliche, aber nicht deutsche Brüder. Die Deutschen Christen hoffen, daß Jesus Christus der Eckstein des Dritten Reiches wird.
Im Seminar bleibt es bei denselben Themen und denselben Fragen, und - es kommen neue dazu. Es gibt viele offene Abende bei Direktor Horstmann. Sie heißen manchmal Kameradschaftsabende. Es gibt Besprechung von Gegenwartsfragen, den Besuch der NS-Lehrerkonferenz und dann auch Generalsturmappell und SA-Dienst, SA-Dienst, SA-Dienst. Die neuen Medien spielen eine größere Rolle - Dr. Hahn referiert über Film und Rundfunk. Am 15.1.35 heißt es im Tagebuch: "8 bis 9 Uhr: gemeinsames Abhören des Saarabstimmungsergebnisses am Rundfunk. 16 3/4 bis 17 3/4 Uhr: Saarfeier im Seminar. 19 bis 22 Uhr: SA-Aufmarsch." Wahrscheinlich ging es um den örtlichen SA-Aufmarsch in Preetz anläßlich des Wahlergebnisses.
Neue Themen in den Referaten der Kandidaten kündigen sich an: "Kann man die Patriarchen als Glaubenshelden bezeichnen?" oder "Ist das Alte Testament hinderlich oder förderlich in unserem Kampf um die Rassereinheit?" oder "Der Glaube der Germanen als Ersatz für das Alte Testament" oder "Ist das Alte Testament für den christlichen Glauben unaufgebbar?"
Scheinbar geht alles ohne Konflikte ab. Ist die Zustimmung zu den Inhalten einhellig? Ist die Stimmung gut? War die Teilnahme am SA-Kameradschaftsabend selbstverständlich? Gab es keine Proteste?
Ich verbinde mit den Namen der Kandidaten, die im Wintersemester 1934/35 im Seminar waren, nur wenig. Es waren brave Söhne. Sie haben später keine größere Rolle in der Landeskirche gespielt. Bischof Paulsen, der hier zum er-

sten Mal auftaucht, ein freundlicher Mann, der sehr schwer nein sagen konnte und es allen recht machen wollte, verabschiedet die Kandidaten.

Zeitgeschichte
Jetzt beginnt das Sommersemester 1935. Wir besinnen uns auf den zeitgeschichtlichen und kirchengeschichtlichen Kontext. Der Versuch, eine einheitliche evangelische Reichskirche zu gründen, ist gescheitert. Reichsbischof Müller ist gescheitert, die "Deutschen Christen" spielen kaum noch eine Rolle. Die Bekennende Kirche hat ihren Anspruch auf die Leitung der Landeskirchen nicht durchsetzen können. Die Macht in den einzelnen Landeskirchen ist unterschiedlich aufgeteilt. Es gibt viele Gruppen und Gruppierungen in den Landeskirchen. In der schleswig-holsteinischen Landeskirche bemühte sich Bischof Paulsen um Einigung. Er gründete auf einer Pastorenversammlung in Neumünster am 10. November 1934 ohne Beteiligung der BK-Pastoren eine "landeskirchliche Front", die von Propst Hasselmann, Flensburg, geführt wurde. Sie will "nichts als den Frieden und die Ordnung und die Unzerspaltenheit unserer Kirche. Wir wollen dem drohenden Verfall mit aller Kraft wehren", heißt es.
Bischof Paulsen macht im Dezember 1934 sein Verbleiben im Bischofsamt abhängig von der Zustimmung der Pastoren. Von 433 Pastoren stimmen 264 mit Ja. Der Bischof und die Kirchenleitung suchten Frieden und Ordnung. Die Bekennende Kirche kritisierte besonders die sogenannte "Braune Synode" vom September 1933. Ein Gutachten erklärte sie für ungesetzlich. Im kirchlichen Gesetz- und Verordnungsblatt vom 13.2.35 wurde der Versuch gemacht, die Gesetzlichkeit der Synode nachzubessern. In demselben Amtsblatt wurde bekanntgegeben, daß an den Universitäten in die theologische Ausbildung in Zukunft folgende Fächer aufzunehmen seien: Rassenkunde, Erblehre, Germanische Kultur, Deutsche Geschichte des 19. Jahrhunderts. Diese Bekanntmachung zeigt bei oft allseitig bekundetem Friedenswillen die von der Bekennenden Kirche immer wieder kritisierte Abhänigkeit von der Nationalen Kirche, d.h. von der Reichskirchenleitung. Für die Bekennende Kirche gab es mit den kirchenleitenden Persönlichkeiten in Schleswig-Holstein keine Gemeinschaft, solange sie loyal zu dieser Reichskirchenleitung standen. Die Bekennende Kirche machte immer wieder den Versuch, sich an den Beschlüssen der Bekenntnissynode von Dahlem (Oktober 1934) zu orientieren ("Wir sind die wahre Kirche und erheben Anspruch auf die Kirchenleitung.").
Im März 1935 meint der Bruderrat, es nicht mehr mittragen zu können, daß die Ausbildung auch der Kandidaten, die der Bekennenden Kirche angehören, von den Landeskirchen verantwortet wird. Der Bruderrat fordert, daß Ordination, theologische Prüfung und Vikariat der Kandidaten, die zur Bekennenden Kirche gehören, auch durch Bischöfe der Bekennenden Kirche oder durch Kommissionen von Bekenntnispastoren durchgeführt werden sollten. Die Bekenntnispastoren der Schleswig-Holsteinischen Landeskirche mach-

ten Bischof Paulsen und den um Frieden bemühten Repräsentanten der Kirchenleitung immer wieder den Vorwurf, daß sie sich nicht ausdrücklich und deutlich genug von der deutschkirchlichen Irrlehre trennten. Es hatte einige bekannte und vielbesprochene Vorgänge in der Landeskirche gegeben:
- Auf einer Versammlung von 300 Lehrern in Neumünster hatten diese sich zu einem "deutschkirchlichen" Religionsunterricht verpflichtet. Sie lehnten den Gebrauch des Alten Testamentes im Religionsunterricht ab, verwarfen die Theologie des Paulus als rabbinische Erlösungslehre und sprachen von einem "heldischen" Jesus und seinem heldischen Opfertod.
- Am 14. April 1935 hatte Propst Szymanowski/Bad Segeberg eine deutschkirchliche Konfirmationsfeier durchführen lassen. (Später nannte er sich Bieberstein und war Chef des SS-Einsatzkommandos 6 der Einsatzgruppe C. in der Ukraine. Die Einsatzgruppen waren für die "Sicherheit" in den besetzten Gebieten verantwortlich. Darunter wurde in Übereinstimmung mit der Partei die Ermordung von Juden, kommunistischen Funktionären und sonstigen "unsicheren Elementen" verstanden. Szymanowski/Bieberstein wurde im Nürnberger "Einsatzgruppenprozeß" wegen Verbrechen gegen die Menschlichkeit, insbesondere Massenmord und Ausrottung von Minderheiten, zum Tode verurteilt. Die Todesstrafe wurde 1951 in "lebenslänglich" umgewandelt. 1958 wurde er entlassen).
- Propst Dührkop/Wandsbek hatte deutschkirchliche Tauffeiern veranstaltet.
- Propst Cornils/Itzehoe hatte eine deutschkirchliche Feier in der Kirche verboten, mußte auf Anordnung des Kirchenamtes dieses Verbot aber wieder zurücknehmen.

Bischof Paulsen ließ sie alle gewähren. Neben radikalen Stimmen auf allen Seiten gab es ebenso Stimmen, die nach Aussöhnung der verschiedenen Richtungen riefen.
Nach der Semestereröffnung im Mai 1935 gab es im Angebot viel Plattdeutsches: Kultur und Brauchtum und Vorbereitungen für einen plattdeutschen Saat-Gottesdienst mit Pastor Johannes Jessen, dem großartigen Übersetzer des Neuen Testaments und einiger Teile des Alten Testaments in das Plattdeutsche. Und immer wieder gab es im Mai und Juni Berichte von Direktor Horstmann: "Lebendige Gemeinde - Berichte aus der Praxis" (21. und 31.5. Skrawe, 5.6. Bröns, 25.6. Scherrebek und Marne, am 3.7. eine Fortsetzung).
Jakob Wilhelm Hauer (Indien-Missionar und Vertreter der Deutschen Glaubensbewegung) hält in Kiel ein Referat über das Thema: "Kann ein Deutscher Christ sein?" Über diesen Vortrag wird referiert. Am 29. Mai ist die Richtfeier der neuen Direktorenwohnung. Der Anbau an ein staatliches Gebäude wird von der Landeskirche bezahlt. Der Staat ist einverstanden, behält sich aber die Bauaufsicht und Überwachung vor. Es gibt eine Reise auf die Inseln und Halligen mit Professor Sauermann und eine Studienreise nach Wittenberg. Immer wieder ist Hauer dran mit seinem Buch "Deutsche Gottschau".

Am selben Vormittag wird über germanisch-deutsche Sittlichkeit gesprochen, und anschließend gibt es ein Dogmatikreferat von Konsistorialrat Morys über die Behandlung der Eigenschaften Gottes. Konsistorialrat Morys hat Propst Schmidt im Fach Dogmatik vertreten, als er krank war. Im August ist Propst Schmidt wieder da mit dem Thema: "Die Persönlichkeit Gottes - die Person des Menschen, der Mensch als Gottes Ebenbild." Aus der Divinität folgt die Humanität beim Menschen. In der nächsten Stunde heißt das Thema: "Der Mensch als Träger der Gottesebenbildlichkeit: Das Gewissen." In regelmäßigen Abständen taucht im täglichen Arbeitsbericht immer morgens als erster Punkt auf: "Besprechung interner Seminarangelegenheiten." Was sich dahinter verbirgt, ist nicht zu erkennen. Es gab einen Aufstand der Vikare.

Der Aufstand der Kandidaten im Sommersemester 1935

Die Vikare, die im Mai 1935 in das Seminar eintraten, waren anders als ihre Vorgänger. Sie kannten sich von Studentenfreizeiten, von Volksmissionsfahrten und vielfältigen anderen Kontakten. Einige von ihnen hielten sich zur Bekenntnisgemeinschaft der ev.-luth. Landeskirche Schleswig-Holsteins. Sie hatten die feste Absicht, ihren eigenen Weg als Vikare der Bekennenden Kirche im Predigerseminar zu gehen.

Sie hatten intensiven Kontakt mit dem Landesbruderrat und wollten, wenn sie sich auch zu Ostern noch mit viel Bedenken durch die Landeskirche hatten prüfen lassen, in Preetz gegenüber aller nationalsozialistischen Ideologie und auch gegenüber den Deutschen Christen unbeugsam bleiben. Sie wollten sich in Preetz darum bemühen, "in sachlicher Weise und in theologischer Arbeit immer wieder ihr Anliegen vorzubringen und ihm Geltung zu verschaffen".

Im Seminar begegneten sie dem Senior Boye Gehrkens, der sich bereits im vergangenen Semester als ein Vertreter der DC gezeigt hatte. Sie waren darauf hingewiesen worden, daß der Senior an der Gestaltung des Seminarbetriebes mitwirke. Sie erklärten dem Studiendirektor, daß der Senior Gehrkens nicht ihr Senior sei, da er ihre kirchlichen Anliegen nicht vertreten könne. Sie wollten an keinem Kurs teilnehmen, dessen Inhalt der Senior bestimmte. Horstmann nahm sie nicht ernst. Er hätte es verstanden, wenn sie persönlich etwas gegen Gehrkens gehabt hätten, er konnte ihr "kirchliches Wollen" nicht verstehen. Die Kandidaten begannen bereits am 17. Mai, zwei Tage nach ihrem Eintritt ins Seminar, ein Schreiben vorzubereiten, das dann erst am 31. Mai fertiggestellt und am 2. Juni Horstmann überreicht wurde.

Es ginge ihnen darum, sich zurüsten zu lassen, um im Amt als lutherische Christen und Prediger ihren Auftrag ausrichten zu können. Sie seien gegen die Deutschkirche und alles Neuheidentum. Der Kampf im Reich wäre auch ihr Kampf. Sie könnten weder in Preetz noch im Amt später ein Inseldasein führen. Sie erwarteten von der Landeskirche klare Abgrenzung gegen die Deutschkirche. Im Seminar sollten die entscheidenden Fragen der Gestaltung kirchlichen Lebens durchgearbeitet werden (z.B. Volkskirche - Bekenntniskirche, die Frage der Lehrzucht, völkische Weltanschauung und verantwortungsbewußte Kirche, Lehre und Haltung der Deutschen Christen usw.). Es sollten auch Männer zu ihnen sprechen, die heute in diesem Kampf um lebendige Gemeinde und lebendige Kirche stünden. Zur praktischen Durchführung wünschten sie sich einen Sprecher, der als Vertrauensmann die Verbindung zwischen ihnen und dem Direktor des Seminars herstellen würde. Herr Gehrkens könne diese Arbeit nicht leisten. Bekannt ist, daß die Vikare einen der ihren, Wilhelm Andersen, den späteren Direktor des Predigerseminares (1955/56), als Senior oder wenigstens als ihren Sprecher wünschten. Diese Vikare versuchten nun, ihre Linie in jeder Seminarübung durchzukämpfen, aber sie erlebten oft, daß das, was sie erarbeitet hatten, in einer folgenden Zusammenfassung umgebogen wurde. Ihr Versuch, das Seminar von innen her zu bestimmen, war vereitelt. Am Himmelfahrtstag sollten die Vikare am Jahresfest der Nordschleswigschen Gemeinde in Lügumkloster teilnehmen. Am Montag vorher sahen sie das Programm und staunten über die Rednerliste. An der Spitze stand Schulrat Hansen, Husum, der schon auf der erwähnten Tagung deutschkirchlicher Lehrer in Neumünster gesprochen und einen "deutschkirchlichen" Religionsunterricht gefordert hatte. Ferner waren Vertreter der DC vorgesehen und als Festprediger der Landesbischof. Sie wollten daran nicht teilnehmen. Sie teilten es dem Studiendirektor Horstmann mit, und der versprach, sich um eine Änderung der Rednerliste zu bemühen. Am nächsten Tag hörten sie, daß die Nordschleswiger auf dem Programm bestanden. Die Folge ihres Protestes war, daß weder der Studiendirektor noch der Landesbischof nach Nordschleswig fuhren. Als Ersatz wurde eine Fahrt der Kandidaten nach Schwerin, Wismar und Boltenhagen unternommen.

Am Donnerstag, 6. Juni, vertrat Konsistorialrat Morys den erkrankten Kieler Propsten Schmidt bei den dogmatischen Übungen. Von 7.40 Uhr bis 8.30 Uhr hatten die Kandidaten ein Referat des Herrn Bols über den Vortrag von Hauer zum Thema "Kann ein Deutscher Christ sein?" gehört. Um 10.00 Uhr sollte die Dogmatik-Übung beginnen. Behandelt werden sollten einige einleitende Fragen und dann der Übergang zum Locus de deo. Morys galt als Stellvertreter des Landesbischofs Paulsen. Bevor Morys seine Übungen abhalten konnte, gab Wilhelm Andersen als Sprecher der Vikare, die der Bekenntnisgemeinschaft nahestanden, mündlich eine Erklärung ab:

"Bevor wir mit den dogmatischen Übungen beginnen, möchte ich bitten - im Einvernehmen mit einem Teil der Seminargemeinschaft - einiges erklären zu dürfen. In einem Schreiben an Herrn Studiendirektor Horstmann haben wir Vikare der Bekenntnisgemeinschaft unsere Haltung hier im Seminar klargelegt. Wir haben u.a. erklärt, dass wir uns nicht kirchlich verbunden wissen können mit den Männern, die unsere Landeskirche nicht so führen, dass heute von der Leitung der Kirche her offiziell und öffentlich ein klares Wort gegen die Zerstörung der Kirche gesagt wird, d.h. in diesem Augenblick gegen

die Deutschkirche. Dieses Wort über unsere Haltung hat auch jetzt praktische Bedeutung für unsere Arbeit hier im Seminar. Es ist unnötig zu sagen, gegen wen sich dieses Wort richtet. Die Ehrlichkeit und Wahrheit fordert es daher von uns, es in diesem Augenblick auszusprechen, dass zwischen der gegenwärtigen landeskirchlichen Führung, in der Sie, Herr Konsistorialrat, führend drin stehen, und uns so starke Spannungen und Differenzen bestehen, dass wir nicht in die dogmatische Arbeit eintreten können, ohne dass von beiden Seiten ein klares Wort gesagt wird. Niemandem, der das Leben in unserer Schleswig-Holsteinischen Landeskirche miterlebt, kann es verborgen geblieben sein, dass wir in einem Notstand leben, der nicht mehr zu ertragen ist. Ich möchte nur auf wenige Dinge hinweisen: Es ist ein die Gemeinde verwirrender und zerstörender Notstand und eine Gefährdung des Bekenntnisstandes, wenn sich 300 Lehrer unserer Landeskirche verpflichten, widerchristlichen Religionsunterricht in deutschkirchlichem Sinne zu erteilen, und sich dabei berufen auf ein Wort des Landesbischofs, dass die Deutschkirche Heimatrecht in der Kirche habe. Ein die Gemeinde verwirrender Notstand ist dadurch hereingebrochen, weil kein bischöfliches Wort klar und öffentlich gesagt worden ist, das diesen Feind des Evangeliums bannen könnte. - Es ist so, dass Lehrer von einem Pastor unserer Landeskirche sagen, er sei irrsinnig, wenn er noch am Alten Testament festhalte, der Bischof sage es doch selbst, dass die Deutschkirchler recht hätten. Ein Pastor hat Gemeindegliedern, die in ihrer Not zu ihm kamen, den traurigen Rat geben müssen, die Kinder vom Religionsunterricht abzumelden, um sie nicht einem deutschkirchlichen Religionsunterricht auszusetzen. So wird die Kirche zerstört, weil die Leitung der Kirche nicht das Wächteramt ausführt und gegen die Feinde die Waffe des Wortes richtet. Oder es sei hingewiesen auf die Tatsache, dass ein landeskirchlicher Propst Kinder im deutschkirchlichen Sinne konfirmieren konnte, ohne dass ihm das von der Kirchenleitung unmöglich gemacht wird. Sie haben sich den Kampf gegen Mandel (liberaler Theologe in Kiel) auf die Fahne geschrieben. Aber dieser Kampf muss wirkungslos bleiben, solange Deutschkirchler im Auftrage der Kirche lehren dürfen.
Solange nicht der Wille besteht zu einem klaren öffentlichen Wort von der Bibel her zu dieser Not und dieser Wille sich nicht in die Tat umsetzt, erscheint uns jede dogmatische Arbeit hier im Seminar sinnlos, auch wenn sie scheinbar noch so positiv und orthodox ist. Die Aufgabe der Dogmatik ist doch diese, dass sie eine Hilfe ist, vom Wort der Bibel her zu einer rechten kirchlichen Verkündigung und zu einem wirklichen kirchlichen Handeln zu kommen. Für eine Dogmatik, die diesen Dienst nicht zu leisten imstande ist, die nicht zu dem Handeln führt, das heute so bitter not tut, haben wir kein Verständnis. Dieses in diesem Augenblick auszusprechen, halten wir für Gehorsam gegen die auch uns auferlegte kirchliche Verantwortung. Wir müssen Sie deshalb jetzt um eine klare, kirchliche Antwort bitten, die gleichzeitig ein kirchliches Handeln nach sich zieht."

Die Vikare waren der Meinung, man könne nicht Dogmatik treiben, ohne das "ganze kirchliche Geschehen" zu beachten. Es sei unmöglich, sich "in die stille Gelehrtenstube oder an einen einsamen Tisch im Predigerseminar zurückzuziehen, wohin kein Ruf der aufgeregten Zeit dringe". Dogmatik treiben heiße, auf den Kampfplatz treten und ein richtungsgebendes Wort von der Heiligen Schrift und dem Bekenntnis unserer Kirche her sagen. Das sei ein Lehrer der Kirche den angehenden Predigern schuldig.

Auf die Nöte der Vikare gab Morys keine Antwort. Er beachtete ihr Anliegen nicht ("Meine Herren, Sie verwechseln die Tische!" - "Wir sind hier keine Volksversammlung!" usw.). Als einer der Vikare sagte: "Dann können wir an Ihrem Unterricht nicht teilnehmen!" antwortete Morys: "Bitte, gehen Sie!" Die zehn Vikare verließen den Raum. Das "Schwere und Erschütternde an der ganzen Angelegenheit" war für sie, daß der Versuch, "von innen den Weg zu gehen", d.h. den eigenen Weg innerhalb der Landeskirche bzw. innerhalb ihrer Institutionen in klarer Auseinandersetzung mit denen, die den Deutschchristen nahestanden, gescheitert war. Die Vikare waren entschlossen, von sich aus das Seminar nicht zu verlassen. Am Nachmittag um 16.00 Uhr war Kirchenrecht angesetzt: Pfarrerbesoldung, Pfarrerkasse, Übernahmerecht, Verwendung des Stelleneinkommens und Urlaubsbestimmungen standen auf dem Programm. Vom 7.6. bis zum 13.6. machte das Seminar Pfingstferien.

Nach den Pfingstferien machte Horstmann am Freitag, 14.6., den Versuch einer Einigung: Was am 6. Juni geschehen sei, solle vergessen werden. Für die Zukunft müsse er aber auf der Innehaltung der Arbeitsordnung bestehen. Wer nicht zustimmen könne, solle sich im Laufe des Tages einzeln bei ihm abmelden. Wer nicht zu ihm käme, gäbe damit stillschweigend seine Zustimmung zur Bereitschaft, sich unter die Arbeitsordnung zu stellen. Die Vikare waren wohl bereit, sich unter eine Arbeitsordnung zu stellen, aber nicht bedingungslos und für alle Zeiten. Sie fühlten sich von Morys und auch von Horstmann in ihrem innersten Anliegen nicht verstanden. Sie verfaßten eine längere Erklärung, die sie Horstmann am selben Tage übergaben. Die zehn Vikare machten noch einmal ausführlich deutlich, daß es ihnen um die inhaltliche Auseinandersetzung mit der Häresie der Deutschkirche ginge, die Wort und Sakrament verkürze und verfälsche und die Gemeinden dadurch zerstöre. Sie hätten kein Verständnis für eine Dogmatik, die sich nicht im kirchenregimentlichen Handeln auswirke. Konsistorialrat Morys habe an der gegenwärtigen landeskirchlichen Führung teil, die der Häresie nicht durch das Wort Gottes im öffentlichen Bekenntnis wehre. "Denn was wir später sein möchten und sollen, Diener des Wortes und Verkündiger des Evangeliums in Lehre und Abwehr der Falschlehre, das müssen wir auch von denen verlangen, die uns vorgesetzt sind und ausbilden sollen", erklärten sie. Sie könnten "einer vom kirchlichen Geschehen abstrahierenden Arbeitsordnung" nicht zustimmen. Sie betonten, daß sie alle auf dem Seminar bleiben wollten und darauf auch ein Anrecht hätten.

Zehn Kandidaten hatten unterschrieben: W. Andersen, H. Petersen, M. Bols, H. Iversen, A. Traulsen, W. Gertz, P. Dahl, K. Röhl, G. Emersleben, O. Lopau. Friedrich Hübner, Promovend in Bethel, der spätere Holsteiner Bischof, solidarisierte sich in einem Schreiben an den Studiendirektor mit seinen Freunden. Wilhelm Andersen und Heinz Petersen überreichten Horstmann dieses Schreiben und kamen erschüttert zurück. Gegen den Willen der Vikare verstand Horstmann dieses Schreiben als Verweigerung der Arbeitsordnung und damit als Austrittserklärung aus dem Seminar.
Horstmann sprach von "jugendlicher Torheit", die von außen genährt worden sei. Die eigentlich Schuldigen seien draußen. Er schickte den Kandidaten eine Nachricht, ohne Unterschrift und mit falschem Datum:

Preetz, 15. Juni 1935

Da die Herren Kandidaten der Theologie, W. Andersen, H. Petersen, M. Bols, H. Iversen, A. Traulsen, W. Gertz, P. Dahl, K. Röhl, G. Emersleben, O. Lopau, sich nach sehr eingehenden Verhandlungen schriftlich in aller Form geweigert haben, die Arbeitsordnung im hiesigen Predigerseminar innezuhalten, so erkläre ich hiermit auf Ihren Wunsch, dass ich diese Weigerung als Ihre Austrittserklärung ansehe, da Sie sehr klar und eindeutig vor Abgabe dieser schriftlichen Weigerung darüber informiert worden sind, dass eine solche Weigerung gleichbedeutend wäre mit dem Ausscheiden aus dem hiesigen Seminar. Diese Erklärung dient nur zur persönlichen Information der oben genannten Herren. Auf Wunsch wird den Herren eine endgültige Bestätigung ihres Ausscheidens zugehen.

(keine Unterschrift)

Horstmann meinte, die Kandidaten hätten sich an die Arbeitsordnung des Seminars zu halten, "d.h. an den angesetzten Unterrichtsstunden teilzunehmen und die beauftragten Lehrer anzuhören".
Die Vikare dagegen drückten sich so aus: "Ordnung ist nicht etwas, was über den Wolken schwebt." Die Sache, um die es gehe, habe damit gar nichts zu tun. Die Ordnung sei keine Größe, die vielleicht sogar selbständig neben Gott stehe, "sondern sie ist immer in einer festen Beziehung zu den Tatsachen hin. Entweder sie dient einer Sache, oder sie verdirbt eine Sache. Etwas anderes gibt es nicht. Auch die Ordnung des Seminars muß sich an dem Maßstab, an heiliger Schrift und Bekenntnis der Kirche messen lassen." Die Vikare wurden am Sonnabend, den 15. Juni, ausgewiesen und entlassen. Lopau hielt noch seine Trinitatispredigt am Sonntag, den 16. Juni, in der Klosterkirche.
Die Vikare schickten alle Schriftstücke mit folgendem Begleitbrief an den Landesbischof:

Preetz, den 15. Juni 1935

Herrn Landesbischof P a u l s e n,
Kiel, Schillerstrasse

Herr Landesbischof!
Im Auftrage unserer Brüder übergeben wir Ihnen hiermit die Durchschriften der Schreiben, die in Bezug auf unser Verhältnis zum Predigerseminar entscheidend sind. Es geht daraus deutlich folgendes hervor:
1. Der gegenwärtige Konflikt im Predigerseminar entspringt einem rein geistlichen Anliegen unsererseits.
2. Wir haben nichts anderes gewollt, als in diesem ev.-luth. Predigerseminar unser evangelisch-lutherisches Bekenntnis zu Ehren zu bringen und ihm und unserem an Gottes Wort gebundenen Gewissen entsprechend zu handeln.
3. Wir können niemals zugeben, dass wir von uns aus das Seminar verlassen hätten. Wir sind hinausgewiesen worden.
4. Wir können unter keinen Umständen auf die Rechte und Pflichten als Vikare und Kandidaten unserer Schleswig-Holsteinischen ev.-luth. Landeskirche verzichten. Ihr sind wir nach wie vor verhaftet und zum Dienst gerufen.

Heil Hitler!
i. A. gez. W. Andersen, P.M. Dahl

In der nächsten Woche gab es von Montag bis Mittwoch eine Singe-Tagung und von Donnerstag bis Freitag eine Halligfahrt. Zehn Vikare hatten unterschrieben, waren ausgewiesen und verabschiedet worden. Drei von ihnen nahmen in der Woche darauf an den Seminarveranstaltungen teil. Offensichtlich hatte Horstmann auf einzelne persönlich eingewirkt, weil er "gemerkt" habe, daß ihnen bei der Sache nicht wohl sei. Mit aller Deutlichkeit hatten die drei erklärt, sie würden ihre Unterschrift nicht zurückziehen, denn sie stünden zur Sache. Horstmann stellte ihnen darauf trotzdem die Möglichkeit in Aussicht, im Seminar zu bleiben, und gab Bedenkzeit. Am Montag, den 17. Juni, sprach er mit ihnen. Sie betonten, "dass sie an ihrer Unterschrift festhalten wollten". Er billigte es ihnen zu, denn: "Was gewesen sei, sei gewesen." Einer der Vikare erklärte sehr deutlich, daß er sich auch einer Arbeitsordnung nicht unbedingt unterwerfen werde. Als evangelischer Christ könne man sich keiner menschlichen Ordnung unbedingt unterwerfen. Grundsätzlich erkenne er eine Arbeitsordnung an. Horstmann gestand zu, daß von einer unbedingten Anerkennung nicht die Rede sei: "Es könnten also", so fuhr der Betreffende fort, "in Zukunft Fälle eintreten, wo ich an den von Ihnen angesetzten Übungen nicht teilnehmen könnte." Als Horstmann ihm und den anderen beiden einräumte, sie in solchen Fällen zu beurlauben, hatten sie keine Bedenken mehr, im Seminar zu bleiben. Ob mit diesen Zugeständnissen die Preetzer sieben nicht auch im Seminar geblieben wären?

Am Montag, den 24. Juni, hatte der Landesbischof Paulsen nach mehreren Zu- und Absagen seinen Besuch am Vormittag angekündigt. Er war wiederholt um ein Gespräch gebeten worden. Als Pastor Wester/Westerland, der Vorsitzende des Bruderrates der Bekenntnisgemeinschaft, am Sonntag von einem der Kandidaten von diesem Besuch hörte, forderte er, daß die Kandidaten, die der Bekenntnisgemeinschaft angehörten, auch die Meinung des Landesbruderrates der Bekenntnisgemeinschaft hören sollten. Vor dem Besuch des Landesbischofs fand eine Besprechung mit den drei gebliebenen Kandidaten, die der Bekenntnisgemeinschaft nahestanden, und zwei weiteren in Kiel statt. Auf Seiten der BK sprachen Pastor Dr. M. Pörksen und Lic. V. Herntrich mit ihnen. In diesem Gespräch wurde eine Entscheidung darüber, ob die Kandidaten im Seminar bleiben würden oder nicht, noch nicht gefällt. Sie wollten das Gespräch mit dem Landesbischof abwarten. Der irenische Landesbischof erläuterte seine Stellung zur Deutschkirche. Ihm war vorgeworfen worden, daß er vom Heimatrecht der Deutschkirche in der Landeskirche gesprochen hätte. Keineswegs hätte die Deutschkirche als solche Heimatrecht in der Landeskirche, sondern man könne die Menschen, die in ihrem Inneren deutschkirchlich gesonnen seien, aber noch in der Landeskirche ständen, nicht von sich aus ausschließen. So habe er das gemeint. Dann wurde der Bischof um Stellungnahme zu den drei Themenbereichen gebeten, die schon in den dogmatischen Übungen von Herrn Oberkonsistorialrat Morys eine Rolle gespielt hatten:
1." Was gedenken Sie zu tun im Falle Szymanowski?
2. Warum haben Sie solange geschwiegen zu der Sache der 300 Lehrer in Neumünster und was gedenken Sie in diesem Falle zu tun?
3. Werden deutschkirchliche Konfirmationen in unsere Kirchenbücher eingetragen und damit kirchlich anerkannt?"

- Zum Fall Szymanowski und der "deutschkirchlichen" Konfirmation bemerkte der Landesbischof, daß er durch den Oberpräsidenten (und Gauleiter Lohse) vor einem Disziplinarverfahren gewarnt worden sei. Er habe das Verfahren dann zurückgezogen, aber jetzt würde es eingeleitet werden, nachdem alle Versuche einer anderen Regelung fehlgeschlagen wären.
- Von den 300 Lehrern, die sich auf die Äußerung des Landesbischofs vom Heimatrecht der Deutschkirchler in der Landeskirche berufen hatten, habe er erst vor acht Tagen gehört. Selbstverständlich wisse er sich von diesen Leuten geschieden.
- Ob deutschkirchliche Konfirmationen anerkannt würden durch Eintragung in den Kirchenbüchern, sei eine Frage, die noch untersucht werde. Er sagte ein Wort im Kirchlichen Gesetz- und Verordnungsblatt und einen Hirtenbrief zur Deutschkirchenfrage zu.
Das waren in dieser gespannten Situation eigentlich einigermaßen zufriedenstellende Antworten. Das Gespräch mit dem Landesbischof trug aber nicht

zur Befriedung der Situation bei. Es kam hinzu, daß die ihr Ausscheiden aus dem Seminar erwägenden sechs Kandidaten, die drei gebliebenen BK-Kandidaten und drei weitere, an diesem Montag davon hörten, daß es am Sonntag vorher eine Kanzelabkündigung der Bekenntnisgemeinschaft gegeben habe, nach der sie "nach der Ausweisung der ersten sieben Kandidaten aus dem Seminar jetzt selber die Kandidatenausbildung regeln wollte".

Sechs weitere Kandidaten sprachen mit dem Direktor Horstmann. Sie machten sich ihre Entscheidung nicht leicht. Horstmann lobt diese zweite Gruppe der Ausscheidenden: "Diese Gruppe ist in Haltung und Auftreten ohne Tadel gewesen, und die Auseinandersetzung mit ihnen verlief in durchaus brüderlichen Formen." Die ersten sieben beurteilt er anders: "Ich sah sehr bald, daß, wenn die Kandidaten ins Feuer geschickt wurden von ihren Hintermännern, es nicht anders sein konnte, als daß sie im jugendlichen Überschwang und Radikalismus über das Ziel hinausschießen mußten und daß es durchaus verständlich war, daß sie in ihrem Auftreten Fehlgriffe und Entgleisungen aufweisen mußten." Aber es ging nicht mehr um das Verbleiben im Seminar, sondern, das war jetzt deutlich, um den Weg für oder gegen die Kirchenregierung, für oder gegen die Bekenntnisgemeinschaft. Durch die Kanzelabkündigung waren sie vor die Entscheidung gestellt. Sie entschlossen sich für die Bekenntnisgemeinschaft. Von Horstmann wurden sie freundlich verabschiedet mit der Versicherung, "daß er sich freue zu wissen, daß wir uns rein nach unserem Gewissen entschieden hätten und daß wir uns ohne die geringsten persönlichen Mißhelligkeiten trennten. Er war recht erschüttert."

Dem Landesbischof teilten die Kandidaten mit: "Wir unterzeichnenden Mitglieder und Freunde der Bekenntnisgemeinschaft teilen Ihnen mit, dass wir nach ernsthafter Erwägung uns entschlossen haben, das ev.-luth. Predigerseminar in Preetz zu verlassen, um uns nun auch in allen Fragen der äusseren Ordnung der Vorläufigen Leitung der Deutschen Evangelischen Kirche zu unterstellen." (sechs Unterschriften)

Im Seminar blieben noch sieben Kandidaten. Am 1.September, zum Wintersemester 1935/36, trafen 14 neue Kandidaten im Seminar ein.

Horstmann hat immer vermutet, daß es Drahtzieher außerhalb des Seminars gäbe. Die Kandidaten haben immer deutlich machen wollen, daß es ihre eigene Entscheidung wäre, die sie getroffen hätten. Er traute ihnen diese Autonomie wohl nicht zu. Bisher war er solchen Vikaren nicht beggenet. Die Kandidaten dieses Jahrgangs waren anders als die, mit denen er vorher zu tun gehabt hatte. Horstmann, der ein friedlicher, freundlicher und im Grunde sehr gesprächsbereiter Seminarleiter war, scheint nicht verstanden zu haben, worum es den Kandidaten, die sich der Bekenntnisgemeinschaft zurechneten, ging. - Was wurde aus ihnen?

Es scheint so, daß nicht jeder Kandidat völlig frei entschieden hat. Es gab einen großen Druck von außen, endlich Konsequenzen aus der 2. Reichssynode der BK in Dahlem (19.-20.10.34) zu ziehen. Auf ihr wurde das kirchliche Not-

recht proklamiert. Der Bruderrat hatte für Ausbildung und Ordination zu sorgen. Die erste Bekenntnissynode unserer Schleswig-Holsteinischen Landeskirche am 17. Juli 1935 in Kiel stand unter dem Wort: "Was vor Gott recht ist". Die Synode beschloß, der Landesbruderrat in Verbindung mit der Vorläufigen Leitung der Deutschen Evangelischen habe jetzt seine Verantwortung für die Ausbildung, Prüfung und Ordination in die Hand zu nehmen.
Im Landeskirchenamt wurden die Preetzer Exkandidaten von der Kandidatenliste gestrichen. Sie wurden aufgefordert, die bisher aufgewandten Ausbildungskosten der Landeskirche zurückzuzahlen.
Nicht alle Kandidaten sind ihrer Entscheidung immer froh gewesen. Im Rückblick haben einzelne doch den Eindruck gehabt, daß von ihnen erwartet wurde, was kein anderer BK-Pastor der Landeskirche tat: auf jede Existenzsicherung verzichten und die bisherige Perspektive für die berufliche und persönliche Zukunft (viele waren verlobt) zu verlieren.
Die Studenten und nach ihnen alle, die sich zur Bekennenden Kirche rechneten, machten ihre ersten theologischen Examina in München vor der Bayerischen Landeskirche in Gegenwart eines Beauftragten des Landesbruderrats der Schleswig-Holsteinischen Kirche nach den Ordnungen eben unserer Schleswig-Holsteinischen Kirche. Umgekehrt konnte es dann beim ersten oder zweiten theologischen Examen auch zugehen. Vor der Prüfungskommission von Beauftragten des Landesbruderrates in Gegenwart eines Prüfers aus einer anderen Landeskirche. Nur mit geringer finanzieller Unterstützung lebten, wohnten und lernten die Vikare bei Mitgliedern der BK. Die meisten wurden in Harburg vom Bischof der Hannoverschen Landeskirche, Marahrens, ordiniert, andere später auch in Lauenburg vom Landessuperintendenten, der nach altem Herkommen das Recht zum Ordinieren hatte. Zeitweilig war Halfmann als Beauftragter des Landesbruderrates im Landeskirchenamt tätig. Er war berechtigt, Ordinationen durchzuführen. 25 Kandidaten wurden von ihm ordiniert. In der Zeit zunehmender Kompromißbereitschaft auf allen Seiten der Bekennenden Kirche und auch auf Seiten der Kirchenleitung und des Landesbischofs haben alle Kandidaten, wie und wo auch immer ausgebildet, geprüft oder ordiniert, ihre Anstellung in der Landeskirche gefunden. Das ging in Einzelfällen nicht ohne Konflikte ab, aber eine Kirchenspaltung hat es nicht gegeben.

Wie ging es weiter im Seminar?
Vorlesungen, Übungen, Ausflüge, Sprechübungen und Referate wie "Welche übergemeindlichen Aufgaben erwachsen uns aus der gegenwärtigen geschichtlichen Stunde in Kirche und Volk?" und "Weltanschauung und Evangelium in der Jugenderziehung" und "Hitlers Anschauung vom Christentum". Und immer wieder taucht sie auf: "Nationalpolitische Erziehung". Walter Göbell, später Professor für Kirchengeschichte und Kirchenrecht in Kiel, berichtet aus dieser Zeit (s. Dokumentation). Die Kameradschaft ist wichtig.

Ebenso die kirchliche Volkskunde. Es geht weiterhin um dieselben Themen. Die Ausbildungsordnung hält sich formal an die bewährte Tradition, aber der Geist hat sich verändert. Es geht weiterhin um praktische Exegese, angewandte Dogmatik, Gottesdienste, Friedhofsrecht, das Pressewesen und die Bedeutung der Kirche für den Staat und des Staates für die Kirche. Volks- und Kirchenkunde folgen nach dem "Gemeinschaftsempfang" der Proklamation des "Führers" auf dem Parteitag der Arbeit am 7.9.37 im Radio. Weiter gibt es im Angebot Sprechunterricht, musikalische Übungen und Vorträge über die Verhältnisse in der Steiermark und im Sudetenland und über die kirchliche Lage.
Und das gab es dann auch noch auf dem Seminar: Die Kandidaten hatten eine Studienfahrt in das Sudetenland gemacht; ihnen wurden die notvollen kirchlichen Verhältnisse im Sudetenland vor Augen geführt. Einzelne langweilten sich bei Horstmann im Seminar und erwirkten die Genehmigung, noch als Vikare in das Sudetenland zu reisen und dort als Pastoren zu arbeiten.
Der 1. September 1939 bedeutete für alle Kandidaten in der Ausbildung einen tiefen Einschnitt. Es gab keine Ausbildung mehr. Der Seminarbetrieb löste sich auf. Der Staat richtete als Eigentümer im Predigerseminar ein Marinelazarett ein. Später wurden noch einige Baracken hinzugebaut. Die Kandidaten zogen als Soldaten in den Krieg. Auch die Vikare in der Ausbildung der Bekennenden Kirche zogen in den Krieg. Manche von ihnen machten sog. Notexamina, einige studierten vielleicht noch einmal ein Semester mitten im Krieg und legten dann Notpüfungen ab. Viele Kandidaten und junge Pastoren fielen im Krieg; auch drei Söhne Horstmanns und zwei Söhne seines nordschleswiger Freundes Tonnesen, der ein führendes Mitglied der Bekennenden Kirche war. Im Kirchlichen Gesetz- und Verordnungsblatt sind sie alle aufgeführt, die Studenten, Vikare und Hilfsgeistlichen, die Pastoren und Pastorensöhne, die für "Führer und Volk" fielen oder an ihren Verwundungen starben, aber auch die, die das Verwundeten-Abzeichen in Silber oder in Schwarz, das EK I, das Kriegsverdienstkreuz II. Klasse mit Schwertern oder das Bulgarische Fliegerabzeichen erhielten.

Leben und Arbeiten im Seminar nach dem 2. Weltkrieg

von Claus Jürgensen

Das Seminargebäude gehörte dem Staat, das Grundstück dem Kloster. Während des Krieges war es Marinelazarett. Da es eine psychiatrische Abteilung hatte, waren einige Fenster vergittert. Südlich des Grundstücks standen einige Baracken. Auf dem Gelände selbst, am nördlichen Rand neben Schuppen und Abstellräumen, wo heute das Hausmeister-Haus und das Haus für den Studienleiter stehen, standen zwei Baracken.
1946 wurde das Predigerseminar der Landeskirche zum Gebrauch übergeben. Für ein Predigerseminar gab es noch keinen Bedarf. Die Abiturienten und Soldaten, die Theologie studierten, brauchten einige Jahre bis zum Vikariat. Viele Pastoren hatten in den Kriegszeiten sehr schnell Theologie studiert und hier und da sogenannte Notexamina abgelegt. Für sie war eine Art "Nachschulung" notwendig.
Pastor lic. Dr. Rudolf Schneider war am Ende des Krieges mit seiner Familie nach Schleswig-Holstein gekommen und als Pastor in Neuenkirchen/ Dithmarschen tätig. In seiner Wohnung sammelte er aufgeschlossene Gemeindeglieder, die eine katechetische Ausbildung wünschten. Zur Abschlußprüfung nach der halbjährigen Ausbildung kam Prof. Heinrich Rendtorff, damals Mitglied der vorläufigen Kirchenleitung, und nahm die Prüfungen ab. Rendtorff gewann Pastor Schneider für die Arbeit am Pastoralkolleg, das im Predigerseminar eingerichtet wurde. Im November 1946 zog Familie Schneider nach Preetz in die Direktorenwohnung des Seminars. Dort wohnten sie zusammen mit der Hausdame, Frau Busse, und dem späteren Inspektor, Pastor Dr.Vollborn.
Im Seminar wohnten die Pastorenfamilien Hoppe und Seibt und Lehrer Eulenberger mit den Seinen, der die Hausmeisterstelle versah. In den Baracken wurde ein Pflegeheim (damals noch Siechenheim genannt) mit etwa 70 Plätzen in Vier- bis Sechs-Bett-Zimmern eingerichtet. Es wurde am Reformationstag in Gegenwart des englischen Kreisgouverneurs und von Vertretern ausländischer Hilfswerke eröffnet. Eine besonders stabile Baracke blieb bis in die sechziger Jahre stehen und ist vielfältig verwendet worden. Das Seminargelände war aufgeteilt in zahlreiche einzelne Gartenparzellen. Viele Hühner, Schafe und Schweine lebten ebenfalls auf dem Gelände. Pastor Schneider wurde im Sommer 1946 Professor für Neues Testament in Kiel und gleichzeitig Studentenpastor. Seine Arbeit als Leiter des Pastoralkollegs behielt er bei. Viele mehrwöchige Kurse sind unter seiner Verantwortung durchgeführt worden. Es ging, so heißt es, um eine neutestamentliche, bekenntnismäßige Ausrichtung auf der lutherischen Linie, da die Hälfte der Teilnehmer

in den ersten Kursen aus der altpreußischen Union stammte. Es galt, diese aus der unklaren Unionstheologie und Unionspraxis herauszulösen. Sie waren lange im Feld gewesen, der theologischen Arbeit entwöhnt und hatten ihr Studium meist nicht mit der gebotenen Gründlichkeit abgeschlossen. So hieß es. Von 1946 bis 1950 hat Prof. Schneider 25 Kurse für 350 Pastoren durchgeführt.
Inhaltlich ging es um alle klassischen Bereiche der Praktischen Theologie, um Katechetik, Liturgie, Seelsorge, Predigt, Kirchenrecht, Bibelstudium und Kirchengeschichte Schleswig-Holsteins. Viele Professoren der Theologie, Kirchenräte, Pröpste und Bischöfe waren Referenten.
Die Kurse setzten sich zusammen nach dem Prinzip: aus jeder Propstei einer. Die Teilnehmer wohnten in den zunächst nicht heizbaren Zimmern im Predigerseminar. Die Plenumssitzungen fanden anfangs im Wohnzimmer des Direktors statt.
Als die Familie Schneider gerade eingezogen war, wurde am 28. November 1946 in aller Bescheidenheit das 50jährige Jubiläum des Predigerseminars gefeiert. Bischof Halfmann, ehemaliger Inspektor, hielt eine kleine Rede und erinnerte sich an seine Zeit im Seminar. Der Kaffee war vom Hilfswerk gestiftet, Frau Busse hatte einen Kuchen gebacken. Die Kursteilnehmer feierten mit.
Das Essen war knapp. Die Kursteilnehmer mußten Abschnitte ihrer Lebensmittelkarten, Abmeldebescheinigungen des Ernährungsamtes für die Lebensmittelkartenverteilung oder auch Naturalien mitbringen (20 Pfund Kartoffeln). Da viele vom Land kamen, gab es gelegentlich auch Wurst und Schinken. Das Seminar selbst hielt in einem Stall Schweine und Hühner. Zum zweiten Frühstück wurden Steckrübenscheiben mit Senf angeboten.
Die Wiedereröffnung des Predigerseminars wurde geplant. Was sollte aus dem Pastoralkolleg werden?
Für die ersten Vikare hat Professor Schneider eigene Kurse eingerichtet. 1950 zog Familie Schneider in eine freigewordene Wohnung oben im Predigerseminar. Von Anfang an bis zu seinem Tod 1956 hat Professor Schneider Sonntag für Sonntag den Gottesdienst im Tagesraum der Baracke für die Bewohner des Alten- und Pflegeheims gehalten.
Halfmann hat noch versucht, die Arbeit des Pastoralkollegs in Räumen des Preetzer Klosters fortzusetzen. Das gelang jedoch nicht. Viele Jahrzehnte hat die Schleswig-Holsteinische - und später die Nordelbische Kirche kein eigenes Haus für das Pastoralkolleg gehabt.
Nach längerem hin und her (wer wird Direktor?) begann Studiendirektor Dr. Kunze am 8. Mai 1950 mit der Seminararbeit. Als Inspektor wurde der ehemalige Marinepfarrer Dr. Vollborn aus dem Pastoralkolleg übernommen. Kunze stammte aus dem Erzgebirge, hatte am 1. Weltkrieg teilgenommen und litt zeit seines Lebens an Rückenschmerzen durch seine Verwundungen. Am 2. Weltkrieg hatte er auch noch teilnehmen müssen und war Hauptmann d.R..

Kunze war ein kluger und kenntnisreicher Mann. Er hatte promoviert über die gottesdienstliche Schriftlesung und war Schriftleiter der "Pastoraltheologie". Musikalisch und literarisch gebildet, hat er besonderen Wert auf gründliche liturgische Ausbildung gelegt. Von den Berneuchnern hielt er nicht viel, da sie zu viele Neuerungen einführten. Über seine eigene liturgische Praxis war er erschrocken, als er sich zum ersten Mal auf dem Tonband hörte. Seine sächsische Herkunft war deutlich zu hören.

Die Protokollbücher der Kunze-Jahre weisen nach, daß besonders in der Homiletik sehr gründlich gearbeitet wurde. Kunze tat es wirklich: Er ließ sich von dem jeweiligen Kandidaten das Predigtmanuskript unmittelbar vor dem Gottesdienst geben. Die Kandidaten mußten ihre Predigt so gut memoriert haben, daß sie sie auswendig halten konnten. Kursorische Lektüre, Kirchenrecht, schleswig-holsteinische Kirchengeschichte, die Bekenntnisschriften, Katechetik mit Professor Schneider, die moderne Literatur, alles hatte seinen Platz in der Ausbildung. Die Kandidaten hatten viele Referate zu halten. Der Tagesablauf war präzise eingeteilt: 7.45 Uhr Matutin, 8.00 Uhr Meditation, 8.30 Uhr Frühstück usw. bis zur Vesper um 19.45 Uhr; 17 Wochenstunden hatten die Kandidaten. Jeden Mittwoch und jeden Samstag hatten sie frei. Auf Wochenendfreizeiten wurden die künftigen Pfarrfrauen eingeladen. Daran nahmen auch die Bischöfe teil.

Dora Schneider, die Frau von Professor Schneider, die mit ihrer Familie oben im Predigerseminar wohnte, hatte in der Zeit, als ihr Mann Pastor in der Nähe Berlins war, dort Theologie studiert und mit dem Ersten Examen abgeschlossen. Irgendwann wurde sie von Bischof Wester gefragt, ob sie nicht auch das Zweite Examen machen wolle. Etwas verwundert nahm sie das Anerbieten gerne an. Das praktische Jahr im Gemeindevikariat wurde ihr geschenkt. Niemand nahm Anstoß daran, daß sie, als Mutter heranwachsender Kinder und Frau, am Freitag, dem 24. November 1950 mit der Eröffnungssitzung des Wintersemesters mit vierzehn Männern zusammen die Ausbildung im Predigerseminar begann. Die erste Vikarin im Preetzer Predigerseminar! Neu hinzu kamen am 22. Mai 1951, wie das Protokoll vermerkt, "Frl. Förster und Frl. Hertel". Die Vikarinnen machten alles mit, mit einer Ausnahme: Sie durften keine Gottesdienste halten. Darum gab es auch keine Examenspredigt, sondern Examens-Bibelstunden. Fast 20 Jahre lang gab es dann keine Seminarausbildung für Theologinnen in Schleswig-Holstein. Einzelne Vikarinnen gingen zum Predigerseminar Braunschweig.

Kunze war eine markante Persönlichkeit. Bemerkenswert ist, daß er langjähriges Mitglied der SPD war, schon vor der Nazi-Zeit. Auf die Kontakte zu seinen - auch prominenten - Genossen war er sehr stolz. Was ihn noch auszeichnete: Er war ein anerkannter Hühnerzüchter, der viele Preise gewann. Kunze starb 1954 auf einer Tagung der Predigerseminarleiter in Hofgeißmar. Sein Nachfolger wurde Pastor Dr. Wilhelm Andersen, vorher Missionsinspektor in Breklum. Er war nur kurz (1955 bis 1956) in Preetz. Er erhielt einen Ruf als Professor für Systematische Theologie nach Neuendettelsau, den er annahm. Jetzt gab es Übergangsregelungen. Oberkirchenrat Schmidt, der Ausbildungsdezernent, nahm zeitweilig die provisorische Leitung des Seminars wahr. Ihm folgte, ebenfalls provisorisch, der gerade emeritierte Propst Johann Bielfeldt. Einige Kurse fanden in Rickling statt, denn es sollte noch einmal wieder ein richtiger Neuanfang gemacht werden.

Das Seminar ging nach dem Staatskirchenvertrag 1957 in den Besitz der Landeskirche über. Es wurde gründlich umgebaut und erneuert. An der Nordseite wurde eine Wohnung für die Hausdame angebaut. Auf dem Dachboden konnte Tischtennis gespielt werden. Garagen wurden gebaut.

Mit Pastor Dr. Walter Tebbe gab es dann zum 1.4.1958 diesen Neuanfang. Am 7.11.wurde das völlig umgebaute Predigerseminar eingeweiht. Es gab jetzt Platz für 25 Kandidaten. Bischof Wester vollzog die Einweihung, und Bischof Halfmann erzählte als ehemaliger Inspektor aus der Geschichte des Seminars. Tebbe geht auf die spannungsreiche Arbeit im Seminar ein und erhofft sich kritische und ermunternde Stimmen zur Reform der Ausbildung.

Er kam aus der Hannoverschen Landeskirche. Bischof Lilje war sein großes Vorbild. Er liebte Wilhelm Raabe. Bei vielen Gelegenheiten las er aus dessen Büchern vor. Vorher war er Leiter des Katechetischen Seminars Breklum gewesen. Er hatte pomoviert über das lutherische Bischofsamt und war ein leutseliger und freundlicher Mann. Eine große Schwäche (oder Stärke?) hatte er: Er konnte niemandem etwas versagen. Bat ihn jemand um Befreiung oder Sonderregelungen, wurde es ihm gewährt. Er war jederzeit bereit, mit sich reden zu lassen. Tebbe schrieb freundliche Rundbriefe an alle, die er ausgebildet hatte. Darin gab es Familiennachrichten, lange Literaturberichte über theologische Neuerscheinungen, Lutherzitate, Predigtvorbereitungen und Hinweise und Empfehlungen zu neuerer Literatur auf dem Buchmarkt.

Die Vikare hielten sich nach dem Gemeindevikariat ein Jahr lang in Preetz auf. Es war ein langes Jahr, das uns inhaltlich nicht immer in Anspruch nahm. Es gab viel Zeit zum Lesen, Tischtennisspielen, zum Baden (einzelne Vikare hatten damals schon ein Auto) und für Fahrten zu Halligen und Konventen. Tebbe setzte in seiner Arbeit einen Schwerpunkt in der religionspädagogischen Ausbildung. Obwohl es nicht schwer war, "die Anstalt" an Wochenenden zu verlassen, blieben die meisten von uns doch im Seminar. Wir hatten nicht viel Geld, und was sollten wir zu Hause?

Tebbe ging 1963 als Propst in die große Propstei Blankenese-Pinneberg. Er hat sie in drei Propsteien aufgeteilt.

Reform der Ausbildung?

1956 blickt Heinrich Rendtorff auf 60 Jahre Predigerseminar zurück. Ein Artikel im "Konvent" aus seiner Feder setzt sich kritisch mit der Ausbildung auseinander. Er hält es nicht für gut, daß die drei Bereiche: Studium, Gemeinde und Seminar ohne Verbindung und Austausch nebeneinander her wirken. "In lebendigem Austausch müssen darum Fakultät und Predigerseminar einander dazu helfen, daß nicht die akademische Arbeit sich in eine abstrakte Pseudoobjektivität verrennt und daß nicht das Predigerseminar zu einer technischen Fachschule entartet." Hier gibt es wohl bis heute Handlungsbedarf.

Fast hellsichtig nennt Rendtorff einige Wünsche an eine Ausbildungsreform: Erstens müsse die Katechetik einen ganz anderen Stellenwert in der Ausbildung erhalten. Sollte man nicht wie in anderen Landeskirchen ein paar Monate für ein Schulpraktikum hergeben? Seit Jahren werde darüber diskutiert, aber die Stunde des Handelns sei gekommen. Der zweite wunde Punkt sei die Seelsorge: "Hier ist die Kirche und ihr Pfarramt in einer erschreckenden Weise in Rückstand geraten. In Wirklichkeit wird vor lauter Betriebsamkeit und Überbeanspruchung wenig Seelsorge geübt - und wenn, dann wird manchmal ganz gefährlich gepfuscht." Sein dritter Wunsch bezieht sich kritisch auf den Individualismus der Theologen und deren Vita communis. Sein letzter Wunsch: Alle evangelischen Landeskirchen haben ein Pastoralkolleg - warum Schleswig-Holstein nicht?

1963 begann Professor Dr. Joachim Heubach als Studiendirektor in Preetz. Über seine Zeit im Seminar als Inspektor und als Studiendirektor schreibt er selbst. Er setzte neue Schwerpunkte, bemühte sich, andere Formen der Ausbildung zu probieren, und versuchte, das Gemeindevikariat stärker mit der Seminararbeit zu verschränken. Bei aller persönlichen Freundlichkeit führte er ein strenges Regiment. Das Seminar gewann wieder stärker Anstalts- und Internatscharakter. Das Verhalten der Kandidaten entsprach dem. Von Frauen im Pfarramt hielt er nichts. Das führte zu starken Konflikten, als die Schleswig-Holsteinische Landeskirche beschloß, Pastorinnen zu ordinieren, und ihnen das Gemeindepfarramt, wenn auch zunächst nur für unverheiratete Frauen oder Witwen, ermöglichte. Heubach wurde 1970 Landessuperintendent von Lauenburg und später Bischof von Schaumburg-Lippe.

Das "Preetzer Modell"
Skizze seiner Entwicklung

von Gothart Magaard

Das Preetzer Ausbildungsmodell habe ich aus zwei unterschiedlichen Perspektiven kennengelernt: als Vikar 1984-1986 und als Studienleiter seit knapp fünf Jahren. Leben und Arbeiten dieser Phasen oder gar der letzten 26 Jahre Seminargeschichte zu beschreiben, würde den Rahmen eines Aufsatzes sprengen. Deshalb konzentriere ich mich auf Entstehung und Entwicklung dieses Ausbildungsmodells in Form einer Skizze.

Im September 1969 beschloß die Kirchenleitung der Schleswig-Holsteinischen Landeskirche eine grundlegende Reform der Ausbildung von Vikarinnen und Vikaren. Grundlage dieses Beschlusses waren die Arbeitsergebnisse des "Ausschusses des Theologischen Ausbildungs- und Prüfungsamtes zur Neuordnung des Vikariats". Dieser Ausschuß hatte sich eineinhalb Jahre mit unterschiedlichen Reformüberlegungen beschäftigt und bestand aus folgenden zum Teil wechselnden Personen: den Pastoren Adolphsen, Börner, Fast und Frank, den Pröpsten Steenbock und Dr. Steffen, den Vikaren Dahl und Halbe, Direktor Prof. Dr. Heubach, Pastor P.-G. Hoerschelmann, Pastor W. Hoerschelmann (LKA), Studieninspektor Lukas, OLKR Muus, OLKR Schmidt und LKR Scharbau sowie auf Druck der Studentenschaft den Theologiestudenten Regel und Schroedter. Zwei Vorschläge fanden besondere Beachtung:

Der Heubach-Heinrich-Plan vom Januar 1968: Studiendirektor und Studieninspektor des Predigerseminars, Professor Dr. Heubach und Pastor Gerd Heinrich, hatten nach einer Informationsreise zum Studium der Ausbildungssituation in den Landeskirchen Hannover, Westfalen, Hessen-Nassau und Bayern vorgeschlagen, die Ausbildungszeit um ein halbes Jahr auf zwei Jahren zu verkürzen und wie folgt zu strukturieren:

1 Monat	Einführungskurs Predigerseminar
1-3 Monate	Katechetisch-Pädagogischer Grundkurs
10-12 Monate	Gemeindevikariat (während dieser Zeit Sozial-, Diakonie-, Verwaltungs- und Sonderpraktika)
6 Monate	Predigerseminar
3 Monate	Ferien und Examensvorbereitungen

Die Verfasser unterstrichen, der fortschreitenden Zersplitterung des Vikariats in einzelne selbständige Phasen (Gemeinde, Schule, Sozialarbeit) müsse Einhalt geboten werden. "Es handelt sich nicht um eine Reihe verschiedener Fachausbildungen, sondern um die einzelnen Vollzüge des einen Amtes der Kirche."

Neu an diesem Plan war die Einrichtung von regelmäßig stattfindenden Vikarskonventen auf Regionalebene unter der Leitung eines selbstgewählten Seniors im Sinne einer praktisch-theologischen Arbeitsgemeinschaft. Ebenso wurde ein etwa alle drei Monate stattfindender Fachkonvent der Lehrpastoren angeregt. Dieser Konvent wird als ein Instrument der Gesamtleitung der Ausbildung angesehen. Vornehmliche Aufgabe des Predigerseminars sei es, "... die praktischen Erfahrungen auszuwerten und als Studium diese Erfahrungen weiter anzuregen und zu vertiefen. Der Stoffplan ergibt sich also aus dem, was den Ausbildungsgang der Vikare tatsächlich bewegt hat. Das Predigerseminar hat demnach aufzuarbeiten und ist nicht dazu da, in letzter Stunde die Wissens- und Erfahrungslücken der Kandidaten zu füllen." Sechs Wochen vor dem 2. Theologischen Examen werden die Kandidaten beurlaubt und "nach Hause entlassen".

Der Tübingen-Fast-Plan vom Sommer 1968: Heinz Fast, Pastor in Flensburg und von 1960 bis 1962 Studieninspektor im Predigerseminar, legte dem Ausschuß im März 1968 einen Vorschlag zur Aufgliederung der Vikarsausbildung in Kurse vor. Parallel dazu hatte der Konvent Schleswig-Holsteinischer Theologiestudenten an der Universität Tübingen im Wintersemster 1967/1968 einen Reformvorschlag erarbeitet, der im Mai 1968 ebenfalls dem Ausschuß vorgetragen wurde. Dieser Vorschlag war an Studien- und Kirchenreformplänen und an Beschlüssen des Fakultätentages ausgerichtet. Da beide Vorschläge in ihrer Grundkonzeption weitgehend übereinstimmten, wurden Pastor Fast und der Theologiestudent Ove Berg gebeten, beide Pläne zusammenzuarbeiten. Dieser "Tübingen-Fast-Plan" zeichnete sich durch folgende Grundanliegen aus:

Die Vikarsausbildung wird auf zwei Jahre verkürzt. Der Vikar wohnt während dieser gesamten Zeit (ggf. mit seiner Familie) in der Gemeinde. Das Vikariat wird in fünf verschiedene Abschnitte gegliedert, an deren Ende jeweils ein einmonatiger Kurs im Predigerseminar steht. In den jeweiligen Abschnitten steht ein Schwerpunkt des praktischen Dienstes im Vordergrund: Predigt und Gottesdienst - Unterricht, Amtshandlungen und Seelsorge - Sozial- und Diakoniepraktikum - Gemeindeaufbau und Verwaltung.

Die Vikare einer Propstei oder eines zusammengehörigen Raumes schließen sich zu Vikarskonventen zusammen und treffen sich in regelmäßigen Arbeitsgemeinschaften. Jedem Vikarskonvent steht ein theologischer Mentor zur Verfügung, der die Arbeitsgemeinschaften leitet und die Vikare bei ihrem Predigtdienst und anderen Aufgaben in der Gemeinde berät. Am Ende jedes Abschnitts schreibt der Vikar einen Erfahrungsbericht und legt zwei Entwürfe seiner praktischen Tätigkeit in der Gemeinde zur Auswertung in Kursen vor. Neben den Lehrkräften des Predigerseminars erteilen Fachkräfte aus den betreffenden Gebieten den Unterricht in den Kursen.

Ein weiterer Gesichtspunkt war eine Reform des Examens. Der Theologiestudent Ove Berg schreibt dazu in einem Beitrag für die Pastoraltheologie:

"Neun Prüfungsfächer des Examens zwingen am Ende der Ausbildung zu sinnlosem Pauken von Kompendien und obskuren Skripten. Eine Reform der Ausbildung muß notwendig auch eine Reform des Examens mit einschließen ...Wir schlagen vor, das zweite Examen aufzugliedern und auf die verschiedenen Abschnitte der praktischen Ausbildung zu verteilen. Der Kandidat schreibt über jeden Ausbildungsabschnitt einen Arbeits- und Erfahrungsbericht. Jeder Kurs endet mit der Prüfung des betreffenden Fachgebiets. Die Prüfung kann entweder in Form einer Klausur oder einer mündlichen Prüfung, die der entsprechende Fachdezernent veranstaltet, abgenommen werden. Am Ende der Ausbildungszeit reicht der Kandidat eine Examenspredigt und eine Examenskatechese ein, schreibt eine Klausur, deren Thema aus dem gesamten Ausbildungsstoff genommen wird, und absolviert vor der gesamten Prüfungskommission ein praktisch-theologisches Kolloqium."

Alle Vorschläge wurden ausführlich diskutiert, und in wenigen Sitzungen entstand das neue Konzept. In wesentlichen Teilen folgte der Ausschuß dem Tübingen-Fast-Plan. Während der Ausschußarbeit war zwischen Kirchenleitung und Ausschuß strittig, ob ein Mentor angesichts der vielen Vakanzen hauptamtlich tätig sein sollte. Die Kirchenleitung lehnte dies zunächst ab.

Die Neuordnung

Die Kirchenleitung folgte schließlich in großen Teilen der Vorlage des Ausschusses zur Neuordnung des Vikariats und beschloß, das neue Modell ab 1970 für drei Jahre als Experiment einzuführen. Ziel dieses Experiments sei es, durch eine konsequente Theorie-Praxis-Verschränkung ein Höchstmaß an Ausbildung zu erreichen. Das neue Modell bestand aus folgenden Komponenten:

Das Vikariat wird um ein halbes Jahr auf zwei Jahre verkürzt. In der gesamten Zeit wohnt der Vikar in der Ausbildungsgemeinde. Im Predigerseminar wird das Kurssystems im Unterschied zur bisherigen einjährigen Ausbildung in einem Block eingeführt. Die Kurse dauern jeweils einen Monat und beenden eine von fünf unterschiedlichen Schwerpunktphasen. Neu ist auch die "Distriktebene" (heute Regionalebene) als mittlere Ebene zwischen der Praxisebene in Gemeinde und Schule und dem Seminar. Damit ist an Arbeitsgemeinschaften gedacht, die durch hauptamtliche Mentoren und nebenamtliche Dozenten angeleitet werden. Das Amt des Mentors ist einer der wesentlichen Eckpfeiler des neuen Ausbildungssystems:

"Die Vikarsarbeitsgemeinschaft bietet die Möglichkeit, von Erfahrungen in anderen Gemeinden zu hören und Informationen über andere Gemeindestrukturen zu erhalten. Die Reflexion hat in dieser Ausbildungsebene den besonderen Aspekt, daß bestimmte Arbeitsformen in Konfrontation mit verschiedenen Gemeindesituationen durchdacht werden. Darüber hinaus sollen die Vikare eine Einführung in den Problemkreis des gerade im Schwerpunkt behandelten Sachgebiets erhalten und mit neuen Hilfsmitteln und der Litera-

tur bekanntgemacht werden. Nach Absprache mit dem Predigerseminar werden in der Arbeitsgemeinschaft Grundkenntnisse in Humanwissenschaften vermittelt." (Vorläufige Richtlinien 1971, S.154)
Auf Seminarebene sollen zwei hauptamtliche Lehrkräfte tätig sein: ein Theologe und ein Sozialpsychologe. Darüber hinaus wird für viele Bereiche festgelegt, daß Fachdozenten mit festen Lehraufträgen berufen werden sollen. Die Kurse am Ende der jeweiligen Schwerpunktphase sollen das Erfahrungsmaterial der Vikare auswerten und reflektieren.

"Die Aufgaben des Predigerseminars sind:
a) Auswertung der in der Gemeinde gesammelten Erfahrungen;
b) Vergleich eigener Praxis mit der Arbeit anderer;
c) Erörterung der Grundproblematik des zu behandelnden Sachgebiets;
d) Kritische Begleitung und Information durch Vertreter der Humanwissenschaften." (Vorläufige Richtlinien 1971, S.154)

Neu ist ebenfalls ein vierteljähriges Sozial- und Diakoniepraktikum als ein gezielter Einsatz in Industriebetrieben, Handwerk, Landwirtschaft und gesellschaftlichen Verbänden. Ein wesentliches Ziel der gesamten Ausbildung ist die Einübung in Kooperation. Leitbild der Ausbildung ist nicht das Bild eines Pastors, der alle Gemeindeaufgaben allein lösen kann, sondern der Pastor, der teamfähig mit anderen Mitarbeitern arbeiten bzw. Aufgaben auch an weltliche Fachkräfte delegieren kann. Die Kooperationsfähigkeit wird auch dadurch gefördert, daß grundsätzlich daran gedacht ist, zwei bis vier Vikare gemeinsam in eine Ausbildungsgemeinde oder dicht aneinandergrenzende Gemeinden zu schicken.
Das Vikariat gliedert sich in fünf Schwerpunktphasen, die jeweils mit einem einmonatigen Kurs im Predigerseminar beendet werden. Werner Hoerschelmann, Referent im Landeskirchenamt in Kiel, erläutert in einem Beitrag die anstehende Ausbildungsreform der kirchlichen Öffentlichkeit und beschreibt die Aufgaben der drei Ausbildungsphasen in den jeweiligen Schwerpunktphasen:

Predigt und Gottesdienst (5 Monate)

Gemeinde	Einführung in die örtliche Predigtsituation; Beratung in der Predigtpraxis; Beratung bei der Durchführung neuer Gottesdienstmodelle ...
Distrikt	Methodische Beratung der Predigt (Vorbereitung, Durchführung, Nachbesprechung). Theologiegeschichtliche Einführung in die Agende; Diskussion neuer Gottesdienstmodelle; ggf. Verkündigung in Massenmedien ...
Seminar	Prinzipielle Predigtlehre. Allgemeine Liturgik.

Unterrichtt (7 Monate)

	in der Gemeinde	in der Schule (Schulmentor)
Gemeinde + Schule	Einführung in Gruppe und Lehrplan; praktische Beratung beim Unterricht.	Einführung in die Klasse; Beratung des Unterrichts.
Distrikt	Methodische Beratung (Vorbereitung, Durchführung, Nachbesprechung); Analyse verschiedener Konzeptionen des Konfirmandenunterrichts.	Methodische Begleitung des Unterrichts.
Seminar	Methodik und Didaktik des Konfirmandenunterrichts; Jugendpsychologie, Volkskirche - Taufe - kirchliche Unterweisung; Methodik und Didaktik des Religionsunterrichts an der Schule; Pädagogik.	

Soziale und politische Diakonie (Praktika außerhalb der Vikariatsgemeinde) (4 Monate)

Praktika / Distrikt	Erwünscht sind Praktika, die Sozialpfarramt und Diakonie gemeinsam durchführen. Ein gemeinsames Konzept war aber bisher nicht zu erreichen, so daß zunächst getrennte Praktika von je einem Monat Dauer geplant werden. Auswertung.
Seminar	Sozialpädagogik, Sozialhilfe, Sozialhygiene, Sozialgesetzgebung. Grundkenntnisse der Soziologie. Industrialisierung und Urbanisierung. Politische - und Sozialethik. Strukturfragen ...

Amtshandlungen + Lebenshilfen (4 Monate)

Gemeinde	Einzelfallarbeit in der Gemeinde.
Distrikt	Auswertung der Einzelfallarbeit; Typen und Methode des Seelsorgegesprächs; Clinicaltraining. Vorbereitung und Analyse von Kasualhandlungen. Vermittlung und Auswertung praktisch-seelsorgerlicher Arbeit außerhalb der Gemeinde (z.B. Telefonseelsorge, Erziehungsberatung, Kontakt zu Jugendämtern, Krankenhausseelsorge). Spezialpraktika.
Seminar	Theologie der Amtshandlungen und Lebenshilfen, Individual- und Gruppenpsychologie; Psychotherapie.

Gemeindeaufbau + Verwaltung (4 Monate)

Gemeinde	Mitarbeit in Gemeindegremien, übergemeindlichen Verwaltungseinrichtungen, sozialen Einrichtungen in der Gemeinde. Praktische Einführung ins Kirchenrecht.
Distrikt	Für zwei Vikariatsgemeinden sollte von Fachsoziologen je eine Feldanalyse durchgeführt werden. Die Kandidaten dieser Gemeinden sollen in ihrer Arbeit diese Analysen praktisch auswerten. Parallel dazu soll zur Kontrolle der Effektivität dieses Verfahrens in zwei weiteren Gemeinden auf Grund eigener Beobachtung der Gemeindestrukturen und gestützt auf bereitliegende Daten (Gemeindekartei!) gearbeitet werden. - Vorbereitung einzelner Experimente und ihre Auswertung. - Dienstgruppenarbeit und ihr Aufbau. - Vermittlung von Verwaltungspraktika (in außerkirchlichen Verwaltungen).
Seminar	Gemeindesoziologie. Gruppenpädagogik. Kirchliche Werbung. Einführung in die landeskirchliche Verwaltung. Kirchenrecht allgemein.

Damit folgte die Kirchenleitung strukturell und konzeptionell der Vorlage des Ausbildungsausschusses. Zur allgemeinen Überraschung beschloß sie auch, daß das Mentorenamt hauptamtlich ausgeübt werden soll. In einem zentralen Punkt allerdings verweigerte die Kirchenleitung die Zustimmung: Eine Reform des Zweiten Theologischen Examens durch ein gegliedertes Examen am Ende der jeweiligen Schwerpunktphasen mit einem Abschlußkolloquium am Ende des Vikariats ging ihr dann doch zu weit. Das sollte in den folgenden Jahren für erheblichen Zündstoff sorgen.

Erstaunlich bleibt im Rückblick, daß die Verantwortlichen binnen kurzer Zeit eine radikale Veränderung des Ausbildungssystems gewagt haben. Die Ausbildung im Vikariat war offenbar zu einem der brennendsten Probleme der Kirche geworden. Bei Studenten, Studentinnen und Kandidaten - Frauen waren im Predigerseminar nicht zugelassen - wuchs die Konfliktbereitschaft. Symptomatisch für das Klima im Seminar war der Konflikt um die Residenzpflicht: Die Vikare (und wenige Vikarinnen) wehrten sich dagegen, daß sie in Anlehnung an die Residenzpflicht der Pastoren grundsätzlich ortsanwesenheitspflichtig sein sollten. In einem Brief der Vikare heißt es: "Als Dienstzeit im Predigerseminar können wir nur die Zeit anerkennen, in der Vorlesungen, Übungen oder andere offizielle Veranstaltungen angesetzt sind."

Im April 1968 wurde der Konvent der Schleswig-Holsteinischen Theologiestudenten auf dem Koppelsberg gegründet. Dieser beschreibt als seine vornehmliche Aufgabe, die Kirche experimentierfähig zu machen und zu halten, und mischte sich in viele aktuelle Fragen ein, auch kräftig in die Debatte um eine Reform der Ausbildung.

In der theologischen Literatur wurde eine intensive Diskussion über die Ausbildungsreform geführt: Manfred Wolf setzte sich bereits 1963 in einem Beitrag "Predigerseminar heute - heute noch Predigerseminar?" für einen Funktionswandel des Predigerseminars ein. Er stellte die Frage, ob das Predigerseminar das Theologiestudium fortsetzt, ergänzt oder überhöht und wieweit es dabei zu einem pseudoakademischen Betrieb kommt. Hinsichtlich der Exegese oder Predigt habe sich das Predigerseminar von der Gemeinde "dispensiert". Deshalb müsse zukünftig gewährleistet sein, daß die Kandidaten abschnittsweise (in Freizeiten, Kursen oder Lehrgängen) im Seminar und während der gesamten Zeit einer Gemeinde zugewiesen seien, es müsse Arbeitsgespräche mit Pfarrer und Mitarbeiterkreis geben. Ferner tauchte bei Wolf bereits die Idee von Arbeitsgemeinschaften in Vikarskonventen auf und ein differenziertes Kurssystem mit Schwerpunktphasen.

In der Pastoraltheologie 1968 gab es ein Themenheft zur Ausbildungsreform. Der "Fachverband Evangelische Theologie im Verband Deutscher Studentenschaften" (VDS) hatte mit dem "Studienreformseminar" einen Arbeitskreis gebildet, der Alternativvorschläge zu Studium und Vorbereitungsdienst entwickelte. Wolfgang Herrmann veröffentlicht die Ergebnisse in seinem Beitrag: "Das Vikariat". Vorgelegt wird ein differenziertes Phasenmodell mit

Kurssystem wegen der besseren Theorie-Praxis-Relation. Gefordert wird auch mehr Rücksicht auf verheiratete Kandidaten und eine Verkürzung des Vikariats angesichts des hohen Durchschnittsaltesr von 27 Jahren(!). Enno Rosenboom referiert die Ergebnisse einer Konferenz der Direktoren der Predigerseminare, die auch die Notwendigkeit von Veränderungen unterstreichen. All diese Faktoren sind Hinweise auf das gewachsene Problembewußtsein und Kritikpotential jener Zeit, das die gesellschaftliche Reformdebatte, die Bildungsreformdebatte und die damit im Zusammenhang stehende Kirchenreformdebatte Ende der sechziger Jahre zur Folge hatte und entscheidenden Einfluß auf die Entwicklung der Ausbildungsreform und des Curriculums hatte (ein neuer Lernbegriff, die funktionale Theorie der Kirche, verbunden mit den Namen Karl-Wilhelm Dahm, Ernst Lange ...).
Für die Durchsetzung der Ausbildungsreform 1969 waren sicher alle diese Faktoren bestimmend. Zudem agierten die Studenten selbstbewußt und kritisch-konstruktiv und betrieben eine intensive Lobbyarbeit, indem sie beispielsweise alle Kirchenleitungsmitglieder besuchten, um über die Problematik der anstehenden Beschlüsse zur Ausbildung zu informieren.

Die ersten Jahre
Nun galt es, diesen Plan mit Leben zu füllen. Dazu wurden 1970 Dieter Seiler als Direktor des Predigerseminars berufen und als erste Mentoren: Klaus Thomsen, Theo Wrege, Heinrich Wittram und Gert Hartmann. Kurspläne mußten entwickelt werden, neue Kriterien zur Beurteilung von Predigten erarbeitet und abgestimmt werden. Das Gesamtteam der Ausbilder mußte sich über Rollenunterscheidung, Kooperation und Ziele verständigen. Dazu kam die Aufgabe, Referenten zu finden und alle an der Ausbildung beteiligten Personen in den Prozeß der kontinuierlichen Ausgestaltung des Ausbildungssystems einzubeziehen.
Dem Grundanliegen der Ausbildungsreform folgend, setzte sich Seiler mit Nachdruck für die Einrichtung der Stelle eines humanwissenschaftlichen Mitarbeiters ein. Schnell hatte sich gezeigt, daß die große Zahl von Referenten Schwierigkeiten zur Folge hatte. Die Erfahrung der Kurse zeigte in einer für alle belastenden Weise, daß die Vermittlung humanwissenschaftlicher Erkenntnisse auf diesem Weg fehlschlug. Im Juni 1972 stellte sich Horst Albrecht, bisher Studieninspektor am Predigerseminar Essen, vor und wurde der erste humanwissenschaftliche Mitarbeiter.
EinigeVikare führten 1971 eine Analyse der Ausbildungsebene Gemeinde mittels eines sehr differenzierten Fragebogens durch und kamen u.a. zu folgenden Ergebnissen: Die Vikariatsleiter seien nur ungenau über das neue Ausbildungssystem und ihre Rolle informiert, für vier von 11 Vikaren sei das Wohnen in der Gemeinde nicht realisierbar, zukünftig seien Kurse mit vorbereitendem Charakter am Anfang jeder Schwerpunktphase wichtig, und die Vikarsleiter sollten in Vikarsbegleiter umbenannt werden.

Am 7. September 1971 wurde das 75jährige Bestehen des Predigerseminars mit einem festlichen Abend gefeiert: Trutz Rendtorff hielt einen Festvortrag. "Die Freiheit und ihre Folgen. Über Probleme der gegenwärtigen Ethik." Es gab eine Abendmusik im Kloster und Gespräche in Gruppenräumen.
1971/72 setzte eine erste Bestandsaufnahme der bisherigen Erfahrungen im Team der Ausbilder ein: Deutlich wurde dabei, daß die Rolle des Mentors einer Modifikation bedurfte. Der Mentor konnte sich auf der Basis des ursprünglichen Konzepts als Dozent und als Organisator von Ausbildungsveranstaltungen auf Außenstation verstehen. Hintergrund für diese Vorstellung war das Mentorenamt als Kompensation für eine Halbierung der Seminarzeit. Klaus Thomsen hebt im Blick auf seine Arbeit mit Ausbildungsgruppen drei Erfahrungen hervor:
1. "Die Gruppe übernimmt Verantwortung für die Ausbildung sowohl im Hinblick auf deren Gegenstände als auch deren Methoden. Es wird nicht einfach hingenommen, was andere sich ausgedacht haben.
2. Die Gruppe übernimmt Verantwortung für sich selbst. Das Zusammenkommen der Gruppe hat Bedeutung für die Erledigung von Aufgaben. Man sucht persönliche Kontakte. Der Gruppe ist nicht gleichgültig, wie es ihren einzelnen Mitgliedern geht. Fällt jemand aus der Gruppe heraus, so ist das für die Gruppe ein Problem, das auf eine Lösung drängt.
3. In der Gruppe wird Theologie nicht nur auf der Ebene des Wissens abgehandelt, sondern als Herausforderung zur Findung der theologischen Identität verstanden. Die Gruppe kritisiert und ermutigt im Hinblick auf zu findende Identität."
Angesichts dieser Erfahrung müsse die Rolle des Mentors neu bestimmt werden, er sei der Gruppe zugeordnet, aber nicht ihr Leiter, sondern ihr Begleiter. Als Begleiter fördere er die Entscheidungsfähigkeit der Gruppe, er informiere zu gegebener Zeit über sein Wissen und seine Erfahrung auf gleicher Ebene wie die Gruppenmitglieder und beachte den Gruppenprozeß im ganzen und bringe die Situation der Gruppe zur Sprache, wenn die Zeit dafür reif sei. Gert Hartmann teilt diese Einschätzung ebenso wie die anderen Kollegen und akzentuiert wie folgt:
"... Das bedeutet, daß der Mentor sich nicht darauf beschränken muß, in zurückhaltender, eher fragender Gesprächsführung Hilfestellung zu geben, woraus der Eindruck entstünde, entweder wisse der Mentor schon alles und warte nur darauf, daß die Vikare selbst darauf kommen, oder aber, er sei an einem sachlichen Engagement nicht interessiert. Vielmehr sollte der Mentor den Vikar auch konfrontieren mit den praktischen Konsequenzen, die sich aus seinem theoretischen Ansatz ergeben, bzw. mit den theoretischen Voraussetzungen, die seiner Praxis, vielleicht unbewußt, zugrunde liegen. Ziel einer solchen Konfrontation ist es, den Vikar herauszufordern, zu bedenken, wie er diese Konsequenzen zu nutzen oder zu ertragen und jedenfalls zu verantworten gedenkt."

Dieter Seiler beschreibt als Zielsetzung der Ausbildung:
"Die Vikare kommen von der Universität. Sie bringen eine Theorie mit (mehr oder minder bewußt). Es geht darum, diese Theorie bewußt zu machen, sie mit der der anderen Kollegen zu vergleichen und in Handlungen umzusetzen. Die Handlung probiert die Theorie aus. Umgekehrt probiert aber auch die Theorie die Handlung aus, wenn in einem nachfolgenden Reflexionsprozeß in Gruppen über die Handlungen gesprochen wird. Ein solches Gespräch soll zu einer neuen Zielsetzung führen. Wesentlich ist, daß hier fast ausschließlich durch Verstärkung gearbeitet wird. In diesem Prozeß bleibt das Seminar durch Bereitstellung von Zeit, Beratern und Atmosphäre, durch die Möglichkeit zur kontinuierlichen Gruppenarbeit und zur plenaren Bewußtseinsbildung ein wesentlicher Ausbildungsfaktor." Ziel der Arbeit der Dozenten sei die berufliche Autonomie der Vikare. Die Ausbildung sei praxisbezogen und knüpfe bei den Ressourcen der Vikare an.

Hans-Theo Wrege weist auf die neuverteilten Rollen in der Ausbildung hin: "Im ganzen wird man davon ausgehen müssen, daß sich die Mentoren und der Direktor des Predigerseminars am schnellsten mit dem neuen System identifizieren - verständlicherweise, denn dies System verkörpert ihren »Sitz im Leben«. Ebenso verständlich ist es auf der anderen Seite, daß diejenigen zunächst in kritischer Distanz verharrten, denen die neue Ausbildungsordnung eine Delegation von Machtbefugnissen zumutete - in erster Linie wohl die Pastoren, aber auch die Mitglieder der Prüfungskommission." (S.143)

In dieser Zeit werden nach den ersten Erfahrungen die Phasen der Ausbildung verändert. Statt bisher fünf klar unterschiedener Phasen gibt es nur noch drei: Homiletik und Seelsorge, Unterricht und die Differenzierungsphase. Die Schwerpunktphase Diakonie- und Sozialarbeit verliert ihren verbindlichen Charakter. Dadurch entstehen mehr Flexibilität und Möglichkeiten, in Eigeninitiative und Selbstbestimmung eigene Qualifikationen, z.B. in der Seelsorge, zu erwerben. Dieter Seiler hatte die amerikanische Seelsorgebewegung und speziell die Klinische Seelsorge-Ausbildung kennengelernt und in Kiel intensive Kontakte zu Joachim Scharfenberg aufgebaut. Durch verstärkte Möglichkeiten von Spezialisierung wurde dem Wunsch nach einer stärkeren Professionalisierung des Pastorenberufs entsprochen.

Neben der Arbeit im Team wurde in Form von Symposien die Vernetzung mit anderen interessierten Personen gesucht. Themen waren: "Die verfaßte Kirche und ihre Ausbildung", "Theologie, Predigten, Vikare - Schwierigkeiten und Chancen predigender Vikare", "Communio in der Ausbildung - die Gruppe zwischen Kollektivismus und Individualismus" und "Symbolische Kommunikation innerhalb und außerhalb der Kirche".

Ausbildung von Pfarrvikaren und Pfarrvikarinnen
Einen weiteren Schwerpunkt bildete die Pfarrvikarsausbildung und ihre Verknüpfung mit der Vikarsausbildung. Ab 1972 wurde unter dem Eindruck großer Vakanzen die Ausbildung der Pfarrvikare neu strukturiert. Im Gegensatz zu den Vikaren kamen die Pfarrvikare aus der erlebten Praxis und wollten Theorie lernen.
Die Ausbildung begann mit einem halbjährlichen Theologischen Grundkurs im Predigerseminar. Unter der Leitung von Studieninspektor Andreas Hertzberg wurden vor allem Grundkenntnisse der fünf klassischen theologischen Disziplinen in Form von Seminaren erarbeitet. Bei diesem Lernziel standen kognitive Arbeitsweisen im Vordergrund, aber im Gegensatz zur herkömmlichen Didaktik der Universitäten wurde in diesem zweiten Bildungsweg theologische Theorie auf der Grundlage von und im Blick auf Praxis verwirklicht.
Im Anschluß an den Grundkurs nahmen die Pfarrvikare anderthalb Jahre an den beiden Gemeindephasen der Vikare (Seelsorge/Homiletik und Pädagogik) und den zugeordneten Kursen teil. Diese Verpflichtung barg Chancen und Schwierigkeiten für beide Seiten. Durch diese Verflechtung wurde weitgehend verhindert, daß Pfarrvikarsanwärter schon mit umfangreichen pfarramtlichen Aufgaben (Verwaltung einer Pfarrstelle) überlastet wurden. Wegen der nach der vorhergehenden Berufspraxis differenzierten Erfahrungen mußte der Einsatz in der praktisch-theologischen Ausbildung flexibel gestaltet werden. Am Schluß der Ausbildung stand an Stelle der Differenzierungsphase ein weiterer halbjähriger theologischer Kurs im Predigerseminar, in dessen Verlauf u.a. die theologische Examensarbeit geschrieben wurde.
Im Theologischen Grundkurs wirkten Professoren, Dozenten des Predigerseminars und Pastoren mit. In den beiden Gemeindephasen konnten die Pfarrvikarsanwärter nur teilweise in die regionalen Lerngruppen integriert werden; deswegen mußte der Studienleiter in dieser Phase auch Mentorenaufgaben übernehmen. Dieser Bereich der Ausbildung endete 1977.
1973/74 wurde der große An- und Umbau des Seminars durchgeführt, da das neue Ausbildungskonzept auch ein anderes Raumkonzept erforderte. Ein rückseitiger Neubau mit drei Gruppenräumen, einem fünfeckigen großen Plenumsraum, einer kleinen Wohnung sowie Speisesaal und Küchenbereich wurde erstellt und das Haupthaus gründlich umgebaut: Aus Speise- und Seminarraum wurden Büros bzw. Zimmer für Vikare und Vikarinnen, die Bänke aus dem Andachtsraum im 1. Stock wurden entfernt und im Keller die Sauna eingerichtet - ein wichtiger Kommunikationsort bis heute! Insgesamt wurde durch diese umfassende Baumaßnahme das Raumangebot erheblich ausgeweitet.

Etablierung

Im April 1974 empfahl der Ausbildungsausschuß der Kirchenleitung nach sorgfältiger Prüfung, das auf Probe eingeführte Modell der Vikarsausbildung beizubehalten. Aus einer Befragung durch den Ausbildungsausschuß geht die weitgehende Befürwortung des Ausbildungsmodells hervor. In der Vorlage des Ausschusses heißt es: "Mit der Tatsache, daß diese Ausbildung sich stärker an den Fähigkeiten orientiert, erhält die Theorie-Praxis-Vermittlung einen anderen Charakter. Sie geschieht unter der Berücksichtigung der Persönlichkeit des Vikars in gruppendynamischer Selbsterfahrung. So wird auch die Vikarsgruppe zu einem Praxisfeld, das wichtig ist, wenn der Vikar Gruppenprozesse verstehen lernen soll. Im Schutzraum der Gruppe kann der Vikar Praxiserfahrungen einbringen und verarbeiten (z.B. Predigtaufzeichnungen, Fallbesprechungen, Rollenspiele)." In lerntheoretischer Hinsicht findet damit das exemplarische Lernen und das erfahrungsorientierte Lernen einen festen Ort im Curriculum.

Der Ausschuß schlägt vor, die Bedingungen für die Fortbildung der Anleiter zu verbessern, so daß - entsprechend dem württemberger Modell - Vikariatsleiter nach dem Zweiten Theologischen Examen ihres Vikars bis zu drei Monate für Fortbildung freistellt und in dieser Zeit durch den Vikar als Hilfsprediger vertreten werden. Hinsichtlich des Zweiten Theologischen Examens bittet der Ausschuß um einen Auftrag, dieses komplexe Thema mit Priorität zu bearbeiten. Hingewiesen wird auch darauf, daß die Ausbilder ihre eigene Weiterbildung in Pastoralpsychologie oder Pastoralsoziologie vorantreiben mußten, nachdem der Versuch, Soziologie, Psychologie, Pädagogik und Organisationswissenschaften durch Vorlesungen darzubieten, gescheitert war.

Die Phasen der Ausbildung werden wie folgt festgeschrieben:
- Erkundungsphase (3 Monate),
- Gemeindephase I (8 Monate),
- Gemeindephase II (6 Monate), Pädagogik,
- Projektphase, Differenzierungsphase (5 Monate).

Letztere Phase ermöglicht neben einer Differenzierung ein Projektlernen, z.B. Möglichkeit zur Seelsorge im Zusammenhang mit Amtshandlungen oder Gruppenarbeit im Gefängnis.

Zukunftsweisend ist die Empfehlung des Ausschusses, die ganze Ausbildung durch Supervision zu begleiten. Aufgabe des Supervisors sei es, dem Vikar zu helfen, größere Klarheit über sich selbst und seine Fähigkeiten zu gewinnen. Jetzigen und künftigen Mentoren sollte die Gelegenheit gegeben werden, sich für die Übernahme von Supervisionsaufgaben fortzubilden. Einer Darstellung Professor Scharfenbergs folgend, könne Supervision folgende Funktionen in der Ausbildung übernehmen:

1. Eine Hilfe zur Klärung der persönlichen Identität des Vikars.
2. Eine Hilfe zur Klärung der spezifischen Eignung und Begabung des Vikars.
3. Eine Hilfe zur Klärung der stärker unbewußten interpersonalen Dynamik im Einzel- und Gruppengespräch (Übertragung und Gegenübertragung).
4. Eine Hilfe zur Klärung der spezifischen Kommunikationsstruktur verschiedener Praxisfelder.
5. Eine Hilfe zur Klärung der Berufsidentität des künftigen Pastors.
6. Eine Art Hypothesenerprobung des theoretisch Gelernten.
7. Eine Hilfe zur Prioritätensetzung und Organisation der künftigen Berufspraxis.

Aussagekräftig über das Selbstverständnis der Ausbilder Mitte der 70er Jahre sind Beiträge von Horst Albrecht, Klaus Thomsen und Dieter Seiler in dem Buch "Lernende Kirche, Ein Leitfaden zur Neuorientierung kirchlicher Ausbildung". Horst Albrecht zeigt in dem Beitrag "Umgang mit Lernwiderständen" die lernpsychologischen Zusammenhänge auf, wie sie sich aus der Analyse von Lernwiderständen ergeben. Ausbilder nähmen Lernwiderstände häufig nur als Störungen wahr und reagierten mit einem Arsenal von Ausweichmanövern. Ihre wichtigste Aufgabe sei es aber, sich mit ihnen auseinanderzusetzen und Hilfen bei der Überwindung von Lernwiderständen zu ermöglichen. Die Gruppe habe dabei eine wichtige Funktion, da Lernwiderstände bei Lernvorgängen einer Gruppe durch Kommunikation in der Gruppe einen Aufforderungs- oder gar Sogcharakter entwickeln könnten und keine unüberwindlichen Barrieren darstellten.

Klaus Thomsens Beitrag: "Auf dem Weg zur Supervision" beschreibt ausführlich die Erfahrungen mit Supervision in der Ausbildung, insbesondere auch in der Predigtbesprechung. Dieter Seiler schreibt über "Lernen in der Ausbildung - Lernen in der Kirche" und bezieht zwei Lernvorgänge aufeinander: das Lernen des einzelnen am Beispiel der Vikarsausbildung und das Lernen eines Interaktionssystems am Beispiel der Entwicklung und Beratung der Gemeinde. Er resümiert (S.45): "In den vergangenen Jahren sind die Initiativen zur Kirchenreform und die Initiativen zur Ausbildung sehr nahe zusammengerückt. Vielen erschien die Ausbildung als das geeignete Einfallstor für Innovation. Wenn wir versuchten darzustellen, daß das Lernen des Theologen notwendig ein Lernen des Systems Kirche und Gemeinde voraussetzt und fordert, so wird das Pathos, das speziell die zweite Phase der Theologenausbildung in den vergangenen Jahren bekam, gleichzeitig aufgenommen, aber auch begrenzt. Entgegenzutreten ist der Erwartung, daß über eine Reform der Ausbildung eine Reform der Kirche zu erreichen sei. Entgegenzutreten ist dann auch der Resignation, die aus solchen enttäuschten Erwartungen notwendig hervorgeht, vor allem bei denen, die in die Gemeinde hinausgehen.

Mit dem Prinzip des Erfahrungslernens sind in den vergangenen Jahren wichtige Impulse über die Ausbildung in die Kirche eingedrungen. Nun wird es möglich und nötig, daß Gemeinden und Kirchen sich ihren eigenen Erfahrungen stellen und Schritte der Entwicklung planen."
In der Einleitung des Buches werden Prinzipien genannt, die übereinstimmend in der Ausbildung, aber auch in einzelnen Arbeitsbereichen kirchlicher Arbeit bestimmend sind:
"Der Zusammenhang von emotionalen, kognitiven und pragmatischen Lernprozessen. Wesentliches Lernen schließt den ganzen Menschen ein. Die Isolierung eines Aspektes führt zu Verzerrungen und hat zur Folge, daß die Berufspraxis unbefriedigend, einseitig und schwach in ihren Wirkungen bleibt.
Selbstverantwortetes Lernen - Selbstverantwortung in der Praxis kann sich schlecht entfalten, wenn bei Lernprozessen für die Praxis Abhängigkeit, Passivität und außengesteuertes Verhalten gefördert werden. Um Lernen zu ermöglichen, geben wir der Selbstverantwortung nicht nur Raum, wir versuchen, in unserem Verhalten und in der Organisation des Lernens die Bedingungen zu ihrer Entfaltung zu schaffen. Eine Hilfe zur Verbesserung der professionellen Kooperationsmöglichkeiten.
Feedback - In kommunikativen Systemen werden die Wirkungen des Verhaltens durch Feedback-Prozesse erkennbar. Ohne sie ist eine Kontrolle des eigenen Verhaltens kaum möglich, ohne Kontrolle des Verhaltens kein Lernen.
Supervision - Lernen für die Praxis erfolgt durch die Verarbeitung von Praxiserfahrung. Dafür ist qualifizierte Beratung erforderlich, die nicht Ratschläge gibt, sondern mit dem Lernenden seine Fragen durchdenkt.
Lernen in Gruppen - Lernen für kommunikative Praxis erfolgt optimal, wenn die Kommunikationsbeziehungen in der Lernsituation selbst als Lernfeld wahrgenommen werden. Die Lerngruppe ermöglicht Offenheit, Bereitschaft zur Selbstreflexion und Erprobung neuer Verhaltensmöglichkeiten."
Dem entspricht der Erwartungshorizont der Ausbilder hinsichtlich der Vikariatsleiter. In einem Rundbrief heißt es:
"Prüfen Sie bitte noch einmal die Bereitschaft und die Möglichkeiten, einen Vikar in Ihrer Gemeinde aufzunehmen, an folgender Bedarfsliste, die auf Erfahrungen beruht. Erforderlich sind:
- Mindestens drei Jahre Praxis als Gemeindepastor, damit der Vikar an Ihnen klare berufliche Orientierung erlebt.
- Mindestens ein Jahr Tätigkeit in der Gemeinde, damit Sie über die nötigen beruflichen und persönlichen Beziehungen verfügen.
- Besuche von Fortbildungsprogrammen neuerer Art, damit Sie die Arbeitsweisen der heutigen Ausbildung verstehen (z.B. Seminare in Beratung, Gruppenleitung, Supervision).
- Bereitschaft und Zeit, zu den Treffen mit der Ausbildungsgruppe ca. einmal im Vierteljahr zu erscheinen und beizutragen.

- Bereitschaft und Wunsch, mit dem Vikar mindestens einmal wöchentlich ein Gespräch von zwei Stunden zu führen, in dem die Erfahrungen der Woche durchgesprochen werden. Sind Sie bereit, dieses Gespräch aktiv zu strukturieren?
- Die Offenheit, auch persönliche Fragen und geistliche Probleme anzusprechen bzw. bei Ihnen selbst ansprechen zu lassen.
- Die Fähigkeit, eine partnerschaftliche Lernbeziehung zu gestalten, in der es um das Lernen des Vikars geht, die aber auch Verschiedenheiten oder den Austrag von Konflikten ermöglicht ..."

Ab 1976 übernahm die zweite Ausbildergeneration die Verantwortung: Horst Kämpfer folgte auf Horst Albrecht, Klaus Schlömp auf Heinrich Wittram, Kurt Moritz auf Gert Hartmann und Hans Christian Knuth auf Andreas Hertzberg.

Nordelbien
Mit der Gründung der Nordelbischen Kirche entstand die Aufgabe, zwei unterschiedliche Ausbildungsordnungen zusammenzuführen. Hamburg hatte eine andere Struktur des Vikariats als Schleswig-Holstein:
Das Kollegium der Hauptpastoren nahm die Verantwortung für den Vorbereitungsdienst der Pastoren und Pastorinnen wahr. Dieser bestand aus einem Vikariat von 18 Monaten, beginnend mit einer Schulphase von sechs Monaten, und einer Pastoralassistentenzeit von ebenfalls 18 Monaten, in der die Kandidaten den Auftrag erhielten, eine Fragestellung kirchlicher Praxis wissenschaftlich zu untersuchen und darüber eine wissenschaftliche Hausarbeit anzufertigen. Im übrigen fand die Arbeit der Predigerseminare vorwiegend an Studientagen statt.
Eine vom Rat der NEK eingesetzte Arbeitsgruppe hielt erste Eckpunkte fest: Der hauptamtliche Mentor sei wegen der Verkürzung der Seminarzeit unverzichtbar. Einigkeit bestand auch darüber, daß es in der nordelbischen Kirche unter finanziellen Gesichtspunkten und um der Integration der nordelbischen Pfarrerschaft willen nur ein Predigerseminar geben solle. Gedacht war an das Preetzer Seminar, das unter nordelbischen Gesichtspunkten ausgebaut sei. Im zweiten Anlauf gelang es dem nordelbischen Ausbildungsausschuß, im Zeitraum von zwei Jahren einen Entwurf zur Neuordnung zu erarbeiten. Diese Arbeit war gründlich und diffizil zugleich: Wie konnte es gelingen, das traditionelle Hamburger Modell und das Preetzer Reformmodell, das erst wenige Jahre zuvor seinen Charakter von Vorläufigkeit verloren hatte, sinnvoll aufeinander zu beziehen und die Stärken beider Modelle nutzen? Wie konnte die Einbindung der Hauptpastoren gelingen, welchen Ort sollte die Schulphase bekommen und wie sollte mit der Konkurrenz von Pastoralassistentenzeit (HH) zur Differenzierungsphase (SH) umgegangen werden?
Der Ausbildungsausschuß dokumentierte zunächst die gesamten Ausbil-

dungserfahrungen in Hamburg und Schleswig-Holstein. Alle an Ausbildung beteiligten Personen zogen Bilanz, Ergebnisse wurden abgewogen, neue Konzepte entwickelt und verworfen, bis 1978 das neue Konzept stand und im März 1979 von der Kirchenleitung beschlossen wurde. Kernpunkte dieses Konzepts waren:
1. Festschreibung des Vorbereitungsdienstes auf zwei Jahre und Abschaffung der Pastoralassistentenzeit (der Ausbildungsausschuß hatte diese Form noch alternativ zur Hilfspredigerzeit vorgesehen).
2. Verlängerung der Gemeindephase auf 12 Monate, um dort mehr Präsenz zu ermöglichen und die Kompetenz und Verantwortung der Gemeindepastoren zu stärken.
3. Vier Ausbildungsregionen (Hamburg, Schleswig, Kiel und Lübeck/Ahrensburg) mit jeweils maximal 20 Ausbildungsplätzen, bei Bedarf (wenn sich mehr als 20 Auszubildende für eine Region melden) Einrichtung von kleinen, zusätzlichen Ausbildungsgruppen in den Regionen Lübeck/Ahrensburg und Hamburg, die durch einen Hauptpastor betreut werden und die Seminare in Preetz besuchen ("Hauptpastorengruppen").
4. Gliederung des Vorbereitungsdienstes in drei Phasen: Die Schulphase am Beginn der Ausbildung umfaßt ein halbes Jahr, die Gemeindephase ein ganzes Jahr und die Abschlußphase ein halbes Jahr - mit einmonatiger Zuweisung zu einem nordelbischen Dienst und Werk, dem sogenannten Theologischen Abschlußkursus von einem Monat Dauer, einem Kirchenrechtskurs und Examensvorbereitung. Damit schmolz die Differenzierungsphase auf einen Monat zusammen.
5. Die Aufgaben des Predigerseminars werden so beschrieben:
"Das Prediger- und Studienseminar ist das Praktisch-Theologische Ausbildungsinstitut der NEK. Es hat folgende Aufgaben:
Durchführung von Kursen, in denen die Kandidaten die für die Führung des Pfarramtes notwendigen Kenntnisse und Fähigkeiten erwerben;
Koordination der Ausbildung in ihren drei Ebenen Kirchengemeinde, Region, Seminar;
Sonstige mit der Ausbildung der Pastoren und Mitarbeiter zusammenhängende Aufgaben, z.B. Kurse für Vikariatsleiter."
Aus der Hamburger Ausbildungstradition wurde ein theologischer Abschlußkurs mit einer "7-Tage-Hausarbeit" übernommen, mit dem Ziel, daß Vikare und Vikarinnen am Ende der Ausbildung ihren theologischen Standort klären. Zu erheblichen Irritationen auf Seiten der Vikarinnen und Vikare führte die neue Regelung, eine kurze Stellungnahme über ihr Verhältnis zu Schrift und Bekenntnis anzufertigen. Vikare und Vikarinnen befürchteten offensichtlich, daß angesichts größerer Ausbildungszahlen mittels dieser Stellungnahme eine Vorauswahl von Seiten der Bischöfe getroffen werden könnte, und beklagten den Verlust einer Kultur des Vertrauens. Aus dieser Auseinandersetzung hat die 7-Tage-Arbeit als einzige Leistung bis heute Bestand.

Die 80er Jahre
War damit eine neue Grundstruktur der Ausbildung entworfen, so folgten am Anfang der 80er Jahre grundlegende personelle Veränderungen des Ausbilderteams: Neuer Direktor wurde 1982 Jörn Halbe, Renate Grabsch folgte Horst Kämpfer, Joachim Klein, Dieter Andresen und Claus Jürgensen wurden neue Mentoren. Die Kursgruppen im Seminar wurden noch größer: Durch die Kombination von klassischen Ausbildungsgruppen und Hauptpastoren fanden sich bis zu 30 Vikare und Vikarinnen pro Kurs im Predigerseminar ein. Die Zimmerkapazität des Seminars konnte erhöht werden, weil die letzten Mitarbeiterinnen, die bis dato im Seminar gewohnt hatten, nun außerhalb eine Wohnung fanden. Der Andachtsraum wurde im Eingangsbereich der Bibliothek neu gestaltet.
Jörn Halbe entfaltete in einigen Thesen sein Verständnis theologischen Arbeitens unter der Überschrift "Das Vikariat als theologische Ausbildung":
1. "Christliche Theologie verliert ihren Grund und verfehlt ihren Gegenstand, wenn sie nicht Theologie ist im Dienst der Begegnung von Botschaft und Situation. (...)
2. Im Vikariat als theologischer Ausbildung geht es um Erfahrung und Lernen in dreifacher Hinsicht - Botschaft, Situation, Selbst - mit einfachem Ziel: (Ich-)Selbst sein zu können im Dienst der Begegnung von Botschaft und Situation. (...)
3. Dem Ziel des Vikariats als theologischer Ausbildung entspricht der Weg des Erfahrungslernens, das nicht nur - im technischen Sinn - Lernen aus Erfahrung ist, sondern Lernen zu erfahren - nämlich auch das Fremde: an mir, an der Botschaft, an Situationen, die nicht die eigenen sind. (...)
4. Am ehesten realisiert - und geradezu olle Kamellen - sind diese Gedanken in den Ausbildungsbereichen Pädagogik, Homiletik und Seelsorge: selbst dort - und dort selbst - zu sein, wo die Botschaft zum Ziel kommen soll, samt allem, was das wiederum für das Verstehen von Botschaft bedeutet. - Anders im Blick auf den ganzen Bereich von Arbeit und Interaktion, der heutigen Alltagswelt - nach dem Wort eines Unternehmers zu seinem Pastor: »In der Woche sind Ihre Leute bei mir.«"
Strukturell gab es Veränderungen neuer Art: Zwei "Ausbildungszentren" wurden angesichts der erwarteten großen Zahl von Theologiestudierenden dem Preetzer Seminar zugeordnet - ab 1982 in Breklum unter Leitung von Hans Reimer und später Paul Gerhard Hoerschelmann mit dem Schwerpunkt: Kirche im ländlichen Raum, ab 1986 in Hamburg unter Leitung von Peter Stolt und Mentor Gero Ziegler mit dem Schwerpunkt Kirche in der Großstadt, insbesondere der Citykirchen. Die Einrichtung dieser zusätzlichen Ausbildungsstätten machten einen erhöhten Abstimmungsbedarf erforderlich, um der Einheitlichkeit der nordelbischen Ausbildung willen.
Der Theologische Kurs gewann an Kontur und wurde nach anfänglichen Widerständen seitens der Vikare und Vikarinnen so konzipiert, daß theologisch

zentrale Themen, z.B. Trinität im Licht von Lebens- und Alltagserfahrung, bearbeitet wurden. Die homiletische Arbeit wurde ebenfalls intensiviert und der Ökumenekurs eingeführt.

Aber lassen wir doch an dieser Stelle den Mann auf der Straße zu Wort kommen über die Pastoren in den 80er Jahren. Dieter Andresen schuf die neue literarische Gattung der "Preetzer Kultur" und nahm damit kirchliches Volksempfinden auf:

" ... Paßt ja alles dazu, wenn sie mit Dschiens und Rolli durch Gemeinde latschen, sogar sonntags in'n Gottesdienst, wo sie in'n Schneidersitz auf'n Fußboden, alles ganz locker, und nennt sich Schalom oder was. Und Talar is bloß noch bei die ganz großen Anlässe: Konfirmation, Weihnachten oder Brockdorf. Jedenfalls, mein Freund Herrmann, als der mal zu sein Paster, weil, sein Sohn war nu schon 12 und noch nich getauft, da konnt er erst das Pastorat nich finden, weil rundum die Brennesseln wuchsen schon durche Dachrinne. Und der Paster ihn entgegen, auch unheimlich locker, mit Latzhose - hat Hermann ihn erst gar nicht erkannt, meinte er, das wäre der neue Tankwart, der immer nach Feierabend in seine Kreativität diese Blumengehänge - genau diesen sanften Blick. Der Paster also auf ihn los und »Hallo!«, und daß er Friedhelm heißt und sich freut. Und mit den Brennesseln, das wär Absicht und alles Naturgarten, weil, der liebe Gott in seine Vielseitigkeit hat die Brennesseln genauso lieb wie Buchsbaum, und hat er sein Spaß dran, wenn die so drauflos wachsen. Und war echt begeistert, als Hermann mit seiner Taufe zu Pott kam, weil, war Hamburger Randgebiet, hat er lange keine mehr gehabt. Und ob er die Taufe schlicht-kirchlich oder alternativ, mit Choral von Bettina Wegner und Original Elbewasser, aber Hermann, daß er lieber kirchlich, weil, die Hände bei sein Sohn wärn ja nu nich mehr so klein, und mit Elbewasser, da kennt er ein, den sein Sohn nache Taufe diesen Haarausfall, also, wollt er lieber nicht riskiern. Aber der Paster: Das wär gebongt, und er hätte für jeden Fall was dabei. Das lern die ja in ihre Ausbildung, dassie für jeden Kundenkreis 'ne Predigt fertighaben, und nennt sich: Aktualisierung. Das kommt alles so raus, wenn die in Preetz in'n Kreis zusammensitzen und vor sich hingucken - du denkst, die tun garnix, dabei ham sie alle Wahnsinnsideen, und merkt man erst später, wenn die Ideen anne Wand hängen, in Farbe und abwaschbar. Und ham die nicht aus Bücher, nee, alles aus ihre Innereien - das weiß ich von mein Kumpel Otto, den sein Sohn nach diesen Demo-Erlebnis, als er ein mit'n Schlagstock über die Rübe, hat das bei ihn gerappelt, und wollt er nu Theolgie. Und seitdem, wie soll ich sagen: ganz neuer Mensch, kein Heroin mehr, bloß Jesus und Karottensaft, eigene Ernte. Als Otto bei ihn zu Besuch in Preetz, mußt er auch mit in Kreis rein und Erfahrungen machen, hat aber nix gemerkt, is bloß so hin- und hergerutscht auf sein Stuhl, und der Vikar neben ihn hat ihn so notwendig angekuckt und gefragt, ob er'ne Störung anmelden will. Und Otto: Ja, daß er mal raus muß, und wo hier die Toilette wär. Aber da, der Vikar: echt sauer: Das wär ganz link bei ihn angekommen, da könnt er nu gar nicht mit umgehn, und wie er sich fühlt oder was. Das kommt alles davon, daß jeder sein eigener Ausbilder - in echt! Ham die Otto erzählt. Das muß dir mal vorstellen, wenn wir das bei Bräger & Co inne Verpackung - hätten wir das ganze Jahr Weihnachtsversand. Und paßt auch zusammen, weil, diesen Softi von Paster sagte auch: Wenn das richtig nimmst, denn is auch jeden Tag Weihnachten, weil, diese Freude von'n Evangelium, die is ja nicht, also von'n Kalender her, nimmt sie keine Rücksicht auf. Und darum sind die auch alle so wahnsinnig spontan und sensibel, weil, müssen ja immer darauf gefaßt sein, daß diese Freude gleich losgeht, und nennt sich: Preetzer Kultur. Na, der Flunki kann mir viel erzähln. Für mich is ganz klar, daß das Extremismus is, und wenn man diese Flut nich eindämmt, denn gute Nacht Christentum!"

Visitation
Von April bis Juni 1985 fand eine umfassende Visitation der Ausbildung durch Bischof Wilckens statt: Deshalb fand wiederum eine umfassende Standortbestimmung der Ausbildung statt - viele Berichte wurden geschrieben, alle Ebenen in der Praxis visitiert, Gespräche gesucht und abschließend ein rauschendes Fest gefeiert. Schon damals spielte die problematische Finanz- und Personalausstattung des Seminars eine erhebliche Rolle und die erstmals kritische Stellenlage der angehenden Pastoren und Pastorinnen. Die sog. 75%-Regelung wurde beschlossen und konnte durch entsprechenden Verzicht der Betroffenen innerhalb der ersten fünf Dienstjahre das Schlimmste verhindern. Gleichwohl veränderte sich das Klima der Ausbildung grundsätzlich. Dazu Jörn Halbe:
"Vikare sind Außenseiter - in der Gesellschaft und in der Kirche. Das Freiheitsmoment, das darin liegt, hat - zumal in den 70er Jahren - entschieden ihr Selbstbewußtsein bestimmt: solange, wie der eigene Weg offen, das Berufsziel ungefährdet und die gesellschaftlich-kirchliche Landschaft insgesamt weiträumig vor ihnen lag. Das ist - in allen Punkten - vorbei. Im Horizont dessen, was J. Habermas »Die neue Unübersichtlichkeit« nennt, ist die Unabhängigkeit des Außenseiters keine Chance mehr; daß er abhängig ist, beherrscht alles."
Die Visitation gibt Hinweise zu einzelnen Bereichen der Ausbildung, sie kommt insgesamt zu einer grundsätzlich positiven Einschätzung des Ausbildungsmodells im ganzen, so daß die entsprechende epd-Meldung zu berichten weiß, daß die Pastoren und Pastorinnen optimal ausgebildet werden. Deutlich wurde aber auch die große Bedeutung intensiver Kommunikation zwischen den verschiedenen Ausbildungsebenen und zwischen den Ausbildungszentren.
Mitte der 80er Jahre veränderte sich das Ausbilderteam wiederum: Gerhard Ulrich und Horst Webecke wurden Mentoren, Klaus Schlömp wurde nach Christa Schonert Studienleiter. Annegret Grund Unger folgte Renate Grabsch

als humanwissenschaftliche Mitarbeiterin. Ausbildungspolitisch begann eine eher unruhige Zeit: Der Ausbildungsausschuß beschäftigte sich über Jahre mit der neuen Durchführungsverordnung und fand mit Bischof Wilckens keine Lösung für die Frage der Sakramentsverwaltung. Jörn Halbe mußte nach seiner Scheidung die Stelle wechseln, und die Wiederbesetzung gestaltete sich schwierig. Mit Horst Albrecht wurde schließlich ein Kenner der Ausbildung Direktor, der inzwischen in Kirchdorf-Süd (Hamburg) im großstädtischen Neubaugebiet als Pastor gearbeitet hatte. Sein tragischer Tod nach zweijähriger Amtszeit erschütterte die gesamte Ausbildung.

Nach der Neubesetzung der Direktorenstelle mit Gerhard Ulrich veränderte sich das gesamte Team: Anne Reichmann, Ove Berg, Michael Watzlawik und Hubertus Hotze wurden Mentoren, Redlef Neubert-Stegemann und ich folgten als Studienleiter. In Pinneberg entstand ein zeitlich befristetes viertes Seminar über vier Jahre, mit Claus Jürgensen und Karin Boye, das Anfang 1996 planmäßig seine Arbeit wieder einstellte. In Preetz konnte Gertrud Schäfer für eine PEP-Stelle zur Verstärkung der liturgischen Ausbildung gewonnen werden. Letzteres ist Ausdruck für eine stärkere Akzentuierung des Themas Gottesdienst in der Ausbildung. Aber auch die Themen Leitung, Konfirmandenarbeit und Seelsorge haben einen starkes Gewicht. Ich beschränke mich abschließend auf die Darstellung der aktuellen Kursfolge am Beispiel des Kursplans der Gruppe Lübeck/Ahrensburg, die am 1.3.1996 das Vikariat begonnen hat:

01.03. - 08.03. 1996	Einführung I
	Kennenlernen und Gemeinde-Findung
18.03. - 22.03.	Einführung II
	Erste Annäherung an den Beruf Pastor/Pastorin
01.04. - 04.04.	Pädagogik I a
	Grundlagen der Religionspädagogik
22.04. - 25.04.	Pädagogik I b
	Schule in der Gesellschaft
13.05. - 24.05.	Pädagogik II a + b
	Methoden im Religionsunterricht
	Symboldidaktik, Unterrichtsentwürfe, Beratung
19.06. - 21.06.	Studientage zur Einführung
	in Konfirmandenunterricht
23.09. - 27.09.	Pädagogik III a
	Auswertung Schulphase
	Einführung in die "Gemeindepädagogik"
14.10. - 25.10.	Gemeinde I a
	"Vorbereitung auf liturgische
	und homiletische Praxis"

28.10. - 01.11.	Gemeinde I b "Arbeitswelt, Lebenswelt, Kirche" Gesellschaftliche Bedingungen kirchlichen Handelns
14.04. - 25.04. 1997	Gemeinde IIa "Liturgik und Homiletik"
28.04. - 02.05.	Kirchenrecht Mittelblock
02.06. - 06.06.	Pädagogik III b Reflexion der eigenen gemeindepädagogischen Praxis
18.08. - 29.08.	Gemeinde III a "Amtshandlungen"
20.10. - 28.11.	Gemeinde IV b Seelsorgeausbildung in der Region (2 Wochen) plus Praktikum (4 Wochen) oder Klinische Seelsorgeausbildung (6 Wochen)
01.12. - 12.12.	Gemeinde IV a Gemeindeaufbau - Gemeindeleitung
September 1996	Ökumene (1 Woche)
Januar 1997	Theologischer Kurs (3 Wochen)
Februar	Kirchenrecht (1 Woche)

Die Kurse werden in einem Übersichtsplan für Vikare und Vikarinnen inhaltlich genauer beschrieben. Das sei an einem Beispiel gezeigt:
Gemeinde III a (18.8.-29.8.97) - "Amtshandlungen".
In diesem Kurs wird die kirchliche Amtshandlungspraxis thematisiert. Sie werden zu diesem Zeitpunkt selber schon Erfahrungen mit den klassischen Kasualien (Taufe, Trauung, Beerdigung) haben, die wir gemeinsam im Kurs reflektieren wollen. Dabei geht es um:

- die Amtshandlungen in ihrem theologischen und lebensgeschichtlichen Kontext,
- unsere Rolle als Pastorinnen und Pastoren in diesem Kontext,
- Amtshandlungstheorien,
- rituelle und symbolische Kommunikation,
- Amtshandlungsrecht,
- die Bedeutung der Kasualien für die Gemeinde,
- die Frömmigkeit, die sich am Lebenszyklus orientiert und dort verortet,
- andere Amtshandlungen.

Resümee

Das "Preetzer Modell" hat eine rasante Erwicklung erlebt. Da Ausbildung immer in Wechselverhältnissen mit Entwicklungen in Kirche und Gesellschaft steht, muß sie immer fortentwickelt werden, und das ist gut so. Die Grundstrukturen der Preetzer Ausbildung haben sich im Wandel der letzten 26 Jahre bewährt, insbesondere die Ausbildung in den drei Ebenen:
Praxisfeld Schule/Gemeinde - Region - Seminar.
Die Ausbildung ist heute von einer nach wie vor hohen Zahl von Absolventen und Absolventinnen des Theologiestudiums geprägt bei abnehmender Ausbildungskapazität, so daß die neuen Vikare und Vikarinnen im Durchschnitt eine Wartezeit von 18 Monaten überbrücken müssen und natürlich älter und nicht selten auch durch Kindererziehung gefordert sind. Der Frauenanteil ist erfreulich gewachsen, einzelne Gruppen haben mehr Frauen als Männer!
Seit einigen Monaten droht die kritische Stellenperspektive die Offenheit der Vikare und Vikarinnen für ihre Stärken und Schwächen und ihre Lernbereitschaft zu verstellen. Damit einher geht ein verstärkter Anpassungsdruck, ein Aktionismus in Gemeinden und eine Wahrnehmungsverengung auf die Frage: Gibt es in der sich verändernden Institution überhaupt noch einen Platz für mich? Es zeigt sich in dieser Situation von neuem, wie wichtig eine klare Rollenunterscheidung von Mentorat und Seminar ist, weil in dieser verunsichernden Situation der Mentor bzw. die Mentorin in besonderer Weise ansprechbar sind von Seiten der Vikare und Vikarinnen, da sie nicht in Prüfungs- und Beurteilungsaufgaben eingebunden sind.
Die pastoralpsychologische Grundorientierung der Ausbildung ist nach wie vor maßgeblich als Strukturprinzip: vor allem als allgemeine Wahrnehmungstheorie und zum Verständnis von pädagogischen Prozessen. Aus der Arbeit der "Gemischten Kommission" bestimmt ein wichtiger Begriff die ausbildungspolitische Diskussion: die theologische Kompetenz. Es wird darauf ankommen, diese Kompetenz immer als eine persongebundene zu verstehen. Deshalb ist es nicht sinnvoll, theologische Aspekte und beispielsweise pastoralpsychologische Aspekte gegeneinander auszuspielen. Wichtig ist vielmehr, beide sinnvoll aufeinander zu beziehen. Außerdem wird es darauf ankommen, die Ausbildung mit den Veränderungsprozessen in der Kirche zu vernetzen. So wird Ausbildung zu einer spannenden, existentiellen und auch lustvollen theologischen Arbeit und den Anforderungen der kommenden Jahrzehnte gerecht werden können.

Quellenverzeichnis

Überwiegend habe ich auf Papiere aus der Ausbildung zurückgegriffen, die im Predigerseminar in Preetz bzw. im Archiv der NEK in Kiel vorliegen. Darüber hinaus:

Albrecht, Horst: Umgang mit Lernwiderständen, in: Lernende Kirche, S. 149-154
Berg, Ove: Reform der Vikarsausbildung, PTh. 1969, S. 268-273
Fuhrmann, Georg: Überlegungen zu einer Reform des landeskirchlichen Vorbereitungsdienstes, PTh. 1968, S. 248-262
Herrmann, Wolfgang: Das Vikariat, PTh. 1968, S. 263-274
Hoerschelmann, Werner: Neuordnung des Vikariats - Ein Experiment,
    in: Konvent Kirchlicher Mitarbeiter 1969, S. 143-148
Lernende Kirche, Ein Leitfaden zur Neuorientierung kirchlicher Ausbildung,
    hrsg. von Reinhard Kösters und Hans Oelker in Zus. mit der Braunschweiger Lernzielgruppe, München o.D.
Neue Modelle in der Erprobung. Problemskizzen, Berichte, Dokumente.
    Heft 1 der Reihe: Materialien zur Vikarsausbildung, hrsg. vom Comenius-Institut, Redaktion H.-B. Kaufmann, Münster 1973
Regel, Hans: Bericht über die Entwicklung in Schleswig-Holstein, in: Neue Modelle, S. 127-137
Regelung zur Durchführung des Vorbereitungsdienstes der Vikare in der NEK
    vom 27.3.79, GVOBl. 1979, S. 181 ff.
Rosenboom, Enno: Zur theologischen Ausbildung im Vikariat. Resultate einer Konferenz der Predigerseminar-Direktoren, PTh. 1968, S. 275-283
Seiler, Dieter: Information über die Planung einer Differenzierungsphase als Projektphase in der praktisch-theologischen Ausbildung, in: Neue Modelle, S. 166-174
Seiler, Dieter: Lernen in der Ausbildung - Lernen in der Kirche, in: Lernende Kirche,
    S. 30-46
Thomsen, Klaus: Auf dem Wege zur Supervision, in: Lernende Kirche, S. 94-104
Vorläufige Richtlinien für die Ausbildung der Vikare in der Ev.-Luth. Landeskirche
    SH vom 23.4.71, in: Neue Modelle, S. 153-161
Wolf, Manfred: Predigerseminar heute - heute noch Predigerseminar?
    in: MPTh. 1963, S. 220 ff.
Wrege, Hans-Theo: Zur neuen Vikarsausbildung in Schleswig-Holstein,
    in: Neue Modelle, S. 138-152

Dokumentation

Das Predigerseminar für Nordschleswig (A. Popp)

Schon während des Krieges erließ die Zivilregierung eine Verordnung am 2. Juli 1864 für das Herzogtum Schleswig, die bekanntgab, daß den Gemeinden mit dänischer Kirchensprache die Gewißheit gegeben werden sollte, daß ihre Pastoren der dänischen Sprache vollkommen mächtig seien. Alle Bewerber um ein Pfarramt in solchen Gemeinden waren infolgedessen verpflichtet, ein Zeugnis vorzulegen, das von einer dazu autorisierten Behörde (der Propst und zwei von ihm benannte Pastoren aus derselben Propstei) ausgestellt werden sollte. Dieses sollte die ausreichende Fähigkeit des Betreffenden im Gebrauch der dänischen Sprache dokumentieren. Solch ein Zeugnis konnte nur nach eingehender Prüfung erworben werden.

Diese Verordnung mußte natürlich weitere Maßnahmen nach sich ziehen, sobald die Bewerber mit dänischer Ausbildung, die nach dem Friedensschluß zur Verfügung standen, einen Ruf erhalten hatten. Es mußte nun den Kandidaten, die eine deutsche Gymnasiums- und Universitätsausbildung erhalten hatten, die Gelegenheit gegeben werden, die nötigen Kenntnisse in der dänischen Sprache zu erwerben. Das gab die Veranlassung für die Errichtung des Predigerseminars in Nordschleswig.

Am 25. April 1870 wurde die Ordnung für dieses Seminar erlassen. Der erste Paragraph hatte folgenden Inhalt: Das Predigerseminar für Nordschleswig hat die Aufgabe, theologische Kandidaten für die Verwaltung von Pfarrämtern in Gemeinden mit dänischer Kirchen- und Schulsprache zuzurüsten. Das Seminar sollte also einem vorhandenen Bedürfnis entgegenkommen.

Die Verordnung vom 2. Juli 1864 wurde aber mit der Einrichtung des Seminars nicht aufgehoben. Darum war niemand, der schon die notwendige Eignung für den Kirchendienst in Nordschleswig besaß und solch einen Nachweis erbringen konnte, den die Verordnung forderte, verpflichtet, das Seminar zu besuchen. Der Eintritt in das Seminar erfolgte nur nach Bewerbung. Wer aufgenommen wurde, erhielt aus Staatsmitteln ein monatliches Stipendium von 30 Talern (später mehr); er mußte selbst für Kost und Logis sorgen. Die Kandidaten mußten sich verpflichten, im Seminar zu bleiben, bis das in § 1 der Verordnung angegebene Ziel erreicht war. Sie waren so genötigt, die ihnen angebotenen Ausbildungsmöglichkeiten mit Fleiß und Treue auszunutzen und sich im ganzen gewissenhaft nach den gegebenen Anordnungen zu richten. Geschah das nicht, oder gab jemandes Lebenswandel Anlaß dazu, daß eingegriffen werden mußte, konnte das Konsistorium in Kiel, das die Oberaufsicht führte, ihn vom Seminar ausschließen.

Nach Beendigung der Ausbildungszeit standen die Kandidaten, die mit dem notwendigen Zeugnis abgingen, in der Weise für die Kirchenbehörden zur Verfügung, daß sie verpflichtet waren, endgültig oder vorübergehend einen Ruf in ein Amt in Gemeinden mit dänischer Kirchen- und Schulsprache entgegenzunehmen und in solch einem Amt zu bleiben. Im entgegengesetzten Fall waren die Unkosten für ihre Ausbildung mit 40 Talern für jeden Monat, den sie als Mitglied auf dem Seminar verbracht hatten, zurückzugeben. Dasselbe galt für die Kandidaten, die das Seminar verlassen mußten.

Das Abschlußexamen wurde vom Generalsuperintendenten (Bischof) zusammen mit dem Direktor des Seminars und einem Pastor, der extra dafür ernannt wurde, abgelegt. Die Prüfung bestand in einer Predigt und einer Katechese über einen ausgegebenen Text; das Konzept für beide sollte acht Tage vorher abgeliefert werden. Außerdem sollte unter Aufsicht eine schriftliche Arbeit angefertigt und eine mündliche Prüfung abgelegt werden. Das Ergebnis wurde festgesetzt von der Examenskommission und den Kandidaten vom Vorsitzenden, dem Bischof, mitgeteilt.

Die Leitung der Seminararbeit lag in den Händen eines Direktors, der Pastor einer dänischen Gemeinde sein mußte. Für den besonderen Sprachunterricht sollte er eine geeignete Person als Helfer erhalten.

Propst Valentiner in Tystrup wurde der erste Direktor des Seminars; er war ein sehr tüchtiger Pastor und Schulmann. Mit ihm zog das Seminar nach Alt-Hadersleben. Der Dänisch-Unterricht wurde dem Schulleiter Bielefeldt an der St. Severin-Mädchenschule übertragen, ein vortrefflicher Lehrer.

Die Aufgabe des Direktors bestand darin, die Kandidaten zu dem Ziel zu führen, das im § 1 der Verordnung so festgesetzt war, daß es für die Heimatkirche einen Segen bedeutete. Sein besonderer Unterricht behandelte die einzelnen Gebiete der Praktischen Theologie, meistens nach den Büchern Palmers in dänischer Sprache. Aber vor allem versuchte er, die Kandidaten mit der dänischen Bibel vertraut zu machen, mit dem dänischen Gesangbuch und dem dänischen Katechismus. Die dänische Predigt- und Katecheseliteratur wurde eingehend studiert. Eine Übung, die oft vorgenommen wurde, bestand darin, mit eigenen Worten den Gedankengang in dänischen Predigten wiederzugeben.

Der besondere Sprachunterricht, der von dem zweiten Lehrer des Seminars gegeben wurde, bestand in einer gründlichen Einführung in die Grammatik und Stilbildung der dänischen Sprache. Außerdem las man in Gemeinschaft hervorragende Werke der dänischen theologischen und profanen Literatur und sprach miteinander darüber. Eine sehr wertvolle Bibliothek für diese Lektüre wurde gesammelt. Die Kandidaten wurden auch so gründlich wie möglich darin eingeführt, wie man im Volksschulunterricht vorging. Die Schulen in Alt-Hadersleben hatten damals noch die dänische Schulsprache. Als das später geändert wurde, behielt Bielefeldts Schule eine Abteilung mit dänischem Religionsunterricht. Diesem Unterricht mußten die Kandidaten immer beiwohnen, genauso wie sie auch zu ihrer eigenen Übung Religionsunterricht in betreffenden Klassen halten mußten, in der Schule unter Anweisung des Lehrers, im Seminar unter Leitung des Direktors.

Propst Valentiner starb im Jahr 1891. Die Kirchenleitung wünschte als seinen

Nachfolger Pastor Prahl, damals Pastor in Egen auf Alsen, und legte ihm darum nahe, sich von der Gemeinde Alt-Hadersleben berufen zu lassen. Die Gemeinde wählte ihn.
Die Aufgabe, vor der Pastor Prahl nun stand, sah er als eine sehr schwierige Aufgabe an, und nur mit innerem Zittern packte er sie an. Er sah, daß er vor allem den Platz ausfüllen mußte, den das heilige Amt ihm anwies. Ihm waren in der großen Gemeinde dänisch- und deutschsprechende Gemeindeglieder anvertraut. Dazu sah er auch, daß er alles daran setzen mußte, zum Besten für die Gemeinden seiner Heimat Pastoren auszubilden, die nicht nur ausgerüstet waren mit einer guten Ausbildung, sondern auch von einer inneren Liebe zu dem Volk beseelt waren, dem sie dienen sollten. Dazu wurde mehr gefordert als sprachliche Anleitung. Das erforderte in Sonderheit eine genaue Kenntnis der Eigenart unseres Volkes, seiner Geschichte und nationalen Gefühle, von Sitte und Brauchtum und seiner religiösen Einstellung. Ohne Kenntnis dieser Verhältnisse ist es unmöglich, eine gute Pastorentätigkeit auszuüben, selbst wenn die persönlichen Voraussetzungen für eine solche Tätigkeit, in Sonderheit wahres Glaubensleben, vorhanden sind.
Diese Überlegungen zeigten Pastor Prahl den Weg für seine Tätigkeit. Eine Schwierigkeit, die noch vor der Arbeit lag, war die, daß z.T. mit wissenschaftlichen Vorstellungen gearbeitet werden mußte. Sie trat aber zurück, nachdem das Predigerseminar in Preetz (Holstein) errichtet wurde und allen Kandidaten ohne Ausnahme auferlegt wurde, dieses nach bestandenem ersten Examen zu besuchen. Dadurch wurde es für das Seminar in Hadersleben möglich, das Hauptgewicht auf die praktische Ausbildung zum Dienst in Nordschleswigs Gemeinden zu legen.
Den wichtigsten Teil seiner Aufgabe sah Pastor Prahl in der Hinführung zum rechten Gebrauch der Gottesgabe, nämlich unserer Bibel, und hierbei stand die sogenannte praktische Auslegung im Vordergrund, nicht ohne daß eine entsprechende sprachliche und wissenschaftliche Erklärung im Vorweg geschah. Es war ihm ein Anliegen, die Kandidaten vor der nicht gerade seltenen falschen Sichtweise zu bewahren, den Text für einen Nagel zu halten, an welchen sie ihre mehr oder weniger geistreichen oder dummen Hirngespinste oder Allegorien hängen konnten. Es lag ihm sehr am Herzen, die Gewissenhaftigkeit der Kandidaten so zu schärfen, daß sie ihre große Aufgabe darin zu sehen hatten, zuerst selbst ein volles und tiefgehendes Verständnis des gegebenen Schriftwortes zu gewinnen und danach dieses der Gemeinde in der Sprache von heute mitzuteilen, und zwar so, wie es dem Bedürfnis der Seele entspricht. Wenn dieses auch immer dasselbe ist, so ist es ungemein verschieden und mannigfaltig bei den verschiedenen Menschen, bei denen, die in die Gemeinschaft mit Gott gerufen sind und Gott suchen.
Es galt, den Kandidaten das Predigen in Gehorsam gegen die Schriften und zugleich auf eine zweckmäßige Weise beizubringen. Wieder und wieder wies Pastor Prahl auf das Wort Jesaia 40,3 (Mt. 3,3; Johs. 1,23) als eine Predigtre-

gel hin. Wehe dem, der etwas anderes sein will, mehr als seine Stimme, die durch ihn spricht; aber weh auch dem, der nicht ganz und gar seine Stimme sein will.

Die Kandidaten erhielten die Anweisung, stets an den Gemeindegottesdiensten teilzunehmen, um selbst zu sehen, wie und wie weit solch ein Anspruch erfüllt wurde. Es wurde ihnen auch selbst die Gelegenheit gegeben, die schwere Kunst des Predigens zu üben. Ebenso mußten sie versuchen, Religionunterricht in der Volksschule zu geben.

Sie mußten auch stets im Konfirmandenunterricht hospitieren. Luthers Kleiner Katechismus, dieses einzigartige kleine Buch, dies Kleinod der lutherischen Kirche, war und blieb die Grundlage für den Konfirmandenunterricht. Die Unterrichtsaufgabe bestand darin, dessen wunderbaren Inhalt in die jungen Seelen zu übertragen. Es ist selbstverständlich, daß auch über die Zweifel und Behauptungen der neueren Zeit geredet wurde. Denn die jungen Leute waren damit schon in Berührung gekommen oder würden sicher einmal von ihnen angefochten werden.

Wie mit Bibel und Katechismus, mußten die Kandidaten natürlich auch vertraut werden mit dem Gesangbuch der Gemeinde. Die Geschichte der dänischen Liederdichtung wurde eingehend behandelt mit Hilfe von Brandt-Hellvegs wertvollem Buch. Die großen dänischen Liederdichter wurden jeder in seiner Eigentümlichkeit vorgestellt. Die Geschichte des neuen Gesangbuches mit seinen Grundsätzen und leitenden Gesichtspunkten wurde vorgetragen. Jedes einzelne Lied in diesem Gesangbuch wurde durchgenommen und erklärt, so daß sein Inhalt, sein religiöser und poetischer Wert deutlich hervortraten.

Aber nicht bloß die Lieder, sondern auch deren Melodien wurden behandelt, damit die Kandidaten diese gründlich kennenlernten. Im Hinblick darauf wurde der Musikunterricht für die Kandidaten neu eingeführt. Er wurde gegeben vom Seminarlehrer, Musikdirektor Huth aus Hadersleben, der ein hervorragender Orgelvirtuose war. Bei ihm erhielten die Kandidaten einen vorzüglichen Unterricht im Orgel- und Violinenspielen, in Musiktheorie und moderner Orgelkunde. Eine kleine Orgel wurde angeschafft und in einem Seminarraum aufgestellt, damit die Kandidaten sich im Spiel üben konnten; ebenso vier Violinen zur Benutzung für Übungszwecke zu Hause. Es wurde besonderes Gewicht auf das Violinen-Spiel gelegt, weil es die musikalische Hörfähigkeit schärft und das Einüben neuer Melodien in der Gemeinde sehr erleichtert.

Die Predigtarbeit, als die pastorale Tätigkeit im ganzen genommen, muß in unbedingtem Gehorsam gegenüber der Schrift geschehen und ebenso mit dem hohen Ziel vor Augen, das der Arbeit vorgegeben ist. Das Ziel ist, die Seele für den Herrn zu gewinnen, d.h. wahres Glaubensleben zu wecken und auf dessen Läuterung, Wachstum und Stärke hin zu arbeiten. Das kann man nur erreichen, wenn man nicht bloß selbst weiß, was man zu bringen hat, sondern auch vertraut ist mit den Gedanken und Schwierigkeiten der Menschen, de-

nen man sich zuwendet. Ein treuer Seelsorger ist darum eine gänzlich notwendige Voraussetzung für eine Verkündigung, die das Ziel erreichen soll. Nur diese Verkündigung wird den Gegenklang in den Herzen finden, der die Gedanken anzurühren versteht, mit denen die Herzen selbst arbeiten.
Ausgehend von diesen Überlegungen wurde im Seminar eingehend darüber gesprochen, wie eine rechte Seelsorge ausgeübt werden solle. Der, der nach Prophetenweise daher kommt und die Menschenseele auf eine methodische Weise oder nach einem Schema behandelt, wird nicht viel von bleibendem Wert erreichen. Ein Pastor muß mit den ihm anvertrauten Seelen auf eine freundliche, schlichte, unkünstliche Weise umgehen, so, daß sie merken können, daß er auch Verständnis für ihre zeitlichen Sorgen hat. Hat er ihr Vertrauen gefunden, so hat er auch die Möglichkeit erhalten, ihnen das zu geben, was sie am allermeisten brauchen. Aber dann gilt es auch, die richtige Diagnose zu stellen, so daß man den einzelnen da annehmen kann, wo er steht, und nicht da, wo er nach unserer Meinung oder unserem Wunsch stehen sollte. So hat es der Herr selbst gehalten, wie die Evangelien, besonders das Johannesevangelium, so oft zeigen. Bei ihm, dem Seelsorger ohnegleichen, müssen seine Sendboten immer wieder neu in die Schule gehen, um bei ihm zuerst zu lernen, was seine eigene Seele braucht. Und dann, wie er am besten den Weg zu der ihm anvertrauten Seele findet.
Ein praktischer Kurs in Seelsorge konnte aus naheliegenden Gründen nicht angeboten werden. Nur in ganz einzelnen, weniger schwierigen Fällen durfte ein Kandidat mit einem Pastor gehen, um auf eigene Faust die Arbeit eines Seelsorgers zu tun.
Dagegen war es die Pflicht und Aufgabe des Seminars, den Kandidaten eine so eingehende Kenntnis über das Volk zu vermitteln, innerhalb dessen sie später arbeiten sollten, wie es sich nur machen ließ. In diesem Zusammehang gab sich das Seminar Mühe, für sie einen Aufenthalt in einem gebildeten christlichen Haus mit guter dänischer Sprache zu finden, und es glückte in den meisten Fällen. Durchweg waren es alleinstehende ältere Damen, Witwen, die Kandidaten in ihr Haus aufnahmen und sich mit mütterlicher Fürsorge um sie kümmerten. Das Leben in solch einem Haus war schon um der sprachlichen Ausbildung willen von großem Wert, aber zusätzlich lernten die Kandidaten dänisches Geistesleben aus der Nähe und auf beste Art und Weise kennen, so daß sie es lieben lernten.
Im Seminarleben wurde das nordschleswigsche Volk sehr eingehend vorgestellt und in seinen Eigentümlichkeiten charakterisiert. Der Unterschied zwischen den verschlossenen, tiefsinnigen Westjütländern, den mehr offenherzigen und entgegenkommenden Ostjütländern, den lebendigen Einwohnern von Alsen, die verschiedenen Dialekte der Volkssprache, alte Sitte und Brauchtum, die sogenannte Bauernmoral, die sozialen Verhältnisse und Klassenunterschiede, der jütische und friesische Baustil usw., usw., alles kam zur Sprache. Was das letzte anbetrifft, leistete Mejborgs Werk: Schleswigsche

Bauernhöfe, vortreffliche Dienste. Darüber hinaus ging der Dircktor jedes Jahr mit den Kandidaten auf eine Studienreise, vor allem, um Verständnis für die Unterschiede in kirchlichen Baustilen zu vermitteln. Die meist hervorragenden Kirchenbauten im Lande wurden besucht und studiert. Der Anfang wurde in der St. Severin-Kirche in Alt-Hadersleben gemacht, die auf den ersten Blick überhaupt nicht danach aussah, als könne sie irgend etwas erzählen, aber dennoch sich gleichsam für einen sachkundigen Forscher öffnete. Dann kam die Marienkirche in Hadersleben, die in vielfacher Hinsicht schönste und prachtvollste aller Kirchen in Schleswig, mit ihrer sehr interessanten Baugeschichte; die wunderbare und großartige romanische Domkirche in Ripen mit ihren einzigartigen Tochterkirchen aus Tupfstein; die Quaderstein- und Felssteinkirchen im westlichen Teil des Landes; die Backsteinkirchen, besonders die Zisterzienserkirche in Lügumkloster, die Nikolaikirche in Mögeltondern mit ihrem schönen Altar und prächtigen Kalkmalereien, die Christuskirche in Tondern mit ihrem einzigartig schönen Inventar, deren Epitaphien in nahezu ununterbrochener Folge ein Bild der Entwicklung christlicher Kunst von der Renaissance bis zum lebhaften Rokoko geben; ebenso viele andere Kirchen. Auf dieser Kirchentour wurde auch überall darauf geachtet, wie die Friedhöfe in Ordnung gehalten wurden und welche Bibelstellen auf den Grabsteinen standen. Dadurch lernte man nicht nur die betreffende Gemeinde auf eine bestimmte Weise kennen, sondern auch den Pastor.

Eine wesentliche Vertiefung und Bereicherung im Verständnis des Seelenlebens des nordschleswigschen Volkes gab der Kontakt mit der lebendigen Gemeinde, besonders mit den Jahresfesten kirchlicher und christlicher Liebestätigkeit. Hier konnte man sehen, wie tief verwurzelt diese Arbeit im Volk ist. In der ersten Linie stand die Heidenmission. Die Christiansfelder Mission, die Hermannsburger Mission in Tirupati, die lange Zeit Nordschleswigs besondere Mission war, und späterhin überwiegend die schleswig-holsteinische Breklumer Mission. Dazu kamen Feste und Versammlungen für die "Indre-Mission" und für das das "Nordslesvigske Asyl", dessen Vorsitzender Pastor Prahl von 1905 an war und dessen erstes Kinderheim im Gemeindebezirk Alt-Hadersleben liegt. Die Diakonissenanstalt in Flensburg, deren aufopfernde Tätigkeit unser Volk durch die Krankenhaus- und Gemeindeschwestern als eine glaubensfeste Arbeit kennenlernte, konnte nur ausnahmsweise besondere Feste und Versammlungen in Nordschleswig abhalten. Aber das Band, das geknüpft war zwischen Nordschleswig und der Anstalt, wurde immer fester, nicht nur aus Dankbarkeit, die unser Land der Anstalt für liebevolle Hilfe schuldete, sondern auch vor allem darum, weil eine große Anzahl junger Frauen von Nordschleswig - ungefähr ein Drittel der gesamten Schwestern - ein neues Zuhause in dem Diakonissen-Mutterhaus in Flensburg fand und von dort wieder ausgesandt wurde, dem Herrn in seinen leidenden Brüdern und Schwestern zu dienen. Das Erholungsheim des Diakonissenhauses "Elim" lag in Nordschleswig.

Auf all diesen Gebieten und bei all den erwähnten Gelegenheiten lernten die Kandidaten verstehen, welche Art der Verkündigung den größten Einfluß auf unser Volk hatte, den, den das Volk selbst wünschte. Keine trockene Theologie, aber das Wort vom Kreuz Christi und nur das allein. Das Volk Nordschleswigs ist in religiöser Hinsicht tiefsinnig. Die Arbeit der Brüdergemeinde, besonders im östlichen Teil des Landes, Hans Adolf Brorsons Tätigkeit im westlichen Teil und viele andere Gotteszeugen aus verschwundenen Tagen haben eine tiefe Spur hinterlassen, die man noch in unseren Tagen spüren kann. Sie leben weiter im Unbewußten, auch da, wo die Oberfläche nichts oder wenig davon zeigt. Auch in Gemeinden, die ein halbes Jahrhundert unter der Dürre des Rationalismus gelebt hatten, wird ein liebevoller Beobachter diese Spur finden. So kann es geschehen, daß die Alten, wenn ihr Herz durch ein freundliches Gespräch gewonnen ist, ihre Schätze vorzeigen, die Spuren von reichlichem Gebrauch aufweisen; da haben sie sich Trost in den Widrigkeiten und der Not des Lebens geholt: Pontoppidans Gesangbuch, Brorsons Gesänge und Lieder, H. Möllers "Herzensspiegel", Valsös "Der Beter geistliche Kette", J. Arnds "Wahres Christentum" und viele andere bewährte Andachtsbücher, die durch Jahrhunderte ein unentbehrlicher Schatz der Lutherischen Kirche waren.

Die Aufgabe des Pastors besteht darin, dieses schlummernde Leben zu wecken und zu siegreicher Entfaltung zu bringen. Das soll durch alle einzelnen Verzweigungen der Pastorentätigkeit geschehen. Die Predigt, der Kindergottesdienst, die Seelsorge und nicht weniger die Amtshandlungen. Auf diesem Gebiet wurde viel gesündigt. Die Versuchung liegt nahe, sich in ein sentimentales Gefühl hineinzuverlieren und dabei "Altweibergeschichten" zu erzählen, wie Bischof Kaftan einmal gesagt hat, und so Lob zu ernten für eine schöne trostreiche Ansprache, während in Wirklichkeit die Ansprache ohne jeden Inhalt war.

Das, worauf es bei solchen Ansprachen und Gelegenheiten ankommt, wurde den Kandidaten auf das Ernsthafteste eingeschärft. Bei der Taufe sollen die Eltern des Kindes hören, welche Verantwortung sie vor dem Herrn tragen, was er von ihnen fordert, aber auch, was er ihnen verheißt.

Dem Brautpaar muß gesagt werden, worin die christliche Ehe besteht und was sie in Zeit und Ewigkeit bedeutet.

Die trauernden Hinterbliebenen sollen zu wissen bekommen, was es bedeutet, in dem Herrn zu sterben und in dem Herrn zu leben. Der Pastor soll sich nicht vermessen, den Verstorbenen selig zu preisen, selbst wenn er sich freuen soll über jede Hoffnung, die Gott gibt; er soll sich noch weniger vermessen, jemanden zu verdammen. Es gibt einen anderen, der das letzte Wort über diese Sache hat.

Wer sein Amt so auffaßt und sich stets bemüht, dessen Stimme zu sein, der ihn ausgesandt hat in vollem Vertrauen zum Hirten und Aufseher der Gemeinde, der wird, selbst wenn er große Sorgen und viele bittere Enttäuschun-

gen erfährt, doch zu der Einsicht kommen, daß Gottes Wort nie leer zurückkommt.
Es ist nur natürlich, daß religiöse Strömungen, die von großen Glaubenszeugen ausgingen, mit denen Gott im letzten Jahrhundert das dänische Volk begnadet hat, Sören Kierkegaard, Grundtvig, V. Beck und viele andere, auch Nordschleswig erreichten. Darum mußten die Kandidaten auch mit ihnen bekannt gemacht werden. Im Seminar wurde die hierzu gehörende Literatur eingehend studiert und besprochen. Aber Pastor Prahl sah, daß das nicht hinreichend war. Er kriegte es so geregelt, daß die Kandidaten sich in jedem Jahr für ein paar Wochen zu einem Studienaufenthalt in Dänemark, besonders in Kopenhagen, aufhielten. Leider konnte er aufgrund seiner Amtspflichten in seiner Gemeinde sie auf diesen Reisen nicht begleiten. Die Kandidaten wandten sich darum an führende Männer in Dänemark selbst und fanden bei ihnen fast immer freundliches Entgegenkommen und sachkundige Beratung. Die Ausbeute dieser Reisen war über die Maßen reich. Die Kandidaten lernten das religiöse Leben in Dänemark und die großartigen Ergebnisse kennen, die die Indre Mission und verwandte kirchliche Betätigungen erreicht hatten in der Gemeindebildung, in der Gemeindepflege, in der Jugendarbeit, in der Mitternachtsmission, in der "Rettung der Gefallenen" (Faldnes Redning), Kirchenbaubewegung usw., namentlich in Kopenhagen selbst. Im ganzen genommen, kamen sie in Berührung mit dem dänischen Geistesleben, und das an seiner reichsten Quelle. Ebenso war eine gründliche Kenntnis religiöser Strömungen notwendig, die kirchliche Wege gingen, so auch eine eingehende Orientierung hinsichtlich der separatistischen, sektiererischen Bewegungen und der Gemeinschaften in Dänemark, mindestens so weit, wie sie Eingang in Nordschleswig gefunden hatten. Saabys bekanntes Werk gab Stoff zum Verständnis dieser Verhältnisse, und außerdem gab es in Hadersleben selbst Gelegenheit dazu, sich durch persönliche Beziehungen darum zu bemühen.
Daß die Kandidaten auch ausgerüstet wurden mit den besten möglichen Kenntnissen im schleswig-holsteinischen und dänischen Kirchenrecht, soweit das letztere denn in Nordschleswig gültig war, versteht sich von selbst. So hat das Predigerseminar in Hadersleben daran gearbeitet, junge Männer fähig zu machen für die große verantwortungsvolle Tätigkeit als Gemeindepastoren in Nordschleswig. Alle Pastoren, die die Freude gehabt haben, in ihrem Kandidatenjahr in Hadersleben unter der Leitung Pastor Prahls zu stehen, werden eine innere Dankbarkeit fühlen für ihn und alles, was er ihnen gab. Er gab aus einem reichen und warmen Herzen.
Daß sie in ihrer Arbeit mit Freimütigkeit und Freude stehen konnten in ihrer geliebten Heimat Nordschleswig, das verdanken sie nicht zum wenigsten seinem vorzüglichen Unterricht und seiner Begleitung.

"Praesteseminariet for Nordslesvig" von Pastor A. Popp i Hygum,
aus "Nordslesvigsk Kirkeliv 1880-1920" ved Hans Tonnesen, Haderslev,
2. Heft 1925, deutsche Übersetzung: Claus Jürgensen

Studienplan des Predigerseminars in Preetz (8. 8. 1906)
Vorbemerkung
Der Kursus ist einjährig und zerfällt in ein Sommer- und ein Wintersemester. Die Semester beginnen bzw.schließen acht Tage nach Schluß der Oster- bzw. Michaelis-Prüfung.

I. Allgemeiner Teil

Der Lehrbetrieb des Predigerseminars umfaßt
1. praktische Übungen,
2. theoretische Erörterungen verschiedener Gebiete der Praktischen Theologie einschließlich des Kirchenrechts und der Pädagogik und
3. praktisch gerichtetes Schriftstudium.

Die theoretischen Erörterungen umfassen die Geschichte und Theorie des Gottesdienstes, die Lehre von der kirchlichen Erziehung, die Lehre von der Gemeindepflege, das Kirchenrecht und die Schulkunde nebst Didaktik. Die theoretischen Erörterungen haben nicht gelehrten Studien, sondern der Einführung des künftigen Geistlichen der evangelisch-lutherischen Kirche Schleswig-Holsteins in das Verständnis der ihm obliegenden Aufgaben zu dienen. Dieselben sind daher auch nicht in der Gestalt von Vorlesungen zu halten, sondern in Besprechungen auf Grund der Referate, die der Leiter des Unterrichts selbst hält oder, soweit der Stoff dies zuläßt, den Candidaten aufgibt. Da die Zeit durchweg zu einer erschöpfenden Behandlung des fraglichen Gebiets nicht ausreichen wird, ist die Behandlung entsprechend auf die Hauptpunkte zu beschränken und des weiteren dem Privatfleiß zu überlassen; es soll dadurch jedes Abbrechen vermieden werden.

Für jedes Gebiet der Übungen und Erörterungen wie für die praktische Exegese wird ein Protokoll geführt, in dem nach Anweisung des Leiters kurz notiert wird (unter Benennung etwaiger Rezensenten und Referenten), was in jeder Stunde durchgenommen ist.

Der gesamte Lehrbetrieb zerfällt in solchen, der das ganze Jahr ungehemmt weitergeht, und solchen, der sich auf die zwei Semester des Kursus verteilt.

Spezieller Teil - I. Fortgehender Lehrbetrieb

1. Homiletische Übungen
   2 Stunden

In jeder Woche wird von einem Candidaten in einem öffentlichen Gottesdienst gepredigt. Die Reihenfolge der Candidaten wird von Anfang des Semesters von dem Direktor festgesetzt. Den Text gibt der Direktor. Eine Besprechung des Textes seitens des Direktors mit dem Candidaten findet nur auf Wunsch des letzteren statt, es sei denn, daß der Direktor eine solche in einem einzelnen Fall für angezeigt hält. Drei Tage vor dem Gottsdienste übergibt der Candidat sein Konzept einem anderen, von dem Direktor zu seinem Rezensenten bestimmten Candidaten; dieser liefert zwei Tage nach dem Gottesdienste seine Rezension, die sich auf Inhalt und Haltung der Predigt erstreckt, dem Direktor ein. Dieser macht Predigt und Rezension zum Gegenstand einer eingehenden Besprechung in der nächsten Collegstunde.

Diese stets vom Direktor zu leitende Besprechung der Predigten unter Zugrundelegung einer schriftlichen Rezension wird indessen nur bei einer so großen Zahl der Predigten gehalten, daß jeder Candidat im Semester einmal einer schriftlichen Kritik unterstellt wird und einmal eine schriftliche Rezension liefert. Für die übrigen Predigten tritt eine frei vorgetragene mündliche Rezension mit nachfolgender Besprechung ein.

An Stelle der Predigten können vereinzelt auch Bibelstunden treten.

In den für die Besprechung der homiletischen Übungen angesetzen Stunden werden, soweit die Zeit reicht, nach dem Ermesssen des Direktors einige sonderlich wichtige Partien der Homiletik im Zusammenhang durchgearbeitet oder auch hervorragende Beispiele aus der Geschichte der Predigt vorgeführt und besprochen, wie denn die Zeiten, in denen der Inspektor den Direktor dauernd zu vertreten hat, sonderlich auch dazu benutzt werden sollen, die Candidaten mit der Geschichte der Predigt vertraut zu machen.

2. Katechetische Übungen
    2 Stunden

Jeder Candidat hält in jedem Semester eine kirchliche Katechese. Bezüglich der Textbestimmung wie der Rezension wird ebenso verfahren wie unter 1 bezüglich der Predigt festgesetzt ist. Der katechetische Entwurf ist durch eine Disposition einzuleiten und in Fragen auszuarbeiten, wobei beabsichtigte Ausführungen des Katecheten kurz angedeutet werden.

3. Didaktische Übungen

Für die Besprechung dienen, soweit es sich um den Religionsunterricht handelt, die oben für die katechetischen Übungen festgesetzten Stunden. Für die Besprechung anderweitiger Probelektionen werden Stunden nach Bedarf eingelegt.

Die didaktischen Übungen fallen, soweit es sich um den Religionsunterricht handelt, in das erste Semester der Candidaten.

In der ersten Woche hospitieren die Candidaten in allen Religionsstunden der Klosterschule. Danach übernimmt jeder in entsprechender Ablösung den Unterricht zwei Wochen in biblischer Geschichte, zwei Wochen in Perikope, zwei Wochen in Kirchenlied, drei Wochen in Katechismus.

Der Lehrer der Seminarschule hat dafür zu sorgen, daß durch den Wechsel die Ordnung des Religionsunterrichts in der Schule nicht gestört wird. Angemessen von ihm erteilte Winke werden die Candidaten gern entgegennehmen. In jeder letzten Fachstunde jedes Candidaten ist der Direktor mit zwei anderen, sofern es sich um den Katechismus handelt, mit allen Candidaten zugegen.

Diese letzte Stunde, in der, insoweit dies angängig ist, der Unterricht mit einer kurzen Wiederholung des vom Candidaten Durchgenommenen verbunden wird, wird hernach in der oben erwähnten Collegstunde seitens des Herrn Direktors zum Gegenstand der Besprechung gemacht. Die Grundlage der weiteren didaktischen Übungen bildet ein vierzehntägiger Hospitierkurs in den Stadtschulen von Preetz.
Nach einem vom Direktor im Einvernehmen mit den zuständigen Rektoren festgesetzten Plan hospitieren die Candidaten in sämtlichen z.T. auch verschiedenen Unterrichtsstunden. Der Religionsunterricht ist in diesem Kursus nicht ausgeschlossen, aber er tritt in den Hintergrund. Jedem Candidaten wird ein besonderes Fach oder ein Zweig desselben zugewiesen, in welchem er in einer der Stadtschulen oder in der Klosterschule eine Probelektion hält, die einer kritischen Besprechung unterzogen wird.

4. Liturgische Übungen
Die Besprechung fällt in die für homiletische Besprechungen angesetzten Stunden.
Jeder Candidat hat für den Gottesdienst, in dem er predigt, die wechselnden Stücke der Liturgie, die er gleichfalls hält, sowie die zu singenden Gesänge auszuwählen; die Auswahl unterliegt vor dem Gottesdienste der Genehmigung des Direktors. Wahl der liturgischen Sätze und Gesänge wie die Haltung der Liturgie werden im Colleg einer kurzen Besprechung unterzogen.

5. Musikalische Übungen
3 Stunden
In jedem Semester empfangen die neu eingetretenen Candidaten in einer Stunde Einzelunterricht Elementar-Musiklehre, Stimmbildung, Aussprache, Deklamationsübung. Dispensation von diesem Unterricht kann nur auf Grund eines völligen Mangels an musikalischer Befähigung erfolgen. Diese Dispensation zu erteilen ist Sache des Direktors.
In einer zweiten Stunde finden liturgische Übungen sämtlicher nicht dispensierter Candidaten statt. Durchgearbeitet werden alle dem Geistllichen zugewiesenen liturgischen Sätze der Gottesdienstordnung (Hauptgottesdienst einschließlich Abendmahlsfeier und Nebengottesdienste). Das Psalmodieren wird besonders geübt. In dieser Stunde behandelt der Leiter der musikalischen Übungen in besonderen Vorträgen die Grundzüge der Geschichte der Kirchenmusik, insbesondere den gregorianischen Choral und unsere Kirchenlieder (etwa acht Vorträge im Wintersemester) sowie die Orgelstruktur alter und neuer Systeme, einschließlich der bei Orgelneubauten maßgebenden Gesichtspunkte (etwa zwei Vorträge im Sommersemester).
Auch die dispensierten Candidaten haben den Vorträgen beizuwohnen.
In der dritten Stunde werden in Chorübungen sämtlicher Candidaten alle Melodien des Schleswig-Holsteinischen Gesangbuches sowie die in den Gottes-

diensten vorkommenden Responsen der Gemeinde oder des Chors durchgesungen.

In einer vierten Stunde können Kandidaten, die dies wünschen, Unterricht im Orgel- oder Harmoniumspiel erhalten.

6. Praktisches Schriftstudium
   1 Stunde

Demselben werden neutestamentliche Schriften bzw. größere Abschnitte derselben, ausnahmsweise auch ein alttestamentlicher Abschnitt, und zwar in der Grundsprache zu Grunde gelegt. Die Candidaten haben sich sämtlich soweit vorzubereiten, daß die sprachlichen Schwierigkeiten überwunden sind. Die Interpretation wechselt abschnittlich unter den Candidaten. Die Leitung hat der Direktor, dem es freisteht, in einzelnen Stunden selbst die Interpretation zu übernehmen.

7. Kirchenrecht
   1 Stunde

Der Unterricht im Kirchenrecht hat den Candidaten einen Überblick über das Schleswig-Holsteinische Kirchenrecht zu verschaffen und sie zu befähigen, sich in demselben, soweit die Führung des geistlichen Amtes dies erfordert, selbständig zurechtzufinden.

II. Semestraler Lehrbetrieb

1. Wintersemester
a. Die Lehre von der Gemeindepflege

Die Gemeinde ist nach ihrer prinzipiellen Bedeutung wie nach ihrem empirischen Bestand (Schleswig-Holsteinische Kirchenkunde) zu besprechen, einschließlich einer, soweit es bis jetzt möglich ist, religiösen Gemeindepsychologie. Das geistliche Amt ist nach seiner Stellung wie nach seinen Aufgaben zu erörtern. Hierbei kommt die Bedeutung der Ordination wie der Introduktion zur Besprechung.

Die Darstellung der seelsorgerlichen Aufgaben des geistlichen Amtes ist zu gruppieren um Beichte, Trauung und Begräbnis. Diese Handlungen des geistlichen Amtes sind zu geschichtlichem und prinzipiellem Verständniis zu bringen, woran sich angemessen die Lehre von ihrem liturgischen Vollzug anschließt (Liturgisches Handbuch). Im Anschluß an diesen Studienbetrieb hat jeder Candidat eine der an die besprochenen Handlungen sich anschließenden Kasualreden auszuarbeiten. Abzuschließen ist mit einer Erörterung der Hauptfragen der Privatseelsorge. Dabei sind die Candidaten mit der klassischen Erbauungsliteratur, sonderlich der in unserer Landeskirche gebrauchten, bekanntzumachen, auch auf die vorzüglichsten Hilfsmittel der Seelsorge hinzuweisen.

b. Geschichte des Gottesdienstes
1 Stunde
Zur Behandlung kommt in den Grundzügen die Entwicklung des christlichen Gottesdienstes von der ältesten Zeit an. Namentlich von der Reformationszeit an ist die Entwicklung in Schleswig-Holstein sonderlich zu berücksichtigen.

c. Didaktik und Methodik der Volksschule
1 Stunde
Die allgemeine Didaktik wird kurz, die Methodik der einzelnen Fächer eingehender behandelt.
Grundlage der Besprechungen der Methodik bilden Referate der Candidaten über Entwicklung und gegenwärtigen Stand der Methode des einzelnen Faches. Ausgearbeitet werden diese Referate teils auf Grund besonderen Studiums, teils auf Grund des unter I.3 erwähnten Hospitationskursus.

2. Sommersemester
a. Die Lehre von der kirchlichen Erziehung
4 Stunden
Besprochen wird zunächst der Katechumenat in der alten Kirche und die Entwicklung der Kirchlichen Jugendpfllege in der lutherischen Kirche, insbesondere die Geschichte der Taufe und der Konfirmation, und zwar unter angemessener Berücksichtigung der besonderen Verhältnisse Schleswig-Holsteins. Die Lehre von der Taufe und von der Konfirmation wird eingehend behandelt und abgeschlossen durch die Erörterung des liturgischen Vollzugs derselben. Hieran schließt sich eine Besprechung der religiösen Pflege, die das geistliche Amt der konfirmierten Jugend schuldet, wobei insonderheit die Aufgabe der Mitwirkung in der Fortbildungsschule zu besprechen ist. Danach wird die Herausbildung des kirchlichen Unterrichtsstoffes und ihr Abschluß in der Entstehung des lutherischen Katechismus behandelt, der Katechismus selbst kurz ausgelegt und im Anschluß daran die Aufgabe und dementsprechend die Stoffwahl des Konfirmandenunterrichts und der Fortbildungsschule erörtert.

b. Die Theorie des Gottesdienstes
1 Stunde
Den Erörterungen der Theorie des Gottesdienstes wird die Gottesdienstordnung der Schleswig-Holsteinischen Landeskirche zu Grunde gelegt.

c. Schulkunde
1 Stunde
Auf Grund einer Skizzierung der Volksschule unter besonderer Berücksichtigung Schleswig-Holsteins werden die gegenwärtig in unserer Provinz gültigen Einrichtungen und Ordnungen des Volksschulwesens durchgesprochen.

Jeder Candidat besucht während der Zeit dieses Collegs nach Anweisung des Direktors eine Dorfschule in der Nähe von Preetz und erstattet über diesen Besuch einen eingehenden Revisionsbericht, der im Colleg durchgessprochen wird.

Kiel, den 8. August 1906
Königliches Konsistorium
gez. Müller

Bericht über das Sommersemester 1933 (Johannes Hansen)
Mit der im Vergleich zum Wintersemester beträchtlich kleineren Zahl von 12 Kandidaten wurde am 9. Mai das Sommersemester 1933 eröffnet. Die beiden letzten Examina mit ihren phantastischen Ergebnissen von bis zu 2/3 durchgefallen hatten sich das Verdienst erworben, Preetz vor einer Überbevölkerung zu bewahren. Zu den fünf im zweiten Semester bleibenden Kandidaten kamen nun hinzu die Herren: Hans Christoph Petersen, Karl Roager, Manfred Rosansky, Walter Rustmeier, Rudolf Sohrt, Hans Martin Vollstedt, Robert Westendorf. Cand. W. Rustmeier verließ jedoch bald nach den Sommerferien wieder das Seminar, um ein Vikariat in Helsingfors anzutreten.
Der Sommersemesterbeginn fiel in eine Zeit, da das Wort "Gleichschaltung" in aller Munde war. Die disparatesten Parteien, Verbände und Vereine waren voll damit beschäftigt, sich gleichzuschalten bzw. gleichgeschaltet zu werden. Und die evangel. Landeskirchen waren im Begriff, sich diesem Vorgang in ihrer Weise anzuschließen. Mitten in der deutschen Revolution standen wir im Sommer 1933. Und doch ist es uns im stillen Seminar oft kaum zum Bewußtsein gekommen. So geräuschlos und planvoll vollzogen sich im Fluß der nationalsozialistischen Bewegung sämtliche Umwälzungen. Revolutionäre Bewegtheit und Unruhe waren im Sem. am wenigsten vorhanden, obwohl das ganze Semester vollkommen unter dem Eindruck der staatspolitischen und kirchenpolitischen Vorgänge stand. Es war ein Semester, das ganz stark nach außen gerichtet war, dazu ein Sommersemester. Das hatte - wohl unumgänglich - zur Folge, daß die nötige innere Ruhe zu konzentrierter Arbeit mangelte. Darunter mußte dann naturgemäß die gemeinsame Arbeit leiden. Und um im Zusammenhang damit noch einen weiteren Mangel zu nennen: Es fehlte im ganzen ein wirklich beseelender und richtunggebender Schwung, Kraft und Wille. Man mag sich angesichts des neuen Geistes, angesichts des ungeheuren Tempos all der freudig begrüßten innenpolitischen Vorgänge im Sinne der Umgestaltung aller Körperschaften zu einem festen nationalen und einheitlich politischen Gefüge in der Hand des erstandenen Führers des neuen Deutschlands darüber wundern. Es war schließlich das Semester, in dem man auch das erste Mal die vom Seminargebäude herabwehende Hakenkreuzfahne als schwarz-weiß-rote Fahne grüßen konnte. Aber man wird den angeführten Mangel - ganz abgesehen davon, daß hier ein zweites Semester zur Kritik Ge-

legenheit bieten wird - etwas verstehen, wenn man einmal bedenkt, daß der traditionell-geistige Boden, auf dem man sich im Seminar zusammenfand, dem Neuwerden gegenüber eine etwas unbefriedigende Abseitsstellung bedeutete, und wenn man andererseits sagen muß, daß der Verlauf der kirchenpolitischen Entwicklung, der man mit größter Spannung folgte, gerade nicht zu frohen Hoffnungen Anlaß gab. Das Aufkommen und Anwachsen der "Glaubensbewegung deutscher Christen" fand unter den Kandidaten einen zahlenmäßig recht geringen Widerhall. Damit war eine scharfe Aufspaltung in zwei Lager vermieden. Zusammenleben u. Zusammenhalt wurden dazu wesentlich erleichtert dadurch, daß sich im ganzen die Kandidaten untereinander persönlich gut kannten. Wo Gegensätze auch persönlicher Art vorhanden waren, kamen sie in direkt störender Weise nur selten einmal zum Austrag. Es mag dabei noch erwähnt werden, daß der Kreis der fünf dienstältesten Kandidaten einen bedeutend geschlosseneren Eindruck machte.

In der Semesterarbeit ist manche vorteilhafte Seite zu verzeichnen. Vor allem wurde anstatt der künstlichen Katechesen mit einigen Schulkindern auf dem Seminar eine sehr gute Lösung gefunden. Der Herr Direktor trat mit der Mittelschule in Preetz in Verhandlung.

Als Mitglied des N.S.-Lehrerbundes gelang es ihm, den Weg zu ebnen, daß sich die Kandidaten für je vier Stunden in den regulären Religionsunterricht an der Mittelschule einschalten konnten. Zwei Herren wurde die nicht weniger günstige Gelegenheit geboten, sich am Religionsunterricht in der Volksschule in Schellhorn zu beteiligen. Das gute Verhältnis zu den Lehrern und das Entgegenkommen und die Bereitwilligkeit auf ihrer Seite, den Kandidatenunterricht durch Besprechungen zu fördern, verdient besonders hervorgehoben zu werden. Wir nahmen auf Einladung des N.S.-Lehrerbundes zweimal an den Sitzungen des Lehrerbundes teil und hatten dadurch die sonst mangelnde Gelegenheit, einige ausgezeichnete Vorträge, gehalten von Mittelschullehrern, zu hören. Es sprachen die Herren Schütt über Dokumente über Versailles (nach Leop. Ziegler), Muhs über die Glaubensbewegung deutscher Christen und Francob über den Pädagogen Hördt.

Von den drei durch den Herrn Direktor abgehaltenen Übungen (Religionspädagogik; Gegenwartsfragen; Casualien, 14 tägig) wurde der unter dem Thema "Gegenwartsfragen" zusammengefaßten Referatreihe allgemein das größte Interesse entgegengebracht. Die Besprechungen der schwebenden Fragen wie etwa "Gleichschaltung zw. Kirche u. Staat", "Reichskirche", "Glaubensbewegung D.C." u.a. konnten naturgemäß zu keinerlei besten Ergebnissen und Stellungnahmen führen, sie konnten aber dazu dienen, sich erst mal vertraut zu machen mit der neuen Situation u. mit bisher noch nicht so gekannten Gesichtspunkten. Der Zweck der Übung war ja nicht der, mit einer Erklärung oder Parteinahme im kirchenpolitischen Streit aktiv in die Öffentlichkeit zu treten. Für ein solches Vorgehen von Kandidaten eines Predigerseminars - wie man es tatsächlich in der Presse erleben konnte - konnte man

kein Verständnis aufbringen, und diese Passivität jedenfalls war doch als Bescheidenheit mehr eine Zier.
Im religionspädagogischen Kolleg wurde auch der Schlager aller Lehrerzusammenkünfte und das wohl gegenwärtig einflußreichste Werk: Kriecks "Nationalpolitische Erziehung" traktiert.
Die Gottesdienste wurden von den Kandidaten wie bisher wöchentlich abwechselnd in der Klosterkirche und im Stift gehalten. Nur einmal fuhren alle Seminarklassen zu einem Kandidatengottesdienst nach Lebrade, zugleich auch als Vertreter für die Gemeinde, die nicht da war. Den meisten bot sich daneben die Gelegenheit, hier und da im Lande vertretungsweise einmal einen Gottesdienst zu übernehmen.
Die kirchenrechtlichen Übungen wurden von Vizepräsident Simonis u. Konsistorialrat Bührke gehalten. Soweit das bevorstehende Kirchenrecht schon durchlöchert und überholt schien, wurde Gegenwartsbezogenheit durch Besprechung der jeweils neuen Vorgänge auf kirchlichem Gebiet hergestellt.
Aus dem Arbeitsplan des Semesters sind weiter noch anzuführen die Einführung in die Melodien des neuen Gesangbuches u. die Sprechübungen unter Leitung von Herrn Petonke und ferner mehrere Lichtbilder-Vorträge zur Einführung in die Aufgaben der Denkmalpflege, von Herrn Direktor Sauermann gehalten. Es schloß sich daran an eine Exkursion zur Besichtigung der Kirchen in Mildstedt, Morsum a. Sylt, Klanxbüll, Schloß Glücksburg, Mürwik, Munkbrarup, Sörup u. Präsidentenkloster in Schleswig. Zudem wurde vom Seminar aus eine 3tägige Fahrt, vom 11.-13. ..., nach Hamburg unternommen zur Teilnahme an dem 100jähr. Jubiläum des Rauhen Hauses. Die bedeutenden Feiern und Veranstaltungen in diesen Tagen waren für uns ein willkommener Ersatz für die im Semester ganz ausgefallenen Vorträge und Besprechungen mit Männern aus dem praktischen Kirchendienst im Seminar.
Die Pflege musischer Künste trat im Seminarleben ziemlich zurück. Eher schon kann man von einer sportlichen Note reden. Jeder Tag außer dem Sonntag begann mit Waldlauf bzw. mit Freiübungen. Beliebt war das Handballspiel. Außerdem war wöchentlich ein Pflichtturnabend festgesetzt. Die Badegelegenheit am Postsee wurde fleißig ausgenutzt. Der Sonntag schloß zumeist ab mit einer Ruderpartie mit unserer Hausdame.
Einige nicht unwesentliche Neuerungen, teils begrüßt, teils weniger geschätzt, mögen noch genannt werden. Ein Radioapparat, ein schönes Exemplar seiner Gattung, wurde das neueste Inventarstück. Damit hatte die große Welt die Verbindung mit uns aufgenommen. Das Zeitungsstudium wurde durch Neubeschaffung einiger weiterer Zeitungen gefördert. Was aber die eigentliche Arbeit betrifft, so wurde hier eine Kontrolle eingeführt. Jeder Kandidat hatte über seine Arbeit ein Tagebuch zu führen, und der Senior mußte am Wochenende diese Tagebücher dem Direktor vorlegen. Eine neue Kartothek gehört noch zu den Errungenschaften des Semesters.
Die neue Zeit fand auch bei uns sichtbar ihren Ausdruck darin, daß zum er-

sten Mal zwei Kandidaten das Braunhemd trugen. Und weiter wurde zum ersten Mal in die Seminarausbildung miteinbezogen ein drei- bzw. vierwöchentlicher Wehrsportkurs im Lockstedter Lager und Polizeischule Kiel-Gaarden bzw. Arbeitsdienstzeit in den Lagern im Kreise Plön. Um diese von allen Kandidaten einmütig gewünschte Dienstzeit durchzufahren, wurde das Sommersemester vorzeitig am 16. Sept. geschlossen. Eine Semesterschlußfeier an diesem Tage bildete den Abschluß. Die Feier wurde zugleich zur Abschiedsfeier von unserer verehrten Hausdame, Fräulein Schmalz, ausgestattet. Fräulein Schmalz schloß mit diesem Tage, der zugleich 75jähriger Geburtstag war, das letzte Semester ihrer Tätigkeit als Hausdame ab, um danach nach Hamburg-Niendorf überzusiedeln. Ein größerer Kreis von geladenen Gästen, Verwandte u. Bekannte u. Vikare, hatte sich Frl. Schmalz zu Ehren eingefunden. Der Herr Direktor überreichte ein Geschenk des Seminars, der Senior ebenfalls ein solches der Kandidaten. Mit dieser Feier nahmen zugleich fünf Kandidaten Abschied von Preetz: Lund, Mohr, Piening, Pörksen und Hansen zogen ins Vikariat. Die Fortsetzung des Semesters in Wehrsport- und Arbeitsdienstlagern mag sich uns noch weit mehr als das Seminarleben einprägen. In der Isolierung gedeiht nichts, am wenigsten die theologische Arbeit.

Johannes Hansen, c. theol., Senior des S.s. 1933

Bericht über das Wintersemester 1935/36 (Walter Göbell)
Wir waren 15 Kameraden in Preetz: Hans Bohn, Theo Böttcher, Walter Göbell, Hermann Hand, Hans Horstmann, Johannes Kühl, Herbert Lerdon, Harald Martens, Markus Nielsen, Adolf Plath, Andreas Schau, Georg Schmidt, Walter Schröder, Roloff Spannuth und Asmus Boger (Die Namen sind nach dem Candidatenbuch korrigiert worden. C.J.). Zunächst soll von wissenschaftlichem und praktischem Arbeiten im Predigerseminar berichtet werden und dann von unserer Kameradschaft. Dieses beides gehört nämlich zusammen, wenn eine Ausbildung im Predigerseminar erfolgreich und von bleibendem inneren Gewinn sein soll.
Unsere praktische Tätigkeit begann damit, daß wir in der Preetzer Schule wenige Wochen vor Weihnachten den Religionsunterricht gaben, wie es schon Generationen vor uns getan haben. Sodann übernahmen wir Gottesdienste in der Klosterkirche und in der Stiftskapelle. Auch Adventsfeiern hielten wir in der Umgebung von Preetz. Zwei oder drei Kameraden hatten eine Feier auszugestalten.
Unsere wissenschaftliche Tätigkeit war eine anregende und vielseitige. Das große Feld, das sich vor uns auftat, belehrte uns, daß zum praktischen Amt auch das dauernde wissenschaftliche Arbeiten gehören wird. Mit zum Wertvollsten gehörte die praktische Exegese unter dem Seminarleiter. Die Gruppenexegese dagegen ist als nicht so fördernd zu bezeichnen. Wie schon mancher feststellen mußte.

Referate hielten wir über "Fragen des Konfirmandenunterrichts" und über "Gegenwartsfragen". Die Wahl gerade dieser Themen ist als glücklich zu bezeichnen, denn der Konfirmandenunterricht und die noch immer ungelöste Frage nach dem Alten Testament umschließen nun mal äußerst schwierige Sachgebiete, auf die wir immer wieder stoßen - und hier hat die Kirche bis heute noch nicht hinreichende Weisungen geben können.

An Vorlesungen bzw. Übungen auswärtiger Referenten waren uns besonders wertvoll die im kameradschaftlichen Geist gehaltenen Übungen in Dogmatik, Pädagogik sowie in der Apologetik. Die dogmatischen Formulierungen am Schluß einer jeden Doppelstunde waren von innerer Klarheit, wie wir sie auf der Universität nicht zu hören bekommen haben. Und dazu bereits auf die praktische Amtstätigkeit ausgerichtet. Desgleichen waren wir dankbar für die wirklich interessanten Vorlesungen über "kirchliche Volkskunde".

Aber darin waren wir uns einig, daß die Fülle auswärtiger Referenten es nicht tut! Einmalige Vorträge, so im Vorbeifahren - abgesehen von wenigen Ausnahmen -, sind von uns nicht hoch bewertet worden. Sie nehmen auch der eigenen Arbeitszeit ihre Stetigkeit.

Statt dieser "Vorträge" sollte sich lieber das Seminar mit seinem bewährten Referentenkreis genug sein. Denn der Leiter des Seminars konnte uns mit das Wertvollste geben im "Gemeindedienst", in der "Predigtbesprechung" und vielen "Fragen des Religionsunterrichts". Diese Kernstücke unserer Ausbildung dürfen auch nicht zeitlich hinter anderen Sachen irgendwie zurückstehen.

Und nun das zweite: unsere Kameradschaft. Sie hat uns alle ausgerichtet und erzogen. Die Seminarzeit wurde so zu einem tragenden Erlebnis. Wir haben diese Kameradschaft als ein Geschenk hingenommen, das verpflichtet. Sie wuchs aus unserer Mitte und festigte sich in fröhlichen Stunden und bei ernster Arbeit. Die Erziehung durch die Kameradschaft ist ein wesentlicher Faktor in unserer Ausbildung gewesen. Das war nur möglich, weil der Direktor des Seminars in vorbildlicher Weise diesem Erziehungsfaktor der Kameradschaft Rechnung trug. Das darf auch einmal gesagt werden. Es wurde unausgesprochen und unbewußt aus einer Grundhaltung heraus - einem nationalsozialistischen Erziehungsideal in einer durch das Wesen kirchlicher Ausbildung geprägten Form - gelebt. Wir blicken nicht nur voll Dankbarkeit auf die Ausbildung in Preetz zurück, sondern wollen uns auch künftig hier und dort unter Leitung des Direktors Ausrichtung, Kraft und Stärke für unser Amt geben lassen.

Das Predigerseminar von vorne ...

... und von hinten - Gartenansicht

Wintersemester 1923/24 mit Weinreich und Halfmann

Gruppe Hamburg-West 1987/89

Sommersemester 1926

Winter 1966

*Sommersemester 1951 mit den ersten drei Vikarinnen(!):
Dora Schneider, Hildegard Hertzel und Erika Förster*

Einer der männlichen Teilnehmer heute

Sommersemester 1929 mit späteren Prominenten

Wiedereröffnung 1958

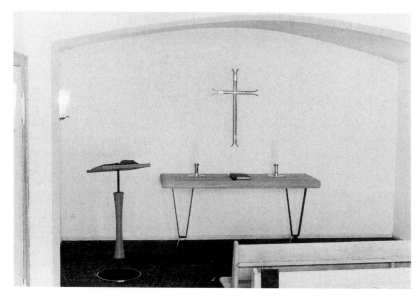

Der Geist der 50er ...

... und der 60er

Unterricht 1965

Kurs 1987

Bei der Arbeit - 1926 ...

Freizeit - mit Fernsehen ...

... und ohne

Bräutetreffen - 1952 ...

... und 1961

Festliches Essen - 1953 ...

Hausmusik - 1958 ...

... und 1990

Freizeitgestaltung - auf die eine - ...

... und auf die andere Weise

Zwei Direktoren:

*Amandus Weinreich
(1906-24) ...*

... und Gerhard Ulrich (1991-96)

Mitarbeiterinnen und Mitarbeiter heute

*Einführung von Dieter Andresen,
Jörn Halbe und Hans Reimer*

Stadtkirche ...

*... und
Klosterkirche
in Preetz*

Alle Theologie will praktisch werden

von Gerhard Ulrich[1]

Mit vielen Bildern hat man versucht, das Predigerseminar, die Arbeit in ihm und die Ausbildung der Pastorinnen und Pastoren insgesamt zu beschreiben. Liebevoll und vital sind diese Bilder meist und oft doch, wie das mit Bildern so ist, nur selten voll zutreffend.

Vor einigen Jahren luden eine Vikarin und ein Vikar in der örtlichen Presse ihrer Ausbildungsgemeinde zu einem Gesprächsabend über die Ausbildung ein. Titel des Abends: "Die Pastorinnen- und Pastorenschmiede in Preetz". Denke ich an eine Schmiede, so sehe ich eine Werkstatt vor mir, in deren Mitte eine große Feuerstelle steht, auf der ein Blasebalg dafür sorgt, daß eine Glut entsteht, in der auch härtestes Material zur Weißglut gebracht werden kann. Darüber ein Rauchabzug, damit der erzeugte lästige Qualm nach außen abziehen kann. Vor der Feuerstelle ein Amboß. Der Schmied ist ein starker Mann, der die schweren, meist groben Werkzeuge mit Leichtigkeit zu handhaben weiß. Sein Werkstoff sind ausgesuchte Rohlinge, die darauf warten, von ihm fachkundig, aber nach vorgegebenem Plan, in Form gebracht zu werden. Er wählt das Material aus, das zum Auftrag paßt, heizt das Feuer an und bringt den Rohling zur Weißglut, macht ihn gefügig und weich. Der Schmied kennt die Schwachstellen seines Materials, weiß, wo er draufhauen muß, damit sich in Form bringen läßt das Material.

Auf dem Amboß wird das im Feuer gefügig gemachte Material in Form geklopft. Wenn sie dann erreicht ist, die gewünschte Form, gibt es das Tauchbecken, in das das Werkstück eingetaucht wird, damit es schnell abkühlt und in der Form erstarrt, damit es sich nicht wieder vorschnell verbiegt.

Das Bild von der Schmiede ist nicht mein Bild für die Ausbildung.

Ich habe mich nie als Typ "Schmied" verstanden. Wenn schon Schmied, dann einer, der sich von seinem Material die Phantasie beflügeln läßt, in Form bringt: gemeinsam! Ich weiß, daß mancher, der die Ausbildung von innen oder außen betrachtet, es gern ein bißchen so hätte wie in einer Schmiede. Man bestellt einen Pastorentyp, gibt Maße vor, damit´s paßt in die eigenen Vorstellungen von Kirche und Pfarrerberuf. Vielleicht ist in der Tat die Vorstellung dann und wann ganz lustvoll, hier und da herumbiegen zu können, Vikarinnen und Vikare nach dem eigenen Bild von Kirche und Pastorenberuf zu formen, sie zu glätten oder anzupassen.

Daß die Ausbildung insgesamt Projektionsfläche ist für alle möglichen Phantasien von Kirche und Pastorenberuf, gehört zu ihrer Realität dazu.

Die Ausbildung gehört zu den Bereichen in unserer Kirche, bei denen viele der Meinung sind, sie könnten mitreden, Vorstellungen entwickeln und Erwartungen formulieren. Dabei machen wir in der Ausbildung oft die schmerzliche Beobachtung, daß viele von denen, die mitreden, oft gar nicht so genau

wissen, was eigentlich tatsächlich geschieht, wie die Struktur der Ausbildung ist, unter welchen Bedingungen sie geschieht u.ä.m..
Manche Pröpstinnen und Pröpste würden sich zu Recht beschweren, würde ich von Berichten über Prüfungsvorgespräche oder von der Lektüre mancher Abschlußberichte von Vikarinnen und Vikaren direkt auf die Qualität der Arbeit in ihren Gemeinden schließen! So aber geschieht es oft umgekehrt. Wir hören dann, daß bei diesem oder jenem Empfang, am Rande dieser oder jener Synode Pröpstin X oder Propst Y sich beklagt über einen PzA, der dies oder jenes nicht gut kann . Dann werden Briefe geschrieben an den Vorsitzenden des Ausbildungsausschusses - als lebten wir in einer Zeit vor der Erfindung des Telefons. Ich wünsche mir für die Zukunft, daß der kurze Draht gepflegt wird, daß die kritische Energie einfließen kann in eine konstruktive Auseinandersetzung über die Gestalt der Ausbildung in der Zukunft.
Ich bin nach wie vor ein uneingeschränkter Verfechter des Ausbildungskonzepts, wie es in unserer Kirche seit fünfundzwanzig Jahren in seinen Grundzügen praktiziert wird. Die Nordelbische Kirche ist gut beraten, an diesem Konzept festzuhalten, und sie kann stolz sein auf dieses Ausbildungskonzept und darf das hier und da ruhig selbstbewußter noch zeigen. Auch die Ausbilderinnen und Ausbilder haben allen Grund, stolz zu sein auf das, was sie schaffen. Ich jedenfalls schaue auch mit Stolz zurück auf das, was gelingen konnte! Alle Beteiligten sollten alle Kräfte mobilisieren, das Konzept gerade jetzt zu halten. Dieses Ausbildungskonzept ist ja ein Ergebnis der Debatten der späten sechziger und frühen siebziger Jahre, der Zeit also der Reformdebatten in Universität und Gesellschaft insgesamt, der Zeit der Bildungsreformdebatte und der Zeit der Kirchenreformdebatte. Daß Lernen ein offener Prozeß ist, daß die am Lernprozeß Beteiligten Subjekte dieses Lernprozesses sind u.ä.m., gehört nach wie vor zu den zentralen Grundgedanken unseres Ausbildungskonzepts. Bei Überlegungen im Blick auf die Zukunft kann es m.E. nicht darum gehen, hinter diese Grundgedanken zurückzugehen, sondern höchstens darum, zu überlegen, wie angesichts einer veränderten Realität die grundsätzlichen Ziele unserer Ausbildungtätigkeit zu erreichen sind.
In der zweiten Ausbildungsphase nach dem Studium kam es mir einerseits darauf an, daß die Vikarinnen und Vikare die für den Beruf der Pastorin und des Pastors erforderlichen "handwerklichen" Fähigkeiten kennenlernen, einüben und entwickeln. Es geht aber darüber hinaus in dieser Phase wesentlich darum, daß die Vikarinnen und Vikare in den Begegnungen während des Vikariats, in der eigenen Praxis und in der Auseinandersetzung mit der Praxis anderer das eigene pastorale Profil, die eigene pastorale Identität zu entwickeln beginnen. Lernen im Vikariat heißt nicht so sehr, vorfindliche Modelle pastoraler Tätigkeit und pastoraler Identitäten zu kopieren, sondern Lernen ist hier vor allem das Herausbilden der eigenen Möglichkeiten und Stärken, das Arbeiten an und mit den eigenen Prägungen und der eigenen theologischen Kompetenz jeweils in Beziehung zum vorfindlichen Kontext und zur

Tradition. Es geht wesentlich darum, mit dem eigenen Glauben, der eigenen Theologie und den eigenen Bildern von Kirche und Gemeinde sich immer wieder auf die erlebte kirchliche und soziale Realität vor Ort zu beziehen. Es geht immer wieder um ein Arbeiten an und mit den eigenen Erfahrungen. Erfahrungslernen ist mehr als der Austausch von Erlebnissen. Es vollzieht sich vielmehr als theologische Begründung, Reflexion und Deutung des Erlebten. Theologische Deutung erst macht das Erlebte zur Erfahrung
Der Beruf des Pastors/der Pastorin fordert die ganze Person heraus. Die neuere pastoraltheologische Debatte hat herausgearbeitet, daß bei zurückgehenden gesellschaftlichen Vorgaben für das Amt des Pastors/der Pastorin die Darstellung der pastoralen Identität immer mehr eine individuelle Leistung wird, daß nicht mehr, wie früher, das Amt die Person formt, sondern umgekehrt die Person das Amt. Deshalb ist Lernen im Vikariat ganz wesentlich ein Lernen, das die ganze Person mit ihrem Glauben und ihrem Zweifel, ihren Stärken und ihren Schwächen einbezieht. Ausbildung zu diesem Beruf kann es ohne Selbsterfahrung nicht geben. Nur so können die ganz unverwechselbaren und originären Kräfte freigesetzt werden, den Auftrag der Verkündigung auch mit der ganzen Person auszufüllen. Es geht in der Ausbildung darum, die Vikarinnen und Vikare zu ermutigen, daß sie schließlich mit Freude und Lust Bürginnen und Bürgen, Trägerinnen und Träger des Wortes in unserer Kirche sein können.
Die Struktur der Ausbildung in unserer Nordelbischen Kirche ist von diesen Zielen her wesentlich bestimmt. Die Unterscheidung, nicht die Trennung, der Lernebenen Praxisfeld, Regionalgruppe und Seminar ist und bleibt ein notwendiger und unverzichtbarer Kernpunkt der Ausbildung. Das exemplarische Lernen im Praxisfeld Schule und Gemeinde ist für die nötige theologische Praxisreflexion und das Entwickeln eines pastoralen Profils von eminenter Bedeutung. Es kommt dabei nicht so sehr darauf an, daß die Vikarinnen und Vikare in dieser Zeit so viel wie möglich tun, sondern daß sie das, was sie tun und erleben, gemeinsam mit dem Vikariatsleiter/der Vikariatsleiterin gründlich vor- und nachbereiten. Der Vikariatsleiter/die Vikariatsleiterin ist die zentrale Figur in diesem Teil des Lernprozesses. Dabei geht es in dieser Lernbeziehung darum, nicht einen Typ des Pastors/der Pastorin zu kopieren, sondern in Auseinandersetzung, Zustimmung oder Abgrenzung das eigene Profil zu schärfen. In Zukunft wird es m.E. darauf ankommen, die Vikariatsleiterinnen und Vikariatsleiter in ihrer Aufgabe noch stärker zu begleiten und ihren gar nicht zu überschätzenden Beitrag zur Ausbildung angemessen zu würdigen und sie nicht allein zu lassen damit.
Das Herzstück unserer Ausbildung ist zweifellos die Lerngruppe der Vikarinnen und Vikare. Im gegenseitigen Teilgeben und Teilnehmen an den Erfahrungen aus der Praxis wird der eigene Horizont erweitert, Anregungen werden gegeben, und auf Fehler wird aufmerksam gemacht. Die supervisorische Arbeit der Mentorinnen und Mentoren in diesen Lerngruppen gewinnt

gerade angesichts der verschärften Situation der Vikarinnen und Vikare im Blick auf die eigene Zukunft in unserer Kirche an Bedeutung. Hier aus Spargründen einschneiden zu wollen, hieße, die Axt an die Wurzel nicht nur der Ausbildung, sondern eines zentralen Teils kirchlichen Lebens selbst zu legen. In der begleiteten und angeleiteten Reflexion der eigenen Arbeit können Vikarinnen und Vikare Sicherheit für den eigenen Weg, Pastorin oder Pastor zu sein, gewinnen. Dabei ist es notwendig, daß auch weiterhin die Arbeit der Mentorinnen und Mentoren frei bleibt von Beurteilungs- und Prüfungsaufgaben und anderen Abhängigkeiten.

Die Konnotationen, die sich mit dem Begriff "Seminar" verbinden, sind, seit es dieses Haus gibt, von innen wie außen höchst vielfältig und unterschiedlich. Die einen erwarten hier handwerkliche Zurüstung und die Vermittlung dessen, wie "man" es richtig macht. Andere stellen sich vor, die Arbeit im Seminar sei so etwas wie die Fortsetzung des Theologiestudiums in Form von durchgestylten Oberseminaren. Manche wünschen sich, daß hier nachgeholt wird, was während des Theologiestudiums nicht geleistet werden konnte. Sicher soll die Arbeit im Seminar immer ein bißchen von diesem allen sein. Aber es hat doch eine ganz eigene Aufgabe. Vikarinnen und Vikare, die ins Vikariat einsteigen, sind ja nicht unbeschriebene Blätter, sondern profilierte und fundierte Theologinnen und Theologen. Sie bringen Theologie mit hinein in die Ausbildung und sorgen so dafür, daß es Theologie ist, die praktisch werden will.

Ich trete nachhaltig dafür ein, daß weiterhin der Inhalt der Kurse sich orientiert an den Handlungsfeldern pastoraler Praxis. Hier wird Kompetenz gebraucht als Standbein, ohne dessen sicheren Stand das Spielbein nicht ausschwingen kann. Es muß weiterhin vorbereitende Kurse geben und solche, die erfahrene Praxis theologisch reflektieren. Die Aufgabe des Seminars ist es im wesentlichen, in den Kursen Theorie und Praxis immer wieder aufeinander zu beziehen. Die Kurse müssen weiterhin anknüpfen an die Fragen und die Themen, die in der pastoralen Praxis sich einstellen. So ist das Predigerseminar der Ort, an dem die unterschiedlichen Ebenen der Ausbildung sich aufeinander zu beziehen haben.

Immer ist der Wechsel von Praxisphasen und Reflexionsphasen ein Grund des Ärgernisses bei vielen Beteiligten in der Ausbildung. Aber dieser Wechsel beschreibt einen wichtigen Rhythmus unserer Ausbildung auf dem Weg in das Amt der Pastorin oder des Pastors: Wie will und wie kann ich Pastorin oder Pastor sein? Innehalten, sehen: Woher komme ich, wo bin ich, wohin will es gehen mit mir und will ich dorthin mitgehen?

Ich halte diesen Rhythmus, der uns zum Innehalten aufruft, diesen Rhythmus, der so etwas beschreibt wie "Einatmen" und "Ausatmen", Nähe und Distanz, für einen Rhythmus, der Lernen allererst ermöglicht. Darüber hinaus kann dieser Rhythmus ein Modell sein für diesen Beruf insgesamt, weit über das Vikariat hinaus; für diesen Beruf, der oft genug zwar die ganze Person erfordert, aber ebensooft die Möglichkeit zur Konzentration auf die eigenen Möglichkeiten und Grenzen nicht selbstverständlich bietet. Ich lehne es nachhaltig ab, das Vikariat zu verstehen als eine Art Härtetest. Es gibt zu viele Kolleginnen und Kollegen in unserer Kirche, die ausgebrannt sind im Druck des pastoralen Alltags. Die Belastbarkeit von Vikarinnen und Vikaren zeigt sich nicht zuerst daran, daß sie bis zur Erschöpfung sich in den Anforderungen des pastoralen Dienstes verlieren, sondern auch daran, daß sie in einer Art Gegengewicht zum weitverbreiteten Raubbau an den vitalen Kräften des Lebens sich abgrenzen lernen. Das hat nichts mit Drückebergerei oder Faulheit zu tun, sondern damit, sich selbst und die Sache, um die es geht, ernstzunehmen. Darin kann die Ausbildung ein Modell sein für das Leben und Arbeiten in unserer Kirche, daß wir mit den Kräften, die uns geschenkt sind, haushälterisch umgehen.

Lernen ist immer Gestaltung von Beziehungen. Und das Lernen im Vikariat ist dies in besonderer Weise, denn es bereitet vor auf einen Beruf, der von der Fähigkeit lebt, Beziehungen aufzunehmen und zu gestalten. Und genau darin ist unsere Ausbildung immer theologische Ausbildung. Denn der Theologie selbst geht es um Beziehung. Es geht um Gott, der die Nähe zu den Menschen sucht, vielfältig in Beziehung tritt und Beziehungen stiftet. Und Theologie geht es um Kommunikation: Gott spricht, und es wird. Darum ist die Ausbildung theologischer Kompetenz immer die Ausbildung von Beziehungskompetenz und kommunikativer Kompetenz.

Natürlich gibt es Kritik an unserem Ausbildungsmodell. Seit es dieses Modell gibt, wird der Begriff "Preetz" von vielen in unserer Kirche immer wieder dazu benutzt, einem Mißtrauen Ausdruck zu verleihen gegenüber einer allzu starken "Psychologisierung" der Ausbildung. Und manches, was so weitergegeben wird von Generation zu Generation, gerät leicht zur Karrikatur und hat mit der Realität wenig zu tun. Gleichwohl muß sich Ausbildung immer wieder ernsthaft auseinandersetzen gerade mit den Anfragen und der Kritik. Sie muß sich immer wieder fragen, ob sie und die in ihr Tätigen den hohen Ansprüchen, die an die Vikarinnen und Vikare im Blick auf ihre Beziehungs- und kommunikative Kompetenz gestellt werden, wirklich gerecht werden kann.

Da gibt es das Bild von "Preetz", daß da erwachsene Leute beieinander sitzen und nach ihren Gefühlen fragen und danach, wie es ihnen geht. Ist es nicht eine großartige Selbstbespiegelung, die ihr da macht, und kommt nicht das Eigentliche viel zu kurz? Werden nicht Menschen in Gruppenprozessen in ihren Schwächen geoutet und schließlich dann doch alleingelassen? Solche und ähnliche Anfragen sind ernstzunehmen. Und immer wieder muß unser Wollen sich vermitteln mit dem, was die je konkrete Realität erfordert und ermöglicht. Das ist in der Tat ein hoher Anspruch an alle Beteiligten. Und dennoch muß an diesem Lernen an Beziehungen festgehalten werden. Es muß m.E. an dem Anspruch festgehalten werden, daß Menschen, die in diesem Beruf des Pastors/der Pastorin arbeiten wollen, lernen müssen, sich zu zeigen und sichtbar zu sein in ihrer theologischen und glaubenden Existenz. Sie müssen erkennbar sein und sich zeigen in ihrem Glauben und Zweifel, und Vorbild sein nicht in dem Sinne eines perfekten Lebens, sondern gerade auch in ihrem Umgang mit den eigenen Brüchen, Grenzen und Möglichkeiten.

So sind die Lernprozesse in der Ausbildung nicht einfach irgendwelche abgeschotteten Gruppenprozesse, die der Selbsterfahrung dienen, sondern es vollzieht sich in ihnen selbst immer schon exemplarisches Lernen an klassischen pastoralen Situationen. Es ist im Lernen an sich selbst und den eigenen Erfahrungen zugleich Einübung in pastorale Praxis.

Die Ausbildung bildet heraus Beziehungskompetenz und vollzieht sich in Beziehungen: bildet selbst ab - theologisch und theopraktisch - die pastorale Realität als theologisch begründete und gedeutete Beziehungsrealität. Die Ekklesiologie als Lehre von der Kirche als Gemeinschaft der Heiligen verhandelt und begründet Kirche ja als Beziehungssystem, das zugleich Bezugssystem pastoraler Realität ist, ohne das nichts pastoral ist, was Pastoren/Pastorinnen tun. Darum ist das, was da geschieht, theologisches Arbeiten. Ich kann mir im übrigen überhaupt nicht vorstellen, daß da, wo Theologinnen und Theologen zusammenkommen und reden, nicht Theologie praktiziert wird. Denn Theologie treiben ist doch nicht schon da, wo einer ein Buch liest, das ein Theologe geschrieben hat! Theologie will praktisch werden: will Fleisch werden im Wort, will sich zeigen in der Beziehung zu Gott, zu mir und anderen - will Widerspruch erheben, vorantreiben, aufmerken: Beziehung stiften. Theologe ist einer doch nicht dann, wenn er viel weiß von der theologischen Wissenschaft. Er ist es doch mit seiner ganzen Existenz, weil er lebt aus dem und mit dem, was er weiß und glaubt, ist es in Auseinandersetzung mit sich und dem Gegenstand seines Glaubens und Forschens.

Darum geht die jüngst auf unserem Symposion zu Ausbildungsfragen geäußerte Kritik, es gehe zu wenig theologisch zu in der Ausbildung, am Kern der Sache vorbei. Denn, ich sagte es vorhin schon, Theologie ist m.E. Beziehung und Kommunikation. Weil Gott selbst ein Gott in Beziehungen ist. Weil Gott selbst in Beziehungen ruft. Als Pastor/Pastorin bin ich einer, der in Beziehungen hineingerufen und gestellt ist. Der Beziehungen aufnimmt in Nähe und Distanz, im Wahrnehmen und Verstehen, im Leiten und Begleiten, in Konfrontation - gleichgültig, wie einer oder eine die pastorale Identität beschreibt: als Partner, Gegenüber, Leiter, Priester oder Prophet. Und es gibt Erwartungsmuster an die Rolle der Pastorin und des Pastors, die sich äußern als Beziehungswünsche: Vorbild soll er/sie sein, Repräsentant/Repräsentantin von Kirche und Glauben, Bürgin und Bürge. Und das muß gelernt und erfahren sein, immer neu. Dem muß man sich aussetzen in immer neuer Reflexion und immer neuem Austausch. Das gilt gerade im Blick auf die Verkündigungsarbeit, die m.E. das Besondere des Amtes der Pastorin/des Pastors ausmacht.

Mal abgesehen davon, daß der Theologie-Begriff noch gänzlich ungeklärt ist, sage ich: Alle Theologie will praktisch werden, anders ist sie keine Theologie. So nämlich, wie das Wort, das am Anfang war, Fleisch ward. Und das ist der Ertrag theologischer Arbeit, der Maßstab, ob dies versucht wird und gelingt im Lernen, hier: zu fragen nach dem Wort, wie es Fleisch werden kann durch unser Tun immer neu und anders.

Einen anderen Kritikpunkt möchte ich in diesem Zusammenhang aufnehmen, der während des Symposions geäußert wurde: Unsere Ausbildung würde polarisieren. Die Anregung, die darin steckt, nämlich genau hinzusehen auf die Prozesse und ihren Verlauf, die einzelnen Beteiligten noch stärker wahrzunehmen, möchte ich gerne wachhalten. Andererseits aber ist das ja gerade der Charakter der Theologie, daß sie zum Widerspruch reizt, herauslockt, stört, befremdet. Sie polarisiert, richtig verstanden, Welt und Reich Gottes, Macht des Todes und des Lebens, Lüge und Wahrheit. Sie evoziert die ambivalenten Themen: Tod und Leben, Werden und Vergehen, Anfang und Ende, Klage und Leid, Fluch und Segen. Man ist geneigt und gewohnt, diese Gefühle nach einer Seite hin aufzulösen. Zu entspannen und zu widerstehen. Theologie und Ausbildung müssen an diesen Widerständen immer wieder arbeiten. Das muß ein wichtiger Teil des Lernens hier im Hause bleiben: die Auseinandersetzung über den Weg des Lernens selbst. Die Polarität der Gefühle wird - hoffentlich - immer angeregt, wo theologisch gearbeitet wird. Wichtig ist, daß die Vitalität der Widerstände genutzt wird - und das gelingt naturgemäß nicht immer. Solche Prozesse sind energieverschlingend. Für alle Beteiligten. Aber nur wer sich den eigenen inneren Widerständen stellt und sie sich zugesteht und zumutet, wird die notwendige Arbeit an sich selbst, also Entwicklung leisten können. Wenn das Polare leben durfte, Auseinandersetzung suchte, das hoch Identifizierte und das Skeptische, die Angst und den Über-Mut, das Kleine und das Große im Selbst, das Negative und das Positive: dann war es gut, dann geschah Ausbildung, geschah Kirche, war pastorale Identität - wenn also sein durfte von sich her jede und jeder, der/die er oder sie ist. Dann war der Raum weit, der ganze Fisch voll Theologie! Vor allem in den Theologischen Kursen, in der Auseinandersetzung um Amt und Kirche, haben wir das anstrengend, herausfordernd und darum beglückend erfahren dürfen. Noch einmal: ohne Selbsterfahrung keine pastorale Ausbildung und ohne Selbsterfahrung auch keine Theologie. Theologie ist Selbsterfahrung - denn sie setzt sich auseinander mit Gottes Wort, das mich unmittelbar angeht.

Während des Symposions ist der angeblichen Polarisierung hier in Preetz die Harmonie im Blick auf die Arbeit im Hamburger Seminar entgegengesetzt worden. Mal abgesehen davon, daß auch diese Äußerung zu denen gehört, die m.E. ohne die nötige Reflexion getan wurden, so würde ich an Stelle der Hamburger Kolleginnen und Kollegen Widerspruch erheben. "Der Herr badet gern lau", hat Herbert Wehner einmal über Willi Brandt gesagt in dessen Endzeit als Bundeskanzler, und er hat es gar nicht freundlich gemeint - weswegen

Brandt ihm das auf immer verübelt hat. Es darf das Wasser kalt sein, in das wir geworfen sind und springen; man darf sich auch mal verbrennen. Nur lau darf es nicht werden. Bestätigt fühle ich mich durch viele Rückmeldungen auch ehemaliger Vikarinnen und Vikare, die kommen und sagen, wie sehr sie auch rückblickend profitieren vom Lernstil hier im Seminar. Nicht wenige auch von denen, die während der zwei Jahre distanziert waren, sagen: hätten sie doch stärker genutzt den Raum der Auseinandersetzung und der Dynamik von Gruppe und Theologie. Ausbildung ist eben nicht abgeschlossen mit dem Zweiten Theologischen Examen. Denn Theologie ist lebenslange Auseinandersetzung mit dem oft störend und fremd hereinbrechenden Wort Gottes. Und dieses Wort kann ich nicht verstehen und nicht vitalisieren, wenn ich mich ihm nicht öffne als der, der ich bin, und mich vor Gott nicht erkenne als der, der ich gemeint bin von ihm her. Und auch das beschreibt eine zentrale Stelle pastoralen Dienstes.

Nicht zuletzt von daher begründet sich m.E. das Festhalten an der Orientierung der Ausbildung an den klassischen Handlungsfeldern pastoraler Praxis. Das ist der Beitrag der Ausbildung für die Zukunftsgestaltung der Kirche, daß sie Pastorinnen und Pastoren ausbildet, an denen und mit denen sichtbar wird, daß Kirche sich auch in schwieriger Zeit zeigt und einmischt.

Ich bin fest davon überzeugt, daß die Zukunft unserer Kirche sich an der Frage entscheidet, ob sie immer neue Kraft gewinnt, sich zu zeigen in dem, was sie von der Welt unterscheidet. Ob sie hörbar lassen wird das rettende und Heil schaffende Wort, das Störende und Voranbringende. Ob sie das so tut, daß die Welt es nicht überhören kann. Und dazu braucht es glaubwürdige Bürginnen und Bürgen des Wortes. Dazu braucht es Menschen, die gedrängt sind zu verkündigen. Für mich und viele Kolleginnen und Kollegen und Vikarinnen und Vikare hat die Gestaltung der Verkündigung, der Gottesdienste, zentrale Bedeutung. Nicht zuletzt darum haben wir in den Jahren meiner Tätigkeit hier einen Schwerpunkt gesetzt. Wir haben die Zahl der Kurswochen in diesem Bereich wieder auf die alte Zahl verdoppelt. Wichtige Impulse für die Neugestaltung dieses Teils unserer Ausbildungsarbeit verdanke ich Professor Dr. Peter Cornehl vom Fachbereich Evangelische Theologie der Universität Hamburg. Seine Vorstellungen zur Ausbildung liturgischer Präsenz und homiletischer Kompetenz haben Eingang gefunden in unser Curriculum. Wir haben profitiert von seiner theoretischen Arbeit zum Gottesdienst-Verständnis und von seiner Lehrtätigkeit an der Universität. Er hat selbst an zwei Kursen hier im Seminar mitgearbeitet.

Ich bin ihm sehr dankbar für seine Beratung und sein Engagement.

Dies ist ein gelungenes und ermutigendes Beispiel für die Zusammenarbeit zwischen erster und zweiter Ausbildungsphase.

Eine Konsequenz aus unseren Bemühungen war die Einrichtung einer zusätzlichen PEP-Stelle, die Gertrud Schäfer ausfüllt, deren Arbeit auf allen Ebenen der Ausbildung inzwischen nicht mehr wegzudenken ist. Ich appel-

liere eindringlich an alle Verantwortlichen, gerade diese Arbeit nicht auslaufen zu lassen. Sie muß gestärkt werden. Für die Arbeit der Pastorinnen und Pastoren ist es unerläßlich, Formen der eigenen Spiritualität zu entwickeln, damit sie glaubwürdige Zeuginnen und Zeugen des Wortes sein können. In diesen Zusammenhang gehören auch meine und unsere Bemühungen, für unser Predigerseminar einen Gottesdienstraum zu schaffen für die Ausbildung, aber darüber hinaus auch als sichtbares Zeichen, wofür Kirche steht, woher sie ihre Kraft bezieht, und auf wen sich das bezieht, was sie tut und läßt. Wir sind mit unseren Bemühungen weit vorangekommen. Es existiert ein gelungener Architektenentwurf. Leider sind unsere Planungen zusammengekommen mit einer in dieser Radikalität nicht erwarteten finanziellen Entwicklung unserer Kirche. Ich möchte aber von diesem Plan und dieser Idee nicht lassen und wünsche mir, daß er/sie mit Energie weiterverfolgt wird. Ich werde die Pläne an der Wand meines Arbeitszimmers hängenlassen, wenn ich ausziehe. Auch in anderen Bereichen haben wir in den letzten Jahren durch Veränderungen des Curriculums auf die Realität von Kirche zu reagieren versucht. Wir haben das Curriculum im Bereich der pädagogischen Ausbildung verändert und haben für die theologischen Kurse am Ende der Ausbildung den Schwerpunkt auf ekklesiologische und pastoraltheologische Fragestellungen gelegt.
Als das geltende Ausbildungskonzept installiert wurde, konnte man im wesentlichen von folgenden Realitäten ausgehen: Die Vikarinnen und Vikare waren in der Mehrzahl alleinstehend und konnten nach Abschluß der ersten Ausbildungsphase nahtlos die zweite Phase anschließen. Die Vikarinnen und Vikare waren mobil. Die wichtigste Voraussetzung für die offenen Lernprozesse und die Arbeit auch an Widerständen bildete die Tatsache, daß die Ausbildungszeit selbst frei war vom Kampf um zukünftige Stellen. Die Ausbildungsgruppen waren klein (das Konzept geht von einer Größe von fünfzehn Vikarinnen und Vikaren aus). Innerhalb der letzten zehn bis fünfzehn Jahre sah sich die Ausbildung in der zweiten Phase vor rapide sich verändernde Realitäten gestellt. Zunächst wuchs auf Grund der steigenden Zahlen der Absolventinnen und Absolventen des ersten theologischen Examens die Größe der Ausbildungsgruppen. Die Ausbilderinnen und Ausbilder haben jahrelang Überkapazitäten versorgt. Die Installierung der Predigerseminare in Breklum und Hamburg und auch die zeitweise Errichtung des Predigerseminars Pinneberg hat nicht verhindern können, daß zwischen dem ersten theologischen Examen und dem Beginn des Vikariats eine Regelwartezeit von eineinhalb Jahren liegt. Zählt man die vergleichsweise langen Studienzeiten hinzu, wird deutlich, daß das Einstiegsalter ins Vikariat wesentlich höher ist als früher. Viele kommen ins Vikariat hinein mit der zusätzlichen Verantwortung für Partnerin oder Partner und/oder Kinder. Daß in einer Gruppe von Vikarinnen und Vikaren die Zahl der Kinder die der Kandidatinnen und Kandidaten übersteigt, ist kein Einzelfall mehr. Das hat erhebliche Auswirkungen auf die Aus-

bildung insgesamt. Die Mobilität der Vikarinnen und Vikare kann nicht mehr vorausgesetzt werden. Die Verantwortung für die Familie während der Ausbildungszeiten im Predigerseminar zum Beispiel ist den Vikarinnen und Vikaren selbst überlassen. Oft stehen sie vor dem Problem, Personen für die Betreuung der Kinder zu organisieren oder das eigene Termingeflecht mit den Bedürfnissen der Partnerin/des Partners abzugleichen. Dies ist nicht nur eine finanzielle Belastung und logistische Herausforderung, sondern hat direkte Auswirkungen auf den Lernprozeß. Wir haben mit einer Arbeitsgruppe in den vergangenen Jahren an der Frage gearbeitet, wie die Struktur der Ausbildung insgesamt sich einstellen kann auf diese veränderte Situation. Diese Arbeit ist in den letzten Monaten nicht weiterverfolgt worden, weil das bedrohliche Zukunftsthema sich in den Vordergrund gedrängt hat. Es muß aber dringend an dieser Frage weitergearbeitet werden.

Die unterschiedlichen Erfahrungen, die Vikarinnen und Vikare während der Wartezeiten machen, müssen stärker noch im Curriculum Berücksichtigung finden. Die Vikarinnen und Vikare, die zu uns in die zweite Ausbildungsphase kommen, haben offensichtlich anders studiert, als es noch vor fünfzehn oder zwanzig Jahren der Fall war. Wir haben manchmal den Eindruck, als sei die Lust, sich auseinanderzusetzen mit den Vätern und Müttern der Theologie, weniger ausgeprägt. Man hat ergebnisorientiert gelernt. Es fehlen offensichtlich weitgehend die Lehrerinnen- und Lehrerfiguren. Da ist viel Wissen angeeignet, aber ebensooft ist zu beobachten, daß die Verarbeitung oder Vermittlung mit der Persönlichkeit nicht vollzogen ist. Jedenfalls haben die Vikarinnen und Vikare insgesamt es oft schwerer, sich auf offene Lernprozesse einzulassen, sind es weniger gewohnt, Subjekte ihrer Ausbildung zu sein, sind unsicher oft, ob sie denn genug bekommen. Vielen wird die Kirche und die Kirchengemeinde erst während des Vikariats zur Heimat. Begegnungen mit der pastoralen Realität sind oft Erstbegegnungen. Wir haben in den vergangenen Jahren zusammen mit der Kieler Theologischen Fakultät darüber gesprochen, wie wir in der Frage weiterkommen können, wie das Studium der Theologie an den Fakultäten sich in Zukunft auch so beschreiben kann, daß seine Funktion als Berufsausbildung, die es zweifellos auch hat, stärker sichtbar und transparent wird, ohne daß die nötige Freiheit von Forschung und Lehre eingeschränkt wird. Ich meine, daß Kirche und Universität noch stärker zusammenarbeiten sollten. Es gibt gute Beispiele dafür sowohl in Hamburg als auch in Kiel. Das Stichwort Gemeindepraktikum ist ein wichtiges Stichwort. Das Thema "Spiritualität und pastorale Identität" kommt nach meiner Beobachtung stärker in den Blick und findet zum Beispiel Ausdruck in einem regelmäßig stattfindenden Seminar zu diesem Thema hier im Haus. Das Symposion im Januar zu Ausbildungsfragen hat gezeigt, wie nötig eine engere Zusammenarbeit zwischen erster und zweiter Ausbildungsphase ist. Wir wissen zu wenig voneinander und brauchen doch das Wissen dringend für die je eigene Arbeit.

Die Schilderung der massivsten Veränderung der Ausbildungsrealität schließlich möchte ich nicht mit Klage, sondern mit einem Lob einführen: Ich bin der Nordelbischen Kirche dankbar, daß sie, anders als viele andere Gliedkirchen der EKD und der VELKD, in den letzten Jahren große Anstrengungen unternommen hat, für die große Zahl der nachwachsenden Kolleginnen und Kollegen neue Stellen zu schaffen, so daß der Reichtum, der uns hier geschenkt ist, sich entfalten kann in unserer Kirche. Einen großen Beitrag dazu leisten zweifellos die Berufsanfängerinnen und -anfänger, die auf 25% ihres Gehalts in den ersten Amtsjahren verzichten. Aber auch darüber hinaus gibt es Initiativen in unserer Kirche, die beispielhaft sind: Ich nenne den Verein Pastoren helfen Pastoren, die gesamte PEP-Initiative, Initiativen auf Kirchenkreisebene u.v.a.m.. Dies hat lange dazu beigetragen, daß die Stellenrealität in unserer Kirche anders aussah als die Realitäten um sie herum. Und das hat uns den Rücken freigehalten.

Wir haben lange Zeit in der Ausbildung erfolgreich darauf geachtet, daß die Relation zwischen Ausbildungsplätzen einerseits und freien Stellen in der Nordelbischen Kirche andererseits so gestaltet war, daß alle, die ins Vikariat hineinkamen, davon ausgehen konnten, bei zuerkannter Anstellungsfähigkeit eine Stelle zu bekommen. Seit einem halben Jahr gelingt das nicht mehr, die Stellenkürzungen schlagen durch auf die Situation in der Ausbildung. Trotz Kürzungen der Ausbildungsplätze und Streichungen in der Struktur der Ausbildung stehen wir jetzt vor der Situation, daß nicht mehr für alle, die jetzt in der Ausbildung sind, am Ende auch eine Stelle zur Verfügung stehen wird. Das hat massive Auswirkungen auf die Ausbildung insgesamt. Seit es einen Kriterienkatalog für die Aufnahme in den Dienst gibt, geht möglicherweise die Bereitschaft der Vikarinnen und Vikare, sich auf wirklich offene Lernprozesse einzulassen und an den Stärken wie Schwächen zu arbeiten, zurück. Weniger Offenheit, an Schwächen oder Widerständen zu arbeiten, sich zu zeigen - also alles das weniger, was pastoral unerläßlich ist. Zur Zeit ist eine Grundvoraussetzung unseres Ausbildungskonzepts gefährdet. Das Konzept nämlich funktioniert nur, solange der Kampf um die je eigene Zukunft nicht innerhalb von Ausbildung ausgetragen werden muß. An der Veränderung der Realitäten zu arbeiten, ist uns in der Ausbildung zur Zeit nicht möglich, da wir selbst von Streichungen und Reduzierungen so betroffen sind, daß es an die Substanz geht. Die Streichung der Ausbildungsregion Schleswig hier am Predigerseminar und die Nichtverlängerung des Mentors Ove Berg bedeuten einen schmerzlichen Einschnitt und haben die Grenzen der systemverträglichen Veränderungen bereits überschritten. Wir haben hier gesehen, so verständlich die Sachzwänge auch sind, wie zerstörerisch ein Denken und Handeln sein kann, das sich an Worst-Case-Szenarien orientiert! Es gibt natürlich Ernüchterung und Wut bei denen, die sich verlassen fühlen, nachdem sie sich verlassen haben auf unseren, auch meinen, Optimismus hinsichtlich der Zukunftsgestaltung. Die radikal in den Blick gekommene finanzielle Situation unserer Kirche hat dafür gesorgt, daß nicht alles so gehen konnte, wie es möglich und nötig gewesen wäre. Vikarinnen und Vikare, Ausbilderinnen und Ausbilder und die gesamte Kirche haben sich auseinanderzusetzen mit dieser neuen Situation. Wenn ich dennoch meinen Optimismus behalte, so speist sich der aus dem reifen und konstruktiven Umgang, den Vikarinnen und Vikare mit dieser Situation suchen und finden. Sie sind mit ihren Phantasien über Anstellungsformen und -möglichkeiten, Teilzeit- und Teamarbeit vielen in unserer Kirche weit voraus. Phantasien, an die bisher nicht gedacht wurde und die allerdings im bestehenden System zunächst nicht sofort einzupassen sind. Ich kann nur hoffen, daß diese jungen Menschen die verdiente Beachtung finden und daß sie sich von den kalten Schultern, auf die sie oft noch treffen, nicht ihrerseits erkalten lassen. Es ist noch längst nicht genug ausphantasiert. Ich wünsche unserer Kirche, daß sie sich von diesen Menschen, die in dieser Kirche arbeiten wollen und dies mit Freude und Lust tun wollen, anstecken und anleiten läßt. Wir brauchen sie und ihre Kraft, ihre Kreativität und Lebendigkeit.

Ich habe die vielfältigen Begabungen, die sich hier in der Ausbildung zeigen, immer als einen Reichtum verstanden, als einen Teil des uns von Gott anvertrauten Schatzes. Und ich wünsche unserer Kirche, daß wir alle gemeinsam mit diesen riesigen Schätzen wuchern und nicht nach Plätzen im Acker suchen, wo wir sie vergraben können.

Ich habe es dankbar auch als Geschenk erfahren, daß ich über die Vikarinnen und Vikare einen tiefen Einblick gewinnen konnte in das Leben vieler unterschiedlicher Gemeinden in unserer Kirche. Was da an Lebendigkeit ist und an Kraft, hat allen Grund, daß es sich zeigt, selbstbewußt und ohne Angst. Dieser Einblick jedenfalls ist einer der Hauptgründe dafür, daß ich in die depressiven Gesänge vom Ende unserer Kirche nicht so recht einzustimmen vermag. Daß da Chancen noch in dieser Krise wohnen, die genutzt sein wollen, ist mir deutlich.

Ausbildung ist hier besonders herausgefordert. Auf Grund ihrer zentralen Stellung im Ganzen war Ausbildung immer schon eine "Abteilung", von der man richtungsweisende Impulse erwartet. Und oft genug wurde und wird diese Erwartung ja auch erfüllt. Aber: Die Ausbildung hat einen konkreten Auftrag. Sie ist überfordert, wenn man von ihr verlangt, was woanders natürlich so auch nicht gelingt. Die Ausbildung und die für sie Verantwortlichen müssen achtgeben darauf, daß das Maß an Erwartungen an Ausbildung nicht die Tragfähigkeit übersteigt. Man muß aufpassen, daß aus der Ausbildung keine überdimensionierte Zukunftswerkstatt wird. Wer hier arbeiten will, muß wissen, daß er eben nicht nur an den Gestaltungsentwürfen für Zukunft arbeiten kann, sondern zunächst immer wieder traditionelle Fundamentsteine freizulegen hat.

Zweifellos muß in Zukunft die Zusammenarbeit zwischen Ausbildungsebenen und den Orten und Menschen, die an Strukturfragen arbeiten und an ekklesiologischen Fragestellungen, verstärkt werden. Das betrifft vor allem die Zusammenarbeit zwischen Kirchenkreisen und Ausbildungsgemeinden einerseits und der Ausbildung andererseits, mit den Gremien und Entscheidungsträgern, so, daß ein Transfer der Planungen, Überlegungen und theologischen Gestaltübungen möglich wird. Die Ausbildung muß und kann nur Teil der Gesamt-Erneuerungsprozesse in der Kirche werden. Vor allem aber: Lernen braucht offene Zukunft. Haltet also die Zukunft offen für die Vikarinnen und Vikare, für die Ausbildung und die Kirche insgesamt.

[1] Bearbeitete Fassung der Ansprache zum Abschied aus dem Amt des Direktors am Predigerseminar in Preetz am 24. März 1996

Pädagogik in Preetz
Die 70er, die 80er und die 90er Jahre
Aperçus aus der Vogelperspektive eines Ochsenkärrners

von Redlef Neubert-Stegemann

1. Auf der Grenze

Karl Ernst Nipkow, d e r evangelische Religionspädagoge in Deutschland, wird nicht müde, die Unverzichtbarkeit des Religionsunterrichts für das wohlverstandene Eigeninteresse der Kirche zu betonen: In der Schule wird das kirchliche Tun und Verkündigen - wie sonst an kaum einem anderen gesellschaftlichen Ort - unmittelbar und ungefiltert konfrontiert mit der jeweils zeitgenössischen gesellschaftlichen Bewußtseinslage (so wie sie durch die nachkommende Generation der Kinder und Jugendlichen repräsentiert: erlebt und ausgelebt wird).

Die gemeindliche Praxis, das pastorale Amt, auf deren professionelles Management nachher die Ausbildung der Vikarinnen und Vikare hinausläuft, hat es immer schon mit einem Umfeld vorausge- oder -erwählter und entsprechend vorab interessierter Menschen zu tun; in der Schule aber treffen sie auf eine den Bevölkerungsquerschnitt abbildende Schülerschaft (und Lehrerschaft), deren unvorsortierte Reaktion und Rückmeldung auf die kirchlichen Anliegen, die die Vikarinnen und Vikare repräsentieren, entsprechend unvoreingenommen und hemmungslos ist. So spontan Kinder sich für Menschen, Themen, Methoden begeistern und ihre Lehrer mit philosophischen Fragen und unzensierten Gefühlen überschütten können, so spontan quittieren sie u.U. "schlechten Unterricht" auch mit langweilig-angepaßtem oder nervig-störendem, jedenfalls religiös unproduktivem Verhalten.

Hier auf der Grenze zwischen kirchlichem und schulisch-allgemeinbildendem Enkulturationssystem gibt es also viel zu lernen hinsichtlich der eigenen Sprachfähigkeit, Beziehungsfähigkeit, Einfühlungsfähigkeit; hinsichtlich der Fähigkeit, mit den eigenen Begabungen, die Kontakt und Bewegung ermöglichen, und mit den eigenen Ängsten und Defiziten, die Kommunikation erschweren, lernend umzugehen.

Und es wird hier auf der Grenze tatsächlich sehr viel gelernt: Die Nordelbische Kirche mutet es ihren Vikarinnen und Vikaren zu, nicht nur einfach den Weg der Sozialisation, der Rollenübernahme in den pastoralen Strukturen der kirchengemeindlichen Innenmilieus zu durchlaufen, sondern sich den Herausforderungen des modernen Bewußtseins, wie sie durch die Schule an sie herankommen, zu stellen und in der Auseinandersetzung mit kindlichen Denkweisen, kirchenfernen Einstellungen, gewaltförmigen Konfliktlösungsmustern auf dem Schulhof ... menschlich und theologisch Profil zu gewinnen. Die Vikarinnen und Vikare nehmen diese Herausforderungen nach anfänglichem skeptischen Zögern im großen und ganzen sehr produktiv und oftmals mit überaus erstaunlichen pädagogischen Erfolgen auf - und die Kinder, die Klassen scheinen es manchmal geradezu darauf abgesehen zu haben, ihnen dabei zu helfen, nicht nur das Unterrichten zu lernen, sondern beim Unterrichten-Lernen das Lernen zu lernen: auf Rückmeldungen, Gelungenes und Mißlungenes zu reagieren, neue Methoden anzuwenden, eigene Ideen auszuprobieren, andere Formen anzubieten - und bei alldem an den eigenen Fähigkeiten und Schwächen zu feilen und zu arbeiten, zu wachsen und zu leiden, sich zu entwickeln und sich zu erfreuen.

2. Übergänge bewältigen

Dabei ist in der "Schulphase" am Anfang des Vikariats die Schule nicht die einzige Herausforderung und keineswegs das einzige Thema der Vikarinnen und Vikare! Sie ist ja gleichzeitig eine Zeit vielfältiger Übergänge und darin enthaltener ebenso großer Herausforderungen:

<u>Lebenserfahrung</u>
Aufgrund der verlängerten Studien- und Wartezeiten (zwischen 1. Examen und Vikariatsbeginn) sind die Vikarinnen und Vikare nicht nur durchschnittlich älter als früher, sondern leben entsprechend auch häufiger in eigenen Familien und haben auch häufiger berufliche Erfahrungen in kirchlichen oder nichtkirchlichen Arbeitszusammenhängen, in denen sie z.T. "gutes Geld verdient" haben.
Das bedeutet einerseits, daß der Vikariatsbeginn nicht immer nur als ersehnte Fortsetzung der theologischen Ausbildungskarriere begrüßt, sondern häufig auch als die Zumutung einer Regression auf den lebensgeschichtlich eigentlich schon überwundenen Ausbildungs-Status empfunden wird.
Es bedeutet andererseits, daß die Vikarinnen und Vikare nicht mehr nur die

Lebenserfahrungen und sozialen Perspektiven von Kindern - SchülerInnen - StudentInnen, die bestenfalls nebenbei vielleicht manchmal gejobbt haben und als Rucksacktouristen in der Welt umhergereist sind - ins Vikariat mit einbringen, sondern eben auch Erfahrungen von z.b. Elternschaft und regulärer Berufstätigkeit.

Diese praktischen Erfahrungen theologisch zu integrieren und für die Ausbildung einer religionspädagogisch reflektierten pastoralen Rolle fruchtbar zu machen, ist etwas anderes, als die mehr oder weniger existentialistisch gebliebenen Erlebnisse und Krisen eines Mittzwanzigers in die Entwicklung einer Erwachsenenidentität hinüberzunehmen.

Wissenschaft

Unter den Vikarinnen und Vikaren sind heute viel mehr promovierte Leute als früher - und auch insgesamt ist das wissenschaftliche Niveau der heutigen Universitätsabsolventen in einer ganz spezifischen Weise höher: Um so unüberwindlicher erscheint manchen die pädagogische Aufgabe, die welt- und existenzbewegenden Wahrheiten der christlichen Religion einfach auszusprechen, die figulinische Botschaft Jesu in ihrer elementaren Gestalt und Gewalt selber zu erfassen und in gemeinsamen Lernprozessen mit anderen zu vermitteln.

Denn während unsereins beim Stichwort "sozialgeschichtliche Bibelauslegung" noch das Herz höher schlagen fühlte - oder gar noch das Herzklopfen der Unbotmäßigkeit bekam -, sind die heutigen Uni-Absolventen doch mit allen Wassern der feministischen, tiefenpsychologischen, strukturalistischen oder bibliodramatischen Hermeneutik gewaschen, kennen sie sich aus in den Raffinessen des sprachanalytischen oder interaktionslogischen oder dekonstruktivistischen Arguments und haben dank Josuttis und anderen die sämtlichen religionsphänomenologischen, kulturanthropologischen und übrigen funktionalistischen Provokationen der human- und sozialwissenschaftlichen Theoriebildung derart harmonisch mit den traditionell theologischen Denkweisen nebeneinander versammelt, daß bei ihnen auch nicht im geringsten mehr eine Ahnung davon vorhanden ist, daß die gute alte Psychologie uns einmal als "Zersetzungswissenschaft" (Manès Sperber) freudig oder ängstlich erbeben lassen konnte.

Trotz dieses derart bewunderungswürdig gestiegenen wissenschaftlichen Standards (oder vielleicht eher deswegen) ist nun im Vikariat nicht ohne weiteres auch davon auszugehen, daß die Vikarinnen und Vikare "eine theologische Position haben", in der die versammmelten Kenntnisse auch zu einer profilgebenden Gestalt integriert wären.

Vielmehr ist oftmals eine weitgehende Unklarheit, ja Zersplitterung des Bewußtseins zu bemerken; oder der ganze wissenschaftlich-theologische Komplex steht derart äußerlich und entfremdet zum religiösen Leben der Person, daß hinter der examinierten Oberfläche wissenschaftlicher Weltläufigkeit in

den Beziehungen miteinander und mit den Kindern sehr schnell die sehr simplen, d.h. undurchgearbeiteten traditionell-kirchlichen Einstellungen und Ideologeme sichtbar und ausagiert werden.
So ist es in der Übergangsphase am Anfang eine wichtige Aufgabe, im Einleben in die pastorale bzw. religionspädagogische Rolle Theologie und Leben, Wissenschaft und menschlichen Umgang, kritisches Wissen und religiöse Einstellung in der Frömmigkeit neu miteinander zu vermitteln im Hinblick auf Praxis.

Gruppe
Das fortgeschrittene Lebensalter und die große Unterschiedlichkeit der Lebenserfahrungen bedingt eine weitgehende Individualisierung der Vikarinnen und Vikare - in dem Sinne, daß sie nicht nur individuell unterschiedlich sind, sondern sich selbst auch sehr individualistisch begreifen und auf ihre Individualität allergrößten Wert legen.
Das bringt dann Schwierigkeiten mit sich, in der Gruppe zu leben (während der einzelnen Kurswochen in Preetz), die Gruppe als Lern-Gemeinschaft zu begreifen und den Ausbildungsjahrgang, dem man zugehört, nicht als zufällige Ansammlung von Individuen, sondern auch als Schicksalsgemeinschaft anzunehmen.
Wenn die Vikarinnen und Vikare dann noch - angesichts der aktuellen Pfarrstellensituation - unter faktischen und/oder selbsteingeredeten Konkurrenzdruck geraten, dann können die Chancen der Gruppe, in einer Atmosphäre des Vertrauens die supervisorische und kollegial-beratende Arbeit an den eigenen Begabungen und Defiziten zu ermöglichen, nicht genutzt werden, dann geht der katalysatorische Effekt der Gruppe für das individuelle Lernen, für die individuelle Entwicklung und Leistungssteigerung, Experimentierfreude und Grenzüberschreitung u.U. verloren.
Die Gruppenpädagogik in diesem Sinne ist aber nach wie vor fundamental für das Nordelbische Ausbildungskonzept, und so ist es in der Übergangsphase des Anfangs in Preetz eine wichtige Aufgabe, einsichtig und erfahrbar zu machen, daß, je individualistischer die einzelnen Vikarinnen und Vikare besser zu sein versuchen, sie allzusammen insgesamt schlechter sind und daß, je besser die Gruppe zusammenwirkt, desto explosionsartiger die individuellen kreativen Potenzen sich entfalten.
Manche Gruppe begreift diesen logischen Zusammenhang bis zu ihrem (bitteren) Ende nicht und übt sich statt dessen frustriert in allgemeiner "Preetz"- oder Amtskirchenkritik - obwohl die Wahrheit dieser Beobachtung für uns Ausbilderinnen und Ausbilder doch so offenkundig vor Augen liegt.
Die Schulphase hat darum neben allen Inhalten und Techniken, die sie vermitteln soll, die Funktion, das Leben und Lernen in der Gruppe zu befördern und somit eine Voraussetzung mit zu schaffen, die für das ganze Vikariat von Wichtigkeit ist.

Frauen und Männer
Eine vierte augenfällige Veränderung hängt mit den bisher genannten zusammen: Der Feminismus ist nicht mehr eine entscheidende gruppen- und identitätsbildende geistige Macht - weder bei den Frauen noch bei den Männern -, und es ist zwischen der Gruppe der Frauen und der Gruppe der Männer nicht automatisch eine natürlich gegebene gruppendynamische Fraktionslinie zu erwarten.
Sowohl die Frauen als auch die Männer (so nett sind wir heute) halten den Feminismus für eine interessante, ja unverzichtbare Perspektive - unter anderen -, und die sogenannten Frauenthemen finden offensichtlich ihre ins Alltägliche eingearbeitete Berücksichtigung; entsprechend gibt es bei den Frauen untereinander ebenso positionelle Unterschiede und heftige Kontroversen wie unter Männern oder zwischen Frauen und Männern.
Vielleicht leben wir inzwischen in einem postfeministischen Zeitalter (was die Skandalisierungs- und Gestaltungsmacht der feministischen Bewegung angeht) - auch wenn die "Themen der Frauen" keineswegs erledigt sind und Radikalität an dieser Stelle dem Vikariat bestimmt guttut.
Damit entfällt aber auch eine mögliche Provokation dafür, daß die Männer in der Vikariatsgruppe die kritischen Reflexionen aus der "Neuen Männerbewegung" in ihre Arbeit an der männlichen pastoralen Rolle mit einbeziehen. Aber vielleicht ist ja mit der nächsten Gruppe wieder alles ganz anders ...

3. Erfahrungslernen
Die anhand der Übergangssituationen beschriebenen und an einigen hervorstechenden Punkten markierten Veränderungen in der Vikarschaft heute bringen es mit sich, daß der Begriff des "Erfahrungslernens" (einer der für das Nordelbische Ausbildungskonzept nach dem "Preetzer Modell" konstitutiven Begriffe) im Lauf der Zeit einer inneren Wandlung unterzogen ist:

Lernen aus gruppendynamischer Erfahrung

Wenn ihr Schiß habt vor der Freiheit,
dann bleibt doch in eurem Stinkstall
und laßt euch verwursten.

In den 70er Jahren verstand man unter Erfahrungslernen primär ein Lernen aus der Selbstthematisierung derjenigen Prozesse, Lernschritte und Schwierigkeiten, die die (Ausbildungs-) Gruppe in ihrer eigenen gemeinsamen Geschichte durchlaufen hatte bzw. aktuell gerade in sich erlebte. In einem selbstreflexiven Kraftakt wendete die (Ausbildungs-) Gruppe ihre Aufmerksamkeit und denkerische Anstrengung auf die eigenen gerade gemeinsam gemachten Lernerfahrungen, so daß Subjekt, Gegenstand und Medium des Lernens unmittelbar eins waren: Themen wie Motivation, Gruppenhierarchie, Lernstile,

Konflikte und Konfliktlösungen, Unterrichtsstörungen, Gruppe-Leitung-Interaktion, didaktische Aufbereitung und subjektive Aneignung von Lernstoffen, Erarbeitungs- und Anwendungsphasen im Unterricht, personale Interaktion und institutionelle Struktur ... und etliche andere pädagogische Grundbegriffe mehr wurden nicht durch Textlektüre gepaukt, sondern erschlossen sich der theoriegeleiteten Aufarbeitung der leibhaftig durchlebten und durchlittenen Situationen in der Zusammenarbeit in der Ausbildungsgruppe selbst.
Dieses Konzept von "Erfahrungslernen" setzte besondere gruppenleiterische Fähigkeiten und Situationsdeutungs-Kompetenzen, wie z.B. Horst Kämpfer (1976-1982 in Preetz) sie mitbrachte, ebensosehr voraus wie das entsprechende Gruppen- und Selbstverständnis und die entsprechende Selbstthematisierungs-Fähigkeit auf seiten der Vikarinnen und Vikare.
Letztere Voraussetzung war natürlich nicht immer vorhanden, und so stammen denn auch aus dieser Zeit der Ausbildungs-Geschichte jene Zerrbilder der "Preetzer Kultur" - wonach das Lernen in den Kursen darin besteht, daß man in der Runde sitzt und sich sagt, wie man sich fühlt -, die von denen kolportiert wurden, die selber zur zugrundeliegenden Idee dieses Konzepts von Erfahrung und Lernen nie einen Zugang finden konnten.

Lernen aus erzählter Erfahrung
Rabbi Schuscha war ein ehrgeiziger Mann, der sich Tag und Nacht für seine Gemeinde einsetzte. Mose war sein großes Vorbild: so wie er wollte er die Kinder Israel führen, verteidigen und erziehen. Je größer sein Vorbild, desto kläglicher empfand er sich selbst in seinen Anstrengungen, dem Volk Israel aufzuhelfen und den Weltmächten in den Arm zu fallen. Als er zum Sterben kam, hatte er seine Erleuchtung. Er versammelte alle, die ihm lieb waren, um sein Krankenlager und sagte: "Ihr Lieben, ein Einziges will ich euch hinterlassen, eine große Erkenntnis: Wenn ich vor den Thron des Höchsten trete, dann wird ER - gelobt sei sein Name - mich nicht fragen, »Schuscha, warum bist du nicht Mose gewesen?«, sondern er wird mich fragen, »Schuscha, warum bist du nicht Schuscha gewesen?«."
In den 80er Jahren beobachtete Renate Schacht (1982-1987 in Preetz), daß die Ausbildungsgruppe von den Vikarinnen und Vikaren immer weniger als "exemplarische Lerngemeinschaft" im oben beschriebenen Sinne akzeptiert wurde - an die Stelle der gruppenbezogenen Selbst-Reflexion trat als Spezifikum dieser Phase zunehmend ein "Lernen aus erzählter Erfahrung". Nicht, daß man sich jetzt (nur noch) über die eigenen Erlebnisse irgendwo anders erzählend austauschen sollte; sondern die große Schatztruhe der erzählenden Weltliteratur enthält ja poetisch verdichtete, metaphorisch und symbolisch hochbedeutsame Preziositäten, die exemplarische menschheitliche Erfahrungen mit Sinn, fundamentale Erkenntnisse über das Funktionieren des Wesens Mensch auf unmittelbar zugängliche Weise zum Ausdruck bringen; die biblischen Geschichten, die Sagen der klassischen Antike, die Väterliteratur, die

chassidischen Legenden, die Märchensammlungen aus aller Welt können sowohl individuelle lebensgeschichtliche Erfahrungen, Erinnerungen, Traumata verlebendigen als auch prinzipienbezogene Einsichten in die Logik zwischenmenschlicher Beziehungen, in die Rhythmik von Leben und Sterben, in die Dialektik von Sein und Schein, Ursache und Wirkung, Schuld und Erlösung, Erziehung und Selbstwerdung aufleuchten und einleuchten lassen.
Daß wir "als Erzogene erziehen", daß wir nicht nur unsere Sichtweisen, Kenntnisse und Wertvorstellungen, sondern auch unsere (unbewußten) Ängste und Vermeidungsstrategien an die nächste Generation weitergeben, daß die Selbst-Aufklärung der erste Schritt zu einer gelingenden (Unterrichts-) Beziehung ist, daß Erziehungsziel und Erziehungsstil, Thema und Methode übereinstimmen müssen, daß die individuellen Lebenserfahrungen, das Bedenken der großen Traditionen und das aktuelle Zusammenleben und -arbeiten in der Gemeinschaft im erzieherischen wie in jedem hermeneutischen Prozeß notwendig zusammengehören, damit Lernen gelingen kann - solche Einsichten erschließen sich als internalisierbare, anwendbare Gestaltungsprinzipien pädagogischer Praxis im gekonnten - sozusagen weisheitlichen - Umgang mit den Kunst-Stücken der menschheitlichen Erzählliteratur. Am Ende der Rahmenerzählung zu "1001 Nacht" heißt es: "Als aber der Nächte tausend und eine vorüber waren, da war der Sultan ein anderer geworden ... es kamen die Jahre, da glich er wirklich den weisen Kalifen und Königen aus Scheherazades Geschichten."

<u>Lernen aus inszenierter Erfahrung</u>
In den 90er Jahren empfängt die Pädagogik-Ausbildung ihren spezifischen Akzent durch die Inszenierung von Erfahrung als gemeinsam erlebtem Bezugspunkt von Lernprozessen in der Gruppe.
Vom Psychodrama nach M. L. Moreno herkommend, setze ich (seit 1992 in Preetz) auf die Fruchtbarkeit der Anwendung der verschiedenen Rollenspiel-Techniken für das Lernen pädagogischen Sehens und Handelns: sowohl für die Vermittlung von Lehr- und Lerninhalten wie auch für die Einübung in Lehr- und Lernverhalten.
Was die entwicklungspsychologischen Stufentheorien über die verschiedenen Lebensalter, was die Kinder- und Jugendsoziologie über veränderte Kindheiten in der modernen Gesellschaft, was die empirische Unterrichtsforschung über Störungen, Koedukation, Gruppenprozesse oder Lernwege herausgefunden hat, läßt sich nach gründlichem Textstudium bei der "Präsentation der Arbeitsergebnisse im Plenum" wunderbar in idealtypisch verdichteten Szenen darstellen und lehren: Wie Kinder und Jugendliche unterschiedlichen Alters typischerweise mit einer biblischen Geschichte umgehen und welche Themen sie darin ansprechen würden; wie "Medienkindheit" oder "Patchworkfamilie", "Neue Armut" oder "Selbstverwirklichungsmilieu" sich auf das Welt-Verständnis und Lern-Verhalten von Kindern auswirken; wie

Unterrichtsstörungen zustandekommen oder informelle Gruppenkonstellationen die Lernmotivation einer Schulklasse beeinflussen können - alles dieses erschließt sich anschaulich und einprägsam im Durchgang durch szenische Gestaltung (als Synthesis von erworbenem Wissen) und im Durchgang durch szenisches Verstehen (als gemeinsamer Ausgangspunkt von begrifflicher Deutung und praxisbezogener Theoriediskussion).

Kreative gestalterische Methoden für den Religionsunterricht, die den kanonischen Unterrichtsprinzipien der "Anschaulichkeit", "Selbsttätigkeit", "Konzentration" und "Synthesis" gerecht werden, lassen sich am besten lernen, indem die Vikarinnen und Vikare selber füreinander Erzählsituationen gestalten, biblische Rollenspiele ausprobieren, mit Tüchern, Bildern, Collagen, Puppen, Instrumenten experimentieren und anhand der Wirkungen auf sich selber die Anwendungsmöglichkeiten im schulischen Kontext erkunden. Die Inszenierung von Unterrichtsentwürfen - nach allen Kunstregeln psychodramatischen Rollenspiels - schafft wie im "Labor" unterrichtliche Experimentalsituationen, in denen einzelne Vikarinnen oder Vikare ihre Planungen ausprobieren und die übrigen Gruppenmitglieder den Unterricht aus den (realistischen) Rollen von SchülerInnen erleben. Das Spiel als gemeinsame aktuelle Erfahrung in der Gruppe gibt eine von allen geteilte Grundlage ab für mannigfaltige kollegiale und supervisorische Rückmeldungen zum Lehrerverhalten, zur Beziehungsqualität des Unterrichts, zu den didaktischen Aufbereitungskünsten und den Rezeptionsweisen auf seiten der "SchülerInnen".

An der Erarbeitung und ständigen Weiterentwicklung eines effektiven Konzepts der Inszenierung und Supervision von Unterricht hat in den letzten Jahren Margarete Agahd-Bubmann, Pastorin und Religionslehrerin in Flensburg, entscheidend mitgewirkt.

<u>Gruppendynamik - Erzählung - Inszenierung</u>
Nicht, daß in den 70er Jahren nicht auch erzählt oder gespielt worden wäre ... aber das Spezifische war eben die paradigmatische Selbstreflexion gemeinsam erlebter Gruppensituationen. Ebenso sind in den 80er Jahren natürlich auch Gruppenerfahrungen thematisiert und Rollenspiele inszeniert worden (Micro-teaching) ... aber der besondere Charme dieser Epoche lag in der Selbst-Spiegelung in den Kleinodien der großen Erzähltraditionen. Schließlich gehört in den 90er Jahren der obligatorische Erzähl-Workshop, die "Aneignung erzählten Sinns", ebenso zur Grundausbildung, wie Gruppenkonstellationen und Gruppenkonflikte als Lern-Situationen reflektiert werden ... Die eigentlich prägende Idee ist jedoch die Inszenierung von Realität im gemeinsamen virtuellen Erfahrungsraum der spielenden Gruppe.

4. Zeitgeschichtliche Herausforderungen und Verflechtungen

Wenn wir uns am Anfang mit den Schulmentorinnen und -mentoren treffen zur Einführung in die Schulphase, dann erörtern wir mit ihnen drei Ziele des Schulpraktikums, die wir uns für die Vikarinnen und Vikare erhoffen:

1. Didaktische und methodische Aufbereitung der biblischen und kirchlichen Traditionen so, daß "die Kinder sich selber in ihnen wiederentdecken können" (Ingo Baldermann).
2. Gruppen-Pädagogik und Gruppen-Leitung so, daß die Kinder in gestalteten Situationen ihre eigenen Lebensthemen, ihre Fragen und Ängste, Erfolge und Lüste einbringen und gemeinsam entwickeln können.
3. Erwerb von Unterrichts- und Leitungskompetenz so, daß in der Arbeit an der eigenen Person der Vikarinnen und Vikare die eigene Sprach- und Beziehungsfähigkeit erweitert und dabei ein eigener ("authentischer") Lehr-, Leitungs- und Interaktionsstil gefunden wird.

Diese drei Ziele charakterisieren das Pädagogik-Curriculum des Nordelbischen Ausbildungskonzepts von Anfang an; durch den jeweiligen gesellschafts- und kirchenpolitischen Kontext jedoch empfangen diese gleichen Ziele in den unterschiedlichen Epochen einen jeweils eigentümlichen Akzent und differenzierten Sinn:

Gesellschaftsveränderung

In der (Noch-) Aufbruchstimmung der 70er Jahre stand die Hoffnung auf Gesellschafts- und Kirchenreform - auf dem Wege zu Frieden, Gerechtigkeit und alternativen Formen des sozialen Zusammenlebens - auf der Tagesordnung; entsprechend ging es darum, dogmatisch erstarrte Traditionen und gesetzlich verfestigte Institutionen aufzulösen, um ihre unverständlich und repressiv gewordene, ursprünglich menschliche Wahrheit, ihren ursprünglich sozialen Sinn freizulegen und darauf eine neue Weltordnung aufzubauen.

Die kritische Erziehungswissenschaft brandmarkte die Schwarze Pädagogik der kirchlichen Unterweisung, die Psychoanalyse deckte den potentiellen Suchtcharakter kirchlicher Rituale auf, und soziologische Gesellschaftstheorie entlarvte die ideologische Funktionalisierung von Religion in einer entfremdeten Gesellschaft. Kein Wunder, daß die "Humanwissenschaften" als zersetzend empfunden und im Seminar für die kritische Selbst-Reflexion der Gruppe und für die Beförderung neuer Sozialformen dienstbar gemacht wurden (TZI, GT usw.) - und daß für die Schule die Parole vom "Offenen Curriculum" aufgegriffen wurde, die die Orientierung des Unterrichts an den Emanzipationsinteressen der Schüler proklamierte.

Die Didaktik arbeitete den traditionsauflösend-freiheitlichen Kern der Tradition heraus, der Schwerpunkt des Unterrichts verlagerte sich in Partnerarbeit und Lerngruppen, die ihre Ziele und Wege selber definierten, und der Lehrer lernte, diese Freiheit auszuhalten und damit für das Versprechen von Lebensqualität durch Autonomiegewinn einzustehen.

Sinnvergewisserung
Die 80er Jahre bringen die epochale Auflösung aller Traditionen - auch ohne Zutun der Humanwissenschaften und unter anderen als den erhofften Vorzeichen. ... Das Jahrzehnt begreift sich selbst als "postmodern", weil sich in der "Wende" in Bonn 1982, im "Super-GAU" in Tschernobyl 1986 und im "Fall" der Mauer in Berlin 1989 als symbolisch verdichteten Höhepunkten der definitive Zerfall der bis dahin sinngebenden Institutionen der Moderne: Politik und Technologie, unübersehbar offenbarte. Nicht mehr "Fortschritt" und "Erneuerung der Gesellschaft" (oder "Wissenschaft" und "Revolution") sind das Gebot der Stunde, sondern Schadensbegrenzung und Sinnvergewisserung. Kein Zufall, daß die deutsche Religionspädagogik sich der Symboldidaktik (Hubertus Halbfas), der Tiefenpsychologie (C.G.Jung) und der Wiederentdeckung der Erzähltradition (Walter Neidhart) öffnet. Das symbolisch Sinn stiftende, Sinn erschließende oder Sinn kompensierende Erzählen avanciert zum Königsweg im Religionsunterricht. Und an der Intensität des existentiellen Bemühens um die Wiederaneignung der universellen Symbole und großen Erzählungen der Menschheit wird die destruktive Wirkung des Symbolverlusts auf der Ebene der sozialen Institutionen deutlich: Wenn die institutionellen Symbolsysteme - Kirche, Schule, Parteien, Wissenschaft usw. - aus den Fugen geraten, verlieren die menschlichen Individuen den Boden unter den Füßen ... und streben die Bildung neuer Sinn-Kontexte an.

Milieugestaltung
In den 90er Jahren entdeckt sich die Gesellschaft als pluralistisch in heterogene Milieus zerfallene "Erlebnisgesellschaft" (Gerhard Schulze). Die Lebensläufe und Lebenslagen sind einerseits in einem historisch unvergleichlichen Ausmaß individualisiert; die Individuen unterliegen dem "Zwang zur Häresie" (Peter L. Berger), müssen sich sinngebend ihre Biografien selber konstruieren - andererseits organisieren sich durch Auswahl und Kombination von Elementen aus einer Palette ständig präsenter multikultureller, multireligiöser und multiästhetischer Angebote symbolische Milieus, in denen die Menschen Sinn suchen, indem sie am milieuspezifischen Symbolkonsum teilhaben.
Tradition gibt es, indem man sie konstruiert.
Identität gibt es, indem man sich selber stilisiert.
Sinn gibt es, indem man ihn ... inszeniert.
Das hört sich natürlich fürchterlich an; wenn man aber den Menschen als schlechthin durch seine Symbolisierungsfähigkeit aus dem Naturzusammenhang sich erhebendes Wesen theologisch in der Spannung als von Gott zur Namengebung eingesetzt (Gen. 2,19) und paradoxerweise zugleich mit dem Bilderverbot belegt (Ex. 20,4) verortet, dann gewinnt man einen theologisch-kritischen Zugang zur legitimen menschlichen "Konstruktion der Wirklichkeit" und kann Sinn-Stiftung als unhintergehbare Gestaltungsaufgabe ergrei-

fen. Rituale und Feste sind ja ihrem Wesen nach Re-Inszenierungen sinnträchtiger Ereigniszusammenhänge. So befindet sich die Pädagogik auch heuer wieder auf der Höhe der Zeit, wenn wir die Inszenierung nicht nur als inspirierte Methode allseits anwenden, sondern die Seminarkurse selber, das Lernen, den Prozeß, das Arbeiten und Präsentieren, ja die Schulphase als Ganze als Groß-Inszenierung begreifen - und entsprechend lustvoll dramaturgisch gestalten. Und es "macht Sinn", wenn im Zeitalter "nach Beuys" (Christoph Bizer) die Gestalt-Pädagogik in den Religionsunterricht Einzug hält und die Kräfte der kreativen Selbsttätigkeit der SchülerInnen im Aneignungsprozeß der kirchlichen Tradition mobilisiert werden, wenn die Symboldidaktik zu einer "Ritualdidaktik" (Peter Biehl) weiterentwickelt wird und gottesdienstliche, liturgische, meditative Elemente den Unterricht durchdringen, wenn Kirchen und andere heilige Stätten außerhalb der Schule aufgesucht, Räume, Zeiten und Wege "begangen" werden und so die symbolträchtige Sprache von Geschichten und Spielen, Bildern und Interieurs, Festliturgien und sakramentalen Handlungen in die Erlebnissphäre eintreten kann.

Mit solcher Didaktik und Methodik dient der Religionsunterricht dem "Anprobieren" und patchworkmäßigen Zusammenbasteln von Identitäten bzw. Traditionen, von dem die Soziologen reden; in umgekehrter Perspektive gesagt: Die Schulklasse selber wird punktuell zu einer Gemeinde, und der Lehrer, die Lehrerin weiht die Kinder ein in die inszenatorische Sprache der Religion.

Auf je eigene Weise hat es in jeder Epoche eine Übereinstimmung gegeben zwischen Lehr-Inhalten (d.h. der Vorbereitung auf die inhaltliche Gestaltung von Religionsunterricht, die sich am jeweiligen Entwicklungsstand der religionspädagogischen Theoriebildung orientiert) und den Lern-Formen, die im Seminar selbst in der Pädagogik-Ausbildung zur Anwendung kommen.

5. Rückwirkungen der Pädagogik auf die theologische und pastorale Identität

Aus dem bisher Ausgeführten ist wahrscheinlich schon ziemlich deutlich geworden, daß die (Religions-) Pädagogik, eben weil sie sich in spezifischer Weise "auf der Grenze" des kirchlichen Systems zur gesellschaftlichen Umwelt bewegt, immer schon ein weitgeöffnetes Einfallstor des Zeitgeistes in die kirchliche Ausbildung gewesen ist, und daß die Pädagogik-Phase als Eingangsphase zum Gesamtkunstwerk Vikariat eben nicht nur auf Schule, Unterricht, Gemeindepädagogik bezogen ist, sondern für die Ausbildung als Ganzes eine wichtige "propädeutische" Funktion übernimmt: Vieles wird hier schon angebahnt, was erst während der Gemeindephase in "Homiletik" oder "Seelsorge" zur vollen Auswirkung kommt, und vieles wird hier schon vorweggenommen, was erst eigentlich in "Liturgik" oder "Gemeindeleitung" richtig bearbeitet werden kann.

Kritik und Integration
Bemerkenswert ist dabei, daß die Pädagogik-Anteile der Ausbildung früher von einem "humanwissenschaftlichen Mitarbeiter" mitversorgt wurden (H. Kämpfer war als Diplom-Pädagoge eingestellt), der - über Schul- und Gemeindepädagogik hinaus - in prinzipiell allen Kursen (auch in der Gemeindephase) eine theologie- und kirchenkritische psychologische und soziologische Perspektive vertreten sollte; bzw. von einer "Dozentin für Humanwissenschaften" (R. Schacht ist in Philosophie und Gesellschaftswissenschaft promoviert), die gerade auch in den Gemeindekursen die theologische Arbeit durch gesellschaftstheoretische, religionsgeschichtliche, geisteswissenschaftliche Beiträge ergänzen, erweitern, verfremden oder spiegeln sollte.
Heute koexistieren und kooperieren die ursprünglich "kritischen" Sozialwissenschaften usw. mehr oder weniger friedlich-schiedlich mit den theologischen Perspektiven in der (Praktischen) Theologie; "humanwissenschaftliches Denken" ist in die theologische Theoriebildung integriert, ja kann geradezu als "verhaltenswissenschaftliche Grundlage" für den theologischen Diskurs vereinnahmt werden. Und so ist nicht mehr das "kritische Gegenüber" der Humanwissenschaften zur Theologie (das in der gemeinsamen Kursleitung von theologischem Studienleiter und humanwissenschaftlichem Mitarbeiter quasi institutionalisiert war) das Aufregende an unserer Arbeit, sondern die Re-Theologisierung unserer Wahrnehmung, die genuin theo-logische Deutung und Ergründung dessen, was (z.B. in der Schule) ganz "profan" erlebt und getan wird: Motivation und Leistung, Vertrauen und Konkurrenz, Gruppenhierarchie und Lehrer-Autorität, Individualität und Gemeinschaft, Methode und Wahrheit, Hingabe und Widerstand - all das sind theologisch diskutable Realien in der pädagogischen Welt, die nach einer theologischen Verhaltensorientierung verlangen. "Was bedeutet das eigentlich theologisch, daß das und das so und so ist?!" "Was ist das und das, wenn wir es einmal in theologischen Begriffen beschreiben?!" Das sind die entscheidenden Fragen, wenn es darum geht, christliches Tun und Denken in der Situation zu entdecken oder einzuführen ...
Die Pädagogik ist nicht mehr der "Pfeffer", den sich die Vikare auf die kirchliche Hausmannskost aus gutbürgerlicher Küche streuen, um sie überhaupt runterkriegen zu können; ist auch nicht mehr das "Sinn und Geschmack" gebende Salz in der Suppe der Theologie, die sonst nur wässrig und fade wäre - sondern vielleicht eher der leckere erste Gang in einem opulenten Menü, das den Vikarinnen und Vikaren heute von einem luxuriösen Buffet serviert wird.

Synkretismus und Christologie
Die Wahrnehmung der gesellschaftlichen Situation - und der eigenen Lebenslage in ihr - als enttraditionalisiert, pluralisiert und multikulturell und multireligiös angefüllt, führt im religionspädagogischen und theologischen Denken bei vielen zu einer beachtlichen Bereitschaft zum Synkretismus.

In den Schulklassen sind eben überall auch Kinder katholischer, orthodoxer, jüdischer, muslimischer oder esoterisch orientierter Eltern, die auch im evangelischen Religionsunterricht einfach im Klassenverband dabeibleiben. Das Verstehenwollen der anderen Menschen, die Würdigung der fremden Religion, die empathische Annäherung an das religiös Fremde bringt durch die Öffnung gegenüber der Wahrheit und Lebensfreundlichkeit des anderen und die Hereinnahme des Geprüften und für gut Befundenen in die eigene religiöse Praxis (Mitte, Atem, Einheit ...) und ins eigene theologische Denken (Vernetzung, Gewebe, Heilung ...) Verschiebungen mit sich im gelebten eigenen dogmatischen System. Besonders interessant finde ich, in den Unterrichtsentwürfen und Predigten zu beobachten, wie sich das Gewicht der Christologie in der persönlichen Frömmigkeit und die Funktion der Christologie als sinngebender Mitte der theologischen Reflexion verändern oder neu akzentuieren in der Auseinandersetzung mit der schulischen und gesellschaftlichen Realität: wie sich das Verhältnis zwischen (an-)gelernter Dogmatik und Orthodoxie und existentiell empfundener und realisierter - faktisch geglaubter Theologie entwickeln wird.

Absolutheit und Funktionalismus
Nach einer Phase säkularistischen Selbstverständnisses scheint die Gesellschaft den Wert - z.B. die identitätsgründende oder die sozialhygienische Funktion - von Religion neu zu entdecken. Auf dem pluralistischen Markt der religiösen Möglichkeiten und Mentalitäten findet Kirche sich faktisch als nur eine Alternative unter vielen vor und gerät in die Lage, den besonderen Wert der kirchlichen Wahrheit: nämlich die Menschenfreundlichkeit und Zukunftsträchtigkeit funktional argumentierend, sozusagen anthropo-logisch (statt nur theo-logisch) erweisen und durch eine neue - kontrollierbare - Methode erfahrbar machen zu sollen. "Was ist eure Methode?" fragt man uns, mit Seitenblick auf die esoterische, psychotherapeutische, muslimische, hinduistische Konkurrenz, und man interessiert sich dabei für die Heilungsfunktion der Heilungsgeschichten, für die Lebenshilfe des Glaubens, für die moralischen Kräfte in der kirchlichen Gemeinschaft usw..
Für unseren - pädagogischen - Zusammenhang ist insbesondere die aktuelle bildungstheoretische und bildungspolitische Debatte von Bedeutung - in zugespitzter Weise die umfassende Lehrplan-Revision in Schleswig-Holstein, die uns unmittelbar praktisch mit betrifft, über die uns in enger Zusammenarbeit Rainer Zacharias vom IPTS immer aktuell auf dem laufenden gehalten hat:
Der Religionsunterricht wird, wie jedes andere Schulfach, daraufhin befragt, welchen besonderen Beitrag er a) zur "inneren Schulreform" und zu einer "neuen Lernkultur", b) zur Lösung der "epochaltypischen Kernprobleme" (Wolfgang Klafki) und c) zum Erwerb zukunftsfähiger "Schlüsselqualifikationen" anzubieten hat, und vor diesem bildungstheoretischen Gerichtshof der

Vernunft steht das theologische Denken unbeabsichtigt, aber unvermeidlich, in der Situation, sich funktionalistisch zu legitimieren. Trotz grundgesetzlicher Garantie eines freien Religionsunterrichts hätte eine rein theo-logische Selbstbegründung keine Plausibilität - und keine politische Lobby. Der Zwang der Verhältnisse befördert interessante Modifikationen in der theologischen Argumentation, und es wird interessant sein zu beobachten, wie sich das weiterhin auswirkt auf das aktuelle Selbstverständnis von Theologie und Kirche überhaupt.

6. Ausblick

Ich bin der Meinung, man kann die Besonderheiten einer jeden "Epoche der Pädagogik" in Preetz, wie ich sie hier holzschnittartig, ohne Vollständigkeit und ohne Gerechtigkeit bis ins letzte Detail zu beanspruchen, dargestellt habe, als Errungenschaften einer jeden Entwicklungsphase begreifen, die es allesamt wert sind, bewahrt und weiterentwickelt zu werden.

Der neueste Trend geht vielleicht dahin: Die Stellensituation auch nach erfolgreich absolviertem Vikariat ist momentan prekär, und die Vikarinnen und Vikare fragen darum nach dem "Nährwert" der Ausbildung notfalls auch für eine außerkirchliche Berufsperspektive. Das Lernen für Unterricht und pastorale Praxis in der Gemeinde wird daraufhin reflektiert, inwieweit es auch für eine Berufstätigkeit in nichtkirchlichen Betrieben, Bildungs- oder Fürsorgeeinrichtungen, freien Initiativen u.a. qualifizieren könnte: Menschenführung, Gruppenleitung, Präsenz, Beratung, Lebenshilfe u.a.m..

Ohne der Loyalität gegenüber der Beauftragung, für den Dienst in der Nordelbischen Kirche auszubilden, Abbruch zu tun, können sich die Studienleiter mit diesen Initiativen und Überlegungen der Vikarsgruppen solidarisch empfinden. Es wird interessant sein zu beobachten, wie diese neue Perspektive auf das eigene Tun Rückwirkungen haben wird auf die Art und Qualität der Ausbildung in den nächsten Jahren. Vielleicht schärft es ja den Blick dafür, was Theologinnen und Theologen nicht nur durch das Pfarramt für Gemeinde und Gesellschaft, sondern unmittelbar in anderen sozialen Kontexten Evangeliummäßiges für die Menschen tun und wirken können. Ist das vielleicht sowieso die Zukunft der Kirche Jesu in der immer "apokalyptischer" werdenden Welt? Stehen wir vor der Entwicklung einer neuen "Barfußtheologie" - aber auf einem sehr hohen Niveau von Theologie?

Aller guten Dinge sind drei
oder: Entwicklung braucht Räume
Über den Sinn und die Aufgabe des Mentor/Innen-Amtes

von Anne Reichmann

Das Vikariat ist eine Zeit des Lernens, eine Phase, in der Entwicklung geschieht. Dabei geht es nicht allein um das Erlernen von Fähigkeiten, die man sich durch Bemühung und Übung aneignen kann; es geht um das Hineinwachsen in eine neue Rolle: Der Beruf des Pastors oder der Pastorin muß so mit der eigenen Person verknüpft werden, daß daraus eine Identität erwächst. Es geht also um einen Lernprozeß, der die ganze Person umschließt und der daher sehr komplex und unberechenbar ist. Man weiß am Anfang nicht, was am Ende dabei herauskommt. Es gibt kein vorgestanztes Modell, an das sich die VikarInnen einfach angleichen könnten. Überzeugend und tragfähig ist der Pastorenberuf nur dann, wenn er mit der Eigenart der jeweiligen Person, die ihn ausübt, verflochten ist.

Ein offener Prozeß bringt Unsicherheiten und damit auch Ängste und Widerstände mit sich. Das Lernen in einem offenen Prozeß, der die ganze Person betrifft, ist empfindlich und störanfällig. Die Entwicklung kommt manchmal zum Stocken; Lernschritte gehen nicht voran. Wenn es nicht möglich ist, die Blockade zu verstehen und aufzulösen, kann es auch zum Stillstand kommen; Lernen findet nicht mehr statt oder degeneriert zum bloßen Erlernen von Fertigkeiten, hat aber nicht mehr die Qualität einer Assimilation des Neuen, wodurch Wachstum geschieht.

Das MentorInnen-Amt hat den Sinn, in besonderer Weise darauf zu achten, daß das Lernen als Prozeß im Sinne von Entwicklung stattfinden kann.

Meine Funktion als Mentorin sehe ich vor allem in der Vernetzung: Zum einen vermittle ich die drei Ausbildungsebenen miteinander und damit die verschiedenen an der Ausbildung beteiligten Personen und Institutionen. Damit bereite ich den Rahmen für den Lernprozeß.

Zum andern verknüpfe ich als Begleiterin der VikarInnen über die ganzen zwei Jahre hinweg Erfahrungen und Erkenntnisse, die sich im Lauf dieser Zeit ergeben, miteinander und versuche damit, einen roten Faden zu spinnen. Entwicklungen, die ich bei einzelnen oder in der Gruppe wahrnehme, mache ich möglichst deutlich.

Ich verkörpere in dieser Vermittlungsfunktion immer wieder so etwas wie eine dritte Instanz: Die Dritte zwischen den VikarInnen und der Institution, in die sie hineingehen - die Dritte zwischen den Studienleitern im Predigerseminar und den V. - die Dritte zwischen den V. und ihren jeweiligen VikariatsleiterInnen oder SchulmentorInnen. Im Hinblick auf einzelne V. bin ich die Dritte zwischen ihnen und ihrer Predigt oder ihrem Problem. Ich bin in jedem Fall immer wieder dazwischen.

Man könnte es so sehen und manchmal ist es auch so, daß die Mentoren zwischen allen Stühlen sitzen. Man kann es aber auch anders sehen: Das Dritte schafft überhaupt erst den Raum, in dem offene Lernprozesse möglich sind. Zwischen zwei Positionen gibt es ein Hin und Her, ein Entweder-Oder. Das kann sehr starr sein und sich ewig wiederholen. Erst, wenn eine dritte Position dazukommt, wird ein Wechsel der Positionen möglich. Bewegung beginnt. Das Dritte bringt Bewegung und eröffnet Raum, Spielraum, indem es das Einnehmen unterschiedlicher Positionen mit unterschiedlichen Perspektiven ermöglicht. Entwicklung und Kreativität sind ohne das Dritte nicht denkbar. Auch das Denken nicht.

Insofern ist das Dritte etwas genuin Menschliches im doppelten Sinne: Es unterscheidet uns von anderen Lebewesen; es macht aber auch das Leben und die Beziehungen erst menschlich: Wo es fehlt, werden Beziehungen leicht destruktiv und treten auf der Stelle. Prozesse wie Aufhören, Trennen, aber auch solche wie Versöhnung und Veränderung gibt es da nicht. Fortentwicklung und Geschichte entstehen durch das Hinzutreten einer dritten Instanz. Sie muß nicht unbedingt personal repräsentiert sein. In lebendigen Beziehungen ist das Dritte in symbolisierter Form immer mit dabei.

Aber manchmal geht es eben auch verloren. Vor allem in Situationen von großer Angst. Da wird es eng und starr; Spielraum und Distanz verschwinden, und das ist dann ein großes Problem. Dann wird nur noch blind agiert; das Handeln kann nicht mehr reflektiert werden. Gedanken und Gefühle sind Ereignisse, die passieren. Es gibt kein Subjekt mehr, das noch etwas bestimmen oder entscheiden kann.

Solche Situationen gibt es im menschlichen Leben überhaupt, und es gibt sie in solchen Lernprozessen, wie es das Vikariat ist. Wenn sie in einer Gruppe auftauchen, kann man das spüren: Es wird eng, und es fällt schwer, zu atmen. Etwas Dramatisches bahnt sich an, ohne daß man einen Einfluß darauf zu haben meint. Jeder versucht, die eigene Sache zu retten, und kann sich nicht mehr in die Lage des andern versetzen. Alle haben den Eindruck, bedroht zu werden, und versuchen sich zu retten. So eine Situation kann sich zuspitzen, bis sie explodiert oder bis jemand ein lösendes Wort sprechen kann, das eine neue Perspektive einführt. Dann kann man wieder durchatmen, kann denken, verhandeln, weitergehen.

Es müssen nicht der Mentor oder die Mentorin sein, die das Dritte repräsentieren oder einführen. Es kann auch jemand anders sein. Manchmal kann der Mentor das Dritte gar nicht repräsentieren, weil es Verwicklungen gibt, aus denen er sich nicht heraushalten kann, etwa wenn er angegriffen wird. Aber als Mentorin habe ich die Aufgabe, Anwältin des Dritten zu sein und mit einer besonderen Aufmerksamkeit darauf zu achten, damit Lernprozesse möglich sind.

1. Die Mentorenrolle

Die Vikarsausbildung geschieht auf drei Ebenen: dem praktischen Arbeitsfeld in der Schule und der Gemeinde, den Kursen im Predigerseminar Preetz, wo jeweils die ganze Gruppe von etwa 20 V. zusammenkommt, und schließlich der Ebene dazwischen, wo in drei Gruppen die Arbeit supervisorisch in der Region begleitet wird. Das ist vor allem meine Aufgabe.

Ich bin die einzige kontinuierliche Bezugsperson während der zwei Jahre und halte den Rahmen der Ausbildung. Z.T. muß ich ihn auch organisieren. Dabei ist meine Rolle eine integrative: Ich muß Verbindungen schaffen zwischen verschiedenen an der Ausbildung beteiligten Institutionen und Personen und bin auch im Konfliktfall gefragt.

Das Besondere an meiner Rolle ist, daß ich die V. nicht bewerte und nicht prüfe; ich muß auch keinerlei Informationen über sie weitergeben. Ich unterstehe direkt dem Ausbildungsdezernat der Nordelbischen Kirche und arbeite in einem relativ unabhängigen Freiraum. Meine Beziehung zu den andern Ausbildern ist eine kooperative.

Meine Hauptaufgabe liegt in der Supervision. Die Ausbildungsordnung sieht aber noch andere Aufgaben vor: die seelsorgerliche Betreuung der V. und ihre Begleitung als Spiritualin, die Wahrnehmung theologischer Lehre und Mitarbeit als Dozentin in den Kursen. Dabei gibt es Konflikte zwischen der Lehrer- und der Supervisorenrolle sowie auch zwischen der Ausbilderinnenrolle und der der Seelsorgerin. Die institutionell bedingte Rollenvielfalt stellt mich immer wieder in Situationen, in denen ich mich entscheiden und meine Rolle neu definieren muß. Da ist große Klarheit notwendig.

1.1. Die Aufgabe meiner Rolle in der Institution PastorInnen-Ausbildung

Ich mache Ausbildung mit Menschen, die von der Universität kommen und Pastoren werden wollen. Das bedeutet, daß ich mit den V. an ihrer zukünftigen Rolle arbeite.

Mit D. Seiler verstehe ich eine Rolle systemtheoretisch als die Schnittmenge zwischen Person und Institution (1). Ich begleite also den Prozeß, in dem die V. ihre Person mit der Institution Kirche so in eine Verbindung bringen, daß sie ermächtigt werden können, darin selbstverantwortlich eine Rolle wahrzunehmen.

Ich tue das als Repräsentantin dieser Institution und insofern diene in den V. auch als nachahmenswertes oder abzulehnendes Vorbild, denn in vieler Hinsicht kann die Mentorenrolle als Prototyp für die Pastorenrolle angesehen werden oder umgekehrt.

Zu meiner Aufgabe gehört die Arbeit an der Person der V., insoweit sie ihre zukünftige Berufsrolle prägt oder hindert. Es geht also nicht nur um das angepaßte Erlernen von Fertigkeiten.

Im Pastorenberuf ist die eigene Person das Instrument, mit dem man spielt. Es ist ein Beruf, der ständig in Kommunikation stattfindet. Man muß das Instrument kennen, auf dem man spielt. Ich vermittle den V. Erkenntnisse über sich selbst, über zwischenmenschliche Kommunikation und damit auch über Seelsorge und die Arbeit mit Gruppen anhand ihrer Erfahrungen in den Vikariatsgemeinden und anhand unserer Erfahrungen miteinander im Ausbildungsprozeß.

Die Pastorenrolle kann auch von einzelnen zum Zwecke der Abwehr eigener Schwierigkeiten genutzt werden; es ist eine relativ mächtige Rolle, hinter der man etwa eigene Ängste oder Minderwertigkeitsempfindungen verstecken kann. Davon kann man in den zwei Jahren schon eine Menge erkennen. Außerdem arbeiten wir an der individuell bedingten Motivation für diesen Beruf, an seinen gesellschaftlichen Rollenerwartungen, seinen Auswirkungen auf das Privatleben und nicht zuletzt an dem Unterschied, den es ausmacht, ob man ihn als Mann oder als Frau ausübt etc..

Es geht also nicht ohne die Arbeit an der Person. Wenn nun ein V. in seiner Persönlichkeit so stark beschädigt ist, daß es für ihn oder für die Menschen, mit denen er zu tun haben wird, vermutlich große Probleme geben wird, dann empfehle ich ihm eine Therapie, oder ich berate mit ihm, evtl. einen andern Beruf zu ergreifen.

Aber auch die begrenzte Arbeit an der Person im Rahmen der Rolle ruft Widerstände hervor.

Es gibt V., die sich der Reflexion ihrer persönlichen Anteile an einer Predigt, einem Seelsorgegespräch o.ä. verweigern und das Ausbildungskonzept in Frage stellen mit dem Hinweis, daß sie sich nicht zu einer Selbsterfahrungsgruppe gemeldet hätten. Sie kommen meist schon als "fertige" Pastoren und haben nicht den Eindruck, noch etwas lernen zu müssen.

Gegen manche Widerstände bin ich machtlos, aber viele Widerstände können bearbeitet werden und dienen der weiteren Entwicklung.

Innerhalb der vorgegebenen Grenzen legen wir es in der Ausbildung darauf an, daß die V. die Verantwortung für ihren Lernprozeß selbst übernehmen. Das wird von ihnen gern angenommen, zumal sie anscheinend etwas anderes erwarten. Manchmal fehlt ihnen dann aber auch die Möglichkeit, andern die Schuld für Schwierigkeiten geben zu können. Tun sie das trotzdem, versuche ich mit ihnen herauszufinden, warum sie das tun.

Die Verantwortung für sich selbst zu übernehmen ist wohl eine der schwersten Aufgaben, die es gibt. In der Kirche ist es vielleicht besonders schwer. Viele zähe Konflikte entstehen aus mangelnder Bereitschaft, Verantwortung zu übernehmen und dabei Kritik auszuhalten. Das ist aber nötig im Beruf einer Pastorin bzw. eines Pastors.

An dieser Stelle ist die Arbeit für mich als Mentorin mit den V. manchmal sehr hart und anstrengend.

1.2. Die Arbeit am Ausbildungsrahmen
Der Ausbildungsplan für eine neue Vikarsgruppe wird in Preetz erstellt. Seine Realisierung steht aber nicht fest, sondern muß für jede Gruppe neu organisiert werden. Das bedeutet für die MentorInnen, daß sie den Boden für das Schulvikariat und für das Gemeindevikariat in der Region bereiten müssen, indem sie Schulen und Gemeinden suchen, die bereit und in der Lage sind, einen Vikar oder eine Vikarin zu nehmen.
Die SchulmentorInnen wechseln von Mal zu Mal, weil es an der Grundschule einen anderen Zyklus gibt als in der Ausbildung; vor allem die dritten Klassen haben sich als ein gutes Lernfeld erwiesen. Aber so eine Schule ist eine eigene Welt; die LehrerInnen sind auch meist recht kirchenfern und daher unsicher bei der Vorstellung, einen Vikar oder eine Vikarin auszubilden. In Vorgesprächen muß ich mit ihnen klären, welche Erwartungen an sie gerichtet sind und welche Erwartungen sie an uns haben. Unterschiedliche pädagogische Vorstellungen müssen besprochen werden, damit die Ausbildung in den Kursen in Preetz und die Anleitung durch die SchulmentorInnen nicht einander zuwiderlaufen.
Es gibt außer den Einzelgesprächen gemeinsame Treffen der SchulmentorInnen mit mir und dem pädagogischen Studienleiter in Preetz, wo wir Unsicherheiten abbauen, über aktuelle Veränderungen und Probleme an den Schulen sprechen und vermitteln, was Religionsunterricht heute sein könnte. Wir vertiefen das, wenn ich an die einzelnen Schulen gehe, mir Unterrichtsstunden anschaue und nachbespreche.
Die Katechesen werden von den Mentoren organisiert und begleitet. Konkret geht es dabei auch wieder um die Vermittlung zwischen den kirchlichen Prüfern, die von außen dazukommen, und den SchulmentorInnen, deren Beurteilungsmaßstäbe sich erheblich von denen der andern unterscheiden können.
Die Situation in Hamburg ist anders als in Schleswig-Holstein: Es gibt wenig ausgebildete ReligionslehrerInnen, und es gibt kaum einen organisierten Religionsunterricht. Außerdem übertrifft die Zahl der Muslime manchmal die der Christen. So muß man, um eine Schule zu gewinnen, anfangs Überzeugungsarbeit leisten, aber oftmals lohnt sich das sehr: Viele Schulen, die einen Vikar oder eine Vikarin aufgenommen hatten, haben das als eine große Bereicherung erlebt; Symboldidaktik und das konkrete Eingehen auf die Erfahrungen und Probleme einzelner Kinder durch den/die Vikar/in werden geschätzt und man freut sich auf die/den nächste/n. In vielen Fällen sind außerdem neue Kontakte zwischen Schulen und Gemeinden entstanden.
Das Ergebnis der Schulphase, die von vielen VikarInnen zunächst unwillig in Kauf genommen wird, erstaunt mich immer sehr: Viele lernen in dieser Zeit mit großen Schritten, wie man Kontakt zu einer Gruppe aufbauen kann, wie man motiviert und leitet, wie man ein Thema in unterschiedlicher Weise erarbeiten kann, je nachdem, worauf es einem ankommt, wie man Ziele findet und sie operationalisiert etc..

Hier wird exemplarisch gelernt, was man als Pastor oder Pastorin in der Gemeinde täglich braucht.
Die Gemeindephase hat die längste Kontinuität während der Ausbildungszeit, und so sind die VikariatsleiterInnen wesentliche Bezugspersonen für die VikarInnen. Ich habe Kontakt zu den PröpstInnen der Kirchenkreise in meiner Region und besuche ab und an die jeweiligen Konvente.
Viele VikariatsleiterInnen haben mehrere VikarInnen nacheinander; neue VikariatsleiterInnen bereite ich in Vorgesprächen auf ihre Aufgabe vor, die für sie Fragen aufwirft und eine neue Rolle bedeutet: Worin besteht die Aufgabe der Anleitung? Was kann man bei den VikarInnen vorraussetzen? Was kann man von ihnen erwarten? Wieviel Kontrolle ist notwendig, wieviel Freiheit? Wie gestaltet sich eine Ausbildungsbeziehung so, daß sie fruchtbar wird? Wieviel Nähe oder Distanz ist angemessen? In welcher Form kann Kritik zugemutet, aber auch ertragen werden?
Im Lauf eines Ausbildungszyklusses mache ich Besuche bei den VikariatsleiterInnen, um mit ihnen ihre Erfahrungen zu reflektieren, Unsicherheiten auszugleichen und ihre Perspektive der Gemeindearbeit und der Ausbildung zu hören. Jede Ausbildungsbeziehung hat ihr eigenes Gesicht, und so sind auch die Probleme jedesmal ganz andere. Wenn es große Konflikte gibt zwischen einem Vikariatsleiter und seiner Vikarin, komme ich zu Hilfe und versuche zu klären und zu vermitteln. Ich stehe dann nicht einfach auf der Seite des Vikars, sondern zwischen beiden und versuche, eine dritte Perspektive ins Gespräch zu bringen, damit der festgefahrene Konflikt wieder in Bewegung kommt. Dabei kommen manchmal Dinge zur Sprache, die in der Zweiersituation nicht ausgesprochen werden konnten.
Mehrmals im Jahr lade ich die VikariatsleiterInnen meiner Region in eines ihrer Gemeindehäuser ein und spreche mit ihnen über Entwicklungen in der Ausbildung insgesamt und in Preetz, über Probleme, die für sie aufgetaucht sind, und über Entwicklungen in der Vikarsgruppe. Diese Treffen führen zu einer Sensibilisierung für den Ausbildungsprozeß und verbessern die Kooperation dadurch, daß sie Transparenz in die unterschiedlichen Ausbildungsebenen bringen. Demselben Zweck dienen Besuche der StudienleiterInnen aus Preetz in der Region oder auch Besuche der VikariatsleiterInnen in einer Regionalgruppensitzung.
Eine gute Kooperation ist wichtig, weil die VikarInnen sonst zwischen verschiedenen Anforderungen auf den verschiedenen Ausbildungsebenen hin- und hergerissen oder zerrieben werden. Ein solcher Konflikt ist etwa der Wunsch der VikariatsleiterInnen, die VikarInnen mögen möglichst lange kontinuierlich in der Gemeinde sein, während von Preetz her eher betont wird, daß es im Vikariat noch nicht um die Beheimatung in einer Gemeinde, sondern um exemplarisches Lernen gehe.
Wenn es einmal keine gute Kooperation gäbe, wäre es den VikarInnen möglich, die unterschiedlichen AusbilderInnen gegeneinander auszuspielen, was

zwar kurzfristigen Gewinn bringen mag, langfristig aber auf ihre eigenen Kosten ginge, weil der Konflikt, dem sie damit auswichen, ja nicht gelöst würde.
Weitere KooperationspartnerInnen sind diejenigen, die in den Seelsorgekursen, dem Ökumenekurs und dem Diakoniekurs mitwirken. Diese Kurse finden in der Region statt und liegen in MentorInnenhand. Der Kirchliche Dienst in der Arbeitswelt, das Nordelbische Missionszentrum, das Diakonische Werk u.a. tragen dazu bei, an gesellschaftliche Probleme heranzuführen, und es ist ein großer Schatz, daß in der Kirche kompetente Fachleute arbeiten, die ihr Wissen, ihre Erfahrung und ihre Kontakte für die Ausbildung zur Verfügung stellen.
MentorInnenaufgabe ist dabei die Kursvorbereitung, die pädagogische Dimension, die Leitung und immer wieder das Aufwerfen der Frage, was es in dem jeweiligen Kontext bedeuten kann, PastorIn zu sein und Kirche zu vertreten. Bei Bedarf gestalten die MentorInnen auch Studientage zu anderen Themen wie Öffentlichkeitsarbeit, Konfirmandenunterricht, Frauenarbeit, Lebensformen, Seelsorgetheorie u.a., zu denen wir gegebenenfalls auch Fachleute aus Rissen, vom Päd. Theol. Institut oder andere hinzuziehen. Fachleute aus den übergemeindlichen Institutionen begleiten auch die gemeindepädagogischen Projekte. So lernen die VikarInnen in dieser Zeit schon ein recht weites Spektrum der kirchlichen Landschaft kennen.
Bei den Seelsorgekursen kooperieren wir mit ansässigen KollegInnen, vor allem KrankenhausseelsorgerInnen, die eine Zusatzausbildung gemacht haben.
Und schließlich arbeiten die MentorInnen mit den StudienleiterInnen zusammen, wobei ihre Rolle vorab nicht festgelegt ist, sondern von Fall zu Fall geklärt wird. Was aber in jedem Fall feststeht: Der Mentor oder die Mentorin haben in besonderer Weise auf den Lernprozeß und das Gruppengeschehen, das ihn ja maßgeblich beeinflußt, zu achten.

2. Pastoralpsychologische Aspekte

2.1. Reifung und Regression
Ich verstehe die Vikarsgruppe als Arbeitsgruppe. Sie hat eine gemeinsame Aufgabe und trifft dazu verbindliche Verabredungen. Manche Regeln setze ich, manche beschließen wir gemeinsam.
Ich mache keine sachunabhängige Selbsterfahrung. Ich wende mich an die Vikare als Subjekte ihrer Ausbildung. Es gibt dabei vorgegebene Themen, Inhalte, Ziele.
Im Vikariat geschieht nun wie in allen größeren Gruppenzusammenhängen Regression, die die Arbeit behindert. Das bedeutet, daß die einzelnen in der Gruppe einen Teil ihrer Autonomie abgeben und von ihrem Erleben und Verhalten her auf eine Entwicklungsstufe zurückgehen, die sie in andern Bereichen des Lebens schon überwunden hatten, etwa als Erwachsener in die Phase der Pubertät.

Diese Regression wird durch einige äußere Faktoren verstärkt: Der Eintritt ins Vikariat ist verbunden mit einer Krise, denn die gesamte äußere Lebenssituation ändert sich, und die V. erleben eine Verunsicherung ihrer bisherigen Identität.
Die Störung des bisherigen Gleichgewichts ist verknüpft mit dem gleichzeitigen Eintritt in eine Institution, von der man abhängig ist und deren Autoritäten am Ende der Ausbildung mit dem Zweiten Examen ein Urteil fällen. Angst und Autoritätskonflikte werden also durch die äußere Situation verstärkt. So sind viele V. am Anfang voller Mißtrauen und befürchten, daß mit ihnen etwas gemacht wird, was sie selbst nicht wollen.
Nicht nur deshalb mache ich das, was ich tue, immer wieder transparent.
Ich stehe aber aufgrund dieser Voraussetzungen auch häufig vor ganzen Abwehrbataillonen, oder ich spüre die Angst am eigenen Leibe, etwa derart, daß ich fürchte, von den V. überfallartig angegriffen zu werden, wenn ich auf die Einhaltung bestimmter Regeln bestehe oder etwas anderes tue, das ihnen unangenehm ist.
Oft entsteht aufgrund guter Erfahrungen ein Grundklima von Vertrauen. Aber manchmal ist das Mißtrauen hartnäckig, so daß ich von V. beobachtet und kontrolliert werde.
Projektionen spielen eine große Rolle, also einfach die Tatsache, daß V. in den AusbilderInnen etwas sehen, wovor sie sich fürchten oder was sie ablehnen, was aber mit uns selber gar nichts zu tun haben muß. Häufig treten Angriffe in einer Mischung auf mit berechtigter Kritik. Dann ist das eine von dem andern nur schwer zu unterscheiden. AusbilderInnen sind Projektionsflächen, und viele belastende Erfahrungen in der Arbeit hängen damit zusammen.
Im Lauf der Zeit gelingt es der Gruppe meistens, durch Reifungsschritte aus der Regression herauszuwachsen. Dann ist Abhängigkeit nicht mehr das vorherrschende Gefühl, denn es gibt die Erfahrung, daß man doch etwas beeinflussen kann und ernst genommen wird. Auch der Zwang, kämpfen zu müssen, läßt nach, weil das Selbstbewußtsein gewachsen ist und dadurch nicht mehr so vieles so bedrohlich erscheint wie am Anfang.
Eine Situation aus den ersten Monaten einer Vikarsgruppe kann das verdeutlichen: Zwei V. haben aus persönlichen Gründen, die sie sich nicht eingestehen möchten, Probleme mit bestimmten Anforderungen des Vikariats. Sie leiden darunter, daß sie über ihre Zeit nicht mehr frei verfügen können und zu den Kursen in Preetz sein müssen. Sie haben den Eindruck, daß ihnen damit etwas Schlimmes angetan wird, und manövrieren sich deshalb zunehmend in eine Anti-Haltung dem gesamten Kursgeschehen gegenüber. Der von ihnen ausgehende Druck breitet sich langsam in der ganzen Gruppe aus: Mit der zunehmenden Feindseligkeit entstehen Fronten, und es wird für die einzelnen immer schwerer, sich da herauszuhalten. Der Druck beginnt sich auf den Studienleiter zu konzentrieren. Seine Angebote werden zunächst entwertet und

schließlich als Zumutung bekämpft. Er bekommt den Eindruck, egal was er tut - es ist verkehrt. Die Situation wird für alle Beteiligten immer enger und bedrückender, so daß eine inhaltliche Arbeit kaum noch möglich ist. In einer Plenumssitzung kommt es dann zur Explosion. Die beiden anfangs erwähnten V. verlassen die Ebene der Dikussion und greifen den Studienleiter aggressiv und dann auch in unverschämter Weise an. Sie wehren sich gegen die Gewalt, die er ihnen in ihrer Wahrnehmung angetan hat, und stellen sich als seine Opfer dar, so massiv, daß niemand in der Gruppe sich traut, ihnen zu widersprechen und damit wiederum zum Täter zu werden. Es scheint nur noch diese beiden Möglichkeiten zu geben: Entweder man steht auf der Seite der Täter oder auf der der Opfer. Die Gruppe ist gespalten, und es bewegt sich nichts mehr. Man kann weder durchatmen noch nachdenken. Auch für den Angegriffenen ist das jetzt kaum möglich.
In dieser Situation war ich als Dritte gefragt.
"Was ist hier eigentlich los?" Mit diesem Satz bin ich dazwischengegangen, zwischen die Fronten, die so verbissen waren, und habe Platz gemacht, einen Raum zwischen ihnen geschaffen, so, daß ein Gespräch über das, was gerade geschah, möglich wurde. Das gelingt dann, wenn ich selber keine Angst, sondern die Zuversicht habe - und auch vermitteln kann, daß man über solche hochexplosiven Dinge sprechen und auch heil da herauskommen kann. Die Gruppe konnte nun den Schutz, den ich ihnen damit bot, nutzen, und einzelne begannen, verschiedene Positionen zwischen den Fronten einzunehmen, die sie vorher nicht auszusprechen gewagt hatten. Das war schwierig und ging hoch her, aber in dem Maße, wie es gelang, aus dem Klima von Angriff und Verurteilung herauszukommen und statt dessen die verschiedenen Positionen besser zu verstehen, auch die der beiden V., von denen der Konflikt ausgegangen war, öffnete und entspannte sich schließlich die Situation, so, daß ich am Ende sogar Gehör finden konnte mit meine Beobachtung, daß der Studienleiter wohl ein ideales Objekt für viel aufgestaute Wut sein konnte, jemand, dem man Schuld geben konnte an der eigenen Misere, die so schwer auszuhalten sei. Und daß diese Wut um so maßloser geworden sei, je weniger sie real an ihm festzumachen gewesen war; die Anlässe, die er dann geboten hatte, seien geradezu willkommen gewesen.
Eine Versöhnung gab es nicht gleich. Aber die Luft war klarer, und wir konnten wieder denken und arbeiten. Die V. konnten sich selber besser verstehen und auch kritisieren, und die Gruppe hat damals insgesamt einen Reifungsschritt gemacht und war später kompetenter im Umgang mit Konflikten. Das Verhältnis zwischen dem Studienleiter und dieser Gruppe ist schließlich ein sehr herzliches geworden.

2.2. Gesprächskultur und Supervision
Eine besondere Anforderung stellt die Etablierung einer bestimmten Gesprächs- und Arbeitskultur dar, die ich hier einmal die selbstreflexive nenne

und die sich ja erheblich von der Alltagskommunikation unterscheidet. Es geht auch um Gruppenfähigkeit, die bei dem üblichen Individualisierungsgrad nicht selbstverständlich ist, und um den Aufbau einer Gruppenkultur im Hinblick auf die Zusammenarbeit, aber auch auf das gemeinschaftliche und spirituelle Leben.
Eine Situation, die sich anfangs häufig ereignet, ist so, daß die Vikare sich im Gespräch nicht aufeinander beziehen, sondern den Beitrag des andern als Anlaß nehmen, eigene feststehende Meinungen loszuwerden; oder man streitet sich um unterschiedliche Positionen schlagabtauschartig, ohne vom Fleck zu kommen. Bei genauerem Hinsehen zeigt sich oft, daß es um vermeidbare Un- oder Mißverständnisse geht, die dadurch zustande kommen, daß man nicht zugehört oder etwas anderes gehört hat als das, was gesagt wurde. Es werden viele Unterstellungen gemacht.
Aus fruchtlosen Entweder-Oder-Kämpfen kommt man nur heraus, wenn man versteht, wie die Position des andern entstanden ist. Deshalb stelle ich öffnende oder in die Tiefe führende Fragen.
Ich stelle auch vieles, was selbstverständlich erscheint, in Frage. Aber kritische Reflexion und Selbstreflexion kann erst im Lauf der Zeit von den V. positiv genutzt werden; zu Anfang wird Kritik eher als Angriff verstanden. Das Einräumenkönnen von Schwächen oder das Bitten um Hilfestellung sind ja im Alltag eher verpönte Eigenschaften - hier sind sie erwünscht.
Wenn die Vikare die Fruchtbarkeit dieser Gesprächskultur entdeckt haben, gehen sie zunehmend selbständiger damit um, und die Gruppe erlangt die Fähigkeit, Resonanzkörper für eingebrachte Fälle zu sein.
Eben das ist eine wichtige Vorraussetzung für die supervisorische Arbeit in der Regionalgruppe. Sie dient dem Zweck, daß die VikarInnen ihr berufliches Handeln in einer umfassenden Weise verstehen und dieses Verstehen nach und nach wirksamer einsetzen zu können. Es geht also nicht nur um das inhaltliche Arbeiten, sondern auch um das Erlernen einer Methode, wie man die Komplexität menschlicher Kommunikation besser verstehen kann.
Supervision ist ohne das "Dritte" nicht denkbar, und es ist die Aufgabe einer Supervisorin, aus einer relativen Distanz zu den Gruppenmitgliedern heraus dem Dritten einen Raum zu geben. Das ist eine hohe Anforderung an die Gruppenmitglieder, denn es bringt immer Differenzierung der zu bearbeitenden Themen und Konflikte mit sich, und es ist leichter, im Schwarz-Weiß-Schema zu verharren. Deshalb ist es für mich manchmal auch schwer, das Dritte einzuführen; es ist gar nicht unbedingt erwünscht. Gegen Widerstand ist es kaum durchzusetzen; dies ist eine der Situationen, wo ich als Mentorin nichts machen kann.
Förderlich für die Arbeit an den Erfahrungen und "Werkstücken" der VikarInnen ist eine bestimmte innere Haltung der Mentorin oder des Mentors: eine recht große Kapazität, etwas ohne Be- und Verurteilung aufzunehmen, sondern eher mit Nachdenklichkeit. Es ist besser, aber auch schmerzvoller, Ge-

duld zu haben, abwarten zu können, sich ein Stück weit verwickeln zu lassen und Projektionen auszuhalten, anstatt voreilig in Aktion zu treten und damit momentane Entlastung zu gewinnen sowie die Illusion zu nähren, etwas für die V. getan zu haben.

In der Regionalgruppe bringen die VikarInnen alle denkbaren Themen und Probleme ihrer pastoralen Praxis als "Fall" ein: eine Predigt, eine Konfirmandenunterrichtsstunde, einen Konflikt mit einem Mitarbeiter, ein Seelsorgegespräch etc..

Zur Arbeit an diesen Fällen strebe ich eine möglichst freie, unterstützende Atmosphäre gegenseitigen Austausches an. Es geht darum, mit dem "Dritten Ohr" zu hören. Es ist wie das Lesen zwischen den Zeilen. Man achtet dabei auf Kleinigkeiten, scheinbar Nebensächliches. Gerade sie und mancher scheinbar dumme Einfall, den man dabei hat, treffen manchmal den Kern einer Sache und führen zu einer tieferen Wahrnehmung, als sie der oberflächliche Betrachter gewinnt, der nur das Gewollte bemerkt. Wenn die VikarInnen, die den Fall nicht selbst eingebracht haben, nicht zu sehr mit eigenen Problemen beschäftigt sind, kann in der Gruppe der sog. Spiegelungsprozeß stattfinden: Die Gruppenmitglieder identifizieren sich mit dem, der den Fall eingebracht hat, oder mit anderen Personen des berichteten Geschehens oder mit bestimmten Aspekten von deren Persönlichkeit. Sie können sich auch mit Ängsten des V., der den Fall eingebracht hat, und ihren Abwehrformen identifizieren.

Auf diese Art und Weise spiegelt sich die erzählte Situation in der Vikarsgruppe, aber nicht nur in den vom Erzähler wahrgenommenen, sondern auch in den von ihm nicht wahrgenommenen Aspekten. Wichtige Zusammenhänge können daran deutlich gemacht werden, und zwar nicht nur kognitiv. VikarInnen, die nicht zuviel Angst haben, können Erkenntnisse gewinnen, die emotional lebendig und erlebbar sind und deshalb wirklich etwas verändern können.

So bringt ein V. etwa eine Predigt ein, in der er in wunderschönen Worten über die Güte Gottes spricht. Trotzdem schildern die Gruppenmitglieder hinterher, daß ihnen das Zuhören schwergefallen ist, daß ihnen eng ums Herz wurde anstatt weit, wie von dem V. beabsichtigt. Im Gespräch hinterher stellen wir fest, daß es dem V. sehr schwerfällt, an die Güte Gottes angesichts bedrohlicher Erfahrungen zu glauben; deshalb hat er im Grunde gegen seinen eigenen Zweifel angepredigt und versucht, ihn zu ersticken. Vielleicht wird er das nächste Mal etwas weniger Angst vor seinem Zweifel haben, ihn anschauen und aushalten, so, daß sein Glaube daran wachsen kann.

Oder eine V. berichtet von einer Konfirmandenstunde; wir spielen sie mit verteilten Rollen nach. Das Problem der V. war, daß sie nicht verstand, weshalb die Konfirmanden ihr im Unterricht so großen Widerstand leisteten, da sie meinte, sie sehr ernst zu nehmen und immer auf sie einzugehen.

In der Identifikation mit den Konfirmanden werden einige Gruppenmitglieder richtig wütend auf die V., weil sie sich von ihr gar nicht wahrgenommen fühlten. Sie würde zwar einen sehr "demokratischen" Unterricht wollen, aber sie hätte ganz feste Vorstellungen von dem, wie das aussieht, eigentlich in einer fast autoritären Weise.
Im Gespräch danach kann die V. sagen, daß sie im Grunde große Angst vor den Konfirmanden hat und daß sie sich mit ihrem Anspruch, immer auf die K. einzugehen, selber überfordert; sie steht dadurch so unter Druck, daß sie sie nicht mehr wahrnehmen kann. Sie plante daraufhin ihren Unterricht besser durch, ließ den Konfirmanden nicht mehr so viel Freiraum (was die ihr dankten, weil sie damit im Grunde auch überfordert waren) und wurde dadurch entspannter und wacher in der Situation.
Das sind recht subtile Lernprozesse, in denen es nicht einfach richtig und falsch gibt. Es ist nicht leicht, damit umzugehen, wenn man an der Universität gelernt hat, sich zu profilieren anstatt zuzuhören, zu leisten und möglichst gut zu sein anstatt einfach aufrichtig zu dem zu stehen, was man hat und kann oder eben nicht kann. Und mir wird aus der Erfahrung immer deutlicher, daß PastorInnen meistens Menschen sind, die eine große Sehnsucht haben nach einem Glauben, der stärkt und vom Druck erleichtert, alles gut machen zu müssen und im Grunde doch nicht zu genügen. Es besteht der Anspruch, daß sie haben oder können müßten, was sie predigen; aber im Grunde sind viele sehr ungerechtfertigte Menschen. Es ist schwer, das für sich selber anzuschauen, wenn es so ist. Aber die Annahme der eigenen Bedürftigkeit wäre ja der Beginn von einem wirklichen Glauben. Daran hängt auch viel von der Überzeugungskraft einer Predigt. Aber das ist eine Kraft, die man eben nicht durch Anstrengung selber machen kann, sondern eine, die mit einem geschieht, wenn man sich den wirklichen Fragen vertrauensvoll stellen kann. Solche Art der Überlegungen sind etwas ganz anderes als Erörterungen von Predigtmodellen oder -techniken. In die Ausbildung gehört beides.
Es ist eine Gefahr für die Ausbildung, wenn VikarInnen, die in die Ausbildung übernommen wurden, darum bangen müssen, eine Stelle zu bekommen. Die Angst übt einen enormen Druck aus, Leistungsdruck und Konkurrenzdruck. V. möchten dann nur noch gut sein und alles richtig machen. Sie können nicht mehr aus Fehlern lernen, weil sie meinen, keine machen zu dürfen. Sie verstecken ihre Schwächen und können sie deshalb nicht verwandeln. Dann ist es schwer, die Rechtfertigung zu glauben und zu predigen. Zum gegenwärtigen Zeitpunkt ist dieser Druck in den Vikarsgruppen schon sehr spürbar, und ein offener Lernprozeß, der Entwicklung und eine Sensibilität für sich und andere Menschen im oben beschriebenen Sinne fördert, ist schwerer in Gang zu setzen.
In die Ausbildung gehören neben die Reflexion der Praxiserfahrungen auch theologische Fachgespräche, Auseinandersetzungen über biblische Texte und Themen.

Wir beginnen jede Regionalgruppensitzung mit der Meditation eines Textes. Dabei kommt es mir darauf an, daß die VikarInnen einen eigenen subjektiven Zugang finden, den sie erst in einem zweiten Schritt mit dem verknüpfen, was sie als theologische Theorie dazu gelernt haben. So wird auch die Vielfalt subjektiver Zugangsmöglichkeiten deutlich, und oftmals geraten wir in lebhafte Auseinandersetzung um existentielle Glaubensfragen.

Um die Wahrnehmung vielfältiger Möglichkeiten von Gemeindearbeit geht es, wenn in der "Runde" von Erlebnissen und Erfahrungen in den Gemeinden erzählt wird. Dadurch, daß eine Gruppe den längsten Teil der Ausbildungszeit zusammenbleibt, ist sie ein wichtiger Ort für die Wahrnehmung der eigenen und der Entwicklung anderer; hier wird sie begleitet. Und man kann auch von der Erfahrung anderer sehr profitieren, wenn man sie einfühlend nachvollzieht.

Neben der Arbeit mit Klein- und Großgruppen nimmt die Arbeit mit einzelnen einen großen Raum ein. Die MentorInnen besuchen Gottesdienste u.a. Veranstaltungen der V. und besprechen sie ausführlich nach, und sie stehen auch sonst für Einzelgespräche zur Verfügung. Hier kann im Detail an den Stellen gearbeitet werden, wo die einzelnen unsicher sind oder feststecken oder für sich noch etwas entwickeln möchten. Rückmeldung, Konfrontation und einfühlendes Verstehen, also ein flexibles Umgehen mit der zweiten Position als Gegenüber und der dritten Position, die Raum für Denken und Kreativität eröffnet, sind dabei wünschbare Interventionen der Mentorin oder des Mentors. Diese Gespräche sind oft von besonderer Dichte, weil die Person mit ihrer Eigenart und ihren Möglichkeiten im Zentrum der Wahrnehmung steht. Dabei ist die Grenze zwischen Ausbildung und Seelsorge fließend.

Vikarsgruppen sind so verschieden wie Personen. Jede Regionalgruppe, jede Vikarsgruppe hat ein unverwechselbares Gesicht.

Die Fruchtbarkeit des Lernprozesses ist jeweils von den Konstellationen des Gruppenprozesses abhängig. Die Konflikte zeigen sich auf verschiedenen Ebenen: Intrapsychische Konflikte werden nach außen verlagert und konstellieren sich als interpersonale Konflikte, die wiederum geprägt sind durch die Institution, in der sie sich darstellen. In einem Wirtschaftsunternehmen sehen sie ganz anders aus als in der Kirche. Denn Anforderungen und Ängste und die Strategien, damit umzugehen, sind institutionsspezifisch. Auch die Berufswahl hängt damit zusammen: Man neigt dazu, in eine Institution zu gehen, in der die eigenen Stärken und Schwächen ausgelebt werden können und wo das eigene Konfliktprofil gut aufgehoben ist. Es ist gut, darum zu wissen, damit man weiß, was man tut, und damit man etwas Förderliches machen kann.

Für die Kirche ist vielleicht typisch, daß hier eher Menschen anzutreffen sind, die es relativ schwer haben, Konflikte offen und heftig auszutragen, weil es die Norm gibt, freundlich zu sein und sich zu versöhnen. Wenn Konflikte aber nicht ausgetragen werden, leben sie "unterirdisch" fort und nehmen eine destruktive Form an, so, daß es zur Versöhnung nicht mehr kommen kann, sondern eher zum Abbruch der Kommunikation. Dann ist das Dritte verlorengegangen; das Zusammenleben wird eng und starr. Angst und untergründige Wut brechen sich in Machtkämpfen Bahn; Freiheit und Liebe haben keinen Raum mehr. Dann braucht man einen Sabbat, um innezuhalten und dem Geschehenen nach-zudenken, einen Zeit-Raum außerhalb des bedrängenden Geschehens, in dem man zu sich kommen kann und zu dem, was einen unbedingt angeht. Erst wenn man aufhört, gibt es einen neuen Anfang. Aus der Distanz heraus entsteht neue Beweglichkeit.

Die Kirche trägt eine Tradition, die um diese Dinge weiß, eine Tradition voller Weisheit über die Menschen mit all ihren Abgründen und Möglichkeiten und eine voller Wahrheit über Gott.

Sie verkündigt einen dreieinigen Gott, keinen monolithischen, der gleichgültig über allem thront. Die Trinität spiegelt die Lebendigkeit dieses Gottes wieder, der auf kein Bild und auf keine Position festzunageln ist: Der Sohn gibt sich hin und läßt sich verwickeln; der Vater bleibt der Grund; er gibt Halt und setzt Grenzen. Und der Heilige Geist ist der Dritte im Bunde: Er tröstet und ermutigt, er fährt dazwischen und verwandelt.

Ohne ihn wäre die Erde wüst und leer. Ich vermute, daß die Kirche immer dann dogmatisch, starr und unbeweglich wurde, wenn sie eine Gestalt Gottes aus dem Auge verloren hat. Wenn es das Dritte gibt, wird das Entweder-Oder durch eine neue Ebene erweitert. Es ist nicht mehr so leicht möglich zu spalten; man steht vor der Aufgabe der Integration. Und davon geht Entwicklung aus.

Liturgische Ausbildung am Predigerseminar

von Gertrud Schäfer

Wenn an liturgische und homiletische Ausbildung im Predigerseminar Preetz gedacht wird, so verbinden sich damit verschiedenste Erinnerungen, wie im Laufe dieses Jubiläumsjahres schon deutlich wurde, wenn davon erzählt oder geschrieben wurde.

Die Stichworte "Liturgie" und "Andacht" lassen denken an die regelmäßig im Seminar vollzogenen Stundengebete, die Seminarandachten mit Väterlesung und, in fester Form, an korrekte Kleiderordnung und Haltung im Gottesdienst, strengste Kritik der Gottesdienste von Gruppe und Studienleiter oder Direktor, aber auch an Zeiten, in denen alles bis dahin gewohnte wie Tischgebet oder Andacht in Frage gestellt und erst einmal diskutiert oder abgelehnt wurde; an Zeiten, in denen experimentiert wurde, Frömmigkeit - wie berichtet -

eher schamhaft verborgen oder als zweitrangig angesehen wurde, in dem Wunsch, näher an die Menschen in den Gemeinden heranzukommen und sie menschlicher und in Abgrenzung zu überkommenen agendarischen Formen zu gestalten.

Auf die besonders auseinandersetzungsreiche Zeit hin wurde es wieder etwas moderater im Seminar, es gab und gibt Andachten, jeweils von den Gruppen gestaltet und in der Form sehr unterschiedlich. Der Rahmen wurde und wird genutzt, um Andachtsformen zu probieren, mit der Gruppe die geistliche Mitte zu suchen und zu finden und sich so im auseinandersetzungsreichen Seminaralltag des Gemeinsamen zu versichern. Zu beobachten ist, daß die Andachtskultur so unterschiedlich ist, wie die Gruppen es sind, von regelmäßigen Stundengebeten bis zu performanceähnlichen Formen ist alles vertreten. Immer ist mit dieser Form auch die Suche nach dem, was die Gruppe, was uns über die gemeinsame Arbeit hinaus verbindet, gekoppelt.

Ausbildung für gottesdienstliches Handeln fand und findet in den Ausbildungsgemeinden statt, die Vikarsväter waren die Lehrmeister, und entsprechend hatten die Kandidaten sich nach deren Vorbild zu richten. Im Seminar wurden Grundlagen liturgischen Verständnisses und Handelns besprochen, Bibelarbeit und auch kirchenmusikalische und praktische Übungen vollzogen. Gehaltene Gottesdienste oder Andachten wurden besprochen und kritisiert.

Aber darüber hinaus war z.B. schon in der Zeit, als das Seminar noch Pastoralkolleg war und von Prof. Dr. Schneider geleitet wurde, im Kursprogramm vorgesehen, daß die Pastoren Stimmbildung brauchten und auch im Sprechen möglichst gut ausgebildet sein sollten. So heißt es in einem Schreiben von Propst Eduard Juhl vom Januar 1947:

"(Ich habe gleich) in Hamburg (...) weitere Schritte in der Frage der Stimmbildung unternommen. (X) ist gern bereit, (...) zu einem Stimmbildungskursus für Pastoren etwa vier Wochen nach Preetz zu kommen. (...) Aber die Hauptsache ist ja auch, dass erst einmal wirklich damit begonnen wird. (Er) war Schauspieler, ist jetzt noch Dramaturg und Rezitator, unterrichtet mit sehr gutem Erfolg Schauspieler, und soviel ich weiss, hat er auch in der Hamburgischen Landeskirche Pastoren Sprechunterricht gegeben. (...) Ich würde mich ausserordentlich freuen, wenn nun planmässig von unserer Landeskirche die Stimmbildung der Pastoren in die Hand genommen und durchgeführt würde. Damit würde nicht nur ein Wunsch, den ich seit 35 Jahren hatte, sondern eine dringende Notwendigkeit, die ich ebensolange »gepredigt« habe, verwirklicht werden. Ein Organist, der seine Orgel nicht in Ordnung hält und pflegt, ist ein Trottel und ein völlig unbrauchbarer, unmöglicher Geselle, mag er sonst auch ein noch so hoch musikalischer Mensch sein; ein Pastor, der sein einziges, wichtigstes, wertvollstes »Instrument« nicht in Ordnung hält und pflegt, ist es wahrhaftig nicht weniger.

                                                                                                    Mit freundlichem Gruß (...)"

Aber nicht nur die Handhabung dieses Instruments wurde für wichtig erachtet, sondern auch die Frage, was ein rechter evangelischer Gottesdienst sei, verbunden mit dem "Grossthema Kirche" (Kursbericht vom Februar 1949), stand im Mittelpunkt der Kursarbeit.
"Als Frucht dieser Arbeit wurde deutlich, dass ein evangelischer Gottesdienst streng gebunden sein muss an Schrift und Bekenntnis", heißt es im Kursprotokoll. Bibelarbeit, kirchenmusikalische und praktische Übungen, Kasualienliturgie und Liturgie des Hauptgottesdienstes waren wesentlich Bestandteile des Kursprogramms, vorbereitete Exegesen mit Predigtaufriß wurden besprochen, kirchenmusikalische Übungen waren im Tagesplan von 17.00 Uhr bis 18.15 Uhr vorgesehen und sollten "unter Leitung eines Kirchenmusikers, der möglichst jeden Tag an der gesamten Arbeit teilnimmt, (...)" abgehalten werden. Für die Ausführung konnten gewonnen werden Pastor Johannsen/Itzehoe und Kantor Langeheinecke/Kiel, der sich "mit Erfolg bemüht (hat), die Grundlagen für das liturgische Singen zu geben" (Bericht vom Juni 1949).
Nach der Wiederöffnung des Hauses als Predigerseminar begann Studiendirektor Dr. Kunze 1950 die Seminararbeit. Von dieser Zeit wird vor allem erzählt, daß er die Kandidaten ihre Predigten auswendig halten ließ und daß er laut und kräftig sang: "'nen halben Ton zu tief", wie ein 1952 gedichtetes Lied verkündet.
Offenbar hatte er im Blick, daß die Tagesstimmung und die Körperhaltung sehr wohl mit dem Gesang und der entsprechenden Tonhöhe zusammenhängen, denn in einem Vers heißt es (auf den müden Gesang der Kandidaten hin):

Doch dann sagt der Chef: Das liegt nur an dem Tief,
das beständig herrscht, dann ist der Ton so schief.
Drum müssen wir auf Haltung sehn
und ständig wie der Schiller stehn,
'nen halben Ton zu tief!

In der Zeit des Direktorats von Dr. Tebbe ab 1958 wurde ein besonderer Schwerpunkt in der Ausbildung auf den Bereich der Religionspädagogik gelegt. Mit seinem Nachfolger, Prof. Dr. J. Heubach, und den von ihm initiierten Veränderungen der Ausbildungsform wurde ein neuer Akzent in der homiletisch-liturgischen Ausbildung dadurch gesetzt, daß Gottesdienste in verschiedenen Propsteien gehalten und besprochen wurden, die Kandidaten Einblick in die jeweiligen Gegebenheiten bekamen und Kontakte geknüpft werden konnten. In der Folgezeit und mit den schon beschriebenen auseinandersetzungsreichen Jahren hatte überkommene Liturgie einen schweren Stand, Biermannlieder und "Gottesdienst menschlich" waren angesagt. Andachten wurden "antiagendarisch" und in freier Form, wenn überhaupt gehalten. In den 80er Jahren gab es wieder regelmäßiger Andachten, und wie berichtet wird, es wurde gern und ausgiebig mehrstimmig in den Gruppen gesungen.

Am Anfang der 90er Jahre wurde festgestellt, daß die Ausbildung im Bereich Liturgie und Gottesdienst verstärkt werden mußte. Daher wurde von den Ausbildern und Ausbilderinnen mit dem seit 1991 leitenden Direktor Gerhard Ulrich darauf hingewirkt, eine PEP-Stelle einzurichten. Seit Dezember 1992 habe ich diese Stelle inne, und nach dreieinhalbjähriger Tätigkeit mit diesem Schwerpunkt läßt sich sagen, daß es notwendig und wünschenswert ist, daß diese Arbeit fortgeführt wird.

Ausgehend von einer Anfangszeit, in der die Form entwickelt und Zeit wie auch Raum für diese Arbeit gefunden werden mußten, hat sich folgendes herausgebildet:

1. Mitarbeit bzw. selbständige Durchführung von Kursen zu GD und Homiletik

Dabei geht es darum, den Vikarinnen und Vikaren die im Curriculum vorgesehenen Fähigkeiten und Kenntnisse zu vermitteln und ihnen zu selbständigem Handeln zu verhelfen (z.B. durch Kennenlernen von agendarischen Formen und Möglichkeiten, Ausprobieren von GDlichen Formen und Möglichkeiten zur Reflexion durch Gruppengespräch und Lektüre etc.).

Im Kursverlauf sind inzwischen "Übungen zu Körper und Stimme", Einüben von liturgischen Gesängen, Kennenlernen von Gesangbuchliedern und der Austausch von Erfahrungen aus der liturgischen Praxis in den Gemeinden feste Bestandteile.

2. Arbeit in der Region

In diesem Bereich ist mit den Mentoren und der Mentorin die Übereinkunft getroffen worden, daß ich über die Gemeindezeit verteilt an drei Tagen mit den jeweiligen Regionalgruppen arbeite. Dabei geht es um liturgisches Handeln im Kirchraum. Um dem Rechnung zu tragen, daß der Raum jeweils das liturgische Handeln mitbestimmt, werden unterschiedliche Kirchräume in der Region genutzt. Im Laufe der Zeit werden die Vikarinnen und Vikare auf die Möglichkeiten bzw. Unmöglichkeiten aufmerksam, die die Räume bieten.

Das Einüben in liturgische Praxis ist in der Atmosphäre "Kirchraum" anders möglich als z.B. im Seminar; theologische Fragestellungen werden nicht nur gedacht, sondern erlebbar (Stichwort: "Heiliger Raum").

Im Zuge der Durchführung und Reflexion von liturgischen Elementen und Teilen des GD entstehen Diskussionen, die z.B. den Zusammenhang von Gottesbild und Anrede, von Rollenverständnis und Geste (Salutatio/Segen), die Fremdheit des Heiligen (Abendmahl) oder das Kreuzesverständnis zum Inhalt haben. Diese Diskussionen sind außerordentlich tiefgehend und wertvoll, hier finden theologische Auseinandersetzungen statt. Diese Regionaltreffen werden von mir konzipiert und durchgeführt, beim ersten Mal jeweils mit den Mentoren oder der Mentorin zusammen.

3. Einzelarbeit
Einige der Vikarinnen und Vikare brauchen besondere Hilfestellungen, um singen, sprechen oder sich im liturgischen Rahmen bewegen zu können. Sie haben die Möglichkeit, mit mir Einzelarbeit zu machen. Dieses Angebot wird zunehmend genutzt, oftmals werden grundlegende Schwierigkeiten sicht- und hörbarer, als es in der größeren Gruppe erkennbar ist, und so kann ich gezielter darauf eingehen.
Für diesen Bereich ist es mir besonders wichtig geworden, mit den Mentoren und der Mentorin im Gespräch zu sein und u.U. von ihnen auf Problemfälle hingewiesen zu werden.

4. Andere Bereiche
Manche der grundsätzlicheren Fragestellungen lassen sich schon vor der Gemeindezeit angehen. Zum Beispiel geht es im Einführung-II-Kurs schon um die Frage der pastoralen Identität und Rollenfindung, dazu läßt sich mit Übungen zu Körper und Stimme arbeiten, wie auch die Spiritualität der neuen Gruppe sich mit dem Singen und Aufeinander-Einstimmen finden lassen kann. In der Schulphase sind Fragen wie: Wie stehe ich da? - Wie setze ich das, was ich sagen möchte, mit Stimme und Geste um? - Wie kann ich Menschen mit meinem Wort erreichen? - Wie stimme ich ein Lied an bzw. übe es ein? Akut dazu habe ich bisher nur in Einzelfällen gearbeitet, werde allerdings oft angefragt.
Im folgenden möchte ich beschreiben, was mir über das o.G. hinaus wichtig und erhaltenswert geworden ist:

a) <u>Singen mit der Gruppe</u>
Beim Singen mit der Gruppe lassen sich verschiedene Ebenen ausmachen. Zum einen werden Lieder bzw. liturgische Gesänge kennengelernt, ausprobiert und gestaltet; zum anderen läßt sich hierbei die jeweilige "Stimmung" der Gruppe hören, das Sich-zu-Wort-kommen-lassen, Aufeinander-hören, Männer- und Frauenstimmen hören; es läßt sich das stimmliche Mit-einander als Bereicherung erleben und im Singen erfahren. Die Gruppe findet im Singen im Sinne des Einübens von Gemeinschaft ein wertvolles Medium.
Da wir in der Kirche das Singen als elementare Ausdrucksform pflegen, es mehr für uns ist als "nur" Musik, sondern eine verbindende und verkündende Form des Lobes, des Gebetes und Ausdruck der Gemeinschaft, sollten wir dafür sorgen, daß gerade Pastorinnen und Pastoren den Wert kennen, schätzen und weitervermitteln. Dazu müssen sie singen, Lieder kennen und anstimmen und die Freude am gemeinschaftlichen Singen weitergeben können.

b) <u>Stichwort Kontinuität</u>
Die Ausbildung im Bereich GD ist nicht auf das Seminar oder meine Person beschränkt. Gemeinden, Anleiterinnen und Anleiter, Kirchenmusikerinnen

und Kirchenmusiker, die Regionalgruppen mit Mentor oder Mentorin, Frau Trampert mit dem Sprechtraining und Thomas Kabel sind daran beteiligt, bilden für die gottesdienstliche Praxis aus. Aber sowohl von meiner Seite wie von Seite der Vikarinnen und Vikare wird der kontinuierliche Kontakt als bereichernd und notwendig empfunden. Die Begleitung über einen längeren Zeitraum gibt der Gruppe und den einzelnen Sicherheit; sie wissen, daß ihre Entwicklung und ihr Weg zum eigenständigen gottesdienstlichen Handeln im Blick ist, und sie wissen, an wen sie sich in Fragen zu Liturgie und GD wenden können. Nicht alle haben ja die gleichen Chancen in der Gemeinde.

Daß ich auf den verschiedenen Ebenen der Ausbildung mit den Vikarinnnen und Vikaren zu tun habe, hat sich im Sinne von Kontinuität und Einschätzen der Personen als gut erwiesen. Die Dynamik der Groß-Gruppe in Preetz ist eine andere als die der Regionalgruppen, bzw. die Möglichkeit der Arbeit mit einzelnen.

Musikalische Fähigkeiten (wie auch immer von der Voraussetzung her angelegt) brauchen Zeit, um sich zu entfalten, sie brauchen Hilfestellungen und Übung, und die einzelnen bzw. die Gruppe brauchen viel Ermutigung und Bestätigung - angstfreie Atmosphäre. Hier wird durch die Kontinuität Sicherheit geboten.

Auch im Kontakt zu den Anleiterinnen und Anleitern gilt dieses Stichwort. Durch die jährlich stattfindende Woche mit ihnen in Bad Segeberg entstanden gute Kontaktmöglichkeiten. Oftmals hatten und haben sie selbst Fragen zu liturgischer Gestaltung, haben Anfragen an die eigene gottesdienstliche Praxis und sind mit mir ins Gespräch gekommen bzw. haben in der Gruppe dort zu liturgischer Gestaltung mit mir gearbeitet.

Mit der Zeit entstand auch in diesem Kontakt mehr Vertrautheit. Sie wissen, an wen sie sich wenden können. So habe ich z.B. Studientage mit Lektorinnen und Lektoren, mit Erzieherinnen und Erziehern oder Konventen auf Anfrage der ausbildenden Pastorinnen und Pastoren hin gestaltet oder mit einzelnen gearbeitet.

c) <u>Über den Tellerrand</u>
Über die Arbeit am Predigerseminar bin ich in Kontakt mit der Arbeitsstelle für gottesdienstliche Fragen der EKD in Hannover gekommen. Dadurch habe ich Verbindung zu anderen Ausbilderinnen und Ausbildern an Universitäten, Musikhochschulen oder Predigerseminaren und Liturgie-Fachleuten bzw. Interessierten.

Ein Gesamttreffen zum Thema "Gottesdienst und Musik" habe ich mit vorbereitet, und über Arbeit in Hannover bin ich zur Fortbildung nach Kloster Kirchberg (Sulz/Neckar) gekommen, wo sich jährlich Fachleute aus Theologie, Musik und Literaturwissenschaft für eine Woche zusammenfinden, arbeiten und voneinander lernen.

Ich halte es für wichtig, daß solcherlei Kontakte aufgenommen und gepflegt werden, daß auf diese Weise die eigene Praxis überprüft und Anregendes aufgenommen werden kann.
Leider ist mir in dieser Beziehung der Mangel an Zeit immer wieder hinderlich, es könnte mehr an Austausch stattfinden.
An den grundlegenden Aufgaben hat sich für die liturgische Ausbildung nicht allzuviel geändert, und sie sollte genauso gut und fundiert sein wie in anderen Bereichen - die Forderung danach ist schon lange und immer wieder da, wie auch aus vorliegenden Berichten hervorgeht.
Die Anforderungen an Pastorinnen und Pastoren sind allerdings gewachsen. Mit der Erneuerten Agende und dem neuen Gesangbuch, wie auch unzählig vielen Gestaltungsangeboten für Gottesdienste und Kasualien, gilt es sinnvoll auszuwählen und Schwerpunkte zu setzen.
Für die Ausbildung in der heutigen Zeit ist bemerkenswert und zu berücksichtigen, daß es eine immer größer gewordene Spannbreite gibt innerhalb der Vikarschaft zwischen Liturgieerfahrenen und solchen, die eigentlich nichts über Gottesdienst wissen, kaum einen besucht haben. Diese Spannung gilt es immer wieder abzubauen, die jeweiligen Kenntnisse bzw. Anfragen aufeinander zu beziehen, Ängste und Hemmungen abzubauen und - bei aller Vielfalt der liturgischen Möglichkeiten - theologisch durchdachte und praktisch umsetzbare Entwürfe zu erarbeiten.
Es muß auch darauf eingegangen werden, daß Pastorinnen ausgebildet werden. Für Frauen ist es wichtig, sich auch im liturgischen Handeln in dem von Männern geprägten Beruf ihrer eigenen Möglichkeiten bewußt zu werden.
Das gilt nicht nur in Hinblick auf Sprachformen im Gottesdienst, Gestaltungsformen oder Kleidung; nach meiner Beobachtung müssen Vikarinnen oftmals erst ihre Stimmlage entdecken, die höheren Töne und Frequenzen als erlaubt und tragfähig erfahren und sich von dem Druck befreien, das gleiche stimmliche Volumen wie männliche Kollegen erreichen zu sollen. Frauen sprechen, singen und bewegen sich nun mal anders als Männer, dem sollte Rechnung getragen werden.
Mein Wunsch ist, daß der Schwerpunkt, der mit der Einrichtung der PEP-Stelle am Predigerseminar Preetz gesetzt wurde, nicht mit dem Ende 1997 verschwindet, sondern zumindest in dieser Form erhalten bleibt. Ich bin davon überzeugt, daß hier nicht "weniger", sondern "mehr" gebraucht wird, auch mehr Zeit. Die heutigen Vikarinnen und Vikare sind sehr interessiert an liturgischen Fragen und Möglichkeiten, sie legen Wert darauf, viel auszuprobieren und zu wissen, so sollte ihnen dafür in der Ausbildung der Boden bereitet werden.

Frauen im Vikariat

von Karin Boye

Ich schreibe diesen Beitrag aus dem Rückblick und in mehrfacher Hinsicht als Betroffene. Von 1984 bis 86 absolvierte ich mein Vikariat in Preetz und gehörte der Ausbildungsgruppe Ahrensburg/Lübeck an. 1990 bis 92 begleitete ich als Pastorin im Gemeindepfarramt Epiphanien in Hamburg-Winterhude als Anleiterin einen Vikar. Als Mentorin des übergangsweise eingerichteten Nordelbischen Predigerseminars in Pinneberg beteiligte ich mich von 1992 bis 96 als Mentorin an der Ausbildung von insgesamt 40 Vikarinnen und Vikaren in einer ländlich und kleinstädtisch geprägten Region nordwestlich von Hamburg.
Die Evangelische Kirche in Deutschland (EKD) bewilligt Auslandsvikariate, um die sich Interessierte bewerben können.
Es ist auffällig, daß es seit der "geregelten" Ausbildung für Frauen ins Pfarramt bislang nur drei Frauen gab, die diese Möglichkeit für sich nutzten: Pastorin Anke Pust-Seeburg war die erste, die 1969 offiziell und gemeinsam mit ihrem Mann in die Deutsche Gemeinde im Iran mit Sitz in Teheran ging. Ein "normaler" Vikariatsplatz für zwei gleichzeitig war damals schwierig. Bei den Voruntersuchungen im Tropeninstitut in Tübingen waren beide noch nicht verheiratet und als "Herr Vikar" und "Fräulein Seeburg" in zwei Einzelzimmern untergebracht.
Um meinen kirchlichen Horizont etwas zu weiten, verbrachte ich 1983/84 nach dem Ersten Examen ein Jahr als Auslandsvikarin in der Deutschen Gemeinde in Südengland mit Sitz in Bournemouth. Im anglikanischen Umfeld war ich als "Frau auf dem Weg zur Ordination ... unmöglich, ... quasi nicht existent" und durfte so bei der Einführung eines anglikanischen Kollegen nicht mit den Geistlichen einziehen.
Nach ihrem Zweiten Examen ließ sich Pastorin Susanne Büstrin nicht von der schwieriger werdenden Personalentwicklung und den knapper werdenden Stellen beeindrucken. Es zog sie gen Südamerika und 1994/95 nach Brasilien in die Evangelisch Lutherische Gemeinde Campos Gerais, Paraná. Den dortigen Gemeindemitgliedern fiel es schwer, zu verstehen, daß eine Frau, die "jung, gesund und hübsch" ist, nicht verheiratet sei und "für die Kirche arbeiten" wolle.
Im Vikariat meiner Ausbildungsgruppe des Preetzer Predigerseminars befanden sich 1984 bis 86 in der Region Ahrensburg/Lübeck von 21 Teilnehmenden fünf Frauen. Dazu kamen in den Seminarwochen drei Vikarinnen aus der insgesamt vierköpfigen sog. "Hamburger-Hauptpastoren-Gruppe". An explizit frauenspezifische Fragestellungen und Themen oder feministisch-theologische Inhalte während der Seminare vermag ich mich nicht zu erinnern. Voller Vorurteile hatte ich sie bereits während des Studiums gemieden. - Warum

sollte ich mich um das bemühen, was unter Kirchenmännern (zwar nicht allen) ignoriert, belächelt, abgewertet und als Irrglaube abgetan und denunziert wurde? Und ich wollte doch ins "ordentliche" Pfarramt, ... werden wie die Väter ...

Im Abschlußgespräch machte mich der Preetzer Studienleiter, Pastor Klaus Schlömp, darauf aufmerksam, daß sich mein damaliger theologischer Ansatz - so er sich denn kategorisieren ließ - der feministischen "Theologie der Beziehung" nach Carter Heyward annähere.

Ich war mehr als überrascht! Da hatte ich über Jahre des Studiums versucht, möglichst identisch mit der Tradition (mit den patriarchal geprägten Überlieferungen) zu sein - und dann dies!

Doch warum nicht? Mit Berufsbeginn begann ich mich den Frauenfragen zu widmen. Und die Suche nach dem Weiblichen im Glauben, Denken und Handeln, im Amt und im Leben hat mich seitdem begleitet und läßt mich bis heute nicht los.

In welche Geschichte fand ich mich als Frau im Pfarramt gestellt? Worauf konnte ich zurückblicken? Woran konnte ich anknüpfen?

... und dann kamen die Frauen

Im Predigerseminar in Preetz waren regulär erst nach dem Direktorenwechsel 1969/70 (Heubach - Seiler) und der damit einhergehenden Neuordnung der nordelbischen Ausbildung Frauen als Vikarinnen zugelassen.

Solveig Webecke schreibt im Juni 1993 anläßlich ihres Ordinationsjubiläums: "Vor 25 Jahren wurde ich ordiniert. Damals war der Weg dahin steinig. Ohne den Beistand und die Zähigkeit von Weggefährtinnen und Weggefährten hätte ich noch lange warten müssen." Entschiedenheit, Klarheit, Enttäuschung, Kränkung, Wut, Überzeugung, Verzweiflung und manch anderes mag in diesen Worten mitschwingen. Denn mit einem Theologen verheiratet, war ihr der normale Ausbildungsweg verschlossen gewesen, so daß sich beide selbst ein "Vikariat" organisierten und sich dann zum Zweiten Examen meldeten.

Am 24. März 1980 wurde der "Konvent evangelischer Theologinnen in Nordelbien e.V." gegründet. Die Gründerinnen beabsichtigten, im Gegenüber zur verfaßten Kirche eine Interessenvertretung zu schaffen, die jeder Benachteiligung von Theologinnen entgegenzutreten vermag. In einem Informationsblatt heißt es dazu 1985: "Die Zahl der Theologinnen und Pastorinnen wächst - aber immer noch sind wir Frauen in der Männerkirche eine teils begrüßte, teils bestaunte, teils beargwöhnte Minderheit. In einem von Männern über Jahrhunderte geprägten Beruf ist es für uns Frauen konfliktreich und befreiend zugleich, eine eigenständige berufliche Identität zu finden und miteinander die pastorale Praxis zu reflektieren und neu zu gestalten. Angesichts der Situation auf dem Arbeitsmarkt verschärft sich die Situation auch für Frauen in der Kirche."

Kürzlich kommentierte ein Mitarbeiter des Kieler Kirchenamtes - wohl scherzhaft gemeint - die Lage um den akuten Pfarrstellenmangel: "Wenn die Frauen nicht wären, hätten wir kein Problem."
Augenscheinlich mag das richtig aussehen; denn z.Z. hat Nordelbien über 300 Pastorinnen, das sind rund 20% aller Ordinierten. Wer aber diesen Satz angesichts der Gesamtsituation der Kirche und der in ihr Mitarbeitenden gelassen ausspricht, den mag die Statistik das Fürchten lehren: Unter den 31.000 Beschäftigten in Nordelbien sind von zehn Berufstätigen fast sieben Frauen.[1] Nicht zu reden von denen, die ehrenamtlich und teilnehmend Kirchen und Gemeindehäuser aufsuchen ... Eine Frauenkirche?! ... Was wäre denn wirklich, wenn?

Unsere Kirche hat in ihrer fast 2000jährigen Geschichte zu verdauen, daß sich das Berufsbild Pfarrer und die Berufsgestaltung Pfarramt über die letzten Jahrzehnte grundlegend gewandelt hat und noch immer wandelt. Dieser Wandel ist erheblich durch Pastorinnen ausgelöst, von ihnen gestaltet und oft auch auf ihren Rücken ausgetragen. Die Entwicklung ist beachtenswert: Pastorinnen fielen nicht vom Himmel. Natürlich gab es eine Reihe von bedenkens- und berücksichtigenswerten Bewegungen, Schritten und Beschlüssen verschiedenster Seiten - und das über Jahre und Jahrzehnte! -, bevor auch nur eine einzige Frau im ordinierten Dienst kirchenrechtlich und praktisch einem Kollegen und Amtsbruder gleichgestellt wurde. Diese Schritte und Prozesse alle aufzuzeigen, sprengt hier den Rahmen. Darum möchte ich mich mit einem Seitenblick auf die "vor-nordelbische" Stimmung in der Evang.-Luth. Landeskirche Schleswig-Holsteins begrenzen. In diese hinein sollte dann ja Ausbildung, Stellung und Ordination von Frauen möglich gemacht und vollzogen werden.

In seinem Synoden-Bericht vor der 36. ordentlichen Landessynode in Rendsburg verwies Bischof Dr.Hübner im November 1968 auf Vorgänge in Flensburg: Es hatte sich dort im Zuge der studentischen Bewegungen eine "außersynodale Opposition ... zu Füßen von Frau Dr. Dorothee Sölle gesammelt". Die damaligen Anfragen und Forderungen der "etwa 350 Pastoren, Studenten und interessierten Laien" - darunter natürlich auch viele Frauen! - berührten offenbar stark das pastorale Berufsbild sowie die in der Kirche geltenden Ordnungen. Hübner wörtlich unter seinem Redepunkt Vll. (»Wozu noch Pastoren?«): "Wenn ich z.B. lese, ... daß die »heilige Kuh«, die die Kirchenordnung heute darstelle, endlich »geschlachtet« werden müsse, dann halte ich es für möglich, daß nach diesem Schlachtfest sehr unheilige Kühe aus dem Schlamm des Nils aufsteigen, die dem Chaos nur noch mit Terror wehren wollen."[2] Nun wird Bischof Dr. Hübner mit seiner Vision nicht an ein unseliges Auftauchen von ordinierten Amtsschwestern an den doch so fruchtbringenden Kirchenquellen gedacht haben. Aber es ist rückschauend wohl nicht zu leugnen, daß sich mit Einzug der Frauen in die kirchliche Ämter-Hierarchie und damit in Machtpositionen eine Reihe von Problemen auftaten.

167

Die Stimmung war also bewegt und bewegend, gleichwohl auch konservativ, traditionell und restaurativ. Das hatte Folgen. Zunächst: Frauen waren nicht vorgesehen. Zwar hatten die deutschen Universitäten seit etwa 1900 nach und nach auch Frauen zum Studium zugelassen, doch das Pfarramt blieb verschlossen - in der Lutherischen Landeskirche Schaumburg-Lippe bis 1991! Ein Argument lautete (neben all den biblisch-theologischen Ausschlußversuchen), Frauen seien den Anforderungen dieses Berufes nicht gewachsen. In der Not jedoch, während der Kriege, sprangen eine ganze Reihe von Frauen ganz selbstverständlich ein, predigten, leiteten Gemeinden und verwalteten die Sakramente. Mit Ende des Notstands endete auch die akademische und geistliche Gleichbehandlung, und Männer übernahmen nach 1945 wieder die kirchenführenden Geschäfte.

Es sollte nochmals fast 20 Jahre dauern, bis eine angemessene Regelung in Kraft treten konnte.

Zwar blieb der Himmel oben und die Erde unten, als aus der 68er-Bewegung und der eingesetzten Emanzipationsbestrebung resultierend letztendlich auch die Frauenordination kirchenrechtlich verankert war ...[3] Doch die Chaos- und Untergangsängste waren geweckt, und viele Irritationen (reale und irreale) sollten das Thema "Frauen und Männer im Amt" prägen und begleiten - bis heute.

In jedem Fall: Weitergehen wie bisher konnte es damals und kann es heute nicht. Mit der Streichung des erzwungenen Zölibats und der verordneten Kinderlosigkeit (bis 1969!) für angehende Pastorinnen waren Schwangerschaft, Mutterschutz und Erziehungszeit zu regeln. Teilzeitpfarramt und Alleinerziehende erweiterten die Möglichkeiten beruflicher Praxis. Interessant ist die Beobachtung, daß fast ausschließlich Frauen die sog. "Ordination ins Ehrenamt" wählten und wählen. Und nachdem die Nordelbische Synode (trotz des eingelegten bischöflichen Vetos) homosexuelle Paare anerkannt hat,[4] stellt sich nun angesichts des Pfarrergesetzes der VELKD für die Nordelbische Kirche die Frage, wie sie denn über die so lebenden Frauen (und natürlich auch Männer) in den Pfarrhäusern denkt und mit ihnen zu leben gedenkt.

Als Frau im Pfarramt

Die klassischen Arbeitsfelder im pfarramtlichen Gemeindedienst eröffnen hinreichend Chancen, die "Frauenspezifik" zu entdecken: Arbeit mit Kindern, Frauengruppen, Mütterkreise, Beratung Alleinerziehender, Begleitung von Hauspflegerinnen, für die Atmosphäre sorgen, Beziehungen schaffen, Freundlichkeit verbreiten usw.. Erst sehr spät ist mir aufgegangen, daß diese Art der Arbeit der Reproduktionsarbeit aller Frauen entspricht. Ich selbst legte mit Berufsbeginn Verhaltensweisen an den Tag, die gesellschaftlich und systemimmanent für eine Privatsphäre erwünscht scheinen, die aber meinem innersten Wollen und Fühlen völlig widersprachen. Und: Ich hatte für mein Dasein als Pastorin kein einziges Vorbild! Was ich tat und vor allem, wie ich

es tat, entsprach tradierten Vorstellungen und Erwartungen an einen männlichen Kollegen. Wie sich diesbezüglich zu verhalten, was zu denken und zu tun ist, das hatte ich gelernt und verinnerlicht (und diese Erfahrung teile ich mit sehr vielen Schwestern im Amt). Was aber war jetzt das eigene, mein spezifisch Weibliches im pastoralen Dienst?
Eine Pastorin ist eine Pastorin!?
Der eingeleitete Wandlungsprozeß durch die bloße Existenz von Frauen im Amt ist nach einer fast 2000jährigen Männertradition der christlichen Kirche ein schwieriges Unterfangen - auch wenn in Sachen Gleichstellung und Gleichberechtigung eine Menge geschafft scheint. Dabei sei an dieser Stelle betont, daß ich in Gemeinschaft mit anderen Kolleginnen unsere Traditionen und die Lehre unserer Kirche sehr ernst nehme und keinesfalls auf subtile Weise zu entwerten gedenke. Ich achte sie und versuche - selbst wenn ich die Traditionen auch nicht immer begreifen kann - nach ihnen zu fragen und sie doch zu erfassen. Offen aber ist und bleibt wohl bis auf weiteres, was den Unterschied von Pastoren und Pastorinnen ausmacht und wie diese Differenz der Geschlechter (im Sinne von Genus!) für unsere Kirche in Zukunft heilsam und weiterführend sein kann - eben ohne auf alte Rollenzuschreibungen und daraus abgeleitete Arbeitsteilungen zurückzugreifen. An diesem Prozeß sind Männer und Frauen gleichermaßen beteiligt, gemeinsam, aber auch in aller Unterscheidung und Verschiedenheit! Die Tatsache, als Frau ein Pfarramt zu verwalten, ist eine kontinuierliche Anfrage an die berufliche Identität, die tägliche Berufsaufgabe.

Frauen in der Ausbildung
Innerhalb der Ausbildung hat die Frage der Geschlechterdifferenz bislang keinen festen Ort. Sie bleibt Auszubildenden und Ausbildenden je nach Interesse und Anfrage überlassen. Das zeigt sich bei den Vikarinnen z.B. deutlich in Fragen der Logistik (wenn es um die Unterbringung von Kindern geht), in Fragen eigener Ansätze und Lernschritte (etwa Frauen-Plenen, Frauen-Regionalgruppen, Frauen-Themen u.ä.), in Fragen des Vorwissens und Interesses an feministischer Wissenschaft und Forschung - und es zeigt sich auch, ob überhaupt ein Bewußtsein von Verschiedenheiten vorhanden ist.
Interssanterweise scheinen bei zunehmender Konfrontation oder unter Konkurrenzdruck besonders Frauen dazu zu neigen, sich als Person mit je eigenen Möglichkeiten und Begrenzungen zu verleugnen. Sehr anpassungsbereit definieren sich besonders Frauen in Abgrenzung zu anderen. Sie reagieren, statt aktiv, schöpferisch und kreativ an Situationen beteiligt zu sein. Besonders Frauen verfallen in Ausbildungssituationen häufig in Verhaltensmuster eines "nichtintellektuellen, Gemeinschaft liebendenden »Mutti-Typs«". Oder aber, sie agieren forsch, leistungsorientiert und betont ehrgeizig, widersprechend (in männlicher Identifikation?) - und überfordern sich gleichermaßen selbst. Emotionalität und Leiblichkeit sind in beiden Fällen nicht integriert.

Bleiben Frauen auch in der Ausbildung das letztlich schwache und also zu fördernde Geschlecht? Hilflos machende Unkenntnis und ängstliches Taktieren von Ausgebildeten, Ausbildenden und Prüfenden scheint dies häufig genug zu bestätigen.
Wo die Frauen-Männer-Frage jedoch aktiv gestellt und bearbeitet werden kann, wo Unterschiede und die Verschiedenheiten dazu beitragen, die jeweils eigene Identität von Mann und Frau im Pfarramt herauszuschälen und diese gemeinsam und ohne Vorverurteilungen zu beachten, gibt es ermutigende Erfahrungen. Und Spielräume sind vorhanden! Dies braucht Zeit und Raum, den sich die Beteiligten gestatten und nehmen müssen - was selten genug geschieht. Darum gehört meines Erachtens eine Neuordnung und Revision des Curriculums aus frauenspezifischer Sicht zu den dringend anstehenden Aufgaben der Ausbildung.
Unausgereift sind auch die Überlegungen zu einem Pastorinnenbild, in dem Mutterschaft, Erziehungs- und Teilzeit selbstverständlich sind. Die gute Anzahl der Anleiterinnen in der Region des Pinneberger Seminars (26%!) mag darüber hinweggetäuscht haben, daß auch die Selbstverständlichkeit von feministisch-theologischen Ansätzen im Zweiten Theologischen Examen sowie die Besetzung der Senate mit Prüferinnen unausgereift ist.
Es ist zu hinterfragen, wie denn Prüfer (und Prüferinnen), die noch nie oder nur mit erheblichen Widerständen die feministisch-theologischen Ansätze zur Kenntnis nahmen oder nehmen, eine Examensarbeit halbwegs objektiv bewerten sollen oder gar können. Ein jüngst aufgetretener Fall zeigt, wie schwer es selbst "aufgeschlossenen" Theologen fallen kann, sich auf ungewohnte, ungewöhnliche Gedanken einzulassen, d.h. diese nicht nur hinzunehmen, sondern sie auch nachzuvollziehen und das darin Enthaltene zu würdigen.
Im Blick auf die Differenz von Frauen und Männern ist noch manches zu bedenken und zu tun!
1992 bis 95 haben sich die Ausbilderinnen der Predigerseminare Alt-Hamburg, Breklum, Pinneberg, Preetz sowie des Pastoralkollegs in Ratzeburg regelmäßig getroffen, um Ausbildungssituationen, "Fälle", das Curriculum, Lehr- und Lernschritte etc. aus frauenspezifischer und frauenbetreffender Sicht zu bearbeiten und zu durchdenken. Manch konkrete Anregung, manch öffnender Gedanke, manch kritische Anfrage und stets solidarische Unterstützung hat diese Treffen ausgezeichnet. In Form und Stil war mir dies zugleich wesentliches Praxisfeld für frauenorientiertes Lernen und Arbeiten. Sich der Weggefährtinnen zu vergewissern ist notwendig, um strukturelle Probleme und kollektive Fragestellungen wahrzunehmen, die über den individuellen und persönlichen Horizont weit hinausgehen.
Mit den guten Wünschen anläßlich des 100jährigen Bestehens des Preetzer PredigerInnen- und Studienseminars geht meine Hoffnung einher, daß Inhalte und Themen des Curriculums zu einem weiterführenden, fruchtbringenden, heilsamen, einander anerkennenden und bejahenden Diskurs von Frauen und

Männern in dieser Kirche anregen, in dem es nicht mehr darum geht, wer Recht und die Macht hat.

Daß eines Tages mehr Ausbilderinnen, Direktorinnen und Prüferinnen die Lernschritte im Vikariat begleiten und die Examina gestalten.

Daß Frauen eines Tages in allen Ausbildungsgruppen ihr Sosein und ihre Möglichkeiten eintragen - und dies ganz selbstverständlich.

Eine gute Perspektive für eine Ausbildung in der und in die Zukunft, für ein Preetz 2000!

[1] epd 12/93 und 5/94
[2] 36./10.-15.11.68, S.13
[3] 1976 stellt das VELKD-Pfarrergesetz Frauen zwar gleich, ein Pastorinnengesetz aber gibt es noch nicht.
[4] NEK-Synode über "Ehe, Familie und andere Lebensformen", 22./23.03. 96

Autonomie - Wahrnehmung - Gestaltung: Ein Beitrag zum 100jährigen Bestehen des Predigerseminars und zum 25jährigen Bestehen der Ausbildungsreform in Nordelbien

von Joachim Klein

Meine Geschichte mit dem Predigerseminar begann im Frühjahr 1973. Ich mußte mich als bayrischer Theologiestudent, der die "heißen" Jahre nach 1968 in Heidelberg studiert hatte, um Aufnahme in die Schleswig-Holsteinische Landeskirche bemühen. Man forderte mich auf, zu einem Vorstellungsgespräch an einem Abend zu Bischof Hübner nach Kiel zu kommen.

Der Bischof empfing mich gegen 20.30 Uhr in seinem Studierzimmer. Wir saßen vor dem Kamin. Er bot mir eine Zigarre an und rauchte selbst seine Pfeife. Nach einer väterlichen freundlichen Erkundigung nach meinem Studium, meinen Hobbys - wobei er sich besonders für meine Bergsteigerei interessierte - und meiner Herkunft stießen wir auf das Thema Kindererziehung. Meine Frau und ich hatten zu diesem Zeitpunkt eine zweieinhalbjährige Tochter, und das zweite Kind sollte kurz darauf kommen. Ich teilte dem Bischof unbefangen mit, daß wir unsere Kinder jetzt noch nicht taufen lassen wollten. Ich selbst hatte als Pfarrerssohn eine intensive kirchliche Sozialisation erfahren. Deshalb wollte ich meinen Kindern die Freiheit ermöglichen, sich als Erwachsene selbst für die Kirche entscheiden zu können.

Der Bischof widersprach mir heftig. Wir gerieten in einen Streit über antiau-

toritäre Kindererziehung, die Studentenbewegung und die Aufgabe des Pfarrhauses in der Gemeinde, der in dem Satz gipfelte, ich könne nicht Pastor dieser Kirche werden, wenn ich nicht meine Kinder taufen ließe.
Ich verstummte und begann in Gedanken, mich nach anderen Berufen umzusehen. Der Bischof beendete das Gespräch mit Losungswort und Gebet. Wir knieten auf den beiden Kniebänkchen in der Ecke des Raumes. Zu meiner Verwunderung stellte er sich im Gebet selbst in Frage, indem er Gott als den ansprach, den wir beide zur Orientierung bräuchten.
Ich bekam keinen Ton heraus und fühlte mich wie nach einem Ringkampf, bei dem ich mich völlig erschöpft hatte.
Als ich nach zweieinhalb Stunden sein Haus verließ, war ich so verwirrt, daß ich kaum aus Kiel herausfand.
Am nächsten Morgen fragte mich Rudolf Hinz, der mich als Studienleiter in der Missionsakademie in Hamburg begleitete, wie denn das Gespräch mit dem Bischof verlaufen sei. Ich berichtete ihm von meiner Niederlage, und daß ich mich nach etwas anderem umsehen wolle. Da schaute er mich lachend an und sagte: "Nein, jetzt gerade nicht!" Er führe heute ohnehin nach Kiel und wolle sich da bei Hübner nach mir erkundigen.
Ich blieb etwas ungläubig, widersprach aber nicht.
Als er am Abend zurückkam, berichtete er, der Bischof habe einen guten Eindruck von mir gewonnen und wolle mich gerne als Pastor in Schleswig-Holstein haben. So begann mein Vikariat. Unsere Kinder ließen wir Jahre später taufen, als sie es selbst wünschten.
Diese Szene war für mich exemplarisch. Es verdichteten sich die Themen des folgenden Vikariats: Im Studium hatte ich mich intensiv mit Faschismustheorien beschäftigt, wohl als eine Reaktion auf meine Jugend, die in der Zeitgeschichte so gut wie ausgeblendet wurde.
Hier nun begegnete ich einem Bischof, der im Kirchenkampf mit seiner Person und Theologie - der Dialektischen - gegen den Ungeist des Nationalsozialismus gekämpft hatte. Er stellte sich mir - wie in der Szene vom Kampf am Jabbok - in den Weg und segnete mich auf diese Weise. Ich war damals angezogen von der Theologie der Befreiung (und sie bedeutet mir heute noch etwas). Diese war in ihrer Protesthaltung von der Dialektischen Theologie beeinflußt. Doch als sie sich von deren steilem Ansatz der Offenbarung und des Gehorsams löste, mußte sie mit ihr in Konflikt geraten.
Es ließen sich noch ähnliche Geschichten aus diesen Jahren anfügen. Da ging es um das Berufsverbot linker Pastorinnen und Pastoren, den Fall Tröber mit der Frage nach der gewerkschaftlichen Organisation von Pastoren oder um die Stellungnahme zu Schrift und Bekenntnis, die die Ordinanden abzugeben sich weigerten.
Ekklesiologisch ging es um das Priestertum aller Gläubigen und eine Kirchenreform, die die Nordelbische Verfassung mitgeprägt hat.
Das Ausbildungsmodell trägt Züge dieser Entwicklung.

Was haben wir mit dem Satz gespielt: "Der Vikar ist Autor seiner Ausbildung." Autonomie war ein Zauberwort. Und die Identität des Pastors - damals wurde nur in männlicher Form gesprochen - wurde in erster Linie als Unabhängigkeit von Traditionen, Organisationen und Autoritäten begriffen. Wir sangen im Gottesdienst Biermannlieder und benutzten als Agende "Gottesdienst menschlich", eine Art Antiagende, die aus heutiger Sicht keiner theologischen oder sprachkritischen Prüfung standhält. Homiletisch ging es uns um die soziale Frage und um die nach dem Ich des Predigers, nach seiner Person und Glaubwürdigkeit. Eine Fünf in Kirchenrecht wurde wie ein Orden angesehen, und das kirchliche Tarifgefüge galt als ein abzuschaffendes, weil wir zum Team gleichberechtigter Mitarbeiter mit jederzeit möglichem Rollentausch kommen wollten.

Bei allem Kopfschütteln über so manche Blüten dieser Jahre bin ich den Verantwortlichen der Kirche von damals dafür dankbar, daß sie Konflikte als Lern- und Beziehungsmöglichkeiten begriffen und gehandhabt haben.

Das zweite Kapitel meiner Beziehung zur Ausbildung ist mein Mentorenamt von 1979-89.

Oberflächlich gesehen ging es erst einmal unter dem gleichen Motto weiter: "Identität durch Autonomie". Doch theologische Themen wechseln - wie zeitgeschichtliche - oft auf unmerkliche Weise. Äußerlich veränderte sich, daß es mehr Vikarinnen gab und daß diese sich ihrer Stärke bewußt wurden. In einigen Gruppen prägten sie den Prozeß stärker als die Männer. Der Machtkampf zwischen "oben" und "unten" verlagerte sich zugunsten einer Rivalität zwischen Männern und Frauen. Neben Impulsen aus der Feministischen Theologie traten, anfangs ganz unmerklich, die Entdeckungen der Symboltheorie von Scharfenberg u.a..

Diese Theorie hatte nicht nur Auswirkungen auf die Seelsorge, in der das Konzept der unbewußten Ambivalenzen bestimmend wurde, vor allem die verschiedenen Rituale im Gottesdienst und in den Kasualien wurden zum Gegenstand von Analyse und Gestaltung. Und in der Religionspädagogik hielt der symboldidaktische Ansatz seinen Einzug.

War die Predigt der 70er von politischen Impulsen geprägt, so veränderte sie sich in den 80ern in Richtung auf Deutung menschlicher Grundkonflikte. Voraussetzung, aber auch Ziel dieser Deutungen war die Erweiterung von Wahrnehmung, die sich wieder auf die Dimension des Transzendenten zu richten begann. Die Vikarsgruppen hielten wieder Andachten im Seminar, und in manchen von ihnen wurde mit Begeisterung vierstimmig gesungen.

Bei der Predigtvorbereitung ging es um die unbewußten Tiefenschichten des Textes, des Predigers und des Hörers. Es entwickelte sich ein meditativer und/oder ein narrativer Predigtstil, der den Hörer einlud, sich zu identifizieren.

Das scheint mir als Frucht dieser Jahre erhaltenswert zu sein. Es ist eine seelsorgerliche Haltung, die sich durch alle Bereiche pastoraler Praxis ziehen kann und die auch den Stil in politischen Auseinandersetzungen konstruktiv verändert.

Das dritte Kapitel meiner Beziehung zur Ausbildung sind die Jahre seit 1989, in denen ich als Krankenhausseelsorger sechswöchige Seelsorgekurse für Vikarinnen und Vikare durchführte, als Supervisor von einzelnen Ausbildern in Anspruch genommen wurde und - wie in den Jahren zuvor - weiterhin als Prüfer im Zweiten Examen mitwirkte.

Aus der Perspektive des Prüfers im Fach Seelsorge beobachte ich in den letzten 15 Jahren zwei scheinbar entgegengesetzte Entwicklungen:

Auf der einen Seite sieht es so aus, als ob die Pastoralpsychologie auf dem Rückmarsch wäre.

Offensichtlich spielt sie im Studium eine weit geringere Rolle als in den Siebzigern und frühen Achtzigern. Das läßt sich an den Literaturangaben der Seelsorgearbeiten ebenso ablesen, wie es in den Vorbesprechungen für die Seelsorgeprüfungen auftaucht. Hier äußern Vikarinnen und Vikare oft, sie fühlten sich in Seelsorge weder theoretisch noch praktisch genügend ausgebildet. Einzelne, die Seelsorge zu ihrem Spezialthema gemacht haben, bilden eine Ausnahme.

Betrachtet man die Seelsorgekurse, so kann man dies Defizitgefühl nachvollziehen. Da gibt es den zweiwöchigen Kurs eher zu Beginn des Vikariats, der ein kurzes Praktikum darstellt, und dann gibt es am Ende des Vikariats alternativ einen sechswöchigen oder einen zweiwöchigen Kurs, die beide schon so unter dem Vorzeichen der zu schreibenden Seelsorgearbeit stehen und auch schon so nah vor dem Examen liegen, daß es vielen Vikarinnen und Vikaren schwer gelingt, sich wirklich auf einen tieferen Lernprozeß einzulassen. Und wenn es doch gelingt, so bleibt das Problem der Theorieausbildung immer noch ungelöst, weil ein intensiverer Lernprozeß auf der Ebene der Selbsterfahrung eine gleichzeitige intensive Beschäftigung mit humanwissenschaftlichen und poimenischen Konzepten ausschließt. Letztere würde die Auseinandersetzung mit dem eigenen Unbewußten durch vorschnelle Rationalisierungen stören.

Zu wünschen wäre eine Entzerrung: Ein gewisses Theoriefundament im Studium, die Seelsorgepraktika zu Beginn und in der Mitte des Vikariats und, bevor die Seelsorgearbeit geschrieben wird, eine Theorieeinheit, die das Erfahrene mit dem Überblick verbindet. Es ist mir jedoch bewußt, daß das nicht leicht zu realisieren ist und daß Theoriedefizite aus dem Studium auch in anderen Fächern kaum im Vikariat ausgeglichen werden können. Der Anspruch von außen geht zwar immer wieder dahin, doch er erweist sich für den Lernprozeß im Vikariat als hinderlich.

Auf der anderen Seite sieht es so aus, als habe sich die Pastoralpsychologie durchaus etabliert.

Vor etwa 15 Jahren gab es neben den sechswöchigen Seelsorgekursen eine Reihe verschiedener Praktika in den Diensten und Werken, die von etwa der Hälfte der Gruppe gewählt wurden.
Heute entscheiden sich nahezu alle Gruppenmitglieder für den sechswöchigen Seelsorgekurs.
Dabei hat sich das Kursangebot erweitert. Neben die traditionellen KSA-Kurse traten die tiefenpsychologisch orientierten Kurse von Mitgliedern der Sektion T. in der Deutschen Gesellschaft für Pastoralpsychologie (DGfP).
Da die NEK bisher nur die KSA-Kurse bezuschußt hat, bedurfte es großer Anstrengung, die anderen Kurse unentgeltlich und ohne zeitliche Freistellung anzubieten.
Eine klare finanzielle und zeitliche Regelung käme der Seelsorgeausbildung zugute. Man könnte eine Reihe guter Supervisor/Innen in der NEK, die in den letzten Jahren ihre Ausbildung abgeschlossen haben, für Kurse gewinnen.
Und auch nach dem Vikariat suchen viele Pastorinnen und Pastoren eine Fallbesprechungsgruppe für sich selbst. Betrachtet man die Jahresprogramme des Pastoralkollegs, das ja für die Fortbildung in den ersten Amtsjahren zuständig ist, so findet man diesen Bedarf bestätigt.
Doch das ist nicht nur ein innerkirchliches Phänomen.
Einzel- und Gruppensupervision, Teamtrainings, Organisationsberatung und die verschiedensten Therapieansätze sind für viele Institutionen inzwischen gefragt und "zahlen sich aus". Im Zusammenhang damit ist ein bunter Markt entstanden, auf dem die Pastoralpsychologie eine eher untergeordnete Rolle spielt. Die Angebote dieses Marktes reichen in bisher von der Kirche bearbeitete Felder hinein. So gibt es Hospizgruppen, Trauerbewältigungsgruppen und eine Fülle verschiedener Selbsthilfegruppen, die den Bedarf an Lebensberatung decken, für den früher kirchliche Seelsorge in Anspruch genommen wurde.
Aus diesen Beobachtungen möchte ich folgende Schlüsse ziehen:
1. Ein gewisser Anteil an intensiver Selbsterfahrung sollte im Vikariat erhalten bleiben. Er ist die Voraussetzung für die Authentizität und die kommunikative Kompetenz der zukünftigen Pastorinnen und Pastoren.
Doch sollte dieser Anteil nicht nur an die Seelsorgekurse delegiert werden. Hier sind die Vikariatsleiter, Mentoren und Ausbilder im Seminar ebenso gefragt wie die Vikarsgruppe selbst. Das erfordert für alle Beteiligten Anleitung und Begleitung in der Gestaltung professioneller Selbsterfahrungsprozesse.
2. Seelsorge kann sich in Zukunft nicht mehr auf die bisherigen Formen der Einzelseelsorge in der Gemeinde, im Krankenhaus oder einer sonstigen sozialen Einrichtung beschränken. Sie muß sich stärker öffnen für die Mitarbeiterinnen und Mitarbeiter dieser Institutionen, vor allem, wo es um deren eigene seelsorgerliche und theologische Entwicklung geht. Ich will konkrete Beispiele nennen:

Wie begleitet Kirche ihre psychologischen Beratungsstellen seelsorgerlich und theologisch, wie bildet sie die Mitarbeiterinnen und Mitarbeiter der Kindergärten und Sozialstationen, der Altersheime oder der Heime für Behinderte in Seelsorge aus?
Um Vikarinnen und Vikare für diese Aufgaben vorzubereiten, bedarf es einer Verschränkung der folgenden Kursinhalte:
Pädagogik und Seelsorge,
Seelsorge und Leitung,
Theologie und Seelsorge,
Seelsorge und Diakonie.
Es könnte reizvoll sein, in interdisziplinären Kursen das Gespräch einzuüben, das sich die MitarbeiterInnen in sozialen Einrichtungen wünschen und das sie für ihre Identifikation mit der Kirche brauchen.
Bei den vielen Therapie- und Organisationsansätzen, die in den letzten Jahren aus dem Boden sprossen, blieb ein Feld nahezu unbesetzt: das einer tragfähigen Anthropologie für die soziale Praxis. Diese zu entwickeln und anzubieten halte ich zur Zeit für die vornehmliche Aufgabe der Seelsorgeausbildung im Vikariat.
Aus der Perspektive des Außenstehenden bleibt für mich insgesamt eine positive Bewertung des Ausbildungsmodells. Vikarinnen und Vikare, die um Autonomie und um Wahrnehmung gerungen hatten, waren in den Seelsorgekursen kompetente Gesprächspartner für kirchliche wie für weniger kirchliche Patienten und auch Mitarbeiter. Sie waren auf das Pfarramt vorbereitet, auch wenn sie in den ersten Jahren noch viel lernen mußten, wofür sie sich gerne Fortbildung und Supervision suchten.
Voraussetzung dieses Ausbildungsmodells ist ein weitgehender Schonraum für Vikarinnen und Vikare, der vor allem durch das Mentoramt gegeben ist. Eine Bedingung für diesen Schonraum war die Aussicht aller Gruppenmitglieder auf eine eigene Pfarrstelle.
Durch den Finanzeinbruch der letzten Jahre ist das nun nicht mehr gegeben. Auch das bisherige Pastorenbild ist dabei, seine Selbstverständlichkeit zu verlieren. Es geht also nicht mehr nur um die Identität der Pastorin oder des Pastors, sondern um die Kirche als Ganze.
Gleichzeitig eröffnen sich neue Perspektiven, weil das Bedürfnis der Menschen nach Transzendenzerfahrung, nach Begleitung und Betreuung deutlich wächst.
Was also könnte nach Autonomie und Wahrnehmung als neuer Schwerpunkt in der Ausbildung gebraucht werden? Ich denke, es ist die Gestaltung. Es beginnt mit der eigenen Lebensform, der Gestaltung der Zeit, dem Umgang mit Geld, den eigenen Möglichkeiten und Grenzen. Es führt über die Gestaltung der Sprache, des Rituals und der veränderten pastoralen Felder bis zur Gestaltung von Räumen. Das sichtbare Kontinuum von Kirche über Jahrhunderte hinweg waren und sind ihre Gebäude. Hier liegt eine Möglichkeit, auf

die Orientierungslosigkeit unserer Zeit zu reagieren, denn die Menschen haben das Bedürfnis, in sakralen Räumen sich auf die Begegnung mit Gott, ihrem Nächsten und sich selbst einzulassen.

Daß im Kirchenamt eine Kapelle errichtet und im Predigerseminar eine geplant wurde, halte ich für stimmig, auch und gerade in Zeiten finanzieller Knappheit.

Gestaltung auf diesen verschiedenen Ebenen erfordert ein vielseitiges Interesse, wobei die künstlerischen, handwerklichen und unternehmerischen Aktivitäten verstärkt werden sollten. Ausbildung sollte auch wieder stärker auf Leitung vorbereiten, die für Strukturanpassung von besonderer Bedeutung ist. Es ist kein Zufall, daß auf manchen kirchlichen Tagungen z.Z. das Wort "Zukunftswerkstatt" eine große Anziehung auf die Teilnehmer ausübt. Das Handwerkliche galt bisher oft weniger als das Geistige. Solange die Kirche in ihrer Organisation gesichert war, konnte man sich diese Arbeitsteilung erlauben. Dies wurde jedoch weder dem einen noch dem anderen gerecht. In der Antike gab es diese Unterscheidung so nicht. Der Handwerker war gleichzeitig der Künstler und umgekehrt. Der Anspruch an Kunst ist, daß sie Geistiges handwerklich gestaltet. Der Anspruch an Theologie ist, daß sie Glauben konkretisiert und in Konkretem Glauben entdeckt.

Es geht damit auch um die Kreativität, die erforderlich ist, wenn Not nicht stumpf, sondern erfinderisch machen soll.

Um im Bild des Handwerks zu bleiben, wird Ausbildung in den kommenden Jahren die Rolle des Meisters übernehmen, zu dem der Handwerksbursche in früheren Zeiten ging, bei dem er sich von seiner Heimat löste, etwas lernte, um danach selbständig zu werden und sein Leben zu gestalten.

Wenn in Zukunft viele Vikarinnen und Vikare keine Anstellung finden werden, dann muß Ausbildung für beide Gruppen wertvoll bleiben: für die, die in der Kirche arbeiten, wie für die, die es außerhalb tun. Wer es dann gelernt hat, sich auf Menschen einzulassen, an ihrem Leben teilzunehmen, in ihrer Sprache Botschaften ihres Glaubens und Zweifels zu hören, und es versteht, das Evangelium von Gottes Versöhnung konkret werden zu lassen, der/die wird gebraucht werden, wo auch immer.

Das ist die vornehmste Aufgabe. Die übrigen genannten Fähigkeiten werden dazu dienen, diese Aufgabe in verschiedenen Berufsfeldern zu übernehmen. In Bezug auf das Ausbildungsmodell liegt hier eine lohnende Gestaltungsaufgabe, die in einem ähnlich konziliaren Prozeß angegangen werden sollte wie dem, der das derzeitige Ausbildungsmodell hervorgebracht hat, mit den Vertretern aus den verschiedenen kirchlichen und jetzt vielleicht auch über diese hinausgehenden Bereichen.

Die Ausbildung aus der Froschperspektive
Acht Jahre Vikariatsleiter in der Gemeinde

von Christoph Störmer

Von 1978 bis 1980 war ich selber "Nutznießer" des "Preetzer Modells". Ich habe also die Ausbildung mit der Differenzierung in zeitliche Abschnitte (Schul-, Gemeinde-, Spezialisierungsphase plus Examen) und unterschiedliche Lernebenen (Gemeinde, Regionalgruppe, Prediger-Seminar) selbst erlebt - und zwar positiv, nämlich als produktiven und lustvollen Werdegang und Entwicklungsweg. Insofern ist die folgende Reflexion beeinflußt von dieser freundlichen Wertschätzung: Die Ausbildung war für mich von Nutzen und sie war durchaus auch zu genießen.

Natürlich weiß ich, besonders durch die Vikare und Vikarinnen des jüngsten Durchgangs, wie sehr sich das Lernklima und die Peergroup-Atmosphäre verändert und zwar dramatisch verschlechtert hat durch die unsicheren Berufsperspektiven.

Dennoch möchte ich eingangs betonen, wie hilfreich und sinnvoll ich die Dreidimensionalität des Lernens empfinde, auch wenn die damit implizierte Praxis aus Sicht der Gemeinde - und bisweilen auch von Vikaren und Vikarinnen - als Unterbrechung laufender Prozesse erlebt wird. Die besagten drei Lernebenen stellen meines Erachtens auch ein ausgezeichnetes Übungsfeld für eine in Praxis zu übersetzende dynamische Trinitätstheologie dar. Denn weil der dreifaltige Gottesbegriff nicht statisch, sondern ein offenes System ist, beinhaltet er auch ein Kommunikationsmodell (Vater, Sohn und Heiliger Geist spiegeln, evozieren und "besprechen" sich gegenseitig) - mit der Pointe, die sich bei Kurt Marti so liest: "Im Pfingstgeschehen schäumte die dreieinige Gottheit über. Sie teilte, verteilte sich: ... lieber als einsam Herr oder Herrin zu sein, fließt sie über in Menschen hinein."

Ausbildung zum Pastor heißt in diesem Kontext für mich, den Versuch zu machen, der göttlichen Bewegung möglichst nicht im Wege zu stehen, sondern sie nach Möglichkeit zu befördern, ihr Hindernisse und Störungen aus dem Weg zu räumen und für die Kommunikation des Evangeliums Erfahrungsräume zu schaffen ("Bereitet dem HERRN den Weg").

Ein Instrument, diesem Anspruch gerecht zu werden, ist die Nötigung zum häufigen Perspektivwechsel. Die verschiedenen Blickwinkel, die sich aus dem Wechsel von Praxis (in Schule oder Gemeinde), Supervision (in der Regionalgruppe) und vertiefender Reflexion (im Predigerseminar) ergeben, sind dazu geeignet, starre Verhaltensmuster zu lösen, kommunikative Kompetenz zu erweitern und kreatives Potential freizusetzen, kurz: oben skizziertem trinitarischen Geschehen einen (Offenbarungs-) Raum zu geben. Ohne die Trinitätslehre als Paradigma überstrapazieren zu wollen: sie impliziert an dieser

Stelle auch ein nichthierarchisches Verständnis der drei Ebenen und Blickwinkel zueinander.

Doch nun zur Grass root level, zur Gemeindeebene, auf der ich seit acht Jahren VikarInnen anleite. Eine besondere Zumutung für alle Beteiligten liegt in der Initiation der zweijährigen Ausbildung. (Daß hier keine Vorgabe von "oben" gemacht wird, begrüße ich ausdrücklich.) Die Findungsphase, also die Suche nach der passenden Gemeinde bzw. dem/der geeigneten PartnerIn auf Zeit, ist so reizvoll wie strapaziös und löst unter den VikarInnen einen ersten heißen, gruppendynamischen Prozeß mit tagelangem Tauziehen und Verhandeln aus. Uns GemeindepastorInnen gerät der Tag der Erstbegegnung mit der neuen Ausbildungsgruppe zu einer phantasievollen und nicht selten auch narzißtischen Selbstdarstellung und Werbeveranstaltung für die eigene Gemeinde. Was im Einladungsprogramm des Predigerseminars lapidar als gegenseitige "Vorstellung" angekündigt wird, firmiert in eingeweihten Kreisen als "Hochzeitsmarkt", ist also durchaus emotionsgeladen. Auch wenn es nur um eine Weichenstellung auf Zeit geht, so ist es doch nicht unwichtig, ob eine motivierende Initialzündung gelingt für einen dann näher auszuhandelnden Vertrag mit Klärung gegenseitiger Erwartungen und Ansprüche.

Für mich liegt in der Not der Ausbildungssituation (Verknappung der Plätze, längere Wartezeiten, infolgedessen steigendes Lebensalter der VikarInnen) auch eine Tugend und damit ein besonderer Reiz: Hier treten "gestandene" Frauen und Männer den Weg ins Pfarramt an, die nicht selten einen zweiten Beruf und eine Fülle zusätzlicher Qualifikationen und Lebenserfahrung mitbringen. Ob Kirchenmusik, Ökumene- und Auslandserfahrung, Promotion, fernöstliche Meditations- und Kampftechnik, ob Altenpflege und Diakonie, Sterbebegleitung und Bibliodramaausbildung, Theaterpädagogik oder Computertechnik oder auch Joberfahrung im gewerblichen Bereich - das Spektrum der mitgebrachten Kenntnisse ist riesengroß und entsprechend ein Gewinn für unsere Gemeinden. Ich bin nicht zuletzt deshalb gern Anleiter, weil ich selbst in den vier Gemeindevikariaten profitiert und gelernt habe von den Kompetenzen "meiner" Vikarinnen und "meines" Vikars. Verallgemeinernd meine ich sagen zu können, daß die Präsenz eines Vikars, einer Vikarin für jede Gemeinde eine Bereicherung bedeutet. Sie stellt ein kritisches und aufgewecktes Gegenüber dar und bietet a) für den Anleiter/die Anleiterin die Chance eigener Praxisreflektion. Durch das Feedback, die Beobachtungen, Anfragen und Einfälle meines Visavis raste und roste ich nicht, sondern werde zu Überprüfung, Vertiefung und Weiterentwicklung meiner Arbeit - der diversen Curricula, Verhaltensmuster und Gestaltungen - herausgefordert. Sie eröffnet b) die Chance zu Teamteaching und gemeinsamer Projektarbeit. Vom Konfirmandenwochenende über Jugendfreizeit und Erwachsenenseminar bis zur Dialogpredigt - durch Vikare und Vikarinnen (besonders in Gemeinden mit Einzelpfarrstellen) werden Dinge möglich, die bis dato nicht gingen. Sie bringt mit sich c) die Chance der Innovation und Neuakzentuierung.

VikarInnen entdecken neue Arbeitsfelder, bringen brachliegende wieder in Gang, sprechen neue Gesichter und Zielgruppen an, kurz: verlebendigen das Gemeindeleben und geben - auch bei irritierenden oder mißlingenden Versuchen - wichtige Impulse und Denkanstöße. Gerade in Zeiten knapper Stellenlage und d.h. auch geringerer Fluktuation bei den Gemeindepfarrstellen erscheint mir die Installation von VikarInnen (und zukünftig vielleicht auch von ins Ehrenamt Ordinierten) geeignet und hilfreich, um Verkrustung und Stagnation des Gemeindelebens hier und da aufzubrechen.

Gemeindeleben neigt ja zu einer gewissen Binnenkultur und gelegentlich auch zu Selbstgefälligkeit und Betulichkeit. VikarInnen tragen einen zugleich engagierten wie distanzierten, einen naiven wie kompetenten Fragehorizont und Blickwinkel herein. Mit ihrem unvoreingenommenen, frischen Blick leisten sie deshalb ein Stück Supervisionsarbeit. Ich denke, es lohnte sich für Pröpste, bei einer Visitation auch die Gemeindeberichte der VikarInnen zur Hand zu nehmen.

Ich habe eingangs die Brechung (und damit auch Unterbrechung) der Ausbildung in drei Perspektiven und Lernebenen ausdrücklich bejaht. Der Preis ist natürlich die mancherorts beklagte Diskontinuität der gemeindlichen Arbeit. Haben sich Gemeindeglieder an das Gesicht des oder der "Neuen" gerade gewöhnt, ist diese/dieser schon wieder von der Bildfläche verschwunden und in Preetz "abgetaucht". Das kann Frustration bereiten, und ständige Wechselbäder können auch destabilisieren. Ich muß gestehen, daß ich mich selber auch dabei ertappe, nicht genau orientiert zu sein über die Phasen von Absenz und Präsenz meiner Vikare. Doch meine Erwartung ist nicht, daß mir Arbeit abgenommen wird - wiewohl ich die Entlastung z.B. bei der Predigtarbeit wohl zu schätzen weiß! Vielmehr ermuntere ich meine VikarInnen, den Spiel- und Freiraum, den das Vikariat bietet, zu nutzen.

Kontinuität und Stetigkeit ist nicht das, was jetzt dran ist. Jetzt erwarte ich eher Probehandeln, Ausprobieren, Experimentieren, Erkennen der eigenen Stärken und Schwächen (und Entdecken, daß möglicherweise darin auch "Growing edges" liegen). Der Wechsel von trial und error, stop and go, Aktivität und schöpferischer Denkpause, den das Vikariat abverlangt, ist eigentlich ein Muster, das auch in der normalen pastoralen Tätigkeit eine Chance haben sollte. Es könnte ein heilsames Mittel gegen Betriebsblindheit und Burn-Out-Syndrom sein. Abgesehen davon erleben VikarInnen die Gemeindearbeit nicht nur als Spielwiese, denn der Ernstfall gehört zum Alltag und erfordert z.B. bei jeder Amtshandlung oder bei zeitweiser Urlaubsvertretung ihre volle Präsenz und ungeteilte Aufmerksamkeit.

Vikariat in einer Kirchengemeinde ist so etwas wie eine Ehe auf Zeit oder Probeehe, und zwar mit "Trauschein": Man traut dem Schein und Charme der ersten Begegnung, ist aber vielleicht auch voller Vorbehalte und Ängste. Man hat (während des Schulvikariats) die Chance, sich anzuwärmen und eine gesunde Balance von Nähe und Distanz zu entwickeln, um dann schließlich für

ein Jahr in die Beziehung mit der Gemeinde hineinzugehen (mit dem Angebot begleitender Beratung und Supervision). Danach bietet die Schlußphase (Differenzierung und Examen) Gelegenheit, sich auszuklinken bzw. die Zeit ausklingen zu lassen: Die Trennung von der Gemeinde will betrauert und/oder gefeiert werden, der Abschied von einer bestimmen Phase der eigenen Entwicklung sucht nach einer angemessenen Gestaltung.
Vikariatsleitung ist ein partnerschaftliches "Geschäft" auf Gegenseitigkeit. Es fordert beide Seiten, wobei Belastung und Entlastung einander die Waage halten sollten. Lieber gebrauche ich ein fließendes Bild, weil ja bei allen Beteiligten etwas in Bewegung kommt. Deshalb fällt mir der römische Brunnen ein, bei dem Statik und Dynamik, das Gefaßte und das Bewegte die Gesamterscheinung ausmachen und bei dem jede Marmorschale "nimmt und gibt zugleich und strömt und ruht" (C. F. Meyer).

Frömmigkeit im Übergang - Frömmigkeit an Übergängen
Beobachtungen zur Praxis pietatis einer Hamburger Vikarsgruppe im Preetzer Predigerseminar

von Dirck Ackermann und Ilsabe Stolt

I. Probleme mit der Frömmigkeit?

Die Frage nach einer gemeinsam gestalteten Frömmigkeit war im Laufe der Predigerseminarskurse mehrfach Thema in unserer Vikarsgruppe (1993-1995). Das traditionelle Konzept von regelmäßigen, reihum vorbereiteten Morgenandachten fand nur wenig Resonanz: in unserem Kurs gab es nur eine kleine Gemeinde für diese Form. Wir haben verschiedene alternative Gestaltungsversuche unternommen, z.B. in Anlehnung an liturgische Stundengebete oder die von uns "Quäkerform" genannte stille Andacht in der schönen Ricklinger Kapelle. Aber es entwickelte sich keine Kontinuität mit breiter Beteiligung. Bald nach Ausbildungsbeginn differenzierte sich unsere "Kursgemeinde" aus in eine kleine, auch gestaltungswillige Kerngemeinde und in Distanzierte unterschiedlichen Grades. Über diese Verschiedenheit haben wir mehrfach gesprochen und auch darüber, ob dieses Phänomen eigentlich ein Grund zur Besorgnis sei: Haben die künftigen Pastorinnen und Pastoren des ausgehenden zwanzigsten Jahrhunderts Probleme, ihre Frömmigkeit zu gestalten?

II. "Kurs-Rituale"
Wenn man einmal den Blick über die Frage der Morgenandachten hinaus aus-

weitet auf die Anlässe, zu denen unsere Ausbildungsgruppe gemeinsam gefeiert hat, so ergibt sich ein differenzierteres Bild: In unserer Gruppe gab es durchaus Formen gestalteter Frömmigkeit, vielleicht nicht kontinuierlich alltagsbegleitend, aber an mehreren markanten Übergängen auf unserem Ausbildungsweg. Teils spontan, teils nach Vorbereitung durch ein kleines liturgisches Team, haben wir "Kurs-Rituale" gefeiert, die geprägt waren durch die Anlässe, die sie begleiten sollten. Impuls und Gestaltung kamen meist von einem kleinen Kreis; vollzogen wurden unsere Kurs-Rituale aber von der ganzen Ausbildungsgruppe, von den Skeptikern genauso wie von den "Frommen". Einige Beispiele seien hier aufgeführt:
○ eine Verbrennung der "Wahl-Zettel" aus dem Anleiterfindungsprozeß in der Feuerstelle im Garten zum Abschluß der gruppendynamisch entscheidenden ersten Woche,
○ ein Gründonnerstag-Agapemahl nach dem ersten Kursblock in Preetz (nach dem ersten ernsten Konflikt in der Ausbildungsgruppe),
○ ein Schwellenritual am Ende der Pädagogik-Phase im Übergang zur Gemeinde-Phase (s.u.),
○ eine Andacht mit anschließendem Fest in Rickling am Ende des letzten langen Kursblocks vor der Differenzierungs- und Examensphase,
○ Abendmahl und Abschiedsfest mit/von der Mentorin vor Beginn der 7-Tage-Arbeit.

Alle diese "Rituale" wurden am Donnerstagabend vor Kursende gefeiert, in Verbindung mit einem besonderen, meist selbst vorbereiteten, gemeinsamen Essen und anschließendem Fest.

Ein besonders ausgestaltetes Ritual soll jetzt ausführlicher in den Blick genommen werden.

III. "Abschied nehmen, zur Ruhe kommen, gestärkt weitergehen." Ein Schwellenritual zwischen Pädagogik- und Gemeindephase

III.1. Zum Kasus: Die Situation im Ausbildungsprozeß

Nach Ende der Schulphase, noch müde von den Strapazen der Lehrprobe, absolvieren wir einen sechswöchigen Kursblock zur Vorbereitung auf die Gemeinde. In dichtgedrängter Folge arbeiten wir zu einer breiten Palette von Themen: Konzepte der Konfirmandenarbeit; Arbeitsfelder der Diakonie in der Großstadt; Strukturprobleme im ländlichen und im urbanen Raum; Einführungskurs Gottesdienst ... eine im doppelten Sinne erschöpfende "Tour de force". Vor uns liegt die Gemeindezeit, der viele mit zwiespältigen Gefühlen entgegengehen: neben der Lust, sich endlich in der Gemeinde ausprobieren zu können, gibt es auch Angst vor dieser "Nagelprobe".

Gegen Ende dieser Wochen wächst bei vielen ein Bedürfnis, den letzten gemeinsamen Abend besonders zu gestalten. Dabei wird die oben angedeutete "Gemeinde"-Differenzierung innerhalb der Gruppe wieder sichtbar. Es gibt zwei Tendenzen: Die einen möchten ein Gruppen-Abschiedsfest feiern mit gutem Essen und Fete; die andere Fraktion wünscht sich ein "Übergangsritual", einen gestalteten Übergang mit Abschied vom Gewesenen und Stärkung für das Kommende. Man einigt sich, beide Konzepte in zwei Gruppen parallel vorzubereiten; es gibt aber Mißtrauen und Distanz zwischen den Gruppen.

III.2. Zur Feier - Eine Ablaufskizze
Der Verlauf des Schwellenrituals sei im folgenden kurz skizziert:
o Beginn mit einem Aperitif und einem Salat als Vorspeise im festlich geschmückten Speisesaal.
o Treffen der Gruppe mit den bisher beteiligten AusbilderInnen im Foyer des Predigerseminars zum Beginn des Gottesdienstes.
o Lied: "Unser Leben sei ein Fest".
o Begrüßung und Einstimmung.
o Lied: "Ausgang und Eingang" - das Prozessionslied, das den Weg zwischen den nun folgenden Stationen begleitet.
o "Abschied nehmen": Stationsweg durch die Arbeitsräume des Hauses. An jeder Station hilft eine symbolische Inszenierung bei der Vergegenwärtigung des in den Kursen Erlebten:
1. Schulphase (Tafel, Kreide und Malstifte, Tücher, das Preetzer Tau, der Pausengong),
2. Lehrprobe (Schreibtisch-Setting mit überquellendem Aschenbecher und leeren Bierflaschen, Papierkorb mit zerknülltem Konzeptpapier, Stapel der Examenskatechesen),
3. Diakonie (Collage in Form des Kronenkreuzes),
4. Land (Erde, Getreide),
5. Stadt (stilvoll gedeckter Tisch in Erinnerung an das Essen bei der Hamburgischen Landesbank, Landesbank-Werbegeschenke),
6. Gottesdienst (Andachtskreuz, Erneuerte Agende, Bibel, Gesangbücher).

"Liturgie des Erinnerns" an den Stationen - im Dreischritt:
a. Vergegenwärtigen (Beteiligung mit Stichworten aus der Gruppe),
b. Ablegen ("Ich lege ab, was mich beschwert": mitgebrachte Steine),
c. Mitnehmen ("Ich nehme mit, was mich bereichert": Eicheln als Samenkörner).
o "Zur Ruhe kommen": Meditation zur Übergangssituation über 1. Kön. 19 (Elia in der Wüste und am Horeb) im mit Tüchern und Kerzen geschmückten Plenum ("Lagerung i.d. Wüste - Raum zwischen den Zeiten"); Stille.
o Prozession zum Andachtsraum mit dem Lied: "Du Licht des Tages".
o "Gestärkt weitergehen": Abendmahlsfeier als Wegzehrung.
o Lied: "Bewahre uns Gott".
o "Segen auf der Schwelle".
o Fortsetzung des Festessens im Speisesaal.
o Feiern und Fete mit Kreistänzen und "Abhotten", Spontan-Cabaret etc..

III.3. Zur Deutung: Symbolisierungen des Alltags
Bemerkenswert am skizzierten Kurs-Ritual erscheint uns die Verschränkung zwischen gottesdienstlicher Feier und gemeinschaftlichem Fest. Trotz anfänglicher Skepsis gelingt es, die miteinander konkurrierenden Ansätze so zu verbinden, daß sie einander ergänzen und bereichern. Alltag und Gottesdienst bzw. Festtag und Festgottesdienst sind ineinander verwoben.
Ähnlich holen auch die Stationsinszenierungen die "alltäglichen" Erfahrungen aus den vorangegangenen Kurswochen ins gottesdienstliche Geschehen hinein und tragen so zu diesem Ineinander bei. Die aussagekräftigen, originellen Gestaltungen vergegenwärtigen in symbolischer Kommunikation das Erlebte und ermöglichen so eine Integration und Transzendierung der vielen verschiedenen Einzelerfahrungen.
Die biblische Geschichte von Elia wird zu einem Text-Symbol, das die Situation auf der Schwelle zwischen zwei wichtigen Ausbildungsphasen deutet. Sie bietet eine Form an, in der die ambivalenten Gefühle gefaßt, bearbeitet und ausgerichtet werden können. Durch den Kontext der alttestamentlichen Speisungs- und Stärkungsgeschichte wird die darauffolgende Abendmahlsfeier als gemeinsame Wegzehrung sehr eindrücklich erlebbar.
Das festliche Essen im Anschluß nimmt dieses Moment noch einmal auf und führt es genußvoll fort. Durch die Meditation der Elia-Geschichte mit dem anschließenden Abendmahl gewinnt das ganze weitere Fest Bedeutung als gemeinsame Stärkung für den kommenden Weg. Wieder durchdringen sich gottesdienstliche und "weltliche" Feier.

IV. Frömmigkeit im Übergang - Frömmigkeit an Übergängen
Der Ablauf der skizzierten Feier wurde von der Vorbereitungsgruppe bewußt nach dem Dreischritt eines Passagenritus gestaltet (Loslösung, Leer-Raum zwischen den Zeiten, Neuorientierung). Ohne daß das im einzelnen ausdrücklich geplant war, erfüllte sie dadurch die typischen Funktionen traditioneller christlicher Übergangsrituale, wie sie in der praktisch-theologischen Literatur seit den 70er Jahren vielfach beschrieben wurden:
- Symbolisierung des gegangenen und zu gehenden Weges,
- Verleihung von Sprache, in der sich außerordentliche Erfahrung äußern kann,
- Sinngebung, Kontingenzbewältigung,
- Darstellung des individuellen Schicksals als allgemeines und gemeinsames,
- Gruppenintegration,
- Stabilisierung angesichts von Ängsten,
- Zuspruch und Veröffentlichung des neuen Status,
- Segnung.

Wie bei einer Taufe oder einer Hochzeit ist der Gottesdienst mit Situationsdeutung und Segen verknüpft mit der umrahmenden, eher säkularen "Fa-

milien"-Feier: Wir haben hier einen Kasualgottesdienst zu einem allerdings sehr spezifischen Anlaß begangen.
Tatsächlich bildet sich in dieser Feier (und anderen) in unserer Gruppe eine Form von Frömmigkeit ab, wie sie in der Volkskirche seit Ende der 70er Jahre wahrgenommen wird: Nur noch ein kleiner Kreis hat das Bedürfnis nach regelmäßiger gottesdienstlicher Praxis und nimmt auch an solchen Angeboten teil. (Noch weniger Menschen sind bereit, Angebote selbst mitzuzugestalten.) Um diese "Kerngemeinde" herum gibt es einen größeren Kreis von graduell unterschiedlich Distanzierten. Für die Volkskirche wie auch speziell für unsere Vikarsgruppe gilt aber: Im weiteren Kreis der "Distanzierten" besteht an bestimmten Wendepunkten und Schwellen in der (Ausbildungs-) Biographie ein zumindest latentes Bedürfnis nach ritueller bzw. gottesdienstlicher Begleitung und Deutung.
Zugespitzt formuliert: Nicht nur bei den Laien, sondern auch beim pastoralen Nachwuchs zeigt sich der Wandel zu einer durchaus lebendigen Kasualfrömmigkeit bei ansonsten schwächer ausgeprägter Alltagsfrömmigkeit. Wir sind nicht kirchlicher als die Laien, sondern kommen aus der gleichen volkskirchlichen Gemengelage. Das sollte uns eigentlich vor Arroganz und realitätsfremden Erwartungen an unsere Gemeindeglieder bewahren ...
Für viele Menschen sind Alltagserfahrung und Praxis pietatis sehr weit auseinandergetreten. Je mehr aber die Gestaltung der Frömmigkeit aus dem Alltag wegfällt und nur noch an herausgehobenen Punkten zum Ausdruck kommt, desto wichtiger ist es, in den dann stattfindenden Kasualgottesdiensten Alltagserfahrungen ausdrücklich breiten Raum zu geben, um den Abstand zu überbrücken. Das vorgestellte Schwellenritual wurde von der Gruppe sicher auch deshalb als gelungen erlebt, weil der Ausbildungsalltag in den durch die Preetzer Präsentationen geübten symbolischen Inszenierungen eindrücklich vergegenwärtigt wurde.
Unsere Beobachtungen erklären aber nicht nur das Gelingen dieses einen speziellen Rituals. Sie geben darüber hinaus einen Hinweis, welche guten Möglichkeiten es in der Gottesdienst-Gestaltung gibt, den vielschichtigen Alltag in symbolischer Kommunikation lebendig zu vergegenwärtigen: Der reiche Schatz von biblischen Symbolen und Geschichten kann Lebenserfahrungen kommunizierbar und transzendierbar machen und Spuren von Sinn in den oft an Sinnstiftung armen Alltag einweben. Gelungene Kasualfeiern können so zu Sinnstiftung und Kontingenzbewältigung beitragen. Sie eröffnen einen Raum, in dem Menschen vergewissert werden können, daß sie in ihrem Alltag von Gottes Wort getragen und von seinem Segen begleitet werden. In einer Zeit, in der sich Frömmigkeit im Übergang befindet, können solche neuen Kasualfeiern einen wichtigen Beitrag leisten, zu einer lebendigen Praxis pietatis zu finden.

Mai 1996

Rendezvous am Nierentisch

Rede am Tag der Begegnung zwischen Vikaren der 50er und der 90er Jahre in Preetz am 26. April 1996

von Anja Jessen und Andreas Crystall

Wie wir gehört haben, ist Ausbildung auch immer ein Spiegel der jeweiligen Zeit. Sie werden sicherlich in dem, was wir jetzt vortragen, viele Gemeinsamkeiten feststellen zu Ihrer Ausbildung in den 50ern, aber es werden Ihnen auch viele Unterschiede auffallen. Wir möchten jetzt nur ganz kurz einige Schlaglichter auf uns und die Ausbildung in den 90ern werfen.
Die Lebenssituation von Vikarinnen und Vikaren in den 90ern, wie ist das? Wir sind insgesamt 16 Personen, acht Männer, acht Frauen. Unser Durchschnittsalter war bei Vikariatsbeginn 30 Jahre.
Zur Vorgeschichte: Wir haben im Schnitt sieben Jahre studiert, haben danach eine längere Wartezeit zugebracht, in verschiedenen Bereichen gejobbt, gearbeitet, uns irgendwie durchgeschlagen. Jedenfalls, das Studentenleben haben wir, als wir ins Vikariat gingen, längst abgestreift.
Zu unserem Familienstand: Wir sind fast alle verheiratet oder haben feste Lebenspartner oder -partnerinnen. Wir haben insgesamt zehn Kinder und erwarten weitere. Zwei von uns sind Alleinerziehende mit insgesamt drei Kindern. Ein Vikar ist Pfarrmann und eine Vikarin Pfarrfrau.
Zum Wohnort: Unsere Vikariatsplätze sind um oder auch in Kiel; nur drei von sechzehn wohnen in der Vikariatsgemeinde.
Ein Wort zur Ausbildung von VikarInnen in den 90ern: Die Ausbildung in Preetz funktioniert nach dem "Nierentischprinzip", so könnte man das vielleicht am besten beschreiben. Sie hat drei Standbeine: Zum einen gibt es die sogenannten Preetz-Kurse in Pädagogik, Liturgik, Homiletik, Seelsorge, KDA usw., das sind in den zwei Jahren Vikariat vier Monate. Dann ein sehr wichtiges Standbein, das ist die Praxiserprobung in Schule und Gemeinde, eineinhalb Jahre. Und dazu gehören drittens noch wöchentlich mehrstündige Regionalgruppen mit unserem Supervisor, das ist unser Mentor, Herr Watzlawik.
Das Ziel der Ausbildung ist es also, daß wir die Praxis kennenlernen sollen, daß aber immer wieder auch regelmäßig Gelegenheit ist, über die Praxis zu reflektieren. In den Preetzer Ausbildungsstatuten hört sich das in etwa so an: Wir sollen eine eigene pastorale Identität ausbilden und diese mit der eigenen theologischen Position verschränken.
Zum Stil der Ausbildung in Preetz - das Vokabular verrät da alles:
- Wie fühlst du dich dabei?
- Was macht das mit dir?

- Hat dich das betroffen gemacht?
- Willst du dich darauf einlassen?
- Was liegt obenauf?
- Bist du da authentisch?

Das waren jetzt einige kleine Kostproben über die berüchtigte Preetzer pastoralpsychologische Nabelschau. Obwohl wir das jetzt etwas einschränken müssen, wir persönlich sind der Meinung, Preetz ist in dieser Hinsicht besser als sein Ruf. Und Preetz ist ja auch mal wieder wie ein Nierentisch, verspielt, um sich selbst kreisend, in sich geschlossen, aber fest auf den Beinen stehend und von hohem Gebrauchswert. Entscheidend ist also nicht, was macht das Vikariat mit uns, sondern was machen wir mit dem Vikariat. Wir versuchen also, die Nabelschau produktiv umzusetzen, wir ergänzen sie durch die Entwicklung von eigener Kreativität zum Dienst in und an der Kirche. Wir ergänzen sie, diese Nabelschau, indem wir gemeinsam um Handwerkszeug für die Praxis ringen.

Zur Theologie ist zu sagen: In unserer Zeit gibt es nicht den großen theologischen Gesamtentwurf, an dem wir uns hier abarbeiten könnten oder zu dem wir in Frontstellung treten könnten. Auch sind wir nicht durch Bejahung oder Abneigung in zwei Gruppen gespalten. Statt dessen bringen wir alle eine große, vielfältige theologische Bandbreite ein. So sind wir auch Spiegel der Gesellschaft. Wir finden im Angesicht dieser Gesellschaft unsere Vielfalt angemessen, sind aber auch in Sorge angesichts dieses Pluralismus. So debattieren wir oft darum: Was ist das genuin kirchliche Profil, das christliche Profil von kirchlicher Arbeit, und was ist bei der Vielfalt kirchlicher Arbeit das Wichtige an theologischer Arbeit?

Welche Prioritäten haben Vikarinnen und Vikare in den 90ern?

Trotz dieser theologischen Vielfalt gibt es als großes einigendes Moment: das Mittagsgebet, den Gottesdienst, die Andachten - dies eint uns und stärkt uns. Wir empfinden uns vielleicht eher als Communio sanctorum preetzianorum. Einen großen Feind haben wir: Wir nennen ihn Entchristlichung, Kirchenaustritt, Finanzlage und Stellenlage. Die große Finanzdebatte zwingt uns auch zu einem eigenen Projekt, das wir nebenbei betreiben. Denn für uns sechzehn ist es nicht mehr selbstverständlich, daß wirklich alle einen Platz als Pastor oder Pastorin bekommen. So betreiben wir eine Art Zukunftswerkstatt, eine solidarische Suche nach Berufsalternativen neben der Preetzer Ausbildung. Es geht uns um inhaltliche Diskussionen und nicht um kirchliche Besitzstandswahrung.

Zum Schluß: Der Elan der 90er.

Uns geht es nicht darum: "Rein ins Boot". Wir wollen nicht Konkursverwalter einer eventuell untergehenden Kirche sein. Unsere Gaben, unsere Ideen, unsere Kreativität, das wollen wir einsetzen, damit Kirche attraktiv bleibt oder auch attraktiv wird. Wollen wir damit zuviel? Können Sie uns Mut machen? Vielleicht kommen wir darüber jetzt gleich ins Gespräch. Vielen Dank!

Im Reich dieses Königs hat man das Recht lieb - Psalm 99,4
Das Kirchenrecht in der Ausbildung
der Vikarinnen und Vikare

von Klaus Blaschke

In Abwandlung eines Wortes des Zivilprozessualisten Friedrich Stein[1] zu den juristischen Prüfungen möchte ich sagen: "Nur an einem Vormittag seines Lebens wird die Vikarin bzw. der Vikar vor die Aufgabe gestellt, kirchenrechtliche Fragen aus dem Gedächtnis zu beantworten: In der Zweiten Theologischen Prüfung." Wozu? Diese Frage mag unberechtigt sein. Sie drängt sich aber einem auf, wenn man die Aussage Steins durchdenkt. Macht sie doch deutlich, wie problematisch Prüfungen sind. Nervosität und Angst vor dem Mißerfolg machen den Tag des Examens zu einer Ausnahmesituation. Das ist eine Situation, die niemals im späteren Leben eines Theologen wieder in dieser Form eintritt. Die kleinste Unpäßlichkeit, das Versagen der Nerven, das Nachlassen des Gedächtnisses können zum Mißerfolg eines langen Vorbereitungsdienstes führen. Bei aller Mühe der Prüfer wird es sich kaum vermeiden lassen, daß das Prüfungsergebnis dem wirklichen Können des Theologen nicht immer gerecht wird. Prüfer und Prüfling begegnen sich in einer Ausnahmesituation. Prüfungen sind bei aller Problematik etwas Notwendiges. Man könnte auf sie wohl verzichten, nur auf das Lernen vor einem Examen kann nicht verzichtet werden. Welcher Theologe würde sich schon mit dem Kirchenrecht beschäftigen, stünde nicht über ihm das Damoklesschwert des Zweiten Theologischen Examens? Ich will nun nicht weiter auf die Problematik und die Geschichte des Theologischen Examens eingehen. Dazu ließe sich viel sagen.

Nach § 4 der Ordnung über die Zweite Theologische Prüfung[2] in der NEK ist vorgesehen, daß im Kirchenrecht als schriftliche Arbeit eine kirchenrechtliche Klausur im Anschluß an den Kirchenrechtsunterricht zu fertigen ist. Bedauerlicherweise findet sich in § 1 (Grundsätze) der Rechtsverordnung zur Regelung der Durchführung des Vorbereitungsdienstes der Vikarinnen und Vikare in der NEK[3] kein Hinweis zum Kirchenrecht. Dies ist um so erstaunlicher, da das Kirchenrecht "eine lange und große Tradition besitzt: Die kirchliche Rechtsordnung blickt auf fast zwei Jahrtausende spannungsreicher Entwicklung und Kontinuität zurück. Die kirchliche Rechtswissenschaft aber reicht in ihren Ursprüngen etwa acht Jahrhunderte zurück und gehört damit zu den ältesten Wissenschaftszweigen des Abendlandes an seinen Hohen Schulen. Als Kanonisches Recht bildet es neben dem weltlichen (dem rezipierten römischen) Recht eine der beiden großen Ströme der Rechtstradition, und in manchen Fakultäten wird noch heute bei der juristischen Promotion der Doctor iuris utriusque verliehen."[4]

In § 2, Abs. 4 der eben genannten Rechtsverordnung heißt es, daß die Vikarinnen und Vikare in den Prediger- und Studienseminaren an Kursen teilnehmen und daß dies insbesondere in dem Arbeitsfeld Kirchenrecht geschieht. Dieser Kurs wird im Anschluß an die Gemeindephase vollzogen. In § 3 der Rechtsverordnung heißt es dazu weiter: "Die Vikarin oder der Vikar wird in einem Kurs in die Grundlagen des kirchlichen Rechts eingeführt und lernt den Umgang mit kirchlichen Gesetzen, Verordnungen und Strukturen kennen."
Der Umgang mit dem Kirchenrecht in der Evangelischen Kirche ist immer zwiespältig gewesen. Verschiedene Gründe lassen sich dafür anführen. Hier nur zwei: Als Martin Luther im Dezember 1520 vor dem Elstertor zu Wittenberg die Bannandrohungsbulle des Papstes verbrannte, gingen "unter dem Jubel der Wittenberger Studenten auch die kirchlichen Gesetzbücher, das Corpus Iuris Canonici, in Flammen auf. Das war ein revolutionärer Akt. Man lehnte damit nicht nur das bis dahin gültige Kirchenrecht als widergöttlich ab, sondern griff auch in die allgemeine Rechtsordnung ein."[5] Daneben gibt es die Grundfrage: "Kann die Ordnung der Kirche eine Rechtsordnung sein? Wenn ja, wie muß diese Rechtsordnung aussehen, um dem Wesen der Kirche gerecht zu werden, um nicht Recht schlechthin, sondern Kirchenrecht zu sein? Diese Frage beschäftigt die evangelische Rechtstheologie seit der berühmten These von Rudolf Sohm, daß Recht und Kirche notwendig im Widerspruch stünden. Sohm ging bei dieser Feststellung von der Ansicht aus, daß die Kirche eine rein geistliche, das Recht aber eine rein weltliche Größe sei. Zwei Mächte stehen sich also gegenüber: Kirche und Recht."[6]
Jedem Kirchenjuristen ist bewußt, daß die Behandlung des Kirchenrechts in der Ausbildung der Theologen ein Problem ist, und jeder Kirchenjurist ist sich bewußt, daß dieses Problem nicht befriedigend gelöst ist. Dafür sind sicher verschiedene Gründe zu nennen. Die Fülle des Stoffes soll innerhalb von Tagen vermittelt werden. Das ist nicht möglich, denn bei Theologen können juristische Grundkenntnisse in der Ausbildung nicht vorausgesetzt werden. Unbestritten ist, und das zeigen die Paragraphen der Rechtsverordnung über den Vorbereitungsdienst, daß das Kirchenrecht seinen Platz in der Ausbildung hat.
Die Frage ist aber, und daran muß weiter gearbeitet werden, ob die Fragen des Kirchenrechts in wenige Tage dauernden Kursen abgehandelt werden können. Geht man die einzelnen Ausbildungsphasen der Vikarin und des Vikars durch, so wird eine Bestandsaufnahme unschwer erkennen lassen, daß die Theologen in diesen einzelnen Ausbildungsphasen in vielfältiger Weise mit dem Kirchenrecht und dem Staatskirchenrecht in Berührung kommen. Wenn man sich der Mühe unterzieht, eine Vikarsgruppe allein ins Kirchenrecht einzuführen und die Wiederholung dieses Faches bis zum Examen zu begleiten, so stellt man mit Entsetzen fest, daß in den verschiedenen Phasen des Vorbereitungsdienstes das Kirchenrecht anscheinend keine Bedeutung hat.

Die Kurse im Kirchenrecht können sich nur auf die Notwendigkeiten beschränken. Zu diesen Notwendigkeiten gehören[7]:
1. Notwendig ist zunächst, eine gewisse Grundkenntnis über das Wesen des Rechts, insbesondere des Kirchenrechts, zu vermitteln. Aus Zeitgründen ist es meistens nicht möglich, auf die verschiedenen rechtstheologischen Begründungen des Kirchenrechts in Vergangenheit und Gegenwart einzugehen. Dankbar ist man, wenn es zu einer kurzgefaßten Einführung in die Rechtswissenschaft kommt.
2. Notwendig erscheint die Vermittlung der Kenntnis der Grundzüge der Verfassung der Nordelbischen Kirche. Aus Zeitgründen kann man nur selten auf die geschichtlichen Wurzeln unserer Verfassung zurückgreifen. Wichtig ist bei dieser Darstellung die Einbindung der Nordelbischen Kirche in die Evangelische Kirche in Deutschland (EKD) und die Vereinigte Evangelisch-Lutherische Kirche Deutschlands (VELKD). Die Ökumene kommt bei diesem Gang durch das Verfassungsrecht der Landeskirche sicher schon zu kurz.
3. Notwendig erscheint die Vermittlung der Grundaussagen des Staatskirchenrechts. Diesem Themenbereich kommt hohe Bedeutung zu. Die Diskussion um die Kirchensteuer, die Diskussion um das Kruzifixurteil, die Diskussion um den Religionsunterricht in Berlin-Brandenburg zeigen und machen deutlich, daß jeder Theologe die Grundaussagen zum Staatskirchenrecht wissen muß. Nur so läßt sich garantieren, daß die Unabhängigkeit und Eigenständigkeit kirchlichen Rechts und damit der Kirche gewahrt wird. Hier müssen auch die vielfältigen Beziehungen von Staat und Kirche, insbesondere im Bereich der Diakonie, thematisiert werden.
4. Notwendig erscheint auch, der zukünftigen Pastorin oder dem Pastor die Grundzüge des Pfarrerdienstrechts zu vermitteln. Das Amtshandlungsrecht hat in diesem Zusammenhang seinen hohen Stellenwert.
5. Notwendig erscheint zudem, ein gewisses Grundlagenwissen zum kirchlichen Arbeitsrecht weiterzugeben.
Die Nordelbische Kirche verzichtet bewußt auf die Vermittlung spezieller Kenntnisse des Haushalts-, Grundstücks- und Friedhofsrechts, um nur einige Rechtsgebiete zu nennen. Diese Kenntnisse lassen sich am besten in der Praxis erlernen. Die Nordelbische Kirche beschränkt sich deshalb bei diesen Rechtsgebieten auf das Angebot der Fortbildung in den ersten Amtsjahren.
In Anbetracht der Fülle des kirchenrechtlichen Stoffes beschränkt sich die Nordelbische Kirche bei der Vermittlung von Lerninhalten auf diese Notwendigkeiten. Dies ist aber nicht ausreichend, um den Stellenwert des Kirchenrechts in unserer Kirche angemessen in der Ausbildung weiterzugeben. Vielmehr müssen alle Beteiligten in den verschiedenen Phasen der Ausbildung bemüht sein, die auszubildenden Theologen auf die rechtliche Relevanz der verschiedenen Tätigkeiten hinzuweisen. Das fängt beim Gottesdienst, bei den Amtshandlungen, bei den Kirchenvorstandssitzungen, beim Religionsunterricht, beim Konfirmandenunterricht an, daß nicht nur die theologischen

Grundsatzfragen erörtert werden müssen, sondern daß gleichzeitig auf die Rechtsgrundlagen verwiesen wird und die auszubildenden Theologen angehalten werden, diese Rechtsgrundlagen einmal in den Rechtsquellensammlungen nachzulesen. Das setzt voraus, daß die Ausbilder ein Gespür entwickeln, daß jeder Vorgang in unserer Kirche einen rechtlichen Bezug hat. Die Teilnahme an Kirchenvorstandssitzungen ist ohne Wert, wenn nicht für die Vikarin und den Vikar im Anschluß an diese Kirchenvorstandssitzungen im Nachgespräch auch die rechtliche Problematik der verschiedenen Kirchenvorstandsbeschlüsse erörtert wird. Nur so kann in der Praxis ein Bewußtsein und Gespür für Fragen des Kirchenrechts geweckt werden.

So ergeben sich abschließend einige Wünsche an die Behandlung des Themas Kirchenrecht in der Ausbildung:
- Das Kirchenrecht sollte nicht nur in der Juristischen Fakultät behandelt werden. Die Theologischen Fakultäten bzw. - Fachbereiche sollten spezielle kirchenrechtliche Lehrveranstaltungen für Theologen anbieten.
- Die theologischen Ausbilder sollten durch Fortbildungskurse in die Lage versetzt werden, in den verschiedenen Phasen der Ausbildung auf die kirchenrechtlichen und staatskirchenrechtlichen Probleme zu verweisen. Das Kirchenrecht erhielte damit den Platz, den es in der Arbeit unserer Kirche tatsächlich hat.
- Der Kirchenrechtsunterricht in den vorgeschriebenen Kursen wäre dann eine Vertiefung vorhandenen Wissens.
- Die notwendigen Prüfungen könnten dann ohne Angst und Furcht durchgeführt werden.

Auszubildende und Ausbilder müssen sich dessen bewußt sein, daß alle Vorgänge in unserer Kirche - auch die geistlichen - von kirchenrechtlicher Relevanz sind.

Schließen möchte ich mit einem Wort von Gottschick:
"Kirchliche Ordnung - sie dient der Verkündigung, dem Handeln in Taufe und Abendmahl. Sie soll helfen, daß gemeinsames Leben möglich wird. Kirchliche Ordnung ist angewandtes Bekenntnis auf dem Boden grundsätzlicher Vorentscheidungen. Sie will zum Gehorsam des Glaubens helfen. Grundsätzliche Verachtung kirchlicher Ordnung kann ein Ausweichen vor dem Wort Gottes sein."

[1] Stein, in: Leipziger Zeitschrift für deutsches Recht, 1921, Nr. 13, Spalte 393 (398)
[2] GVOBl. 1994, S. 17; 57
[3] GVOBl. 1993, S. 73
[4] Martin Heckel, Situation des Kirchenrechts an deutschen Universitäten, in: ZevKR 18 (1973), S. 330 (332)
[5] Hans Martin Müller, Der Umgang mit dem Recht in der Evangelischen Kirche, in: Evangelische Freiheit - Kirchliche Ordnung, Beiträge zum Selbstverständnis der Kirche, 1987
[6] Adalbert Erler, Kirchenrecht, 4. Aufl., S. 160
[7] Wolfgang Martens, Das Kirchenrecht in der theologischen Ausbildung, in: Kirchlicher Dienst und theologische Ausbildung, Festschrift für Präses Dr. Heinrich Reis, S. 259

Von der Lust und Last des Prüfens

von Wolfram Conrad

"Ein Examen ist, von beiden Seiten recht verstanden: eine freundschaftliche Unterhaltung einiger älterer mit einigen jüngeren Theologiestudenten über gewisse sie als solche gemeinsam interessierende Themen - eine Unterhaltung, deren Sinn ist, den jüngeren Teilnehmern Gelegenheit zu geben, zu zeigen, daß und wie sie sich bisher um die Sache bemüht haben und inwiefern sie das auch in Zukunft zu tun versprechen mögen." (Karl Barth, Einführung in die Evangelische Theologie, Zürich 1962, S. 188)
Klassische Sätze. Der sie zu Papier bringt, blickt auf langjährige Prüfungserfahrungen zurück. Dabei handelt es sich nicht etwa um Vorschläge zur Reform des Theologiestudiums, sondern um Bemerkungen, die sich in einer Vorlesung finden, die der Autor hält, als er bereits in den Ruhestand getreten ist. Da beginnt das Fragen noch einmal neu. Was sagen Examensnoten wirklich? Jedenfalls sind sie immer nur Zwischenstationen, da doch das Studium der Theologie nie an ein Ende kommt. Immer bleiben wir Lernende.
Seit ich Ende der sechziger Jahre zum ersten Mal auf diese Sätze stieß, haben sie mich immer wieder beschäftigt. Einmal im Blick auf die Prüflinge: Wie kann es zu einer freundschaftlichen Unterhaltung mit ihnen unter den Bedingungen eines Examens kommen? Welche Themen sind wichtig und wie geht man sie an? Dann aber auch im Blick auf die eigene Rolle: Wie führen Prüfer solche Prüfungsgespräche? Wie gibt man den "jüngeren Teilnehmern" Gelegenheit, sich in überzeugender Weise zu präsentieren? Wieviel Nähe ist möglich, und wieviel Distanz ist erforderlich?
Nun feiert unser Predigerseminar in Preetz sein 100jähriges Bestehen. Man wünscht sich von mir einen subjektiven Beitrag. Da mag es erlaubt sein, im Spiegel der Sätze K. Barths über eigene Erfahrungen in dieser Sache nachzudenken. Ich erinnere mich an verschiedene Etappen und an immer neue Versuche einer möglichst humanen Prüfungsgestaltung. Dabei spielten natürlich auch die gesellschaftlichen und kirchlichen Umbrüche der letzten 25 Jahre eine Rolle.
Zum ersten Mal wurde ich, noch als Hamburger Gemeindepastor, für das Herbstexamen 1969 in die Prüfungskommission der Hamburgischen Landeskirche für die Zweite Theologische Prüfung berufen. Mein Prüfungsfach war zunächst für einige Jahre das Alte Testament. Während ich mich in das Prüfungsfach einarbeitete, beschäftigte uns im Kreise der Prüfer nach jedem Examen die Frage nach der Sinnhaftigkeit unseres Tuns. Dabei ging es sowohl um inhaltliche wie auch um organisatorische Fragen. Die klassische Form der Einzelprüfung in den verschiedenen Prüfungsfächern schien überholt zu sein. Das Gegenüber von Prüfern und Prüflingen leuchtete der 68er Generation immer weniger ein. Das Prüfungsgespräch als Frage und Antwort war proble-

matisch geworden. Wir wollten versuchen, die Interessen und Zielsetzungen der angehenden Kolleginnen und Kollegen besser in Erfahrung zu bringen, um darauf auch als Prüfer genauer reagieren zu können. So starteten wir ein Experiment. Mit der Prüfungsordnung der Hamburgischen Landeskirche vom 14.9.1972 organisierten wir den ersten Teil der Prüfung als Kolloquium.
Das sollte schon äußerlich erkennbar sein. Prüfer und Prüflinge sollten sich nun nicht mehr diesseits und jenseits eines Tisches gegenübersitzen. Wir nahmen nebeneinander Platz, Prüfer und Prüflinge in bunter Reihe. Und dann arbeiteten wir gemeinsam an einem Thema, das Raum bot für viele Fragen des kirchlichen Lebens und ihre theologischen Aspekte, ohne daß der Gesprächsverlauf vorprogrammiert war. Das Prüfungsamt bestimmte zu jeder Prüfung einen anderen Prüfer, der das Thema für das Kolloquium festsetzte, am Prüfungstag vorstellte und dann das Gespräch moderierte. Prüfer und Prüflinge schalteten sich nun nach Lust und Laune in das Gespräch ein und versuchten ihren Beitrag zu geben. War damit nicht Karl Barths Vision einer freundschaftlichen Unterhaltung einiger älterer mit einigen jüngeren Theologiestudenten in die Prüfungswirklichkeit umgesetzt? War dies der Durchbruch zu einem neuen Prüfungsverständnis? Ließ sich so die theologische und pastorale Kompetenz - wie wir heute sagen - künftiger Pastorinnen und Pastoren in Erfahrung bringen und diskutieren?
Nach erster Begeisterung stellten sich Zweifel ein. Was das Thema des jeweiligen Kolloquiums betraf, so war es im voraus nur den Prüfern bekannt. Für die Prüflinge war das Thema jedesmal wieder eine Überraschung. Wer nun über die Gabe der Spontanität verfügte, fand gewiß Zugang zu dieser Form der Prüfung, konnte sich mehr oder weniger geschickt einbringen. Andere dagegen blieben stumm. Offensichtlich war jetzt eine besondere Form der Kreativität gefragt, die freilich von manchen als zusätzliche Hürde erlebt wurde. Auch lag viel an dem nötigen Gespür bei der Vorbereitung. Wer den richtigen Aufsatz in der richtigen Zeitschrift gelesen hatte, kam möglicherweise weiter als jemand, der eine umfangreiche Monographie studiert hatte. Manche jedenfalls konnten ihre Themen in geschickter Weise präsentieren, andere fühlten sich benachteiligt, weil sie ihr Spezialwissen nicht an den Mann bringen konnten.
Da änderte auch die scheinbar kollegiale Sitzordnung nichts. Eher verschleierte sie die verschiedenen Interessen von Prüfern und Prüflingen. Gewiß war das frühere starre Gegenüber aufgelöst, aber die gewünschte Harmonie wollte sich nicht einstellen. Auch war man wenig geübt in Gesprächen, wie sie ein Kolloquium fordert. Im ganzen ging man vorsichtig miteinander um. Kaum einer mochte sich wirklich exponieren. Immer schwang irgendwie die Angst mit, der Beitrag könne einer Kollegin oder einem Kollegen schaden. Gefährdete das Kolloquium die Solidarität der Prüflinge untereinander?
Nicht zuletzt machten uns die Probleme der Benotung zu schaffen, denn Noten waren erforderlich. Und so werteten wir die einzelnen Gesprächsbeiträge

nach dem Kolloquium aus, bestimmten die Zensuren und legten fest, in welchen Fächern im zweiten Teil der Prüfung Einzelprüfungen erforderlich waren.
Hier setzte natürlich die Kritik ein. War das gerecht, einen kurzen Gesprächsbeitrag als ganze Prüfungsleistung zu werten? Sollte man dann nicht auf dem beschrittenen Wege konsequent bleiben und nicht nur auf Zensuren überhaupt verzichten, sondern an die Stelle der Zweiten Theologischen Prüfung ein abschließendes Gespräch treten lassen? Erst ein solches Gespräch, so schien es manchem, würde Gelegenheit geben, daß die Prüflinge wirklich aus sich herauskommen und die Offenheit an den Tag legen, die sich die Kirche offensichtlich wünschte.
Heute frage ich mich beklommen, was wohl geschehen wäre, wenn damals jemand die Ergebnisse der Prüfung in Zweifel gezogen hätte. Ein geregeltes Beschwerdeverfahren gab es ebensowenig wie ein Kirchengericht. Ich kann mich auch nicht erinnern, daß der Ruf nach der Einrichtung einer solchen Instanz aus Kreisen der Ausbildung je erhoben worden wäre. Dabei mag es auch damals Ungerechtigkeiten gegeben haben, aber man war nicht der Meinung, sie durch Gerichtsverfahren aus der Welt schaffen zu können.
Dann kam Nordelbien.
Am 8. Oktober 1978 wurde das Pastorenausbildungsgesetz durch die Nordelbische Synode verabschiedet. Das war die gesetzliche Grundlage für die künftige nordelbische Ausbildung und für die Durchführung der beiden Theologischen Prüfungen. Am 20.5.1980 wurde von der Kirchenleitung die erste Prüfungsordnung für die Zweite Theologische Prüfung erlassen. Während in den ersten Jahren nach Inkrafttreten der Nordelbischen Verfassung noch zwei getrennte Prüfungskommissionen in Hamburg und Kiel nach dem Recht der ehemals selbständigen Landeskirchen weiterarbeiteten, fand im Frühjahr 1981 erstmals eine nordelbische Zweite Theologische Prüfung statt. Das war ein wichtiger Schritt auf dem Weg zu einem Zusammenwachsen der jungen Generation nordelbischer Pastorinnen und Pastoren.
Wie aber sah das neue nordelbische Konzept für die Zweite Theologische Prüfung aus?
Zwar waren manche Errungenschaften der Hamburger Prüfungsordnung, wie z.B. die Sieben-Tage-Arbeit, in die nordelbische Prüfungsordnung übernommen worden, aber das Kolloquium als Teil der Prüfung blieb eine Hamburger Episode. Jetzt wurden die Prüfungen wieder als Einzelprüfungen durchgeführt. Da die Zahl der zu prüfenden Kandidatinnen und Kandidaten zugenommen hatte, war es erforderlich, die Prüfungskommissionen in verschiedene Senate mit jeweils mehreren Prüfern zu untergliedern. Bald arbeiteten sechs Senate nebeneinander, ohne daß die Prüfer eines Senates Kenntnis davon haben konnten, welche Themen in den anderen Senaten besprochen wurden. Das Examen wurde unübersichtlich.
Das Entscheidende aber war dies: Die Prüfungen basierten nun auf Vorge-

sprächen, die zwischen Kandidatinnen und Kandidaten und Prüfern geführt wurden. Von den Prüfern wurde erwartet, daß sie sich auf die vorgeschlagenen Themen, nach Möglichkeit auch auf die vorgeschlagene Literatur einstellten. Irgendwie waren die Prüfer jetzt in die Defensive geraten. Im Vergleich zu meinen Hamburger Prüfungserfahrungen hatten sich jetzt die Gewichte verlagert. Die Prüflinge gaben den Ton an. Für die Prüfer wurde das Examen zu einer ständigen Fortbildungsaufgabe nach den Vorgaben, die von den jeweiligen Prüflingen unterbreitet wurden. Der Stil des Examens erinnerte gelegentlich an die Erste Theologische Prüfung. Die "freundschaftliche Unterhaltung" war verlorengegangen. An die Stelle des Dialogs trat verstärkt der Monolog des Prüflings, der zeigen wollte, was er gelernt hatte. Immer häufiger sah man in den Pausen, wie die Vikarinnen und Vikare ihre Exzerpte noch einmal überflogen, um in den nächsten zwanzig Minuten die Fülle des Wissens parat zu haben. In Wahrheit setzten sie sich damit unter einen Druck, der ein Gespräch im Sinne Barths fast unmöglich machte.

Das Gespräch braucht Offenheit, Nachdenklichkeit, Überraschung, auch Verlegenheit - warum nicht? Jetzt aber triumphierte die Präzision, Kenntnisse, Verstand und auch die formalen Dinge nahmen immer mehr Raum in Anspruch. Jede Prüfung wurde auf einem besonderen Bogen protokolliert und von zwei Mitgliedern der jeweiligen Senate unterschrieben. Der organisatorische Aufwand war ungleich größer als in meinen Hamburger Zeiten, wo man lediglich ein allgemeines Protokollbuch für alle Prüfungen kannte. Auch war es eine neue Erfahrung, daß nach bestandener Prüfung die Zeugnisse nicht ohne Rechtsmittelbelehrung versandt wurden. Die Kandidatinnen und Kandidaten wurden auf die Möglichkeit der Einsichtnahme in die Prüfungsunterlagen hingewiesen, auf Möglichkeiten des Einspruchs und der Beschwerde. Fristen waren auf das Sorgfältigste einzuhalten. Ein Poststempel konnte über Gültigkeit oder Ungültigkeit einer Prüfungsleistung, vielleicht sogar des ganzen Examens entscheiden. Juristische Prüfungsordnungen wurden immer mehr zum Vorbild theologischer Prüfungsordnungen.

Der Einfluß der Gerichte nahm auch im Prüfungswesen zu. Zwar habe ich im Laufe der Jahre gelernt, den Wert gerichtlicher Entscheidungen zu akzeptieren, aber ich bin immer noch nicht davon überzeugt, daß die rechtliche Ausgestaltung einer Prüfungsordnung geeignet sein könnte, Prüfungsangst zu bannen, Inspiration zu wecken und dem Geist Flügel zu verleihen.

Mitunter konnte man den Eindruck gewinnen, daß wir uns fremder wurden, Prüfer und Geprüfte. Vielleicht mußte man die Vikariatsleiterinnen und Vikariatsleiter stärker mit einbeziehen? Wir studierten sorgfältig die abschließenden Berichte der Ausbildungsleiter über die Vikarinnen und Vikare und machten dabei die enttäuschende Beobachtung, daß diese Berichte über theologische Entwicklungen der Vikarinnen und Vikare wenig aussagten. So kam es bereits im August 1980 zur Änderung der Durchführungsverordnung für den Vorbereitungsdienst. Von nun an hatten die Vikarinnen und Vikare am Ende ihrer Ausbildung selber Rechenschaft über ihren Ausbildungsweg abzulegen und dabei auch ihre theologische Entwicklung kenntlich zu machen. Diese Berichte bildeten zusammen mit den Berichten der Vikariatsleiter die Grundlage für die abschließende Beurteilung des jeweiligen Seminardirektors.

Anfänglich fürchtete man natürlich diese neue Maßnahme und verdächtigte sie als kirchenamtliche Kontrollmaßnahme. Aber schon bald zeigte sich, daß uns auf diese Weise neue Gesprächsformen zuwuchsen. Nun hatten die Vikarinnen und Vikare die Möglichkeiten, ihren religiösen Werdegang und den Verlauf des zweijährigen Vikariats aus ihrer eigenen Sicht darzustellen. Das erschien vielen reizvoll, und immer mehr nutzten diese Gesprächsmöglichkeiten mit schriftstellerischem Geschick und auch bemerkenswerter Offenheit. So konnte man manche Beobachtungen der Vikarinnen und Vikare lesend zur Kenntnis nehmen, die in einem mündlichen Prüfungsgespräch fehl am Platze gewesen wären. Man gab sich jedenfalls Rechenschaft. Man fragte nach den eigenen Wurzeln. Wo komme ich her? Welche Menschen haben mein Leben geprägt? Wie haben mich Pastorinnen und Pastoren, Mitarbeiterinnen und Mitarbeiter in meiner Ausbildungsgemeinde in die Mitte genommen? Was haben mir einzelne Kurse im Seminar gebracht? Was verdanke ich den Kolleginnen und Kollegen in meiner Ausbildungsgruppe und den Mentorinnen und Mentoren? Manche wagten es auch, eigene Stärken und Schwächen zu benennen.

Diese Berichte waren freilich nicht für die Gruppe der Prüfer und Prüferinnen in der Zweiten Theologischen Prüfung bestimmt. Sie dienten dem jeweiligen Seminardirektor für das Abschlußgespräch und nach dem Examen dem Nordelbischen Kirchenamt zur Entscheidung über die Anstellungsfähigkeit und der Bischöfin und den Bischöfen zur Entscheidung über die Ordination. Für mich hatten sie eine doppelte Funktion: Als Dezernent waren sie mir Erinnerung an einen mitunter langen Ausbildungsweg der Vikarinnen und Vikare, den ich meistens über Jahre mitverfolgt hatte. Als Prüfer waren sie mir häufig ein ganz wesentliches Gesprächsangebot von seiten der Vikarinnen und Vikare, und manches Prüfungsgespräch hat sich aus der Lektüre dieser Berichte ergeben. Ich habe darin immer ein Vorrecht gesehen, das ich anderen Prüfern voraus hatte, und ich habe immer Bereitwilligkeit bei Vikarinnen und Vikaren gefunden, wenn ich sie auf einzelne Passagen ihres Berichtes ansprach.

Jedoch war nicht zu leugnen, daß die Prüfer in gewisser Weise benachteiligt waren. Sie waren lediglich Vertreter eines bestimmten Prüfungsfaches und wußten über die zu prüfenden Personen wenig. Das führte im Frühjahr 1991 zu einem handfesten Konflikt. Es war die Zeit des sog. Theologenreichtums, manchmal auch als "Theologenschwemme" apostrophiert. Zweimal im Jahr traten 35 bis 40 Vikarinnen und Vikare zur Prüfung an. Diese Examen gestalteten sich zu nordelbischen Großveranstaltungen. Immer umfangreicher wurde die Arbeitsbelastung der Prüferinnen und Prüfer, und immer häufiger kam von ihnen die Bitte, das Prüfungspensum zu reduzieren. Neue Prüferinnen und Prüfer waren schwer zu gewinnen. Es gibt Aufgaben, nach denen man sich in der Kirche nicht drängt. So konnte es gar nicht ausbleiben, daß sich diese Situation auch den Vikarinnen und Vikaren mitteilte. Im Anschluß an die Prüfung im Frühjahr 1991 äußerten sie sich verbittert und enttäuscht über den Examensverlauf. Sie wollten gerade in einer Zweiten Theologischen Prüfung anders wahrgenommen werden als in der Ersten Theologischen Prüfung. Sie wollten auf die in der Ausbildung neu entdeckten Praxiserfahrungen angesprochen sein. Statt dessen wurde ihnen Wissensstoff abverlangt, wie er auch im Ersten Examen vorgekommen war. So unterstellten sie den Prüferinnen und Prüfer "mangelnde Sensibilität". Das war bittere Medizin, und bei manchem Prüfer kam der Verdacht auf, die Zweite Theologische Prüfung könnte auf das Niveau einer Plauderei über zufällige Praxiserfahrungen herabsinken. Dies aber war nicht gemeint. Tatsächlich war im Lauf der Jahre der Umfang der schriftlichen Prüfungsarbeiten und auch der einzureichenden Berichte für die Zweite Theologische Prüfung ständig gewachsen, ohne daß den Vikarinnen und Vikaren klar war, wem das eigentlich nützte. Viele hatten den Eindruck, daß ihre sorgfältig erarbeiteten Gesprächsangebote von den zuständigen Instanzen ihrer Kirche einfach nicht verkraftet werden konnten. Worin sollte der Sinn schriftlicher Arbeiten liegen, wenn die andere Seite sie als Überforderung erlebte?

Die folgenden Gespräche waren darum hilfreich, weil die jungen Pastorinnen und Pastoren, die sich in dieser Sache engagierten, ihre Examen hinter sich hatten und also nicht mehr in eigener Sache kämpften. Das entspannte die Situation sichtlich. So kam es zu einer Straffung der Prüfungsleistungen (Verzicht auf Benotung der gemeindepädagogischen Arbeit, Verzicht auf zwei mündliche Prüfungen, nämlich ein Wahlpflichtfach und Kirchenrecht) und zu einer Straffung der Prüfungsordnung, die den heutigen Gegebenheiten der Ausbildung besser entspricht.

Sind wir nun wieder beieinander zur freundschaftlichen Unterhaltung "einiger älterer mit einigen jüngeren Theologiestudenten über gewisse sie als solche gemeinsam interessierende Themen"? Für mich möchte ich die Frage bejahen. Dabei ist klar, daß das Prüfungsgespräch nicht einem vertrauten Gespräch in der Familie oder im Freundeskreis zu vergleichen ist. Die Positionen des Prüfers und der Prüflinge sind nur im Gegenüber zu beschreiben. Für ein gelungenes Prüfungsgespräch ist auf beiden Seiten Disziplin und Können die Voraussetzung. Je weniger sich Prüflinge und Prüfer kennen, um so notwendiger ist die überlegte Gesprächseröffnung, die den Jüngeren Gelegenheit gibt, Positionen zur Sprache zu bringen, Praxis zu referieren, sich selber zu zeigen. Auf der Seite des Prüfers gehört die Kunst des Zuhörens gerade in dieser Anfangsphase dazu. Dann aber ist der Weg frei für ein Prüfungsgespräch. Und wenn es gut geht, werden beide Seiten von einem solchen Gespräch Ge-

winn haben und klüger geworden sein. Prüfungen, in denen beide Seiten etwas lernen, bleiben in guter Erinnerung.
Im Blick auf unsere heutige Situation muß man in Rechnung stellen, daß die Zweite Theologische Prüfung von der Ungewißheit im Blick auf künftige Anstellungschancen überlagert ist. Da hatte es die ältere Generation besser. Unabhängig vom Ausgang der Prüfung war der weitere Weg ins Pfarramt gewiß. Das hat sich in jüngster Zeit geändert. Kann man überhaupt noch von "einer freundschaftlichen Unterhaltung" reden, ohne sich dem heimlichen Vorwurf des Zynismus auszusetzen? Jedenfalls müssen wir aufpassen, daß das Prüfungsgespräch nicht zu einem Vorstellungsgespräch verkommt, wo man Punkte erkämpft, um Konkurrenten abzuhängen.
Barths Bemerkung zu den Prüfungen erscheint mir heute wie eine Vision, der wir mal näher sind und von der wir uns auch wieder entfernen. Jedenfalls ist sie auch für die Zukunft eine Herausforderung, und ich bin gespannt, wohin uns der Weg noch führen wird.

Eine Kapelle für das Predigerseminar?!

von Gerhard Ulrich

Das Predigerseminar in Preetz gehört zu den wenigen Seminargebäuden im Bereich der Evangelischen Kirche in Deutschland, die keinen eigenen gottesdienstlichen Raum aufweisen.
Von Anfang an war keine hauseigene Kapelle vorhanden bzw. geplant. Raum der Andacht und Ort der Liturgischen Ausbildung war in den ersten Jahrzehnten die etwa einen Kilometer entfernt gelegene Klosterkirche Preetz. Diese Situation wurde immer im Laufe der Geschichte als Provisorium empfunden. Die Zusammenarbeit mit dem Kloster Preetz gestaltete sich auch deswegen problematisch, da die Kirche im Bereich der Klosteranlagen nicht Teil der damaligen Schleswig-Holsteinischen und heutigen Nordelbischen Evangelisch-Lutherischen Kirche ist.
Zwar gab es immer und gibt es bis heute im Predigerseminar einen Andachtsraum. Aber er ist im Laufe der Geschichte dieses Hauses im Zuge unterschiedlicher An- und Umbauten sozusagen durch das Haus "hindurchgewandert". Diese vagabundierende Plazierung in verschiedenen Etagen, Bauabschnitten und umgewidmeten Räumen des Hauses macht deutlich, daß auch auf seiten der Ausbildung und der auszubildenden Vikarinnen und Vikare die Notwendigkeit eines gottesdienstlich geprägten Raumes nicht immer plausibel genug war, um zu einer angemessenen Lösung zu kommen. Der derzeitige Andachtsraum wird von allen Seiten als unbefriedigend empfunden:

er ist zur Entwicklung der Spiritualität der Vikarinnen und Vikare und für das geistliche Leben im Haus weder geeignet noch anregend und darüber hinaus wesentlich zu klein.

Mehrfach hat es Pläne gegeben, für das Predigerseminar in Preetz einen gottesdienstlichen Raum zu erstellen, der sowohl für die Entwicklung des spirituellen Lebens im Predigerseminar als auch für die Einübung in die liturgische Praxis geeignet ist und darüber hinaus nach innen und nach außen deutlich auf die Mitte verweist, die das Leben und Arbeiten in diesem Haus trägt und bestimmt.

In den letzten Jahren ist das gottesdienstliche Handeln im Rahmen des pastoralen Dienstes zu einem Schwerpunkt der Arbeit geworden. Die Wiederentdeckung der Bedeutung der Liturgie und der liturgischen Räume beschreibt einen Wandel des pastoralen Selbstbewußtseins wie der Kirche und der Praktischen Theologie überhaupt.

So wurde im Jahr 1994 ein neuer Anlauf genommen, auf dem Gelände des Predigerseminars eine Kapelle zu errichten. Die Gremien der Nordelbischen Kirche haben sich diesen Plänen gegenüber offen gezeigt, und mit der Ermöglichung eines Architektenwettbewerbs konnte in konkrete Planungen eingetreten werden.

Die Kirchenleitung der Nordelbischen Kirche hatte für den Haushalt 1995 die nötigen Mittel bereitgestellt, angesichts der sich abzeichnenden schwierigen Finanzlage diesen Haushaltstitel allerdings mit einem Sperrvermerk versehen. Anfang 1995 konnte die Synode keinen Baubeschluß fassen, hat aber eine endgültige Entscheidung ausdrücklich offengelassen.

Trotz angespannter Finanzlage bleiben der Wunsch nach einem - und die Begründung für einen Bau einer Kapelle am Predigerseminar in Preetz aktuell. Es ist zu wünschen und zu hoffen, daß im Rahmen der anstehenden Strukturüberlegungen im Blick auf die Ausbildung der Vikarinnen und Vikare in der näheren Zukunft die Planungen wieder aufgegriffen werden können.

Im folgenden dokumentieren wir den Entwurf der Architektengemeinschaft Seidel, Richter und Zastrow, der aus dem Architektenwettbewerb als Sieger hervorgegangen ist, sowie einen Brief an die Kirchenleitung aus dem Dezember 1994, in dem der Bau einer Kapelle ausführlich begründet und der Entwurf beschrieben wird.

Mit dieser Dokumentation machen wir deutlich, daß die Pläne keineswegs aus Finanzierungsgründen zu den Akten gelegt werden dürfen und sollen. Denn es muß die sich durch die Geschichte des Predigerseminars hindurchziehende "Lücke" dringend geschlossen werden. Es ist zu wünschen, daß sich innerhalb und außerhalb der NEK Menschen finden, die zum Bau beitragen. Es sei daran erinnert: Viele der großen und reichen Kirchenbauten in der Geschichte sind nicht in Zeiten des Überflusses, sondern in solchen der Knappheit entstanden! Die Realisierung des Baus einer Kapelle am Predigerseminar in Preetz ist m.E. von großer Bedeutung für die Zukunft dieses Seminars.

Kapelle am Predigerseminar in Preetz 31 07 93

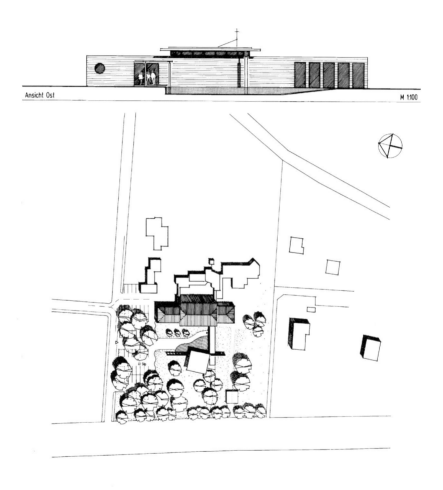

Ansicht Ost M 1:100

Lageplan M 1:500 Bl.1 Architekten Seidel Richter Zastrow · Preetz / Kiel 14.06.94

Kapelle am Predigerseminar in Preetz 31 07 93

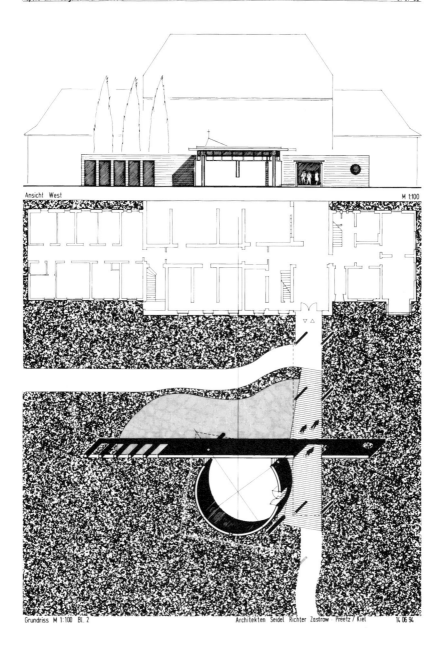

Ansicht West M 1:100

Grundriss M 1:100 Bl. 2 Architekten Seidel Richter Zastrow · Preetz / Kiel 14 06 94

Kapelle am Predigerseminar in Preetz 31 07 93

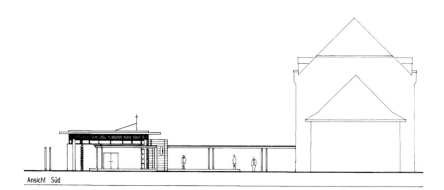

Ansicht Süd

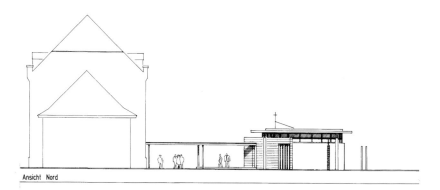

Ansicht Nord

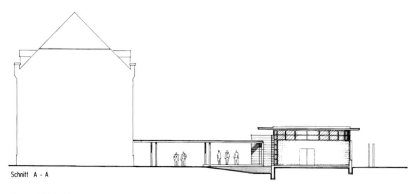

Schnitt A - A

Ansichten / Schnitt M 1:100 Bl. 3   Architekten Seidel Richter Zastrow · Preetz / Kiel 14.06.94

An den Vorsitzenden der Kirchenleitung
der Nordelbischen Evang.-Luth. Kirche
Herrn Bischof Karl Ludwig Kohlwage

15. Dezember 1994

Sehr verehrter Herr Bischof Kohlwage,
im Rahmen ihrer Sitzung im November hat die Kirchenleitung über den Plan gesprochen, auf dem Gelände des Predigerseminars in Preetz eine Kapelle zu errichten. Angesichts der angespannten Haushaltslage war es der Kirchenleitung verständlicherweise nicht möglich, diesem Plan, vor allem angesichts der Kosten, die seine Verwirklichung verursachen würde, so ohne weiteres zuzustimmen. Um so dankbarer bin ich, daß die Kirchenleitung den Plan ausführlich diskutiert und nicht einfach verworfen hat, sondern ihn weiter prüfen wird. Wir in der Ausbildung wissen es zu schätzen, daß unsere Kirchenleitung unseren Wunsch nach einem gottesdienstlichen Raum im Predigerseminar in Preetz so ernst nimmt und sich die Entscheidung nicht leichtmacht. Denn auch wir wissen, daß so ein Bauvorhaben in dieser Zeit auf besondere Vermittlungsschwierigkeiten stoßen wird. Nicht zuletzt die Diskussion um den Bau der Kapelle im Nordelbischen Kirchenamt hat ja etwas davon gezeigt, wie ja im übrigen aber auch der Mut, sich für den Bau dort zu entscheiden, sich in der Praxis ausgezahlt hat.

Ich halte es für hilfreich, wenn für die weitere Diskussion im Entscheidungsprozeß unsere Überlegungen zu dem Kapellenbau noch einmal gehört werden. Denn die Initiative für diesen Plan kommt aus der Ausbildung selbst und von denen, die in diesem Haus arbeiten und leben. Darum möchte ich noch einmal versuchen, unsere Gedanken und Gründe, die zu dem Bauplan geführt haben, zusammenfassend darzulegen.

Die Suche nach einem verbindlich gestalteten gottesdienstlichen Raum, der die Mitte bezeichnet und ausdrückt, auf die das, was wir hier tun und versuchen, bezogen ist, der unserem Gott die Ehre gibt, der die hier Lebenden und Arbeitenden immer wieder zu dieser Mitte hin ruft, ist fast so alt wie das Predigerseminar in Preetz selbst. Das Haus selbst, das in seinen ältesten Teilen 1996 einhundert Jahre alt sein wird, hat als Gebäude nie etwas von dem Geist ausstrahlen können, der seine Idee und seinen Auftrag bestimmen und lenken soll. Die im Volksmund schon vor hundert Jahren auftauchende Bezeichnung des Predigerseminars als "Posthalterstelle" mag etwas von der preußischen Nüchternheit und der Sachlichkeit dieses Gebäudes ausdrücken. Sie drückt auch etwas aus davon, daß dieses Haus aus sich heraus es schwer hat, das geistliche Zentrum zu beschreiben und zu markieren. In anderen kirchlichen Gebäuden ist das oft anders: da beschreiben sich Räume der Andacht und der Spiritualität aus der Architektur selbst. Nicht so hier. Man war vielleicht damals der Meinung, daß die Aura des nahen Adeligen Klosters mit seiner wunderschönen Kirche und die ja auch zeitweise bestehende personelle Anbin-

dung ans Kloster (der Direktor wohnte bis Anfang dieses Jahrhunderts auf dem Klostergelände) ausreichte, um auch dieses Haus zu tragen und zu bestimmen. Meines Wissens hat es aber wirkliche geistliche Gemeinschaft mit dem Adeligen Kloster zu Preetz nie wirklich gegeben. Vollends haben die Trennung vom Kloster und die zahlreichen An- und Umbauten am Predigerseminargebäude zu einer Art "spiritueller Heimatlosigkeit" geführt.
Die Unzufriedenheit mit der Situation und die Suche nach praktikablen und würdigen Gestaltungsmöglichkeiten gehören über weite Strecken zur Geschichte dieses Hauses dazu. Ein Ausdruck dieser Heimatlosigkeit mag die Tatsache sein, daß im Laufe der Jahrzehnte der Andachtsraum sozusagen durch das Haus gewandert ist. Seine Zuordnung hat sich immer wieder richten müssen nach den funktionellen Erfordernissen in der Entwicklung der Ausbildung der Pastorinnen und Pastoren in unserer Kirche. Als schließlich die Zahlen der Kandidatinnen und Kandidaten des Predigtamtes stiegen, man einen weiteren Gruppenraum brauchte, wurde zuletzt der Andachtsraum im ersten Stock unseres Hauses aufgegeben und befindet sich nun in einem Raum abseits der Hauptverkehrswege des Hauses, versteckt im Bibliotheksbereich. Dieser Raum ist u.E. ein im Blick auf seine Bestimmung unwürdiger Raum, in dem sich liturgisches Leben und spirituelles Erleben und spirituelle Gemeinschaft nicht recht entfalten kann. Es ist einem Predigerseminar, so meine ich, nicht angemessen, einen Raum als Andachtsraum zu haben, der wesentlich zu klein ist und versteckt, als müßten die, die sich versammeln, sich ihres Glaubens schämen. Zudem ist der jetzige Andachtsraum als Raum der Stille und der Andacht nur wenig geeignet.
Ausgenommen eine Zeit in den siebziger Jahren, als es als schick und opportun galt, liturgische Formen radikal zu hinterfragen und Andacht zuweilen auch verächtlich zu machen, hat es immer wieder Versuche und Überlegungen gegeben, diesem Seminar in Form eines Raumes auch nach außen hin einen Ausdruck zu verschaffen, der das, was hier geschieht, als Geschehen in der Gegenwart Gottes kenntlich und erfahrbar macht.
Die Bedeutung des gottesdienstlichen Lebens für die Kirche insgesamt sowie die Bedeutung gemeinschaftlicher Formen spirituellen Lebens auch in der Ausbildung ist in den letzten Jahren neu ins Bewußtsein unserer Kirche gerückt. Und auch die Einstellung derer, die den Beruf der Pastorin oder des Pastors anstreben und sich auf ihn vorbereiten, hat sich in den letzten Jahren deutlich gewandelt: Der Gottesdienst, die liturgische Haltung und liturgische Präsenz stehen für die Vikarinnen und Vikare erkennbar im Zentrum ihrer pastoralen Identität.
Wir selbst haben in der Ausbildung auf die veränderte Einstellung und das veränderte Bewußtsein reagiert, indem wir in den letzten Jahren die Ausbildung im Bereich der Homiletik und Liturgik zum Schwerpunkt gemacht haben. Dies hat sich ausgezahlt. Wir glauben, daß es unerläßlich ist für die Kirche gerade in dieser Zeit, daß sie erkennbar wird und sich zeigt in dem Glau-

ben, der sie trägt und der Ausdruck findet in ihrer gottesdienstlichen Tradition und in der Kraft ihrer Spiritualität. Wir glauben des weiteren, daß gerade die zukünftigen Pastorinnen und Pastoren schon in der Ausbildungszeit Gelegenheit und Raum haben müssen, gemeinschaftliche Formen spirituellen Lebens zu entdecken, zu entwickeln und zu erfahren. So ausgebildete Pastorinnen und Pastoren werden in ihrem Handeln und Leben für das Leben unserer Kirche und ihre sichtbare Gegenwart unverzichtbar sein. Dies gilt natürlich nicht nur für die Pastorinnen und Pastoren, aber für sie in besonderer Weise. Denn sie werden, versteht man zum Beispiel die Umfragen unter den Mitgliedern der Evangelischen Kirche in der Vergangenheit richtig, auch in Zukunft und wahrscheinlich zunehmend im Zentrum dessen stehen, was die Menschen an ihrer Kirche erleben. Ich meine, daß es aus ekklesiologischen Gründen unerläßlich ist, dafür zu sorgen, daß unsere Kirche ihre Kraft, die sie im - und durch das Leben in gottesdienstlichen und liturgischen Formen gewinnt, deutlich zeigt und immer neu als ihren Mittelpunkt beschreibt. Im Rahmen seiner Visitation der Nordelbischen Ausbildung im Jahr 1985 hat der damalige Ausbildungsbischof Wilckens auf das Defizit in der Herausbildung einer spirituellen Identität bei den Vikarinnen und Vikaren aufmerksam gemacht. Er hat damals angeregt und gefordert, daß die Ausbildung Räume bereitstellen soll, die die Erfahrung auch der spirituellen Gemeinschaft und des spirituell getragenen gemeinsamen Lernens ermöglichen und zur Entfaltung bringen können (vgl. Visitationsbericht). Ich stimme dem damaligen Bischof in diesem Punkt uneingeschränkt zu. Die Zukunft nicht nur des Pastorenberufs, sondern unserer Kirche hängt entscheidend davon ab, ob die, die Kirche repräsentieren in der Welt, ihren Glauben vor-leben und zeigen, ihn entfalten und feiern können, so daß die Gemeinschaft der Heiligen als solche erkennbar ist und wachsen kann.

Der Wunsch nach einer Kapelle wächst aus einem doppelten Defizit: Neben den Räumen für das geistliche Leben fehlt unserem Seminar ebenso ein Raum für die liturgische Ausbildung, die (s.o.) gleichwohl einen gewichtigen Teil des Curriculums ausmacht.

Der vorhandene einzige Raum für die Gesamtgruppe ist weder im Blick auf seine Ausstattung noch akustisch für diesen Zweck wirklich geeignet.

Für die Gruppen- und Einzelarbeit an liturgischen Formen und Ausdrucksmöglichkeiten wäre ein gottesdienstlicher Raum ein großer Gewinn.

Immer wieder wird die Frage aufgeworfen, ob es für unsere Zwecke nicht möglich wäre, die Räumlichkeiten des Adeligen Klosters zu nutzen.

Dies aber ist aus verschiedenen Gründen unrealistisch:

1. Abgesehen davon, daß von seiten der Klosterleitung eine Benutzung der Klosterkirche durch das Predigerseminar zu Ausbildungszwecken nicht gewünscht ist, sind die Räumlichkeiten der Klosterkirche weitgehend auch nicht verfügbar und einsetzbar; der Raum ist nicht heizbar und zwischen Oktober und dem Pfingstfest überhaupt nicht zugänglich. In den Monaten zwischen

Pfingsten und Erntedank muß die Kirche für touristische Zwecke offengehalten werden. Die Entwicklung eines regelmäßigen geistlichen Zentrums und geistlichen Lebens ist schon von dorther unmöglich.
2. Eine echte geistliche Gemeinschaft zwischen Kloster und Predigerseminar hat nie existiert und hat sich nie entwickelt. Das liegt nicht an etwa schlechten Beziehungen zwischen beiden Institutionen - die waren immer relativ harmonsich. Es liegt vor allem daran, daß zwischen beiden Institutionen eine zu große Entfernung liegt. Der Hinweis auf Möglichkeiten des nahen Klosters geht genauso an der Sache unseres Anliegens vorbei, wie der Hinweis auf die Nikolai-Kirche in der Diskussion um die Kapelle des Nordelbischen Kirchenamtes den Kern der Sache damals nicht traf.
Das Kloster und das Predigerseminar entwickeln je ihr eigenes Leben und ihre eigene Lebensgemeinschaft. Das spirituelle Leben kann sich in Wahrheit erst da richtig entfalten, wo Arbeiten und Beten, Aktion und Kontemplation auch räumlich-örtlich zusammenkommen, wo sich Glaubenserfahrungen und Welterfahrungen immer neu aufeinander beziehen und miteinander vermitteln. Das Heilige und das Profane gehören unterschieden, aber nicht getrennt. Darum gehört der Raum der Anbetung in den Lebenskontext hinein. So wie die Kirche in die Mitte des Dorfes. Mein Glaube sucht Heimat da, wo ich und die Meinen zu Hause sind. Und nur mit der Gewißheit solcher Heimat ist er in der Lage, sich in die Welt zu begeben. Darum braucht das Predigerseminar den Raum der Anbetung, der Stille und der liturgischen Praxis in seiner Mitte.
Zur Zeit weichen wir für Teile der liturgischen Ausbildung auf die Preetzer Stadtkirche aus. Die Absprache mit der Kirchengemeinde Preetz trifft auf freundliche Offenheit, stößt aber immer wieder auf Schwierigkeiten: Die Planung für die Nutzung der Kirche hat einen langen Vorlauf und muß mit der Gemeinde koordiniert werden, was verständlicherweise nicht immer gelingt, da der Raum für die Zeiten der Ausbildung ganz für uns reserviert werden muß.
Die Arbeit mit Vikarinnen und Vikaren in den letzten Jahren hat gezeigt, daß die Zeit der Ausbildung entscheidend ist für die Herausbildung einer spirituellen Identität, die untrennbar zusammengehört mit der in Studium und Vikariat entwickelten theologischen Existenz und mit dem im Vikariat geschärften pastoralen Profil. Die Vikarinnen und Vikare fragen nach Räumen auch für gemeinschaftlich zu gestaltende spirituelle Erfahrung. Sie sind sehr ernsthaft auf der Suche nach Formen, in denen ihr eigener Glaube und ihre eigene Glaubensgeschichte so Ausdruck finden können, daß sie einen tragfähigen Grund bilden nicht nur für sie selbst und ihre pastorale Zukunft, sondern die auch glaubwürdiger Ausdruck sein können für die, die ihnen in Zukunft anvertraut sind. Gemeinden, in denen Vikarinnen und Vikare lernen, können für sich allein solche Räume nicht bieten und darstellen. Spiritualität braucht Räume des Experimentierens, des Suchens und Fragens jenseits und abseits des Zwangs der Verwertbarkeit in vorfindlichen gottesdienstlichen Formen der Gemeinden.

Die Ausbildung gewinnt an Bedeutung in dieser Hinsicht nicht zuletzt dadurch, daß für viele Vikarinnen und Vikare in dem Vikariat die spirituelle Praxis erst beginnt. Nicht alle können zurückgreifen auf in Familie oder Gemeinden gewachsene Ausdrucksformen der Frömmigkeit und des gemeinschaftlichen Lebens.

Aber nicht nur für die in der Ausbildung Tätigen und die, die ausgebildet werden, ist die Bereitstellung dem Gottesdienst gewidmeter Räume wichtig und unaufgebbar. Die Existenz und die Zukunft der Kirche ist nicht nur gefährdet durch die knapper werdenden Gelder und auswandernde Mitglieder. Ihre Existenz und Glaubwürdigkeit sind vielmehr in Frage gestellt durch einen inneren Erosionsprozeß. Die Gefahr jeder Krise ist es, daß sie nicht Kräfte des Kampfes und der Offensive freisetzt, sondern zu entmutigen droht. Unsere Kirche hat aber m.E. in der gegenwärtig vielleicht krisenhaft erlebten Zeit auch die Chance und die Pflicht zur Erneuerung und zur Bekräftigung. Sie wird in jeder Weise sich investiv zu verhalten haben in den Dingen, die dazu angetan sind, den Grund und den Glauben dieser Kirche zu bezeugen. Unsere Kirche hat keinen Grund, sich zu verstecken, sie kann sich sehen lassen mit dem, was sie trägt. Sie soll aufrichten das tröstende Wort des Kreuzes und innerlich und äußerlich hinweisen auf den, der gekommen ist zum Trost und zur Rettung der Welt. Sie muß sich zeigen als die Gemeinschaft der Heiligen und sichtbar machen und unüberhörbar werden lassen die Gegenwart Gottes, den Zuspruch und den Anspruch seiner Verheißung. Eine Kirche, die sich nicht zeigt, die nicht erkennbar ist in ihrer Andersartigkeit auch, die nicht ihre Stimme erhebt, daß die Welt das Wort Gottes nicht überhören kann, eine Kirche, die hier spart, spart m.E. am falschen Platz.

Manche äußern die Sorge, daß der Bau der Kapelle zur Zeit ein falsches Signal sein könnte.

Für mich ist dies ein Widerspruch in sich.

Eine Kapelle, eine Kirche, ein dem Gottesdienst gewidmeter Raum war immer und ist in dieser Zeit besonders ein richtiges Signal. Es ist nämlich ein Signal der Vitalität der Kirche und des Glaubens, ein Signal ihrer Bekenntnisbereitschaft und ihres Willens, der Welt mit dem Wort Gottes eine Orientierung zu verkündigen. Eine Kirche, die aufhört, sich Kapellen und gottesdienstliche Räume zu bauen, gibt sich selbst auf. Wann, wenn nicht jetzt, ist es an der Zeit, sichtbar zu werden immer neu und sich zu zeigen?

Sicher zeigt sich Kirche nicht nur in ihren gottesdienstlichen Gebäuden und Räumen. Und dennoch sind unsere Kirchen und gottesdienstlichen Räume ein unverzichtbarer Ausdruck unseres Glaubens und der Botschaft der Kirche. Sie nämlich verweisen unverbrüchlich auf den, dessen Friede höher ist als unsere Vernunft. Sie sind Räume, in denen unser Glaube sich immer neu vergewissern kann und in denen er sich ausstrecken kann zu dem, der uns ruft. Unser Glaube braucht dem Gottesdienst gewidmete Räume, in denen er Gott die Ehre geben kann und die als Räume selbst Gott die Ehre geben. Unser Glau-

be muß immer wieder Hilfen haben, Gestalt werden zu können in Wort und Tat, Aktion und Kontemplation. Er braucht Räume des Rückzugs, damit er Kraft gibt zum Aufbruch. Er braucht Räume der Sammlung, damit er sich senden lassen kann in die Welt.
Und auch für unser Predigerseminar ist ein solches Zeichen, ein solcher Raum unverzichtbar. Die Geschichte der Predigerseminare insgesamt zeigt, daß diese Häuser nicht nur Ausbildungsstätten sind, sondern immer auch Orte, an denen die geistliche Substanz und die Theologie der Kirche sich zu bewähren haben und von denen her sie Anstöße bekommen für ihre Erneuerung. Und deshalb brauchen die, die hier leben und arbeiten, einen dem Gottesdienst gewidmeten Raum: für die Einübung und Vergewisserung der eigenen Spiritualität; für die Entfaltung der eigenen liturgischen Haltung und Präsenz; für die Vorbereitung des öffentlichen Dienstes der Verkündigung und der Rolle als Verwalterin und Verwalter der Geheimnisse Gottes.
Es hat eigentlich in der Vergangenheit nie in Zweifel gestanden, daß unser Predigerseminar einen würdigen Andachtsraum braucht. Allerdings sind alle bisherigen Versuche und Planungen gescheitert. Der Versuch, die ehemalige Wohnung der Hauswirtschaftsleiterin zur Kapelle umzubauen, ist ebenso an den baulichen Möglichkeiten gescheitert wie die Idee, den Lichthof zwischen dem Altbau und dem angebauten Wirtschaftsgebäude für den Bau eines Andachtsraumes zu nutzen. Auch die Idee, im rückwärtigen Bereich des Predigerseminars einen Kapellenbau zu errichten, scheiterte an Baugenehmigungsfragen sowie daran, daß hier eine sinnvolle und der Sache entsprechende Anbindung ans Seminargebäude nicht möglich ist. Neben die baulichen Argumente, die für die Plazierung der Kapelle vor das Seminargebäude sprechen, tritt für mich ein inhaltliches: Die Kapelle gehört nicht in den hinteren Teil des Grundstücks, wo sie niemand sieht. Der einzige Ort für sie ist vorne vor dem Tor. So können die, die kommen, wissen, unter welchen Vorzeichen dieses Haus lebt und die Menschen in ihm arbeiten. Und die, die hinausgehen, können und dürfen sich erinnern lassen, in wessen Namen sie sich auf den Weg machen. Und nicht zuletzt können die Bürger der Stadt Preetz dieses für die Geschichte ihrer Stadt nicht unwichtige Gebäude endlich identifizieren.
So entstand die Idee, ein Kapellengebäude zu planen, das vor der Front des Predigerseminars zu stehen kommt, für die Öffentlichkeit wie für die, die im Seminar leben und arbeiten, unübersehbar; ein Gebäude, das letztlich auch nach außen hin deutlich macht, welcher Geist das Leben hinter den preußisch schlichten Fassaden trägt.
Es wurde im vergangenen Jahr ein Architekten-Wettbewerb ausgelobt für den Bau einer Kapelle, die sowohl der ständigen Meditation und Andacht sowie Gottesdiensten in verschiedensten Formen im Rahmen der Ausbildung dienen soll. Der Entwurf, der schließlich als Sieger aus diesem Architekten-Wettbewerb hervorgegangen ist, ist ein Entwurf, der in seiner geistlichen Tie-

fe und Stimmigkeit, in seiner Schlichtheit und in seinem Wagnis zur unübersehbaren Formgebung die Vorstellungen und Wünsche, die unsere Ideen leiteten, hervorragend verwirklicht. Im Gutachten des Preisgerichts heißt es:
»Die Verfasser schlagen im Verhältnis zum bestehenden Seminargebäude ein radikal eigenständiges Gebäude vor, ohne dabei jedoch auf eine Bezugnahme zu verzichten. Im Gegenteil, es entsteht ein definierter Raum zwischen der die Konzeption bestimmenden Mauer, dem offenen Verbindungsgang und dem Seminargebäude. Wichtig bei dem Konzept ist die vorgegebene Wegeführung mit betont einzelnen Abschnitten, mit eigenem Charakter, unter Einbeziehung der einerseits trennenden, aber auch zugleich in ihren Brüchen verbindenden Mauer. Die Wegeführung erscheint wie eine baulich umgesetzte Liturgie: Die Besucher der Kapelle müssen sich auf den Weg machen, Tore durchschreiten, Schwellen überwinden bis zum Ziel.
Der schlichte, ruhige, konzentrierte Raum entspricht der gewünschten Funktion als Andachtskapelle und seiner Funktion als Ausbildungsraum für liturgische Praxis ... Der Entwurf überzeugt in seinem Mut zur Einfachheit, Klarheit, Kenntlichkeit und erfüllt damit kreativ hervorragend die gestellte Aufgabe. Die Konzeption verbietet umfassende Eingriffe.«
Die geplante Kapelle, wie der preisgekrönte Entwurf sie vorsieht, bildet ein Gegenüber zum vorhandenen Predigerseminargebäude. Der Raum des Heiligen, der Anbetung Gottes ist deutlich unterschieden vom Alltag. Eine Mauer zwischen beidem unterstreicht diese theologische Einsicht. Jede Liturgie des Gottesdienstes bildet in sich Wege ab. Wege der Sammlung und der Bereitung zur Begegnung mit dem Heiligen, das uns herausruft aus dem Alltäglichen. Immer ist der Weg in den Gottesdienst und im Gottesdienst so, wie dieser Entwurf es baulich umzusetzen versucht: Wer vor Gott treten will, muß sich auf den Weg machen, muß seine wohlvertraute Umgebung hinter sich lassen können, Hindernisse überwinden, Tore durchschreiten. Dieser Entwurf nimmt die jeder Liturgie zugrundeliegenden Gedanken ernst.
Dieses Gegenüber von Profanem und Heiligem, das sich der Anpassung ans Alltägliche widersetzt, ist hier ein wichtiges Lebenszeichen unserer Kirche und ist im übrigen auch ein Teil immer wieder schmerzlich und dann doch befreiend zu erlebender pastoraler Realität.
Ich glaube, daß es Grund genug gibt, bei unserem Predigerseminar eine solche Kapelle zu bauen und sie auch dorthin zu setzen, wo die Architekten sie in ihrem Entwurf plazieren. Ich glaube, daß so ein Bau sich für unsere Kirche auszahlen wird und daß so eine Investition sich lohnt. Sie nur als eine Investition zu verstehen im Blick auf die kleine Gruppe von Theologinnen und Theologen, wäre kurzsichtig: Es ist eine Investition zur Ehre Gottes.
Mit herzlichen Grüßen
Ihr
                                                              Gerhard Ulrich

Meine Preetzer Zeit als Studieninspektor (1951-1953) und Studiendirektor (1963-1970)

von Joachim Heubach

Da ich vom 1.10.1951-30.3.1953 als Studieninspektor unter dem damaligen Studiendirektor Dr. Gerhard Kunze tätig war, war mir die Arbeit im Predigerseminar Preetz bereits vertraut. Damals war vieles anders. Die Predigerseminarausbildung verlief noch weithin so, wie sie vor dem 2. Weltkrieg seit Generationen üblich war. Die Kandidaten kamen, nachdem sie ein Jahr im Gemeindevikariat gewesen waren, für ein volles Jahr zur Ausbildung nach Preetz und machten von hier ihr Zweites Theologisches Examen. Meine Aufgabe als Inspektor bestand darin, daß ich an jedem Morgen (auf die Tage der Woche verteilt) eine Stunde kursorische Lektüre des AT (hebräisch), des NT (griechisch) und der Lutherischen Bekenntnisschriften (lateinisch) zu leiten hatte. Als neue Tätigkeit nahm ich vier Stunden Katechetik (Religions-Pädagogik) auf und begann mit Unterrichtsbesuchen in der Preetzer Grundschule. Sonst hatte ich als Inspektor für die Ordnung im Seminar zu sorgen und hatte viel Zeit für eigene Studien. Während der eineinhalb Jahre arbeitete ich an meiner Habilitationsschrift. Auch hatte der Studieninspektor damals unverheiratet zu sein. Ich war allerdings der letzte Inspektor, der diese Voraussetzung erfüllte.

Der Hauptteil der Kandidatenausbildung fiel dem Stud.Direktor zu (Homiletik, Liturgik und Seelsorge). Vom Kieler Landeskirchenamt kamen die dortigen Juristen, um Kirchenrecht und Verwaltung zu unterrichten, und ein Kieler Kantor Liturgisches Singen und Gesangbuchkunde. Vertreter der kirchlichen Werke kamen ins Seminar, um die Kandidaten über die jeweiligen Werke zu informieren. Es war im wesentlichen ein Lehr- und Informationsbetrieb. Dr. Kunze legte Wert auf selbständige theologische und politisch-gesellschaftliche Zeitungs- und Zeitschriftenlektüre.

Vom 1.4.1963-27.2.1970 übernahm ich als Studiendirektor, erstmalig auf Zeit für sieben Jahre berufen, die Leitung des Seminars. Mein Vorgänger, Pastor Dr. Tebbe, der vom Katechetischen Seminar Breklum kam, führte das Seminar nach den bisherigen Ausbildungsprinzipien weiter, verstärkte allerdings die katechetisch-pädagogische Ausbildung. Ihm stand ein Hilfsgeistlicher als Studieninspektor jeweils für eineinhalb Jahre zur Seite. Aus der Zeit des Direktorats von Dr. Tebbe übernahm ich als Studieninspektor Pastor Karl Ludwig Kohlwage. Ihm folgten während meiner Zeit als Inspektoren die Pastoren Gerd Heinrich, Frietrich-Otto Scharbau und Siegfried Lukas. Die beiden letzteren hatten bereits erste eigene Gemeindeerfahrungen.

Mein Bemühen war, bestimmte Veränderungen in der Seminarausbildung zu erreichen. Dabei waren gewisse Schwierigkeiten in der damaligen Kirchenleitung zu überwinden. Aber ich hatte stets hilfreiche Unterstützung durch den damaligen Ausbildungsdezernenten, Oberlandeskirchenrat D. Johann Schmidt.

Die Veränderungen betrafen folgende Bereiche:

1. Die bisher einjährige Seminarzeit wurde dergestalt verändert, daß nach dem Ersten Theologischen Examen ein halbjähriger Einführungskursus in Preetz stattfand. Danach schloß sich ein einjähriges Gemeindevikariat an, und danach fand abschließend ein halbjähriger Auswertungskursus im Predigerseminar statt, an dessen Ende das Zweite Theologische Examen abgelegt wurde. Die Aufteilung erwies sich als sehr förderlich.

2. Die homiletisch-liturgische Ausbildung, die bisher im wesentlichen in der Klosterkirche oder im Altenheim des Klosters stattfand, wurde in normale Kirchengemeinden verlegt und zwar in Gestalt von Propsteibesuchen. Wir fuhren an einem Wochenende mit dem gesamten Seminar jeweils in eine Propstei und verteilten uns je mit zwei Kandidaten in eine der dortigen Gemeinden. Der eine Kandidat hielt im Gemeindegottesdienst die Predigt und der andere Kandildat die Liturgie. Beide rezensierten sich gegenseitig an einem der folgenden Tage im Seminar in Gegenwart des Direktors oder Inspektors. Solche Besprechungen der gehaltenen Gottesdienste dauerten jeweils ca. zwei Stunden. Für den Direktor und Inspektor war diese Praxis eine nicht unerhebliche Anforderung. Doch konnte man damit den einzelnen Kandidaten sehr viel mehr gerecht werden als in einer großen Gruppenbesprechung.

3. Durch die gemeinsamen Gottesdiensteinsätze jeweils in einer Propstei konnten wir im Laufe eines Jahres den Kandidaten einen ersten Einblick in die unterschiedlichen Strukturen der jeweiligen Propstei vermitteln. Wir wählten in der Abfolge deswegen geographisch unterschiedliche Propsteien aus (Nordangeln - Elmshorn - Ostholstein - Eiderstedt - Altona - Eckernförde - Südtondern - Blankenese - Schleswig - Wandsbek - Plön - Lauenburg usw.). Am Sonntagnachmittag kamen wir alle mit dem Propsten, den Mitgliedern des Propsteivorstandes und den Pastoren der besuchten Gemeinden zusammen, wurden über die kirchliche Situation und die Besonderheiten der Propstei informiert und konnten Fragen stellen. Im Laufe der Zeit ergab sich für die Kandidaten ein Überblick über die oft sehr unterschiedlichen kirchlichen und soziologischen Gegebenheiten innerhalb der schleswig-holsteinischen Landeskirche und ihrer Sprengel. Dazu lernten die Kandidaten Pröpste, Pastoren und kirchliche Mitarbeiter kennen. Monatlich waren drei Wochenenden mit Propsteieinsätzen vorgesehen. Natürlich waren damit für alle Beteiligten manche persönlichen Belastungen verbunden. Aber die gemeindebezogenen Gottestienste und die Vermittlung der Verschiedenartigkeit der Propsteien der Landeskirche erwiesen sich als ein erkennbarer Gewinn.

4. Weitere Neuerungen in dieser Zeit waren:

a) Der Kontakt zur motorisierten Verkehrsüberwachungsbereitschaft der Landespolizei in Neumünster. Durch die hilfsbereite Vermittlung des damaligen Leiters, Ober-Polizeirat K.-H. Schlör, nahm jeder Kandidat pro Semester an drei Einsatzfahrten dieser Polizeieinheit teil und bekam dadurch auch ein neues Verhältnis zu den verkehrspolizeilichen Aufgaben. Auch wurden dadurch neue Impulse zur Polizei- und Unfallseelsorge (SOS) entwickelt.

b) In jedem Kursus fand eine dreitägige Studienfahrt nach Hamburg statt, wo in jeweils Dreier-Gruppen Veranstaltungen von Freikirchen und Sekten besucht wurden. Die dabei gewonnenen Eindrücke wurden anschließend im Seminar gemeinsam ausgewertet.

c) In jedem Jahr wurde eine einwöchige Studienfahrt in eine luth. Kirche des europäischen Auslands durchgeführt. Hier entstanden für manche Kandidaten auch persönliche Beziehungen zu jungen Theologen des jeweiligen Landes.

d) Eine weitere Neuerung war die gemeinsame Seminarausbildung von akademisch vorgebildeten Kandidaten und solchen aus kirchlichen Berufen und Pfarrvikarsanwärtern mit anderen Berufserfahrungen. Die zunächst befürchteten Divergenzen in den "Vorbildungen" erwiesen sich sehr bald als nicht sonderlich belastend. Ja, es machte Freude zu sehen, wie beide Gruppen sich in Sachgesprächen und auch im persönlichen Umgang ergänzten.

Ich blicke gerne und in Dankbarkeit auf meine Preetzer Zeit zurück. Die Inspektoren, die Hausdame Frau von Rosenstiel, Frau Kock und alle weiteren Mitarbeiter zogen tatkräftig mit an einem Strang. Daß man es nicht allen Kandidaten immer recht machen konnte, sondern das Ganze der Aufgaben im Blick behalten mußte, gehört auch zu den Erfahrungen dieser Zeit.

Abendliche Reminiszenzen an das Predigerseminar in Preetz 1970/72

von Maria Jepsen

Das Erstaunlichste ist: die Erinnerungen an Preetz passen auf eine Postkarte. Ich könnte kein Heft damit füllen, geschweige denn ein Buch.

Wir lebten damals dort wie auf einer Brücke. Blickten wir zurück, sahen wir Studium, Schulzeit und Kindheit. Blickten wir nach vorn: den Beruf. Ein letztes Mal noch befanden wir uns in einer Gruppe. Danach würden wir einzelne sein müssen. Das übten wir in der Gemeinde, mehr oder weniger umhegt von Vikarsvätern und Mentoren.

Das Predigerseminar, dies ehrwürdige Haus mit seinen dicken Mauern, war ein lautes Haus. Das kam nicht von der entfernt liegenden Straße, sondern tags

vom Bolzplatz dahinter und abends und nachts von den Fluren, als tobte man noch einmal seine Kindheit aus. Der Lärm war derart, daß manche nach ein paar Tagen entnervt abreisten mit psychosomatischen Grippeinfekten und dergleichen. Die kamen vom gruppendynamischen Virus. Ich schätze, heute sind die Mauern dünner und der Lärm drinnen ist darum geringer.
Als ich mich dort aufhielt, waren die Mauern gerade erst frauendurchlässig geworden - was in der Kirche ja immer noch ein erwähnenswerter Umstand ist. Das letzte Argument, Frauen vom Predigerseminar fernzuhalten, konnten selbst Theologen nicht mehr theologisch nennen: es ermangele der sanitären Einrichtungen. Das waren Rückzugsgefechte nur noch.
Ich schätze, das ist heute noch eleganter gelöst als damals: Wir vier Vikarinnen kamen nicht im Haupthaus unter, sondern im Damentrakt, da, wo vorher das Personal gewohnt hatte, und hatten eine eigene Dusche auf einem stillen Flur. Und gerieten so nicht in Gefahr, Referenten des Nachts im Nachthemd über den Flur geistern zu sehen - was durchaus vorkam, wie die anderen beeindruckt erzählten.
Als richtig hübsch dagegen läßt sich die Lösung bezeichnen, die man fand, als ich gegen Ende des Vikariats dann auch noch einen Vikar ehelichte und wir noch einmal nach Preetz mußten zum letzten Kurs: da stellte man uns für einige Tage ein Referentenzimmer zur Verfügung mit direkt angegliederten sanitären Einrichtungen. So blieben Sitte und Anstand der Liebe geschützt. So löst man Probleme, pragmatisch. Der theoretische Unterbau dafür war noch nicht ausformuliert.
Immerhin: Die Frauen konnten anfangen, sich auch in Preetz nicht mehr zu schämen, eben nur Frauen zu sein. Man nahm uns fast schon als doch auch gottgegeben hin auf kirchlichem Kopfsteinpflaster. Wenn auch das Diktum von dem "Weib, das in der Gemeinde schweige" noch nicht ausdiskutiert war - und viele in Frauen noch immer weiter Weiber sahen, ein unheimliches Gefahrenpotential. Was mich heute an eine andere Diskussion erinnert, die in Nordelbien geführt wird.
Daß ich als Frau in der Ausbildung war, bedeutete für mich nichts Besonderes. Eine weibliche Identität strebte ich nicht an. Ich suchte pastorale Identität, mehr nicht. Frauenthemen lehnte ich für mich ab und empfand es geradezu als Beleidigung, auf diesen Bereich extra hingewiesen zu werden. Von weiblicher und inklusiver Sprache auch keine Spur. Die Ausbildung, die ja rein männlich war, sensibilisierte mich jedenfalls in keiner Weise.
Allerdings habe ich beim Talar bewußt einen Damen-Kragen gewählt. (Daß der viel praktischer als Beffchen ist, erfuhr ich erst später.)
Die erwähnte Postkarte ist längst voll. Aber so ist es ja, wenn man Erinnerungen nachhängt: Türchen um Türchen öffnet sich die Vergangenheit, und es steigt auf, was man internalisiert hat.
Den Bischofsbesuch etwa: der kam gegen Abend von Kiel herüber. Saß nach dem Tischgebet (das auch nicht selbstverständlich war, sondern ein Thema,

das diskutiert werden mußte, als schämte man sich der Frömmigkeit) in unserer Runde und lehrte mich zwei Dinge:
- einmal, wie man im Amt mit einem Bibelwort durch die Woche käme. Er riet uns zur Konzentration auf einen Losungsspruch bzw. Bibelabschnitt; den solle man gründlich meditieren und dann auslegen bei den anfallenden Kasualien, sei es nun Geburtstags- oder Krankenbesuch, Morgenandacht im Mitarbeiterkreis oder bei den Amtshandlungen. Das leuchtete mir Lernwilliger sehr ein. Und mehr noch sein mitten im Gespräch mit uns, nach einem Blick auf die Uhr, abruptes Aufstehen. Es sei 22 Uhr. Und ein Bischof müsse schlafen. Das war nun wirklich der praktischste Vorschlag der gesamten praktischen Ausbildung und aller Beherzigung wert. Grundvoraussetzung für einen guten Theologen und Pastor sei: regelmäßiger guter Schlaf! Und dann ging er auch und ließ uns grollend zurück. Wir fanden, dieser weltgewandte Mann hätte mehr Zeit für uns haben müssen. Aber: Er hatte recht, auch wenn er nicht "im Rate Gottes saß", wie er kurz zuvor, noch nicht müde geworden, betonte.
- Und schließlich sei noch erwähnt (dabei könnte ich nun, merke ich, bleiben, über Preetz Seiten zu füllen, etwa über das "Minseln"), wie ein Kirchenrat uns an einem oder zwei kurzen Nachmittagen in das Kirchenrecht einführte. Gemessen an der Länge des Studiums und Vikariats - bei mir ca. sechs Jahre insgesamt - war das eine Gewichtung, die mich als Theologin noch heute eher erheitert als erschreckt - allerdings ohne in Hochmut zu verfallen deswegen.
Das einzige, was ich behalten habe, ist der Satz: "Ein Pastor darf nicht ohne Urlaubsantrag in den Süden fahren." Worauf wir dumm konterten: "... und in den Norden?"
Jedenfalls: rechtlich gesehen wurden wir mehr schlecht als recht ausgebildet. Doch wenn wir gut ausgeschlafen sind, kommen wir auch damit klar. Und ein Blick auf die Uhr sagt mir: es ist schon nach 22 Uhr; beste Zeit, und sei es, abrupt zu schließen.

Erinnerungen, sehr persönliche, an 35 Jahre Vikarsausbildung in Preetz

von Hans Christian Knuth

I. Meine ersten Erinnerungen an "Preetz" gehen zurück in die 50er Jahre. Mein Vater, selbst Vikar in Preetz gewesen, pflegte vor allem von Ulk und Blödsinn zu erzählen, den die Vikare in Preetz reichlich veranstaltet hatten.

Wie sie den späteren Lübecker Bischof Heinrich Meyer eingesperrt hatten und er auch nach Öffnen der Tore stundenlang im Schmollwinkel saß und nicht aus seinem "Gefängnis" herauskam. Wie locker man damals mit dem Direktor umging, wie wenig man lernte und wie viel man zu essen bekam. Die Jahrgänge der Inflationszeit wurden ja bei Eingang und Ausgang gewogen, und es war der ganze Stolz der Hausmutter, wenn sie die Kandidaten dünn bekam und dick wieder abgab. "Wenn du deine Lieben noch einmal sehen willst, dann mußt du es bald tun, denn dann wachsen dir die Augen zu!" So hänselte man sich. Da die Zahl der geschlachteten Hühner und Puten im Seminar stets gleich blieb, bekamen die Teilnehmer von kleinen Gruppen extrem viel zu essen. Solche und viele ähnliche Erzählungen bestimmten meinen ersten Eindruck von Preetz.

Später habe ich dann meinen Bruder in Preetz besucht, der mich auch ohne Schwierigkeiten in einen Kurs mit hineinnahm, obwohl ich gerade mit dem Theologiestudium begonnen hatte. Auch hier hielt sich die Begeisterung der Kandidaten sehr in Grenzen. Erzählt wurde mir von lebhaften Skatrunden, von subversiven und Antiprogrammen, von langen Wochenenden und kurzen Kursen. Besonders lebhaft erinnere ich den jetzigen Propst Helmer Lehmann, der sich zu Anfang einer Unterrichtseinheit einen riesigen Stapel Zeitschriften mit in den Hörsaal nahm, den er dann auch "durch" hatte, wenn die Stunde vorbei war. "Zeitschriftenkunde" nannte er das. Offenbar störte das den vortragenden Direktor nicht besonders.

Das mögen zufällige und einzelne Eindrücke gewesen sein. Immerhin werden sie von vielen anderen Erzählungen aus jenen Jahren bestätigt. Preetz galt weithin als "Trockenschwimmkurs". Ein Jahr Gemeinde, dann ein Jahr Kasernierung im "Presterspieker". Eine schwierige Situation.

Ich selbst bekam nach meinem Studium einen wesentlich schärferen Wind zu spüren. Ich erinnere mich noch genau, daß ich für ca. eine Woche beurlaubt wurde, um das Rigorosum zu machen, mußte mich aber am nächsten Morgen nach der Prüfung in Zürich in Preetz einfinden, so daß eine Feier mit den Freunden in Zürich entfiel. So streng fing es an. Frau von Rosenstiel war Hausdame, der spätere Bischof von Schaumburg-Lippe, Joachim Heubach, war Direktor, der spätere Propst von Kappeln, Siegfried Lukas, war Studienleiter.

Auch wir waren noch ein Jahr in der Gemeinde und dann anschließend annähernd ein Jahr im Predigerseminar. Heubach versuchte intensiv, uns immer noch recht abstrakt existierenden Vikare an neue Praxisfelder heranzuführen: Mitfahrt im Streifenwagen der Polizei, Erkundung von Neubaugebieten, Studienfahrten nach Skandinavien, Liturgie und Kirchenrecht und anderes. Ich wollte am liebsten das Oberseminar der Universität fortsetzen und sehe mich - reichlich überheblich - an die Wandtafel schreiben: "Machen wir hier Theologie oder Tourismus?" Lukas war religionspädagogisch interessiert und führte uns ein in die neue Literatur. Schulpraktika oder Dienstpraktika gab es noch nicht. Im Hintergrund dieser Seminarkonzeption standen Bonhoeffers "Gemeinsames Leben" und "Nachfolge", wobei in unserer Gruppe nun doch die Zahl der Verheirateten und Verlobten recht beträchtlich war und die Neigung eher zu den Partnerinnen ging als zu den Mitvikaren. An Wochenenden fuhren wir zu zweit aufs Land, um zu predigen. Einer mußte dann den anderen abhören und beurteilen. Es kamen auch eine ganze Reihe interessanter Leute aus dem Gemeindedienst und aus dem Kirchenamt, die uns erzählten von ihren Arbeitsbereichen. Im großen und ganzen haben wir natürlich auch sehr viel Spaß gehabt, und wenn ein Oberkirchenrat ausschließlich aus dem Gesetz- und Verordnungsblatt vorlas, dann wurde nicht nur Unsinn gemacht, dann liefen einige mit karikaturistischen Fähigkeiten zur Höchstform auf.

Wir fuhren mit dem Motorroller im ersten Stock herum, hißten mögliche und unmögliche Gegenstände am Mast der Kirchenfahne auf. Damen waren nicht zugelassen, nicht einmal Ehefrauen durften, weit entfernt von der Gruppe, unter dem Dachboden nächtigen. Es war klar, daß die Kasernierung erhebliche Regressionen auslöste und man sich - obwohl in der Gemeinde durchaus schon erwachsen - wieder recht infantil benahm.

Es gab freilich - auch bei uns Vikaren - eine Sehnsucht nach Vita communis, nach geistlicher Gemeinschaft, nur hatten wir nicht die uns überzeugende Form gefunden. Wir waren vorwiegend interessiert am Wahrheitsproblem der Verkündigung. Entmythologisierung, Hermeneutik, Aufklärung der Gemeinden über die Ergebnisse der Historischen Forschung, Auseinandersetzung mit Naturwissenschaft und moderner Philosophie: in diese Richtung wollten wir vorstoßen. Alles kreiste um das Verhältnis von Wort und Sprache, von Wort Gottes und Verkündigung. Da hatte es die Praktische Theologie schwer, anerkannt zu werden. Amtshandlungen galten als ein lästiges Übel der Volkskirche, Liturgie war den wenigsten vertraut und wurde trotz redlichen Bemühens des Direktors, uns damit vertraut zu machen, privat zumeist karikiert. Die Predigt stand im Mittelpunkt aller Bemühungen. Von sprachphilosophischen und hermeneutischen Überlegungen suchten wir uns einen Zugang zur reformatorischen Theologie des Wortes und zur Dialektischen Theologie. Ökumene war ein Stichwort für Spezialisten. Auch Evangelikale tauchten nur ganz am Rande auf als exotische Pflanzen, die man nicht verstand.

II. Die Wende zur Praktischen Theologie

Drei Jahre später erlebte ich "Preetz" in einem völlig neuen Konzept. Inzwischen Pastor einer Kieler Großgemeinde, erlebte ich das Predigerseminar aus der Perspektive des Vikariatsleiters. Ich fand das schon einmal bemerkenswert, daß wir eingeladen wurden zu Symposien und anderen Veranstaltungen, die wir dann mit unseren Vikaren besprechen konnten. Das ganze Programm war ja umgebaut, in Kurse aufgeteilt, mit der Pädagogikphase am Anfang, mit der Praxiserfahrung in der Schule, mit der programmatischen Auseinander-

setzung und Aufnahme der Humanwissenschaften. Hatte ich mich bis dahin vorwiegend abgrenzend und kritisch mit den "Vätern" der Studentenbewegung, Marx und Freud, beschäftigt, so schienen sie nun voll integriert zu werden. Praxis und Erfahrung, Soziologie und Psychoanalyse, Gesprächspsychotherapie und Gemeindeerkundung waren die neuen Stichworte. Hinter der Frage, wie das Evangelium zu vermitteln sei, trat die Frage, was denn das Evangelium überhaupt sei, zurück. An die Stelle der theologischen Kompetenz trat die kommunikative Kompetenz.
Balintgruppen, von Mentoren angeboten, Fortbildung in der Telefonseelsorge, Gesprächsprotokolle und neuartige Predigtanalysen, die nicht nur die Theologie, sondern auch die homiletischen Prozesse zu beurteilen versuchten - das waren neue und auch kreative Impulse. Die Fülle der Amtshandlungen ergab natürlicherweise auch die Nachfrage nach einer besseren Theorie, die dann ja auch durch kirchensoziologische und religionspsychologische Befunde erneuert wurde (Passageriten).

III. Nicht zu vergessen bei einem solchen Rückblick sind meine Erfahrungen als Mitarbeiter bei der Pfarrvikarsausbildung. Es gab ja immer noch erhebliche Vakanzen bei den Pfarrstellen, und es gab sehr erfahrene und geeignete kirchliche Mitarbeiter, die sich zum Pfarramt berufen fühlten. Der damalige Studienleiter Hertzberg organisierte und leitete die Ausbildung, die im wesentlichen von Professoren der Kieler Fakultät bestritten wurde. Ich hatte die Freude, einzuspringen mit Systematischer Theologie. Hier war nun reichlich Praxiserfahrung beieinander, und die Frage nach gesunder Theologie stand im Vordergrund. Die reifen und aus ihren Berufen als Lehrer, Diakone, aber auch aus nichtkirchlichen Berufen kommenden Kandidaten waren äußerst aufgeschlossen und zielstrebig. "Preetz" hat hier eine ganz eigene Gruppe innerhalb der Pastorenschaft hervorgebracht, die heute vollkommen integriert ist und gute Dienste tut. Es ist zu bedauern, daß wir zur Zeit keine Möglichkeit haben, neben der universitären Regelausbildung solche Alternativen anzubieten. Konzept und Ergebnisse der Pfarrvikarsausbildung sollten aber nicht vergessen werden. In anderen Kirchen der Welt ist es selbstverständlich, daß geeignete Personen auch auf einer anderen Basis als dem universitären Theologiestudium ins Pfarramt gelangen.

IV. Die konstruktiven Erfahrungen bei der Pfarrvikarsausbildung führten schließlich auf Antrag des Direktors zu meiner Berufung als Studienleiter nach Preetz. Es war eine Zeit voller Konflikte. In einem Fall hatten sich Mentor und Gruppe gerade getrennt, weil die Gruppe die gruppendynamischen und anderen psychologischen Methoden ablehnte. Da war es für mich nicht schwer, systematisch und homiletisch zu arbeiten. In einer anderen Gruppe bekam ich überhaupt kein Bein an Deck, sie war voller Mißtrauen gegen den "Mann aus Kiel" und gegen Systematische Theologie insgesamt.

Kirchenreform durch Ausbildungsreform war die Parole. Es kam zum Praxisschock der an der Studentenbewegung engagierten Endachtundsechziger. Auch in dieser Gruppe gab es vereinzelt Widerstand gegen den Gesamttrend, aber diese Vikare hatten es um so schwerer. Neomarxistische und neopsychoanalytische Religionskritik verband sich mit einer massiven Kirchenkritik, vor allem dem Establishment gegenüber, hilfreich war aber die Zusammenarbeit mit den Mentoren, dem humanwissenschaftlichen Mitarbeiter und dem Direktor. In intensiven Besprechungen und auf Klausurtagungen reflektierten wir die Situation des Seminars und unsere eigenen Rollen dabei. Als besonders fruchtbar habe ich die offenen Gespräche mit Horst Kämpfer in Erinnerung, unsere gemeinsamen Interessen kamen etwa in dem Lutherbuch von Erikson am besten zusammen. Die Frage nach der Theologie hinter der Psychologie und umgekehrt die Frage nach den psychologischen Motiven für bestimmte theologische Entwürfe führte zu aufschlußreichen Dialogen. Aber auch im kreativen Bereich, beim Malen und Gestalten, gab es gute Momente, die auch den Vikaren zugute kamen.
Besonders intensiv war ein Kurs mit vier(!) Teilnehmern. Angesichts der heutigen Zahlen kaum vorstellbar und natürlich auch mit keinerlei Stellenangst verbunden.

V. Als Bischof, und zwar für die Ausbildung in besonderer Weise mitverantwortlich, erlebe ich die Ausbildung wieder an einer entscheidenden Wende. Preetz ist längst nicht mehr das einzige Seminar der Landeskirche. Drei andere sind zeitweise dazugekommen. Alle Vikarsgruppen waren überfüllt. Die Tatsache, daß nicht jeder eine Pfarrstelle bekommt, hat die Idee der offenen Bearbeitung von Fehlern und Schwächen stark in Mitleidenschaft gezogen. Die Angst, daß sich zugestandene Schwachpunkte negativ auf das Gesamtbild auswirken, ist einfach zu groß, obwohl nach wie vor die Mentoren unter Schweigepflicht stehen, gerade auch dem Kirchenamt und den anderen Entscheidungsträgern gegenüber.
Auch theologisch leben wir in einer extrem "unübersichtlichen" (Herzog) Zeit. Von theologischen Strömungen, die sich durchsetzen, kann man in der Postmoderne nicht reden. Es gibt sehr viele verschiedene Richtungen unter den Vikarinnen und Vikaren. Liberale, evangelikale, feministische, konfessionelle, politische und Befreiungstheologien. Die meisten aber schließen sich keiner der hier genannten Richtungen an, sie versuchen, sich aus der Literatur und aus persönlichen Begegnungen eine Patchwork-Theologie zusammenzustellen. Viele bringen zum Ausdruck, daß sie an dieser Orientierungslosigkeit außerordentlich leiden. Der Gesamtzusammenhang und der Gesamtsinn von Theologie geht dabei verloren. Kein Wunder, daß die Gemischte Kommission der EKD aufgerufen hat zur Bildung einer "Theologischen Kompetenz". Für viele ist das aber ein Schritt zurück in Ideologie und verkopfte Theologie.

Auch aus den Gemeinden kommen verstärkt die Klagen, daß die Vikarinnen und Vikare zu unstetig in den Gemeinden anwesend sind. Neu ist auch das starke Gefordertsein der Vikarinnen und Vikare durch Familie und Kinder. Sie sind ohnehin ständig im Auto: Seminar, Regionalgruppe, Wohnsitz, Gemeinde. Die Mobilität verlangt ihren Preis. Wer hat da noch Zeit, ein Buch ganz zu lesen oder gar mehrere eines Verfassers zu verarbeiten? Neue Freizeitgewohnheiten sind auch nicht gerade immer bildungsförderlich.
Anders als meine Generation hat diese Generation den Fernseher schon an der Wiege stehen gehabt. Bilder verdrängen die Gedanken. Die Wahrheitsfrage wird verdrängt durch die Frage nach der Relevanz, nach der Akzeptanz. In der feministischen Theologie wird noch existentiell theologisiert, freilich mit stark destruktiver Grundtendenz. Die neue "Hermeneutik des Verdachts", die Unterstellung, die ganze biblische und kirchliche Tradition sei frauenfeindlich, gerade auch dort, wo sie sich nicht so äußert, erschwert den Zugang zu den Quellen, aus denen die Kirche lebt.

VI. Fazit
Die großen Reformen der Ausbildung sind nicht ohne die gesellschaftlichen Reformen zu denken. Kirche und Ausbildung haben sich in den hier skizzierten Jahren ständig verändert. Im ganzen wird man sagen dürfen, daß es ohne die Impulse der 68-Bewegung und ohne die Pastoralpsychologie schlecht um unsere Kirche stünde. Kreativität, Spontanität, Autonomie und Partizipation sind gefördert worden. Ein Zurück kann es nicht geben. Andrerseits stagniert ebenfalls, wer sich nostalgisch zurückträumt in die Aufbruchstimmung jener Jahre. Was wir brauchen, ist eine ganz neue und überzeugende theologische Durchdringung all des empirischen Materials, was jetzt unverarbeitet sich angehäuft hat. Was ist das theologische Fazit der Auseinandersetzung mit den Humanwissenschaften? Vergleicht man die Resultate all der kritischen humanwissenschaftlichen Ergebnisse mit der Entwicklung der historischen Kritik, so befinden wir uns in einem dem Historismus des 19. Jahrhunderts vergleichbaren Stadium. Es wird eliminiert statt interpretiert.
Wir sind nicht kritisch genug gegenüber unseren Kritikern. Wir sind festgelegt auf neomarxistische Soziologie und neofreudianische Psychologie. Dabei haben wir eine reiche und differenzierte eigene theologische Soziallehre und eine fruchtbare religionspsychologische Tradition.
Was die Universität heute nicht mehr leistet, muß die Ausbildung anbieten: einen Gesamtentwurf von Theologie und Kirche, der die modernen Erkenntnisse nicht verdrängt, sondern integriert, eine Theologie, die die empirischen Wissenschaften zugleich nutzt, ohne ihren Prämissen kritiklos sich auszuliefern, eine Kirche, die offen ist für die Welt, ohne zu vergessen, daß sie nicht von dieser Welt ist.

Beitrag zur Festschrift "100 Jahre Predigerseminar Preetz"

von Ulrich Wilckens

Daß das Predigerseminar in den 100 Jahren seines Bestehens eine höchst bewegte Geschichte gehabt hat, spürt man schon beim ersten Besuch. Im Verhältnis zwischen dem alten Haupthaus zu seinem modernen Anbau und den neugebauten Häusern zeichnet sich die vitale Wachstumsphase der Kirche ab - jetzt wären solche Bauvorhaben unvorstellbar.
Daß in dem großen, schönen Gelände die Häuser nicht nur ihren Platz haben, sondern daß sie darin als in einer Landschaft ein natürliches Zuhause haben, das dem Zusammenleben im Haus und allen (sehr verschiedenen!) Kommunikationsprozessen viel "Auslauf" gewährt, ist ein großes Geschenk. Die vielen Autos auf dem Parkplatz zeigen etwas davon, in welch einer reichen Welt die Kirche hierzulande lebt (auch jetzt noch in der Zeit der Sparprogramme - ökumenisch betrachtet). Die Crew der Mitarbeiterinnen trägt sehr gewichtig dazu bei, daß die wechselnden Gruppen der vikariellen Azubis sich in einer Atmosphäre persönlicher Zuwendung angenommen erfahren. Und das nahe Kloster Preetz erinnert ständig an das Zuhause in einer jahrhundertealten Geschichte Schleswig-Holsteins.
Was habe ich als "Ausbildungsbischof", vor allem in den beiden Visitationsjahren, in Preetz erlebt? Viele verschiedene Gesichter in immer neuen, anderen Gruppen: natürlich alle mit reserviert-kritischem Blick auf den Besucher "von oben", aber im Arbeitsgeschehen dann doch beachtlich frei von Rücksichten auf ihn. Bei Rundgesprächen über Predigten eine sympatische Mischung von Ehrlichkeit und Scheu, einander zu nahezutreten. Gleiches übrigens auch bei Probeveranstaltungen von Bewerbern für ein Ausbilderamt!
Durchweg fehlte mir zweierlei: einerseits wirkliches Interesse und Lust an theologischer Bildung und Arbeit (der Theologische Kurs als Vorbereitung der entsprechenden Ausarbeitung für das Zweite Examen kam dafür zu spät); andererseits eine Einübung in Formen gemeinsamer Frömmigkeit, vor allem in den schönen Tagzeiten-Gebeten, wie sie jetzt im neuen Gesangbuch stehen und in unseren Gemeinden praktiziert werden wollen, aber auch im freien Gebet nach der Tradition des Pietismus und der Erweckungsbewegung. Pastoren, dachte ich und denke ich, sollten in beidem geübt sein, auch wenn dieses oder jenes ihnen persönlich nicht entspricht.
Im ganzen gewann ich immer wieder den Eindruck: Auf der Ebene kommunikativen Handelns haben Vikarinnen und Vikare vieles gelernt, was meine Generation in der Ausbildung zumeist nicht gelernt und dann in der Praxis vermißt hat. Vor allem hat dazu die Pastoralpsychologie manches Hilfreiche beigetragen. Aber auf der für die pastorale Praxis grundlegenden und entscheidenden Ebene des konkret-persönlichen Gegenübers zu Gott gab es schwerwiegende Defizite. Es schien mir, als ließe das Predigerseminar seine

Vikarinnen und Vikare in allen Fragen der Gestaltung persönlicher Glaubenspraxis allein - als sei das ein Thema, das, als zur "Intimsphäre" gehörig, kein Gegenstand der Ausbildung sein könne. Aber wie soll ein Pastor/eine Pastorin mit Kranken und Sterbenden, mit Menschen in Not beten können; wie sollen sie Konfirmanden und Eltern kleiner Kinder, wie Mitarbeiterinnen und Mitarbeitern im kirchlichen Kindergarten, in der Jugendarbeit, in der Diakonie Zugänge zum Beten erschließen und nahebringen; wie sollen nicht zuletzt sie/er selbst um die Hilfe des heiligen Geistes für die Predigt im nächsten Gottesdienst und in den bevorstehenden Kasualien zu beten gewohnt werden; wie für ihre Gemeinde, besonders für Gemeindeglieder in Notlagen, wie für ihre Kollegen im Kirchenkreis regelmäßig Fürbitte zu tun als notwendigen, unerläßlichen Dienst ihres Berufsalltags gewichten - wenn sie es nicht irgendwann und irgendwo vorher kompetent und überzeugend gelernt haben? Wie viele Vikarinnen und Vikare aber gibt es, die ohne solche Erfahrung und Übung im Beten ihre Ausbildung antreten! Ist es zu verantworten, wenn Ausbildende sich für diesen ganzen "geistlichen Binnenbereich" pastoraler Praxis als nicht zuständig erachten?
Ich habe damals in meinem Visitationsbericht dieses Defizit deutlich markiert. Und je länger, je mehr empfinde ich eine gründliche, sensible und Praxis-erfahrene Einführung in pastorale Spiritualität als das Herz einer Ausbildung von Vikarinnen und Vikaren für ihren Beruf in einer Welt, in der Christen immer mehr in die Minderheit geraten, und in einer kirchlichen Landschaft, in der Berührungsängste gegenüber kirchlich geprägter Glaubenspraxis ebenso wachsen wie verborgene Sehnsüchte nach einer "Spiritualität", die die empfundene Leere und Dürre im Innern erfüllen und ergrünen lassen könnte. Natürlich nicht eine Ausbildung, in der nun umgekehrt einseitig "pastorale Spiritualität" gelebt und geübt und andere Aspekte des Pastorenberufs dafür vernachlässigt würden! Vor allem eine theologische Grundlegung ist vonnöten und gewiß auch eine sorgsame pastoralpsychologische Begleitung. Aber ohne daß "pastorale Spiritualität" zu einem Schwerpunkt der Ausbildung wird, kann ich mir nicht vorstellen, daß in Preetz das 125jährige Jubiläum mit Freude und Dankbarkeit gefeiert werden wird.

Gedanken zu den veränderten Bedingungen,
unter denen Ausbildung zum Pastorenamt stattfindet:

Glaube in unserer Zeit

von Dieter Seiler[1]

Fremde, nämlich "Fremdlinge und Beisassen", parepidemoi und paroikoi,[2] nennt der erste Petrusbrief die Christen in ihrer Umwelt. Dies kann sowohl als allgemeingültige Aussage über den Glauben in der Welt genommen werden als auch als genaue historische Ortsbestimmung der Gemeinde im damaligen Übergang. Welcher Übergang ist dies?
Miroslav Volf hat unlängst diesen Text untersucht,[3] und zwar mit Hilfe der Begriffe "Kirche" und "Sekte" sowie "Differenz" und "Akkulturation". Er kommt zu sehr konstruktiven Fragestellungen für unser Thema:

1. Kirche oder Sekte
Für die Kirche gilt nach Max Weber,[4] daß man in sie hineingeboren -, für die Sekte, daß man in ihr als einem voluntaristischen Verband nur über eine freie Willensentscheidung Mitglied wird. Für die Sekte gilt nach Ernst Troeltsch, daß sie sich im Gegensatz zur Welt befindet, während die Kirche "weltförmig" sein will und sich der Umwelt diese gestaltend einzugliedern sucht.[5]

2. Der Ausdruck "Gäste und Fremdlinge"
deutet nun zunächst auf die Differenz zur Welt hin, zur Welt in ihrer geistigen, sozialen und wirtschaftlichen Gestalt. Er drückt das Glaubensbewußtsein der frühen Gemeinde aus, die sich voluntaristisch verbunden, also auf freiem Entschluß zur Mitgliedschaft beruhend weiß, gemäß der "Wiedergeburt zu einer lebendigen Hoffnung"[6], und in deutlicher Differenz zur Welt steht, also gemäß der Definition Max Webers als sektenhaft bezeichnet werden muß. Im selben Dokument, dem ersten Petrusbrief, finden sich jedoch, wie Volf darlegt, sogenannte Haustafeln, die im Unterschied zu anderen paränetischen Texten des Neuen Testamentes nicht die innere Welt der Gemeinde ordnen, sondern das Verhältnis der Christen zu ihrer nichtchristlichen Umwelt zum Gegenstand haben. Die hier beschriebenen Normen sind nun aber nicht aus der Differenz heraus zu verstehen, sondern durchaus sozial integrativ und von Weltverantwortung her abgeleitet. Volf kommt zu folgender plastischen Formulierung: "Durch die »Wiedergeburt zu einer lebendigen Hoffnung« schien zunächst eine Sekte auf die Welt zu kommen ... Es zeigte sich aber, daß sie nicht aus der Abgrenzung gegenüber der bedrohlichen Umwelt lebte, sondern ihre Kraft aus der Annahme des Heils schöpfte.

Sie ließ sich nicht auf die strikte Alternative Weltbejahung oder Weltverneinung[7] ein und überraschte mit verwirrenden Kombinationen von Differenz und Akkulturation ... Das ungewöhnliche Kind, das wie eine »Sekte« aussah und dennoch nicht wie eine »Sekte« handelte, war eine christliche Gemeinschaft, die ..."[8] und nun setze ich pointiert fort: zur Kirche wurde "auf der Suche nach Identität und Differenz." So also läßt sich die Übergangssituation benennen, die für die Gemeinde des 1.Pt.-Briefes galt. Sie ist in manchem der unseren ähnlich, in manchem genau gegensätzlich.

In den Jahren, die wir mit dieser Veranstaltung überblicken, sowohl den 100 Jahren des Seminars als auch den 25 der sogenannten Ausbildungsreform, sind wesentliche Veränderungen eingetreten, welche die Arbeit in diesem Haus nicht unberührt lassen. Hierzu nun zwei weitere Stichworte: Pluralismus und Individualismus.

3. Pluralismus
bedeutet das Vorhandensein nicht nur einer Kultur und Umwelt, sondern einer Reihe von Umwelten und Kulturen, die nebeneinander existieren und ihren Mitgliedern als Optionen offenstehen.[9] Christen wie alle anderen Menschen unserer Zeit fnden sich mitten in verschiedenen Welten vor. Akkulturation und Differenz kann also nicht mehr heißen, sich einer einzigen Welt mit einem dominanten und alles verbindenden Symbolsystem gegenüber zu sehen und sich zwischen Differenz oder Akkulturation zu entscheiden.

4. Individualismus
bedeutet die neue Möglichkeit der "Option" für die Mitglieder, nicht einem einzigen gesellschafllichen System ausgeliefert zu sein, sondern durch Wahl von Mitgliedschaften und Inhalten Identität selbst zu generieren. Schon jetzt lassen sich in Bezug auf Kirche formale und inhaltliche Motivationen für Mitgliedschaft unterscheiden, die mit dem traditionellen Gemeindebild nichts zu tun haben,[10] wie ich an anderem Ort dargelegt habe. Soziologen sprechen von der "Patchwork-Identität" der Menschen in modernen Gesellschaften.[11] Zugespitzt formuliert kann man sagen: In den nachmodernen Gesellschaften läßt sich eine Tendenz beobachten, die neben den Kirchen als dominierenden, alle Mitglieder verbindenden Symbolsystemen, in die man hineingeboren wird, zu eher voluntaristischen Verbindungen, also zu sektenähnlichen Gebilden führt. Mitgliedschaft wird sich zunehmend inhaltlich begründen müssen, zumindest in der abgeschwächten Entscheidung und Form des Nicht-Austretens. Dies bedeutet, daß für die Kirchen die Betonung ihrer Identität und der Differenz zu anderen gesellschaftlichen Verbänden und Gruppen wichtiger wird und daß völlige Akkulturation an andere Teilsysteme zunehmend den Charakter einer tragischen und vielleicht auch peinlichen Bemühung, Schritt zu halten und dabeizusein, haben wird. Vielleicht entdecken Sie bei sich und in ihrem Umfeld ähnliche Tendenzen,[12] vielleicht läßt sich auch

manches Unbehagen besser verstehen und artikulieren. Gewiß aber bedeutet der Wandel neue Gedanken zur Aufgabe und Rolle der Pastorinnen und Pastoren und damit auch deren Ausbildung.

Um dies darzustellen, greife ich auf einen weiteren Begriff des vergangenen Jahrhunderts zurück, wie er von Friedrich Schleiermacher für das Gebiet der Religion[13] und von Max Weber[14] religionssoziologisch geprägt wurde: das Bild, die Rolle des Virtuosen[15].

5. Der Virtuose/die Virtuosin,

wozu man in früheren Zeiten neben Künstlern auch Handwerker rechnete, ist ein Könner, eine professionell ihren Beruf ausübende Person. Sie vereint in ihrer Praxis zwei Fähigkeiten: Technik und Inspiration. Dies möchte ich im weiteren ausführen, weil ich denke, daß die Übergangssituation in der beruflichen Praxis des Glaubens mit diesen beiden Seiten des Virtuosen bezeichnet wird.

Stellen Sie sich den Auftritt eines Menschen vor, der zwar über eine stupende Technik verfügt, aber keinen Hauch von Inspiration oder Intuition ausstrahlt. So etwas kann vorkommen. Es wird zu einer ärgerlichen Darbietung, sei es ein Klavierstück, ein Möbelstück oder eine Predigt. Und stellen Sie sich das Gegenteil vor: eine Person, die voller glühender Inspiration ist, aber die Technik nicht beherrscht. Auch das kommt vor. Es wirkt eher tragisch oder belustigend, weil dilettantisch.[16]

In den Jahren der sogenannten Reform der theologischen Ausbildung wurde betont, daß es sich in den drei Phasen um eine Berufsausbildung handelt. "Beruf Pfarrer", "Predigen als Beruf" und "Lernende Kirche" hießen die Titel der Bücher jener Zeit. Zusammen mit anderen sogenannten Helfenden Berufen fanden die Theologen sich unter dem Stichwort der Professionalisierung[17]. Besonders wurden die zweite und dritte Phase der Ausbildung davon beeinflußt, ja, das Wort Ausbildung drang unbemerkt und fast inflationär in die kirchliche Sprache ein und ersetzte das frühere "Studium". Technik wurde dabei nicht als oberflächliche Verhaltensweise verstanden, sondern bis in die Intensität der Selbsterfahrung entwickelt und gefördert. Sie war beileibe nicht seelenlos, manchen von "Ausbildung" Betroffenen kam sogar zuviel Seele vor. Im Rückblick sehe ich diese starke Betonung des Könnens und der Technik weder als gut noch schlecht an. Sie ergab sich aus starken Bedürfnissen und Evidenzen, jedenfalls für die meisten an dem Unternehmen Beteiligten, für die etwa in der Tradition Karl Barths die Inspiration keine Frage war, um so mehr die Technik der Kommunikation dieser Botschaft. Dies aber war keineswegs unbestritten. Den Verantwortlichen warf man Häretisches und Manipulatives vor, angeblich vernachlässigten sie die Theologie.

Es bedarf in der Tat eines Könnens, einer Kompetenz[18], einer tiefgreifenden Technik, um eine Kirche zu leiten, die Rolle des Pastors, der Pastorin zu gestalten, zu lehren und den Kirchendienst zu versehen. Zu deutlich sind noch jene Handlungen und Predigten in Erinnerung, die voll von dialektischem Pathos den Menschen die Herzen und Ohren verschlossen. Wie aber war solche Kompetenz zu erreichen? Einer der damals neu beschrittenen Wege war das rückmeldende Gespräch in der Gruppe, das vor allem die Kompetenz in der Kommunikation zum Thema hatte. Hier wurde nicht nur formale Richtigkeit diskutiert, sondern vor allem der pragmatische und der emotionale Teil der Botschaft. Es war der von uns sehr geschätzte Bischof Petersen, der sich als erster einem Predigtnachgespräch mit Vikaren aussetzte und das Gespräch nicht als Kränkung, sondern als Bereicherung auffassen konnte.[19]

Nun aber zum zweiten Pol des Virtuosen, der Intuition und Inspiration. Es dünkt mich, als ob die neue Herausforderung der Christen nun neuerdings weniger in Professionalisierung und Akkulturation bestünde, sondern in einer notwendigen und durchaus motivierenden Klärung von Differenz und Inspiration (Intuition).[20]

6. Patchwork

Das Bild der Patchwork-Identität des postmodernen Menschen, wie es heute in Soziologien gezeichnet wird, ist begründet mit den Erlebnissen der Kontingenz und der Option: "es könnte alles auch ganz anders sein". Deshalb kann jeder von uns, ja, muß jeder und jede von uns wählen aus einer großen Vielzahl von Optionen, von Erlebnis-, Deutungs- und Denkmöglichkeiten, die in der Gesellschaft bereitgestellt werden und zusammenhanglos nebeneinander bestehen. Glaube wird so zu einer Wanderung durch die Supermärkte von Erlebnissen und Deutungsangeboten. Setzen Sie sich Ihr persönliches Patchwork zusammen. Tauschen Sie aus je nach Belieben und Angebot partieller Sinnerfahrungen.

Die scheinbar so wertfreie und Empirie beschreibende Theorie der Patchwork-Identität transportiert in ihren Voraussetzungen bereits das, was sie als Ergebnis präsentiert. Sie ist zu verstehen als Opposition zu einer hierarchisch-institutionellen Dominanz bestimmter Sinnsysteme von übergeordneter oder zentraler Sinnvermittlung, die in der Tat nicht mehr besteht, wenn sie denn je bestanden hat. Die Theorie von der Patchwork-Identität übernimmt jedoch im Widerspruch das Modell, das sie kritisiert.

7. Glaube

ist tiefer fundiert als in der selektiven Übernahme bereitliegender Symbolsysteme. Dies ist zu den skizzierten soziologischen Entwürfen von P. Berger, A. Dubach und G. Schulze zu sagen, freilich auch zu kirchlichen sogenannten "Angeboten" auf dem Markt der Sinnsysteme. Es muß uns gelingen, vom Glauben glaubhaft zu reden, aber nicht von einer Gläubigkeit, die sich einfach Behauptungen einer Instanz ausliefert. Glaube hat nicht nur im Makrobereich von Kultur und Gesellschaft eine Geschichte, sondern auch im Mikrobereich der inneren Welt eines jeden Individuums. Hier müssen wir uns absetzen von einem Bedeutungsfeld des Ausdrucks "Virtuose", wie es aus dem bürgerlichen Jahrhundert in das unsere herüberreicht: Wenn wir vom Virtuosen sprechen, dann soll - im Unterschied zu den Theorien des vergangenen Jahrhunderts - nicht von besonders begabten Menschen die Rede sein, sondern von der Virtuosität eines jeden Individuums, sein Leben durchzustehen, in Zusammenhänge zu ordnen und zu verankern. Vom Wunder des Glaubens, der ein Geschenk ist, wohl ja eine Begabung, aber eben eine, die zu erkennen und zu respektieren ist im einzelnen Menschen. Mir persönlich ist das am deutlichsten geworden bei den Beerdigungen, die ich nach meiner Zeit in Preetz im Dorf Cazis zu gestalten hatte. Geschichte, Schicksale des Glaubens. Hier ergaben sich nicht nur patchworkartige Zufälligkeiten und Beliebigkeiten, sondern in diesen Verknüpfungen und Berührungen, Begegnungen und Transformationen erschienen Schicksale des Glaubens, Geschichte des Glaubens in einer Biographie, und immer wieder erkannte die versammelte Gemeinde diese Dimension, die im Alltag so verschlossen schien. Allerdings lag solcher Deutungsarbeit ebenfalls eine, nämlich die umgekehrte Maxime der Kontingenz zugrunde, daß nämlich nichts in einer Biographie zufällig ist, sondern daß alles mit allem und jedes mit jedem verbunden ist, auch wenn das Ganze uns immer wieder in seine Teile zerfällt und wenn wir nur kleine Zusammenhänge entdecken, die sich offenbaren, die aber unserem Glauben Halt geben und Ausdruck.

8. Glauben, das Paradox

Wie das aussieht, das finden wir im Neuen - und Alten Testament in reicher Vielfalt dargestellt. In der Tat eine Virtuosität, die aber den Großen nur schwer sich erschließt. Es ist etwas ganz subjektives Inneres und doch ganz auf das Außen bezogen. Kann man sich das vorstellen? Das Virtuose des Nicht-Virtuosen? Etwas, das die Pastoren und Pastorinnen nicht zu lehren haben, sondern zu lernen, zu entdecken im Umgang mit ihren Gemeindegliedern. Das Natürlichste von allem und doch das Wunderbarste.
Neuere Arbeiten zur Symboltheorie, vor allem die der nordelbischen Pastorin und früheren Kandidatin dieses Hauses, Ellen Stubbe, und des katholischen Pastoraltheologen Heribert Wahl in München, rücken den Begriff des Paradoxes in die Mitte ihrer Überlegungen zum Glauben. Es geht darum, "Vorgefundenes in Selbstgeschaffenes zu verwandeln"[21]. Zu sehen ist dieser Prozeß, diese Virtuosität nirgends deutlicher als beim kleinen Kind,[22] durchaus in der Linie des Jesuswortes: "werden wie die Kinder"[23]. Das kleine Kind erschafft das Objekt, die Mutter[24], in seiner inneren Welt, aber das Objekt, die Mutter, ist ja bereits vorher da, um geschaffen zu werden. Auch jedes andere Begegnende wird in der inneren Welt zu einem geschaffenen Objekt. Später kommt die Sprache hinzu, die aber ebenfalls nicht einfach übernommen, sondern angeeignet, geschaffen wird, und so auch die Symbole des Glaubens. Goethe drückt das Paradox in einem Bild aus: Der Mensch ist ein schaffender Spie-

gel. In unserer Sprache: Wir bringen das empfangene Bild der Wirklichkeit hervor, wir schaffen das Wort, das wir vernommen haben. Der Virtuose, die Virtuosin erschafft einen Text, aber der Text war schon vorher da, um angeeignet zu werden.[25] Und Text ist eben auch ein menschliches Dokument, eine Erfahrung, ein Lebenslauf.

Die Symbole werden als Wahrheit und Wirklichkeit von uns erschaffen, aber sie waren bereits da, um geschaffen zu werden. Werden sie aber nur gelernt in dem Sinn, daß sie ohne Erfahrung übernommen werden, dann schaffen sie nicht Identität, sondern ein imaginäres Als-ob. Es ergibt sich höchstenfalls ein Sammelsurium von übernommenen Patchwork-Identitäten, ein falsches Selbst, falscher Glaube.

Glaube wird so zum schöpferischen Akt und Theologie dessen Kunstlehre. Beides gilt dann nicht mehr nur vom hervorragenden Virtuosen und besonderen Glaubens-Höchstleistungen, sondern von jedem Individuum, insofern es schöpferisch ist (Josef Beuys). Fides qua creditur wird dann zur schöpferischen Potenz, eine fides quae creditur zu schaffen, die bereits da ist, um geschaffen zu werden, und zum Mittel, einander über Wahrheit zu verständigen. Und dies bedeutet, wie anfangs zitiert: eine Überwindung der simplen Alternative von Anpassung oder Widerspruch dadurch, daß die Christen "überraschen mit verwirrenden Kombinationen von Differenz und Akkulturation".

---

[1] Dieses Referat wurde im Januar 1996 in Preetz vorgetragen. Anlaß war ein Symposon zu Fragen der Ausbildung von Pastorinnen und Pastoren anläßlich des Jubiläums "100 Jahre Prediger- und Studienseminar Preetz und 25 Jahre Ausbildungsreform". Ausgehend von der Beobachtung großer Veränderungen in Kirche und Gesellschaft seit 1970, versucht der Verfasser, den Hintergrund zu skizzieren, auf dem der Beruf des Pastors bzw. der Pastorin sein Profil erhält. Der Verfasser war von 1970 bis 1982 Direktor des Seminars.

[2] 1.Pt.1,1+17

[3] Miroslav Volf: Christliche Identität und Differenz, in: ZTHK, 92. Jg., S. 357 ff.

[4] Max Weber: Die Protestantische Ethik I, Hamburg 1954, S. 348 ff.

[5] ebda., S. 359

[6] 1.Pt.1,3

[7] Wie sie in der unbiblischen und irreführenden Bezeichnung der gegensätzlichen Rollen von Priester und Prophet vor allem in den siebziger Jahren häufig vorgetragen wurde.

[8] ebda., S. 368

[9] Für diese Analyse siehe besonders: Peter Berger: Sehnsucht nach Sinn, Frankfurt a.M. 1994; Gerhard Schulze: Die Erlebnisgesellschaft. Kultursoziologie der Gegenwart, Frankfurt a.M. 1992; Jürgen Habermas: Die neue Unübersichtlichkeit, Frankfurt a.M. 1985.

[10] Dieter Seiler: Formen der Mitgliedschaft, in: WZM 1996

[11] Alfred Dubach und Roland Campiche (Hg.): Jeder ein Sonderfall. Religion in der Schweiz, Zürich 1993. Der Ausdruck scheint zwar griffig, transportiert aber eine Tendenz, die leicht als Entwertung verstanden werden kann, vor allem dann, wenn er von Anhängern des früher verbindenden Symbolsystems Kirche benutzt wird.

[12] Wobei die sektenähnlichen Gebilde sogenannter Freier Gemeinden in ihrer Anpassung an die marktwirtschaftliche Welt genau einen umgekehrten Weg zu gehen scheinen.

[13] Friedrich Schleiermacher: Reden

[14] Max Weber: Die protestantische Ethik, Tübingen 1992

[15] Interessanterweise arbeitete die Konferenz der katholischen Hochschulgemeinden in dem vergangenen Jahr mit dem Begriff des Virtuosen, ohne dessen Herkunft von M. Weber und F. Schleiermacher zu kennen.

[16] "Was wird landauf, landab für ein Aufwand für die Verkündigung des christlichen Glaubens getrieben! Aber ist es nicht, von Ausnahmen abgesehen, die institutionell gesicherte Belanglosigkeit?" So Gerhard Ebeling, zitiert von K. W. Dahm: Beruf Pfarrer, München 1971, S. 218.

[17] Dieser Begriff wurde erst in späteren Jahren übernommen. Inhaltlich wurde in den damals veröffentlichten "Empfehlungen zur Reform der theologischen Ausbildung" der sog. Gemischten Kommission genau das gefordert: "Ziel der theologischen Ausbildung in allen drei Phasen ist es, dazu zu befähigen, kirchliches Handeln auf dem jeweiligen Handlungsfeld theologisch zu verantworten, kooperativ sowie gegenstandsgerecht zu planen, durchzuführen und kritisch zu revidieren." In: Reform der theologischen Ausbildung, Hg. Trutz Rendtorff, Stuttgart 1972, Bd.9, S.13. In derselben Veröffentlichung wird betont, daß die Einbeziehung nichttheologischer Wissenschaften, vor allem von Pädagogik, Psychologie und Soziologie, unerläßlich sei (S.12). Im Überschwang der damaligen Reformdiskussion wird - wie sich später zeigen sollte - hier nicht ein Virtuose, sondern ein omniszientes Genie beschworen.

[18] So ein weiteres Stichwort der damaligen Bewegung, das an die Stelle von "Autorität" trat, z.B.: Mark Rouch: Competent Ministry, a Guide to Effective Continuing Education, New York 1974.

[19] Ich denke an die ersten Mentoren, die mit einem Kassettenrekorder in die von den Kandidaten gestalteten Predigten gingen, diese aufnahmen und in der Gruppe der Kandidatinnen und Kandidaten abspielten. Nicht der auf dem Papier abzusenden Inhalt der Predigt wurde besprochen, auch nicht einfach der "Vortrag", wie das im kirchlichen Examen geschieht, sondern die Person und ihre Botschaft, die einzelnen Sätze als Sprechakte. Ähnlich wurde gearbeitet in den Videoseminaren, in denen es möglich ist, einzelne kleinste Einheiten des Sprechaktes festzuhalten und zu verstehen.

[20] Motivierend deshalb, weil die Stimme der Christen in ihrem Glauben, Denken, Handeln und Reden nun nicht mehr in einem Verhältnis gesellschaftlicher Dominanz als Über-Ich ertönt, sondern als eine Stimme unter anderen, was ihren Hörern und ihr selbst eine große Freiheit gewährt.

[21] Ellen Stubbe: Die Wirklichkeit der Engel in Literatur, Kunst und Religion, Münster 1995, S. 98; Heribert Wahl: Glaube und symbolische Erfahrung, Freiburg 1994

[22] Dieter Seiler: Frühe Schicksale des Glaubens, in: Wege zum Menschen und Concilium 1996

[23] Klaus Winkler: Werden wie die Kinder, Mainz 1992;
Dieter Seiler: Frühe Schicksale des Glaubens, in: Wege zum Menschen und Concilium 1996

[24] bzw. die Mutterstelle vertretende Person

[25] Von besonderer Relevanz, die aber hier nicht mehr ausgeführt werden kann, ist dabei die Beobachtung Winnicotts, daß das Objekt als Wesen eigener Realität über einen Vorgang der Zerstörung angeeignet wird: Donald Winnicott: Vom Spiel zu Kreativität, Stuttgart 1973, S. 105-110.

Wünsche an das Vikariat aus der Perspektive der ersten Phase der Ausbildung an Theologischen Fakultäten

von Peter Cornehl[1]

Wunschzettel, das lehrt die familiäre Erfahrung, dürfen lang sein und unverschämt. Die Wünsche, die auf dem Wunschzettel gesammelt werden, sind ja nicht dazu da, erfüllt zu werden, wenigstens nicht alle. Also seien wir nicht zu bescheiden beim Wünschen! In diesem Sinne habe ich einen nachweihnachtlichen Wunschzettel mitgebracht - "Pia desideria" für die zweite Phase aus der Perspektive der ersten.

Erster, allgemeiner frommer Wunsch: Ich wünsche mir, daß die NEK auch künftig, gerade in den kommenden Jahren keine ängstlichen pastoralen Nesthocker (und Nesthockerinnen) ausbildet, sondern theologisch engagierte, kritische und loyale Leute mit Weitblick, die Lust haben, etwas zu entdecken und zu gestalten; Vikare und Vikarinnen, die in der Ausbildung ermutigt und befähigt werden, in der kirchlichen Praxis "unternehmerisch" zu handeln. Ich weiß, das ist eine verfängliche Terminologie. Ich meine mit "unternehmerisch": aktives, pastorales Handeln, das auf Verhältnisse nicht nur reagiert, das nicht nur - notorisch kleiner werdende - Bestände verwaltet, sondern Neues probiert, und dies nicht solistisch, sondern mit den Menschen zusammen, vom Interesse geleitet, Menschen neu für die Kirche zu gewinnen, Gemeinde weiterzuentwickeln, unterschiedliche Formen von Kirchenmitgliedschaft gelten zu lassen, Vielfalt zu fördern und zugleich den Gemeinschaftsgeist zu stärken.

Und ich wünsche mir eine Ausbildung, die nicht ihrerseits den Druck noch verstärkt, der auf dem theologischen Nachwuchs lastet, sondern dazu hilft, damit umzugehen und die depressive, resignative Stimmung, die derzeit in der Kirche herrscht, besonders beim "bezahlten Gottesvolk", zu überwinden. Und dies nicht nur durch seelsorgerliche Stützung und Begleitung, sondern vor allem durch die gemeinsame Erarbeitung von Konzepten und Perspektiven. Dazu bedarf es der Zusammenarbeit mit den kirchenleitenden und die Strukturen der Kirche von morgen planenden Gremien und mit der Fortbildung in den Ersten Amtsjahren (FEA).

Doch nun Schluß mit derlei allgemeinen Wunschphantasien! Ich möchte meine Überlegungen in dreifacher Hinsicht konkretisieren und wähle als Orientierungsmuster räumliche Bezugsgrößen. Es geht mir um die Stärkung der globalen, regionalen und lokalen Dimensionen von Ausbildung. (Zum Ganzen vgl. die sehr erhellenden Ausführungen von Eberhardt Hauschildt: Globalisierung und Regionalisierung in der Praktischen Theologie, PrTh. 29, 1994, S. 175-193.)

1. Die globale Dimension
Der erste Bezugskreis ist der weiteste. Ausbildung steht heutzutage in globalen Kontexten. Wir leben in einer Umbruchszeit. In den nächsten zehn bis zwanzig Jahren wird sich die Kirche, wird sich die Gesellschaft tiefgreifend verändern. Ich wünsche mir, daß die Vikarsausbildung dazu beiträgt, diesen Prozeß des Wandels wahrzunehmen, sich an seiner Deutung zu beteiligen und die erforderlichen Folgerungen für das kirchliche Leben und Handeln mit zu bedenken.

Es ist eine vorrangige Aufgabe des wissenschaftlichen Studiums, in solchen Umbruchszeiten nicht nur die Traditionsbestände zu sichten und an die nächste Generation weiterzugeben, sondern auch so etwas wie eine theologische Theorie des gegenwärtigen Zeitalters zu entwickeln, daran zu arbeiten, die geistige, politisch-soziale und religiöse Situation der Zeit zu verstehen, um dann die biblische Überlieferung, Gesetz und Evangelium, in diesen Horizont hinein zu vermitteln. Darum bemühen wir uns an den Fakultäten. Das gelingt uns mehr oder weniger gut. Ich hoffe, daß diese Arbeit in den kommenden Jahren durch die (in Grenzen notwendige) Verkürzung und Straffung des Studiums und die stärkere Konzentration auf Stoffe und Prüfungen nicht beeinträchtigt wird. Und ich wünsche mir, daß diese Bemühungen im Vikariat weitergehen.

Es ist nicht nur die Suggestion der bevorstehenden Jahrtausendwende, die dieser Aufgabe Gewicht gibt, sondern das Wissen, daß wir gesellschaftlich, religiös und kirchlich in einem Veränderungsprozeß begriffen sind, in dem globale Entwicklungen immer stärker bestimmend sind. Das ist nicht nur in der Wirtschaft so. Es gibt zur Zeit spannende Debatten und verschiedene Theoriekonzepte, um diese Vorgänge zu verstehen, die untereinander strittig sind.

Sie gruppieren sich um den Begriff der Moderne. Da sind die verschiedenen Spielarten einer Theorie der Postmoderne, da ist das Konzept der "reflexiven Modernisierung" (U. Beck) mit den Thesen von der Individualisierung und Pluralisierung der Lebensformen in der "Risikogesellschaft" (nebenbei gesagt: Dieser Begriff signalisiert ja nicht nur Umweltprobleme, sondern ganz generell als zentrales Merkmal unserer Zeit die Spannung zwischen Sicherheit und Unsicherheit, anders formuliert: das Problem der Kontingenz. Das bedeutet theologisch, daß die alte reformatorische Unterscheidung zwischen securitas und certitudo, zwischen Sicherheit und Gewißheit, gesellschaftlich und kirchlich neu aktuell wird). Dazu kommen die Bemühungen, die Tradition der Kritischen Theorie der Frankfurter Schule weiterzuführen (die keineswegs erledigt sind); dazu kommen die m.E. von der Theologie noch zu wenig zur Kenntnis genommenen Ansätze der sog. Kommunitarier aus der nordamerikanisch-kanadischen Diskussion und ihre Kritik am neuzeitlichen Individualismus. Und auch der feministische Diskurs hat eine interessante Wendung genommen, ist über die einfachen plakativen Dualismen hinausgekommen und verläuft differenziert und in spannender Weise kontrovers - usw., usw..

Alle diese Konzeptionen haben deutlich theologische Aspekte und theologische Relevanz, und sie sind auch innerhalb der Theologie rezipiert und mit den eigenen Denktraditionen verbunden worden. Ich wünsche mir für die künftigen Pastorinnen und Pastoren eine stärker ausgeprägte zeitdiagnostische Kompetenz als einen wichtigen Teilaspekt der theologischen Kompetenz.

Was kann man dazu tun? Zwei Anregungen möchte ich geben. Die erste heißt: Reisen. Ich habe lebhaft in Erinnerung, mit welcher Begeisterung eine Gruppe Hamburger Vikarinnen und Vikare vor einigen Jahren von einer Studienreise nach New York zurückgekommen ist und berichtet hat. Sie sind durch die Konfrontation mit der Großstadt New York und mit der außerordentlich vielfältigen, sehr vitalen kirchlichen Szene dort enorm motiviert worden, sich auch hierzulande phantasievoller und experimenteller auf die Umbruchssituation einzulassen.

Aber ich erinnere mich auch, wie sich dann leider doch recht bald der Mehltau unserer allzu kleinkarierten, unbeweglichen, abbaufixierten Verhältnisse und Verhaltensweisen auf die aufbruchsbereiten Seelen gelegt hat. Muß das sein? Können wir uns das leisten?

Also ich empfehle und freue mich, daß es das schon gibt: Reisen, ökumenischen Austausch, Besuche machen, nach New York fahren, nach London, Amsterdam! Über den Tellerrand sehen, sich anregen lassen, Impulse aufnehmen. Und nehmt ein paar Kirchenobere mit, einen Bischof, eine Pröpstin, einen Oberkirchenrat! Reisen bildet, und manchmal verändert es Sichtweisen - vorausgesetzt, es gelingt, sie als Bildungsprozesse zu organisieren. Aber das kann man ja.

Dazu die zweite Idee: Ich wünsche mir in diesem Zusammenhang eine Art theologische Konferenz, ein Symposion, das vielleicht einmal im Jahr, mindestens aber einmal im Vikariat stattfindet, wo Uni-Leute, Vikarinnen und Vikare und die für die Ausbildung Verantwortlichen zusammenkommen und gemeinsam über einen Teilaspekt der eben genannten globalen Trends arbeiten und sich in die Kontroversen um ihre angemessene Deutung einschalten. Ziel wäre die Entwicklung einer Hermeneutik der Gegenwart, die die Hermeneutik der Texte ergänzt. Das wäre ein Kooperationsangebot der Fakultäten, wobei die Theologen nicht unter sich bleiben sollten. Es wäre übrigens eine Herausforderung an die Universitätstheologie, in solchen Dialogen die Dinge stärker auf den Punkt der praktischen Relevanz zu bringen. Wir sind ja leider oft allzu verliebt in unsere Spezialforschung, sind umständliche Groß- oder Kleinmeister der Differenzierung. Die Konfrontation mit der Praxis wäre eine Testfall für uns.

2. Der regionale Aspekt

Der zweite Bezugspunkt, den ich nennen möchte und mit dem ich Wünsche verbinde, ist der regionale. Es gibt nicht nur die globale Einheitskultur mit McDonalds, Madonna und Microsoft. Die Globalisierung ist ein Trend, ein mächtiger. Aber parallel dazu gibt es einen Gegentrend: Regionalisierung. Dazu kommt die Neuentdeckung der Relevanz der lokalen Lebenswelt. Die Moderne (oder Postmoderne) ist ja gekennzeichnet durch widersprüchliche Entwicklungslinien, die erst zusammen unsere Gegenwart ausmachen.
Wenn man aus New York zurückkommt, entdeckt man den Reiz der Landschaft in Ost-Holstein. Wenn man die Partnerkirche in Tansania besucht hat, wird der Blick geschärft für die Volkskirche hierzulande, die auch durch den Wandel, in den sie hineingerissen worden ist, strukturell nicht zur Freikirche wird und schon gar nicht zur Basisgemeinde gemacht werden kann.
Pluralität bedeutet Spannungen, Widersprüche. Das ist Last und Chance zugleich. Es ist auch Last und Chance der Nordelbischen Kirche, die als ein relativ junges, künstliches Gebilde ländliche und städtische Gebiete umfaßt; d.h.: sie wird hineingezogen in die damit gegebenen Konfllikte, die ökonomischen Konflikte und die Konflikte der Lebensformen und Frömmigkeitsrichtungen. Sie muß sie in sich austragen. Deshalb ist es wichtig, daß die regionale Vielfalt der kirchlichen Landschaft auch in der Vikarsausbildung zur Geltung kommt. Das betrifft die wirtschaftliche und soziale Entwicklung der ländlichen und städtischen Räume, es betrifft die Vielfalt der Lebensformen, den Grad der Säkularisierung, das Ausmaß der interkulturellen und interreligiösen Dynamik. Die Gleichzeitigkeit des Ungleichzeitigen ist ein Kennzeichen unserer Zeit. Ich wünsche mir, daß dies auch in der Vikariatsausbildung bewußt wahrgenommen wird. Und jetzt kommt etwas, was ich - weil es m.E. sehr wichtig ist - nicht nur als Wunsch, sondern als Appell formuliere: Ich appelliere an die NEK, auch bei zurückgehenden Ausbildungszahlen und über das Jahr 2000 hinaus Hamburg als Ausbildungsort zu erhalten, und zwar nicht nur als Bezugspunkt einer Regionalgruppe, sondern als Standort für ein Predigerseminar.
Es ist nicht urbane Arroganz, sondern nüchterne Lagebeschreibung, wenn man feststellt: Die Großstadt ist religiös, kulturell, sozial das Bewährungsfeld für die Kirche von morgen. Hier entscheidet sich, wie es insgesamt weitergeht. Die Stadt ist Schmelztiegel, Konfliktraum und Experimentierort. Das ist nicht einlinig zu verstehen: demnächst wird alles wie in Hamburg sein. Nein, städtische und ländliche Räume haben durchaus ein je eigenes Gepräge. Es geht gerade darum, die unterschiedliche Logik der Entwicklung im Blick zu behalten. Aber vieles wird sich in den Großstädten entscheiden. Und dieser Raum sollte in der Ausbildung präsent sein. Die NEK hat nicht viele Instrumente, um städtisches Leben bewußt wahrzunehmen und zu studieren. Das Hamburger Predigerseminar ist eines dieser Instrumente. Dazu sollten freilich die anderen Einrichtungen, die in Hamburg angesiedelt sind, noch stärker ge-

nutzt werden. Das bedeutet z.B. Kooperation mit der Universität, mit dem Fachbereich Theologie, der seinerseits davon auch profitieren könnte, wenn er sich künftig neu verstehen lernen könnte (auch) als wissenschaftlicher Dienstleistungsbetrieb für die Belange der kirchlichen Region.
Ich will hier nur andeuten, welche Bereiche für eine verstärkte Kooperation in Frage kämen:
- Mission, Ökumene, Religion mit der Missionsakademie und dem Nordelbischen Missionszentrum;
- die Arbeitsstelle Kirche und Stadt im Seminar für Praktische Theologie, die nicht nur das großartige Lexikon der Hamburger Religionsgemeinschaften erstellt hat, sondern inzwischen auch eine Menge Know-how besitzt für Stadtteil- und Gemeindeanalysen.
- Dazu wäre die regionale Kirchengeschichtsforschung, speziell die Hamburgische Kirchengeschichte, neu zu beleben.
- Außerdem gibt es Aufgaben, die mit der Entwicklung von Ethik, Seelsorge und Beratung zusammenhängen und an denen in der Systematischen - und Praktischen Theologie gearbeitet wird.
Entscheidend wäre für den Fachbereich wie für das Predigerseminar, daß über Einzelpersonen und ihre Hobbys hinaus kontinuierliche Studien- und Forschungsprozesse installiert werden. Nötig ist, daß die Vikarsausbildung im Großstadtraum Hamburg nicht nur personenbezogen, sondern strukturbewußt arbeitet.
Wenn man in diesem Sinne die regionalen Schwerpunkte mit ihren ländlichen und städtischen Themenkomplexen wahrnimmt, sollte es in der Vikarsausbildung zugleich Bemühungen geben, auch die Landeskirche als ganze in den Blick zu nehmen und die nordelbische Integration zu fördern. Wie kann das geschehen? Auch dazu zwei Überlegungen:
Ich wünsche mir erstens, daß die historische Dimension nordelbischer Kirchengeschichte in der Vikarsausbildung stärker gepflegt wird. Uns fehlt in dieser Kirche ein Geschichtsbewußtsein, das die unterschiedlichen Traditionen, Orte, Frömmigkeitsrichtungen in Schleswig-Holstein, Hamburg, Lübeck als gemeinsames nordelbisches Erbe kennt und schätzt. Bugenhagen vereint uns, aber da ist auch das streitbare Duo Lessing und Goeze in Hamburg. Da ist Claus Harms in Kiel, der bedeutende Pastoraltheologe und Schleiermacherkritiker. Da sind die großen Gründungsgestalten der Inneren Mission: Amalie Sieveking, Johann Hinrich Wichern, Heinrich Sengelmann und die im 19. Jh. gegründeten Einrichtungen: das Rauhe Haus, die Breklumer Mission, das Flensburger Diakonissenhaus mit Emil Wacker. Da ist die Nordschleswiger Erweckungsbewegung. Hans Asmussen, das Altonaer Bekenntnis und der Kirchenkampf. Da ist der kritische liberale Theologe Otto Baumgarten in Kiel und einiges an aufgeklärter und liberaler Tradition in Hamburg, das neu zu entdecken wäre. Und natürlich sind da die herrlichen Dome, Kirchen und Klöster, von Preetz bis Ratzeburg, vom Hamburger Michel bis zu den zauber-

haften schleswig-holsteinischen Dorfkirchen, und die Kunstwerke, die dort zu bewundern sind, von Brüggemanns Altar im Schlesiger Dom bis zur neu restaurierten Arp-Schnitger-Orgel in der Hauptkiche St. Jacobi in Hamburg - auch das lohnende Ziele für Entdeckungsreisen während des Vikariats.
Der zweite Bereich, wo Vikare und Vikarinnen in das eingeführt werden, was für die ganze Landeskirche gemeinsam gilt, ist die Liturgie. Im Vikariat geht es auch um Einübung in den besonderen liturgischen Stil einer lutherischen Kirche und um die Aneignung der damit gegebenen gottesdienstlichen Kultur (einschließlich des Tagzeitengebetes). Daß das nichts Starres, Museales ist, sondern ein lebendiges Erbe, das weiterzuentwickeln ist, zeigt sich jetzt im neuen Evangelischen Gesangbuch und in der Erneuerten Agende.

3. Der Sinn für das Lokale
Die dritte Ebene der Vikarsausbildung ist die klassische: das Leben im parochialen Raum der Ortsgemeinden. Auch hier habe ich als Praktischer Theologe Wünsche. Ich beschränke mich auf einen. Ich wünsche mir, daß die Vikarsausbildung Sinn und Geschmack fürs Kirchenjahr entwickelt!
Die Vikare sind in der Regel ein Jahr in der Gemeinde. In dieser Zeit erleben sie mindestens einmal alle wichtigen Jahresfeste und Festzeiten. Sie sind selbst mehrfach verantwortlich für Gottesdienste, Predigten, Andachten und Amtshandlungen. Das übrige erleben sie mit in teilnehmender Beobachtung. So begegnen sie im Kirchenjahr dem Grundrhythmus des kirchlichen Lebens und können verstehen lernen, was das strukturell bedeutet, vorausgesetzt, sie werden in den Gemeinden, in den Regionalgruppen, im Predigerseminar theoriebewußt in diese Zusammenhänge eingeführt. Das ist möglich und macht im übrigen Spaß. Ich erinnere mich gern an einen Kurs hier in Preetz, wo wir das mit einer Gruppe zu Beginn der Gemeindephase und nach einem halben Jahr einmal probiert haben. Das war lehrreich und für alle ergiebig. Es zeigt sich auf diese Weise: Vieles, vielleicht das meiste im Gemeindeleben ist im Grunde zyklischer Natur (alle Jahre wieder ...) und wiederholt sich (aber immer mit neuen Menschen). Die Themen und Muster sind topisch. Doch es gibt auch spezifische Lokaltraditionen. Es gibt eine Gemeindegeschichte des gottesdienstlichen Lebens, der Sitten und Bräuche vor Ort - in Sörup wie in Siek, in St. Johannis Harvestehude und Eppendorf. Man muß sie erkunden, pflegen, weiterentwickeln. Macht die Vikarinnen und Vikare zu Hilfschronisten der gottesdienstlichen Gemeindetradition! Sie können der Gemeinde helfen, ein Gedächtnis ihrer eigenen Geschichte zu bekommen, ein Gefühl für das, was gelingt, und wo Defizite und Schmerzstellen sind.
Schließlich der örtliche Gottesdienst, vermittelt zwischen lokaler und gesamtkirchlicher Liturgie. Man kann studieren, wieweit beides übereinstimmt, wie groß der Abstand ist, berechtigterweise oder auch problematischerweise, welche Schwierigkeiten es gibt und an welchen Punkten der Prozeß der gottesdienstlichen Erneuerung weitergeht.

Mein Wunschzettel ist noch länger, aber meine Zeit ist um. Und man soll ja auch nicht zu unverschämt sein, sonst kriegt man gar nichts. Also mache ich jetzt Schluß. Ich danke für Ihre Aufmerksamkeit.

[1] Referat auf dem Symposion für Ausbildungsfragen der NEK in Preetz am 20.1.1996

Semper reformanda
Über die Notwendigkeit eines neuerlichen Wandels in der Pastorenausbildung

von Reinhard Schmidt-Rost[1]

1. Pastorenbildung und Gesellschaft

Die Bildung der evangelischen Pfarrer war seit 1555 politisch notwendig verknüpft mit der gesellschaftlichen Funktion, die dieser Berufsstand im Herrschaftsgefüge der einzelnen deutschen Territorien zugewiesen bekam. Die evangelischen Fürsten mußten nach dem Augsburger Religionsfrieden - mit dem Kirchenregiment betraut - ein ausgeprägtes Interesse daran haben, da die Pfarrer die Entwicklung des jeweiligen evangelischen Bekenntnisses in ihren Gebieten förderten. Dieses Interesse an einer gründlichen Ausbildung der Pfarrer konnte sich allerdings erst nach dem Dreißigjährigen Krieg langsam institutionalisieren und weiter entfalten. Die Einrichtung von Predigerseminaren und die berufsorientierte Entwicklung und Standardisierung des Theologiestudiums hat seit dem späten 17. Jahrhundert bis zum Ende des landesherrlichen Kirchenregiments immer wieder neue Formen angenommen. Die Differenzierung der Ausbildung zum Pfarrer ist ein stetiges Projekt geworden, das an der Entwicklung des Fortschrittsgedankens in der Neuzeit in Deutschland Anteil hat. Ein (zunächst unbeachteter) Meilenstein in dieser Entwicklung ist zweifellos Schleiermachers Programm für das Theologiestudium an den Preußischen Universitäten (publiziert unter dem Titel "Kurze Darstellung des theologischen Studiums", 1. Aufl. 1810), aber auch die Entwicklungsgeschichte der Predigerseminare von Riddagshausen bis Preetz illustriert die Stationen dieses Prozesses.

2. Preetzer Aufbruch

Gesellschaftliche Veränderungen haben nicht nur zur Gründung des Predigerseminars in Preetz, 1896, sondern auch zur Institutionalisierung des Preetzer Modells am Anfang der 70er Jahre dieses Jahrhunderts geführt. Die Aus-

einandersetzung zwischen den Generationen in den späten 60ern ging an der Ausbildung zum evangelischen Pfarrer nicht spurlos vorbei. Das Preetzer Modell hat die Pastorenausbildung in den Zusammenhang der Diskussion über die Human- und Sozialwissenschaften gestellt. Es hat damit einen wichtigen Beitrag geleistet, um die Pfarrer auf ihre Berufsaufgaben den Anforderungen der modernen Gesellschaft entsprechend vorzubereiten.
Inzwischen aber sind wiederum Wandlungen eingetreten, die ein erneutes Nachdenken über Veränderungen in der Ausbildung nahelegen, auch wenn es nach fünfundzwanzig Jahren so aussehen könnte, als sei mit dem Preetzer Modell eine stabile Form der Ausbildung auf (un)absehbare Zeit gefunden.

3. Bildungsmangel und Erfahrungsschatz

Die gegenüber 1971 veränderte Situation der Absolventen des Ersten Theologischen Examens läßt sich zunächst durch das ambivalente Begriffspaar "Bildungsmangel und Erfahrungsschatz" charakterisieren.

Die Reise durch die Welt der Sprachen kostet die Theologiestudenten heute unvergleichlich viel mehr Zeit als damals, als das Preetzer Modell noch nicht einmal Kinderschuhe brauchte. Vier bis fünf Semester dauert das Erlernen der alten Sprachen heute nicht selten, zumal sich das Allgemeinbildungsangebot der Schulen immer weiter vom Humboldtschen Bildungsgedanken entfernt und das Pfarrhaus als Bildungsort für den Pfarrernachwuchs nicht mehr präsent ist.

Eine weitere Bremse liegt an einer ganz anderen Stelle: Die Wartelisten und Wartezeiten sorgen dafür, daß noch mehr Studenten noch länger studieren, nicht zuletzt wegen der Unklarheit ihrer beruflichen Zukunft.

Die Preetzer Vikare sind deshalb heute deutlich älter als die Vikare Anfang der 70er Jahre und haben mehr Erfahrungen gesammelt: Mit verschiedenen Unsicherheiten (Studienfinanzierung, Berufsaussichten, Auswertung von Prüfungsergebnissen), mit unterschiedlichen Lebensformen - das Single-Studenten-Dasein ist nicht mehr die Regel -, mit gesteigerter Verantwortlichkeit in Familie und (vorläufigem) Beruf. Die Vielfalt der Erfahrungen läßt sich aus einer Übersicht über typische Tätigkeiten in der Wartezeit erschließen:

1. Hausmeister-Tätigkeit in einer diakonischen Einrichtung,
2. Sprachlehrer-Existenz an einer Fakultät zumeist im östlichen Europa,
3. Banklehre, kaufmännische Tätigkeiten,
4. Pflegedienst in diakonischen Einrichtungen,
5. Organisationstätigkeit bei einem freien Träger (Kontakt nach dem Examen),
6. Fortsetzung eines Jobs, der schon zur Studienfinanzierung diente,
7. Doktor-Arbeit,
8. Hilfstätigkeiten im Bibelwerk, PTI und anderen kirchlichen Bildungseinrichtungen,

9. freie Mitarbeiter-Tätigkeit im journalistischen Feld,
10. Volontariat im Presse-Verband,
11. freie Mitarbeit in der Telefonseelsorge neben einer anderen Berufstätigkeit.

Sind die Erfahrungen, die hier gemacht werden, ohne Bedeutung für den pastoralen Bildungsgang?

4. Individualität und Individualisierung

Die Aufbruchsstimmung in den pastoralen Ausbildungsinstitutionen war vor einem Vierteljahrhundert geprägt von einer als neu empfundenen Zuwendung zur Psychologie und Soziologie. Joachim Scharfenberg - 1971 nach Kiel berufen - hat mit anderen Theologen wie Hans-Christoph Piper, Richard Riess, Dietrich Stollberg und Hans-Joachim Thilo, beeinflußt auch von der amerikanischen Seelsorgebewegung des Clinical Pastoral Training, dazu beigetragen, daß die Ausbildung in den Predigerseminaren in Deutschland tiefenpsychologisch und gruppendynamisch ausgerichtet wurde. Die Zeichen der Zeit standen auf Dialog mit den Humanwissenschaften, auf Orientierung an den Bedürfnissen der Gemeindeglieder (vgl. erste EKD-Mitgliedschaftsbefragung 1974) und auf Funktionsorientierung des Pfarrerberufs; "Helfen und Begleiten" wurde zur zentralen Aufgabe des Pfarrerberufs, seelsorgerliche Sensibilität stand hoch im Kurs, die Vokabel "Verkündigung" galt als autoritär. Im Rückblick kann man wissen, daß der pastoralpsychologische Aufbruch der frühen siebziger Jahre Teil einer Entwicklung zur sog. "Therapie-Gesellschaft" war, in der die einzelnen mit ihrer individuellen Biographie scheinbar zum Mittelpunkt der Gestaltung des gesellschaftlichen Lebens wurden.

Die ernsthaften Vorschläge, den Pfarrer als Funktionär in einer Dienstleistungsgesellschaft in Analogie zum niedergelassenen Arzt und in Nachfolge des nordamerikanischen Modells des Pastoral Counselors aufzufassen, und die Entwicklung der pastoralen Existenz zur Teilzeitbeschäftigung in den Ballungszentren zeigen, daß die Individualisierungstendenz ihre soziale Entsprechung in der marktorientierten Dienstleistungsgesellschaft sucht und mehr oder weniger notgedrungen findet. Der Dienst des Pfarrers erhält seine Deutung dabei aus dem Dienstleistungsgedanken, nicht mehr aus dem Dienstgedanken.

Der Aufbruch zu individueller Selbstbestimmung und Gestaltung der je eigenen pastoralen Praxis hat die Verunsicherung von Kirche und Pfarrerschaft, die behoben werden sollte, eher verstärkt. Erst allmählich wächst die Erkenntnis, daß die individualtherapeutische Analyse von Deutungen, die dann mühsam symboldidaktisch wieder synthetisiert werden müssen, die Frage nach dem, was überhaupt noch gilt, erschwert und sie keinesfalls ersetzen kann.

5. "Vergleichsweise gut"

Zu denken gibt auch der Austausch mit christlichen Kirchen in anderen Teilen der Welt, insbesondere durch die Kontakte von Kandidaten in der Wartezeit mit Theologiestudenten in Ländern Osteuropas, etwa als Deutschlehrer in Riga oder Bratislava. Diese Begegnungen haben einen Eindruck davon vermittelt, wie reich ausgestaltet das deutsche Ausbildungsmodell derzeit ist. Wenn man neben einem höchstens vier- bis fünfjährigen Studium in Osteuropa schon eine Gemeinde versorgen muß, wenn man weder genug Lehrbücher zum Lernen hat noch auch kontinuierlich zur Verfügung stehende Lehrer findet, oder wenn man schon aus Gründen der Geschlechtszugehörigkeit kaum Aussicht auf die Ordination hat, dann ist das - neben allen allgemeinen wirtschaftlichen Schwierigkeiten - eine schwere Belastung. Sie gibt im Vergleich zu denken. Ist das nordelbische Angebot nicht zu reichlich? Müßten wir nicht mit weniger Ausbildungszeit auskommen? Wo könnten wir konzentrieren?

Diese Fragen stellen sich inzwischen auch hierzulande im Blick auf den wirtschaftlichen Status vieler Kandidaten in Deutschland. Stellenteilungen, Rückstufungen in den Gehaltsstufen, Abstriche gerade bei den Berufsanfängern sind keine guten Voraussetzungen, um Menschen zu finden und auszubilden, die mit Selbstbewußtsein den christlichen Glauben in einer Gesellschaft verbreiten, die sich vor allem am Geld mißt und daran, was man dafür bekommt. In diesem Strom hat sich zusätzlich eine gewisse Marginalisierung des Pfarrerberufs unter den kirchlichen Mitarbeitern ergeben: 8,5% aller Mitarbeiter sind noch Theologen in Nordelbien. Sollte man nicht in dieser Lage den zukünftigen Trägern leitender Ämter früher mit Verantwortung betrauen und nicht erst weit jenseits des 30. Lebensjahrs?

6. Semper reformanda

Diese Gedanken führen zu einigen Reformvorschlägen für das bisherige Ausbildungssystem - mit dem Ziel, die Bedingungen für die Studenten und Vikare angemessen zu gestalten, ihrem Lebensalter und den kirchlichen Finanzen angemessen. Zwei Änderungen sind zu empfehlen, ohne daß hier schon ein genauerer organisatorischer Rahmen skizziert werden könnte:

Änderung 1: Pflichtgemeindepraktikum während des Studiums - mit dem Ziel, die Berufsperspektiven zu klären und das Studium in seiner Bedeutung für die pastorale Praxis besser zu würdigen.

Änderung 2: Berufstätigkeit nach dem Studium (zwei Jahre) - integriert in die Vikariatszeit durch regelmäßige theologisch/psychologische Begleitung, mindestens solange die Wartelisten bestehen, evtl. auch noch länger, falls sich das Verfahren bewährt.

Diese Vorschläge beruhen auch auf der Überzeugung, daß es dem Selbstbewußtsein der Studenten und Vikare und dem Amt nützt, eine weitere Trennung zwischen Studium und Vikariat abzuwehren. Wie oft wurde nicht der

Spruch kolportiert: "Im Vikariat müssen Sie erst einmal alles vergessen, was Sie im Studium gelernt haben." Und dieser Spruch war doch nur Ausdruck einer allgemeineren Lage, denn die Kräfte, die zu einem Auseinanderdriften der beiden Ausbildungsphasen beitrugen und beitragen, lassen sich ja - zusätzlich zu den oben skizzierten Trends - durchaus benennen:
- Nicht erst seit Anfang der siebziger Jahre bewirkte die Zuwendung der Theologie zu ihren wissenschaftlichen Gesprächspartnern innerhalb der Universität eine genuin wissenschaftliche Orientierung.
- Die funktionale Deutung des Amtes verband sich in der Vikarsausbildung mit der Hoffnung auf den Erwerb spezieller Kompetenzen, die das Studium nicht zu liefern vermochte.
Die Folge der Distanzierung war für die erste Phase eine weiter verstärkte Spezialisierung in den wissenschaftlichen Disziplinen und für die zweite Phase die Entwicklung eines Kurssystems, das vor allem anderen die seelsorgerliche Kompetenz verstärken sollte, wobei unter Seelsorge mehr und mehr eine am Konflikt orientierte Kurzpsychotherapie (Pastoral counseling) und eine an tiefenpsychologischen und sozialpsychologischen Modellen orientierte gruppendynamische Interaktionsform verstanden wurde.
Die Kräfte zur Integration der Ausbildungsphasen bekommen aber inzwischen auch höheren Orts wieder Rückenwind; Horst Hirschler sagte vor der Synode in Schweinfurt (FAZ-Bericht vom 17. Oktober 1994): "Man hat nicht den Eindruck, daß die Prediger wissen, daß wir als unser typisches Qualitätsprodukt auf dem gegenwärtigen Markt des religiösen und weltanschaulichen Angebots die Freiheit eines Christenmenschen zu bieten haben." Viel eher herrsche die Überzeugung vor, die Protestanten seien "Fachleute für Schwierigkeiten und ethische Unterweisung".
Angehende Pfarrer müßten daher nicht nur die verschiedenen Fähigkeiten, die eine traditionsabgebrochene, individualistische und pluralistische Wirklichkeit fordere, erlernen, sondern sie müßten vor allem als geistliche Persönlichkeiten wachsen. Bereits im Studium müsse ihnen deutlich werden, wie der theologische Lehrer sich das wissenschaftlich abstrakt Formulierte für seinen eigenen Glauben zurechtlegt und welche konkreten Erfahrungen er vor Augen hat. Es sei nicht hilfreich, wenn die alten Formeln (»Christus ist für uns gestorben«) wiederholt würden, ohne Rechenschaft darüber zu geben, was man sich darunter genau vorzustellen hat. Der heutige Anspruch, etwas zu erleben und zu erfahren, sei sachgemäß. Dafür gibt es nach Hirschlers Auffassung nur die Möglichkeit, "in die Texte der Bibel mit allen Lebenserfahrungen einzusteigen, um mit ihnen selbst etwas zu erfahren".

7. Drei Wünsche
Meine Vorstellungen für das Zusammenwirken in der Ausbildung zum Pfarrer will ich in drei Wünsche fassen, will es also halten wie in einem guten Märchen. Drei Wünsche gestattet die gute Fee:

Wunsch 1: Die Ausbilder im Vikariat interessieren sich für das Studium. Ich wünsche mir eine Erwartungshaltung, die den Denkbemühungen der Theologischen Fakultäten mit Neugier und Herausforderung begegnet. Ich stelle mir einen Kommunikationsprozeß vor, in dem die Studenten merken, daß ihre Lebensfragen, die sie zum Studium der Theologie motiviert haben, ihren theologischen Lehrern in Studium und Vikariat in gleichem Maße, wenn auch in jeweils spezifischer Weise, wichtig sind.

Wunsch 2: Die Bildung setzt sich in der Ausbildung fort.
Die Erfahrungen und Erkenntnisse, die Theologinnen und Theologen nach dem Ersten Examen und der Wartezeit mitbringen, sollen etwas gelten, sollen nicht nur zugrundegelegt, sondern spürbar eingesetzt werden. Dieser Wunsch zielt auch in die Richtung eines bleibenden Ansehens der Theologischen Fakultäten. Wenn die kirchlich verantworteten Ausbildungswege sich vom Studium an den Fakultäten immer weiter distanzieren, wird berechtigterweise von der Gesellschaft die Frage gestellt, wozu noch staatliche Theologische Fakultäten gebraucht werden, wenn die Kirchen als Träger der religiösen Optionen der deutschen Gesellschaft sich gar nicht mehr auf die Fakultäten beziehen.
Die Kirche muß in ihren Ausbildungsgängen die Frage nach der Erfahrbarkeit der christlichen Botschaft ins Zentrum stellen, sonst wird sie zu dem, was religiöse Gemeinschaften ohne Reflexion ihrer weltanschaulichen Grundlagen eben sind, Sekten.
Ergänzend wäre auf Wunsch 1 zu verweisen: Die Theologie, die nicht angefragt wird von der Kirchenleitung (im weiten Sinne Schleiermachers), kann keinen Beitrag zu dieser Funktion leisten.

Wunsch 3: Die Vikariatsstruktur wird in ihrer bisherigen Form aufgelöst zugunsten einer Kombination aus berufsbegleitender Ausbildung und begleiteter Gemeindearbeit.
Dieser Wunsch richtet sich von der ersten an die zweite Phase, insofern, als einige Schwierigkeiten und Ängste vor dem Examen durch eine Flexibilisierung der zweiten Phase aufgehoben werden könnten. Die bedrängenden Fragen: "Was wird aus mir in der Wartezeit? Wie lange wird sie dauern? Gibt es Möglichkeiten einer weiteren Qualifizierung?" würden wegfallen, ein durchgehender Ausbildungsgang mit intensiver Begleitung und Beratung über die Fortschritte und Fortsetzung bis zum Zweiten Theologischen Examen wäre die Regel.
Die Vorstellungen von einer Flexibilisierung des Vikariats gehen von der Erfahrung aus, daß die sog. Wartezeit eine Zeit von höchster Bedeutung für die Entfaltung einer reflektierten religiösen Persönlichkeit geworden ist.
Hier werden geistliche Erfahrungen gemacht, Erfahrungen, die für die Vorbereitung auf den Pfarrdienst von Relevanz und der Begleitung bedürftig sind.

8. Ablauf
Folgender Ablauf wäre für die Zeit nach dem Ersten Theologischen Examen denkbar:
a. Berufsbegleitende theologische Weiterbildung für ca. ein Jahr, evtl. auch als Fernkurs. D.h. Suche nach einer sinnvollen Tätigkeit, deren Dauer von den Kandidaten mit ihrem beruflichen Vertragspartner und mit dem Ausbildungsdezernat abgestimmt wird. Diese Zeit sollte gemäß ihren spezifischen Anforderungen ebenso wie die Gemeindearbeit im Vikariat begleitet werden.
b. Ein Jahr Gemeindetätigkeit sollte mit je einem Kurs in Homiletik/Liturgik, Kybernetik inkl. Kirchenrecht und Religionspädagogik verbunden sein.
c. Ein halbes Jahr Examenszeit.
d. Fortbildung in den ersten Amtsjahren.

Für die berufs-, d.h. wartezeitbegleitende erste Phase des Vikariats ist die Mitarbeit von freien Mentoren notwendig, in der zweiten Phase wäre eher an eine Begleitung durch Gemeindepastoren zu denken.

Um es abschließend noch einmal zu unterstreichen: Diesen ersten organisatorischen Überlegungen liegt der Gedanke zugrunde, daß wir die Spuren der christlichen Botschaft, das Evangelium von der Freiheit eines Christenmenschen in den verschiedensten Lebenszusammenhängen neu entdecken lernen müssen und können. Sprachfähigkeit für die Tradition in der Gegenwart entwickelt sich aus hoffentlich vorhandenen persönlichen Gaben durch die Bildung theologischer Kompetenz und die Entfaltung psychologischer Sensibilität und vor allem aus der Erfahrung, daß diese Gaben wirklich gefragt sind.

---

[1] Dieser Text ist die erweiterte Fassung eines Beitrags zum ersten der beiden Symposien zum 100. Jubiläum des Predigerseminars in Preetz im Januar 1996.

Es ist zum 100. Jahrestag von Preetz angemessen, an das älteste evangelische Predigerseminar in Deutschland zu erinnern, das vor sechs Jahren bereits seinen 300. Geburtstag feierte. Im Vorwort zur Festschrift für Riddagshausen schrieb der damalige Bischof der Braunschweigischen Landeskirche, Gerhard Müller:
"Die Vorbildung der Geistlichen war in der Geschichte der Kirche sehr unterschiedlich. Genügte es im späteren Mittelalter noch, lesen und schreiben zu können und sich eventuell in den grundlegenden Wissenschaften ein wenig umgesehen zu haben, so forderten Reformation und Humanismus ein theologisches Studium. ... Im Mittelalter war die Ordination Sache der Bischöfe. In der Reformationszeit forderten Gemeinden und Landesherrn bei den Reformatoren ausgebildete Pfarrer an, so daß z.B. an der Universität Wittenberg das theologische Abschlußexamen abgelegt und dort - meist durch Johannes Bugenhagen - sogleich auch ordiniert wurde. Diese Konzentration auf das akademische Studium genügte den Braunschweiger Herzögen Rudolph August und Anton Ulrich im Jahre 1690 nicht mehr. Beraten von Abt Johann Lucas Pestorff stellten sie vielmehr fest, daß »bei der jetzigen Menge der studierenden Jugend« sich der größere Teil aus finanziellen Gründen »oder aus eigenem Unfleiß« nicht mehr recht auf das Studium konzentriere und deswegen nicht gut genug qualifiziert sei. Deswegen richteten sie im Kloster Riddagshausen ein Collegium ein, wo sich eine begrenzte Zahl von Kandidaten zwei bis drei Jahre lang ausbilden lassen konnte und sich auch selbst fortbilden sollte. Vorauszugehen hatte ein mindestens zweijähriges Studium an der Landesuniversität in Helmstedt."
(W.Theilemann/Hg., 300 Jahre Predigerseminar/1690-1990 ..., Wolfenbüttel 1990, S.7)

Aus der Sicht des Personaldezernats - Dank und Anfragen

von Jens Hermann Hörcher

Gute Zusammenarbeit
Direktor Ulrich hat mir geschrieben: "Wenn man, wie ich es manchmal gern tue, unser Predigerseminar als einen »Zuliefer-Betrieb« der Nordelbischen Kirche bezeichnet, dann wären Sie der Empfänger unserer Endprodukte. Wir liefern sozusagen »just in time«, wie es in der Wirtschaftssprache heißt."
Ich nehme diese Stichworte von Bruder Ulrich gern auf, insbesondere seine Anregungen, einen durchaus subjektiven Rückblick auf fast 15 Jahre guter Zusammenarbeit zwischen dem Predigerseminar und dem Personaldezernat zu wagen. Da ich jedoch nicht aus der Wirtschaft komme, sondern aus dem Gartenbau, schreibe ich nicht in der Wirtschaftssprache, sondern bleibe in der mir vertrauten Umwelt von Saat und Ernte.

Freude über große Ernten
Ich kann mich zwar noch an die Zeit erinnern, in der Andersen, Tebbe, Heubach und Seiler das Predigerseminar in Preetz leiteten. Ich beschränke mich aber auf die jüngste Vergangenheit, d.h. auf die Zusammenarbeit mit den Direktoren Albrecht, Halbe und Ulrich in Preetz, mit Stolt und Denecke in Hamburg, mit Hoerschelmann und Korthals in Breklum und mit Jürgensen in Pinneberg-Rissen.
Gärtner und Bauern freuen sich über große Ernten. Gewiß kommt es nicht nur auf die Quantität an, aber ich weiß auch den zahlenmäßigen Ertrag der Ausbildung zu schätzen, zumal meine Generation noch unter einem extremen Nachwuchsmangel im Pastorenamt zu leiden hatte. Das quantitive Ergebnis der Ausbildung kann sich sehen lassen!
Nach meiner Zählung haben 1983 bis 1995   871 Vikarinnen und Vikare das Zweite Theologische Examen in der Nordelbischen Kirche absolviert. Ende 1997 dürften es über 1000 Vikarinnen und Vikare sein, die in den dann vergangenen 15 Jahren die nordelbische Ausbildung durchlaufen haben.
Nach Männern und Frauen aufgegliedert, waren es in den Jahren 1983 bis 1995 555 Männer und 316 Frauen. Der Frauenanteil liegt damit bei 36%. Die Steigerung des Frauenanteils wird sichtbar, wenn man die Jahre 1983 und 1993 einander gegenüberstellt. 1983 betrug das Verhältnis 70% Männer und 30% Frauen, 1993 verzeichnet die Statistik 59% Männer und 41% Frauen.
Von 871 Vikarinnen und Vikaren wurden 846 in den Probedienst übernommen, d.h. 97%. Dieser Prozentsatz sagt auch etwas über die Qualität der Ausbildung. In diesem Zusammenhang ist jedoch zu berücksichtigen, daß nicht alle Pastorinnen und Pastoren auf volle Stellen übernommen werden konnten. Fast 25% sind im Teildienstverhältnis beschäftigt.

Segen für unsere Kirche
Die Leistung der Ausbilderinnen und Ausbilder wird deutlich, wenn man bedenkt, daß über 50% der jetzigen Pastorenschaft in den vergangenen 13 Jahren ausgebildet worden sind. Ab 1997 wird die Zahl der Vikarinnen und Vikare, die zur Übernahme in den Probedienst anstehen, stark rückläufig sein. Waren es 1996 noch über 90, werden es 1997 58 und ab 1998 jährlich 50 sein. Damit ist der größte Teil des "Erntesegens" eingefahren.
Die Entscheidung so vieler junger Leute für den Pastorenberuf ist - wie schon oft angemerkt - nicht in erster Linie Ergebnis einer Erweckungsbewegung. Allerdings läßt sich die Bereitschaft, sich in den Dienst der Kirche rufen zu lassen, auch nicht einfach auf höhere Abiturientenzahlen zurückführen. M.E. hat das gewachsene Interesse am Pastorenberuf auch etwas mit der Öffnung der Kirche zu tun, insbesondere mit der Öffnung für Frauen im Pastorenamt. Die Ausbildung hat sich schon früh positiv auf die veränderte Situation eingestellt. Die unkomplizierte Art, in der Männer und Frauen in den Predigerseminaren je nach eigener Begabung auf das Amt der Kirche vorbereitet werden, trägt zur hohen Akzeptanz in den Gemeinden bei. Die Prüfungsergebnisse belegen, daß das Ausbildungsangebot stimmt und ganz besonders von Frauen angenommen wird. Probleme, den Aufgaben in Familie und Beruf gerecht zu werden, gibt es überall, auch bei Pastorinnen und Pastoren. Aber es bleibt dabei, der gegenwärtige Frauenanteil am Pastorenberuf ist ein Segen für unsere Kirche.
Vikarinnen und Vikare kommen nicht mit leeren Händen. Sie präsentieren sich im Personaldezernat und im Bischofskollegium mit dem Nachweis ihres gegenwärtigen Entwicklungsstandes, ihrer Standortbedingungen und Einsatzmöglichkeiten. Der Abschlußbericht der Ausbildungsleiter zeigt die theologische und pastorale Entwicklung der Kandidatinnen und Kandidaten auf, benennt ihre Stärken und Schwächen und schließt mit einer Empfehlung bzw. Nichtempfehlung zur Übernahme in den Probedienst.
Wer wie wir im Personaldezernat alle Protokolle zum Abschlußgespräch über die Vikarsausbildung liest, ahnt etwas von der Intensität, von der Auseinandersetzung und persönlichen Zuwendung, die täglich von den Leiterinnen und Leitern der Ausbildung aufzubringen sind.
Der Ausbildungsstand ist hoch. In der Regel gelingt es trotz aller Schwierigkeiten unterschiedlich geprägte junge Leute auf einen gemeinsamen Lernweg zu bringen. Die Tatsache, daß die Arbeit in den vier Seminaren trotz eigener Traditionen und regionaler Besonderheiten zu einer nordelbischen Ausbildung zusammengewachsen ist, halte ich in der NEK für ein bemerkenswertes Ergebnis. Hier entwickelt sich ein festes Band in dem sonst noch "schütteren Gewebe" unserer Kirche.
Zwei- bis dreimal im Jahr erntet das Personaldezernat, was die Seminare (!) gesät und aufgezogen haben. Pünktlich erhalten wir ihre "Endprodukte". Die Frage ist nur, ob "just in time" nicht schon zu spät ist. Die Gemeinden blei-

ben in ihrer Entwicklung nicht stehen. Sie verändern sich in der Ausbildungsdekade, die der Nachwuchs vom Abitur bis zum Zweiten Examen durchläuft, schneller und intensiver, als die Kandidatinnen und Kandidaten ahnen. Dazu kommt, daß die Kirche den pastoralen Nachwuchs nicht nur "up to date" braucht, sondern auch gegen die Zeit und ihre Trends. Das Faktum der Ungleichzeitigkeit von Entwicklungen in Kirche, Gesellschaft und Ausbildung stellt hohe Anforderungen an Qualität und Zielvorstellungen des Vikariats.

Von Freiheit geprägt

Auch wenn das Urteil über die Preetzer Ausbildung - wie sollte es auch anders sein - kontrovers ausfällt, wird kaum einer ihre Liberalität bestreiten. Der Geist der Ausbildung ist von Freiheit geprägt, einer durchaus anspruchsvollen Freiheit. Volkskirchliche Offenheit und Weite bestimmen die Ausbildung. Sie zielt nicht auf einen "genormten Pfarrertyp". Wer selbst aus der Freiheit eines Christenmenschen lebt und sie auch anderen zubilligt, findet Raum und Begleitung zu eigener Entwicklung. Das inzwischen viel kolportierte Bild von der sog. "Preetzer Kultur" könnte eine andere Bewertung nahelegen. Ich kann jedoch nur sagen, daß ich in Preetz nie Einförmigkeit oder gar Gruppenzwang erlebt habe. Die Freiheit eines Christenmenschen, die in der Gliedschaft am Leib Christi wurzelt, verträgt sich weder mit bloßer Anpassung noch mit einer Entwicklung zu Einzelkämpfern, die sich selbst überschätzen. Beiden Extremen sucht die Ausbildung zu wehren.

Mehr evangelikal oder charismatisch ausgerichtete Vikarinnen und Vikare äußern gelegentlich, daß sie sich in den Seminaren nicht ganz zu Hause fühlen. M.E. ist dieses Unbehagen eher auf ein kommunikatives Problem als auf ein positionelles zurückzuführen. Hartnäckig hält sich das Gerücht, daß in Preetz jeder sein eigener Ausbilder sei. Auch hier gilt, daß Karikaturen durch ständige Wiederholung der Wirklichkeit nicht näherkommen. Leitbild des Preetzer Modells ist eher das Bemühen um pastorale Identität und theologische Existenz.

Insgesamt beeindruckt mich die Vielfalt der jungen Theologenschaft und die Bandbreite, in der sie sich über ihr Amt und ihre pastoralen Aufgaben äußern. Von der aktiven Zeugin bis zum bloßen Medium, vom Propheten bis zum Priester, vom schlichten Mitchristen bis zur geistlichen Persönlichkeit werden viele Rollen vertreten. Der eine entdeckt seine Stärke als Lehrer, die andere sieht sich als Hirtin und Seelsorgerin, andere engagieren sich im Gemeindeaufbau oder in der Beratung. Jeder darf seine Gaben entdecken. Keiner ist von vornherein von der Förderung ausgeschlossen. Die Frage könnte gestellt werden, wer oder was diesen bunten Strauß zusammenhält.

Grund zu danken
Ergebnis der Ausbildung ist: Die jungen Pastorinnen und Pastoren, die durch die Ausbildung gegangen sind, lassen sich gut einsetzen. Dies gilt für Frauen und Männer. Sie sind gefragt und geschätzt, weil sie sich kirchlich engagieren, weil sie bereit sind, an Vorhandenes anzuknüpfen und behutsam Neues zu entwickeln, und weil sie mindestens theoretisch das Priestertum aller Gläubigen vertreten und gern mit anderen zusammen Gemeinde bauen wollen. Darum gibt es aus der Sicht des Personaldezernats nur Grund zu danken.
Ausbildung hat mit Saat und Ernte zu tun. Wir freuen uns im Dezernat, wenn wir die vollen Saatbeete auspflanzen können. Den Streit, wem dabei das Prae zukommt, dem, der sät, dem, der pflanzt, oder dem, der begießt, hat der Apostel entschieden. Danach gilt weder der pflanzt noch der begießt, sondern Gott, der das Gedeihen gibt. Ihm gehört der erste Dank. Wir haben zwar gebetet, Gott möge Arbeiter in seine Ernte senden, aber er hat sie gerufen. Der zweite Dank gilt den jungen Leuten für ihre Antwort und ihren Mut, sich in dieser Zeit auf Gottes Sache einzulassen. Danach haben wir allen an der Ausbildung Beteiligten, Frauen und Männern im Pfarramt, im Mentorenamt, in den Seminaren, im Ausbildungsdezernat und im Bischofsamt, zu danken. Dank für alle gute Zusammenarbeit! Daß es nur eine nordelbische Ausbildung gibt, ist gar nicht selbstverständlich.

Anfragen
Wenn ich zum Schluß einige Fragen stelle, will ich vom Dank nichts zurücknehmen. Von den Anfragen gilt in besonderer Weise, daß sie ganz und gar subjektiv zu verstehen sind:

- Nichts gegen Vielfalt in der Ausbildung, aber wie steht es mit den Fundamenten; theologisch gesprochen, nichts gegen ein neues Interesse an der Religion, am Gespräch mit dem Judentum und dem interreligiösen Dialog, aber wie steht es mit der Lehre, die doch den Weg zum Himmel weist, mit der Dogmatik als einer besonderen Form des Lobgesangs; wie steht es mit der Systematischen Theologie, insbesondere mit der Christologie und Soteriologie, die man sich nicht im Schnellverfahren aneignen kann und die auch nicht mit dem Hinweis auf neue Erfahrungen überholt ist.
- Nichts gegen volkskirchliche Offenheit und Weite. Sie ist ein Geschenk, das wir erst zu würdigen wissen, wenn sie uns verlorengehen sollte. Fragen wir die Kandidatinnen und Kandidaten nach ihrer religiösen Sprache und ihren Erwartungen, sprechen sich fast alle gegen evangelikal geprägte oder charismatisch ausgerichtete Gemeinden und für volkskirchliche Offenheit aus. Aber die Vorstellung von Volkskirche wirkt oft blaß, unverbindlich, unentschieden. Ich wünschte mir, daß Volkskirche offensiver vertreten, theologisch begründet und in der Öffentlichkeit entschlossener und lebendiger zum Ausdruck gebracht wird.

- Nichts gegen, sondern alles für Gottesdienst und Suche nach neuer Spiritualität. Wachsende Freude am Gottesdienst ist vielleicht das hoffnungsvollste Zeichen für eine Erneuerung der Volkskirche. Aber wie steht es mit einem missionarischen Aufbruch in der Volkskirche und dem Staunen über Gottes Reichtum?

Das Charakteristikum und die Stärke des bisherigen Ausbildungskonzepts liegen in der pastoralpsychologischen Ausrichtung. Im Mittelpunkt steht der Auszubildende. Auf seine pastorale Entfaltung, auf die Entwicklung seiner Gaben konzentrieren sich alle Bemühungen - völlig zu Recht.
Ich frage mich allerdings, ob nicht doch der kirchliche Auftrag noch stärker zum Tragen gebracht werden müßte. Ich vermisse bisweilen bei den Kandidaten spürbare theologische Leidenschaft und deutliches Engagement für die Verkündigung vom Anbruch der Gottesherrschaft. Ich wünschte mir eine Ausbildung, die die theologische Kunst, recht zu unterscheiden, einübt - gerade auch in der Praxis; eine Ausbildung, die sich auch im Zeitalter der Ökumene und des interreligiösen Dialogs der Wahrheitsfrage stellt, die auf die Unterscheidung von Gottes- und Menschenwort achtet und die es wagt, verbindliches Leben zu vertreten und - wenn nötig - alte Tugenden mit neuem Leben zu füllen.
Ich würde jedem Kirchenvorstand raten, auf eine phantasievolle, liebevolle, kreative "Basisversorgung" zu achten, aber ebenso auf ein geistlich anspruchsvolles, langfristig angelegtes missionarisches Projekt. Solche Bemühungen haben Verheißung.
Gott hat uns gute Saat anvertraut. Zum Säen gibt es keine Alternative. Darum bin ich davon überzeugt, daß sich die Investition in Menschen lohnt, in junge motivierte Pastoren und Mitarbeiter, Männer und Frauen.

Anhang

Mitarbeiterinnen und Mitarbeiter seit 1950

Leiter des Seminars
Franz Rendtorff	1896-1906
Amandus Weinreich	1907-24
Heinrich Rendtorff	1924-26
Hans Pohlmann	1926-34
Gottfried Horstmann	1934-39
Gerhard Kunze	1950-54
Wilhelm Andersen	1955-56
Johann Schmidt	1956-57
Johann Bielfeldt	1957-58
Walter Tebbe	1958-63
Joachim Heubach	1963-70
Dieter Seiler	1970-82
Jörn Halbe	1982-88
Horst Albrecht	1988-90
Gerhard Ulrich	1991-96

Studieninspektoren
Studienleiter/innen
Wissenschaftliche Mitarbeiter/innen
Werner Vollborn	1950-51
Joachim Heubach	1951-53
Willi Marxen	1953-54
Sigo Lehming	1956-58
Henning Schröer	1959-60
Heinz Fast	1960-62
Karl Ludwig Kohlwage	1962-63
Friedrich-Otto Scharbau	1963-65
Gerd Heinrich	1965-67
Siegfried Lukas	1968-72
Andreas Hertzberg	1972-77
Horst Albrecht	1972-76
Horst Kämpfer	1976-81
Hans-Christian Knuth	1977-80
Jörn Halbe	1981-82
Renate Grabsch	1982-88
Christa Schonert	1983-85
Klaus Walter Schlömp	1985-90
Annegret Grund	1988-92
Gothart Magaard	seit 1991
Redlef Neubert-Stegemann	seit 1992
Gertrud Schäfer	seit 1992

Mentorinnen/Mentoren
Gruppe Kiel:
Klaus Thomsen	1970-78
Joachim Klein	1979-90
Anne Reichmann	1991
Michael Watzlawik	seit 1992

Gruppe Ahrensburg/Lübeck:
Heinrich Wittram	1970-76
Klaus Walter Schlömp	1976-85
Horst Webecke	1986-93
Hubertus Hotze	seit 1994

Gruppe Schleswig:
Theo Wrege	1970-81
Dieter Andresen	1981-86
Gerhard Ulrich	1986-90
Ove Berg	1991-96

Gruppe Pinneberg:
bzw. Hamburg/West:
Gert Hartmann	1970-76
Kurt Moritz	1977-81
Claus Jürgensen	1982-91
Anne Reichmann	seit 1991

Bibliothek
Günter Berthold
Brigitte Feller
Elsabe Babnik
Ursula Brandenburg
Ulrike Voß
Elisabeth Bubert

Sekretariat
Eva Recknagel
Ursula Brandenburg
Annette Herrmann
Elke Kahl

Hausdamen/
Hauswirtschaftsleiterinnen
Frau Busse
Alexandra von Rosenstiel
Ursula Seiler
Andrea Gassner
Ruth Benn
Maren Gerundt
Hanne Tewes
Herta Müller

Köchinnen
Magdalena Kock
Renate Plöger
Rita Baumann

Haus- und Küchenpersonal
Edith Micheel
Grete Schütt
Dorchen Triphahn
Ingeborg Seifert
Magda Sellmer
Annegret Derr
Ingeborg Krukow
Brigitte Giesel
Veronika Feister
Rita Baumann
Brigitte Steffen
Angelika Hoppe

Rosa Jahns
Regina Lilienthal
Ingeborg Wöltjen
Christel Rehder
Astrid Gamm
Liselotte Möller
Bärbel Fahrenholz
Christel Adam
Helga Pries
Angelika Ruser

Hausmeister
Siegfried Montzka
Hinrich Plöger

Liste der Kandidaten und Kandidatinnen[1]

Sommer-Semester 1950
Baron, Rudolf
Berthold, Günter
Daniel, Karl-Walter
Grunwald, Heinz
Hoeck, Alfred
Kroeber, Otto
Linnich, Hellmut
Loebel, Werner
Nast, Otto
Petersen, Ernst-Peter
Poppe, Willi
Prützmann, Robert
Rempel, Hans
Rothkirch, Friedrich-Eberhard von
Schultze, Hans
Steenbock, Helmut
Torp, Gerhard

Winter-Semester 1950/51
Asmussen, Hans Georg
Bünz, Eggert
Eckeberg, Otto
Halver, Arndt
Johannsen, Jens-Ludwig
Krueger, Dietrich
Mau, Johannes
Schneider, Dora
Sonnenschein, Johannes
Thomsen, Gerhard

Sommer-Semester 1951
Asmussen, Hans Georg
Eckeberg, Otto
Bünz, Eggert
Eckeberg, Otto
Förster, Erika
Grell, Wolfgang
Halver, Arndt
Hertel, Hildegard
Johannsen, Jens-Ludwig
Krueger, Dietrich
Mau, Johannes
Prützmann, Robert
Schneider, Dora
Sonnenschein, Johannes
Sutter, Werner
Thomsen, Gerhard

Winter-Semester 1951/52
Alsen, Hartwig
Asmussen, Jes
Bahnsen, Christian
Förster, Erika
Garmatter, Hans-Achim
Harder, Rolf
Hertel, Hildegart
Meyer, Gerhard
Pfeiffer, Egon
Röhlk, Dietrich
Schüßler, Friedrich
Sutter, Werner
Witte, Friedrich-Wilhelm

Sommer-Semester 1952
Asmussen, Jes
Gleiß, Friedrich
Lassen, Egon
Meyer, Gerhard
Nielsen, Rolf
Pasewaldt, Klaus
Pausch, Joachim-Werner
Pfeiffer, Egon
Röhlk, Dietrich
Rust, Horst
Steinbrück, Günter
Thedens, Hans-Detlef
Voigt, Ernst
Waack, Richard

[1] aufgeführt nach ihren damaligen Namen

Winter-Semester 1952/53
Christiansen, Theodor
Geiß, Friedrich
Lassen, Egon
Lohmann, Hartwig
Magaard, Hans
Nielsen, Rolf
Pasewaldt, Klaus
Pausch, Joachim-Werner
Pfeiffer, Egon
Raths, Kurt-Harald
Richers, Hans-Günter
Rößler, Rudolf
Schmidt, Ulrich
Steinbrück, Günter
Thedens, Hans-Detlef
Voigt, Ernst

Sommer-Semester 1953
Dannenberg, Gerd
Dethlefsen, Christian
Hertel, Heinz
Hofmann, Ludwig
Krause, Johannes
Lehmann, Heinz
Marxen, Willi
Maus, Hermann
Misching, Ernst
Paetzold, Rudolf
Peter, Erich
Preuschmann, Johannes
Raths, Kurt-Harald
Roeder, Justus
Rößler, Rudolf
Rüpelt, Fritz
Schulze, Fritz
Steffen, Detlef
Tredde, Jürgen
Wohlenberg, Karl-Theodor

Winter-Semester 1953/54
Buchholz, Walter
Gertz, Holmer

Hagge, Rolf
Hannemann, Kurt
Kirchhofer, Hans-Wilhelm
Linck, Roland
Paetzold, Rudolf
Pries, Hans-Eberhard
Reichmuth, Klaus
Roeder, Justus
Schade, Karl-Emil
Schirren, Christian
Schmidt, Vigo
Schulze, Fritz
Stäcker, Werner
Steffen, Uwe
Thiessen, Hans-Heinrich
Torp, Günther
Trede, Jürgen
Wachs, Hans-Joachim
Wallroth, Ernst C.

Sommer-Semester 1954
Frank, Henning
Gertz, Holmer
Günther, Siegfried
Haese, Heinz
Hagge, Rolf
Hübner, Heinrich
Kirchhofer, Hans-Wilhelm
Moritzen, Niels-Peter
Paul, Ottomar
Pries, Hans-Eberhard
Reichmuth, Klaus
Riewert, Hans-Hermann
Schade, Karl-Emil
Schirren, Christian
Stäcker, Werner
Steffen, Uwe
Thomsen, Klaus
Töns, Harald
Torp, Günther

Winter-Semester 1954/55
Berg, Friedrich
Davier, Asmus von

Diebenkorn, Hans-Joachim
Friese, Ernst
Günther, Siegfried
Haese, Heinz
von Horbatschewsky, Henrik Frhr.
Kieschke, Hans
Moritzen, Niels-Peter
Paucke, Ulrich
Petersen, Lorenz
Pohl, Klaus-Detlef
Rothe, Wilhelm
Schulze, Erich
Schütt, Heinz
Thoböll, Cord
Thomsen, Klaus
Töns, Harald
Uter, Dietrich
Völcker, Helmut
Wiemann, Fritz
Wolter-Pecksen, Falk-Horst

Sommer-Semester 1955
Conradi, Wolfgang
Friese, Ernst
von Horbatschewsky, Henrik Frhr.
Kieschke, Hans
Kilian, Hellmuth
Koch, Walther
Lescow, Theodor
Mörchel, Gerhard
Petersen, Lorenz
Pfeiffer, Max
Pohl, Klaus-Detlef
Rothe, Wilhelm
Schmidtpott, Herwig
Schroeder, Hans Gneomar
Schütt, Heinz
Thoböll, Cord
Völcker, Helmut

Winter-Semester 1955/56
Baginski, Helmut
Bellmann, Gustaf

Brandt, Hans-J.
Brehmer, Dieter
le Coutre, Eberhard
Fliedner, Klaus-P.
Hamann, Jürgen
Köppen, Johannes
Kurowski, Martin
Meyer, Uwe
Mörchel, Gerhard
Pfeiffer, Max
Reinhardt, Heinrich
Schmidtpott, Herwig
v. Schrader, Harald
Schroeder, Hans-Gneomar

Sommer-Semester 1956
Andersson, Ernst
Baginski, Helmut
Berg, Hans von
Brandt, Hans-.Jürgen
Dessien, Eberhard von
Evers, Erhard
Hahnkamp, Jürgen
Hein, Lorenz
Koch, Walther
Kruckis, Günter
Lehming, Sigo
Schelhorn, Dieter
Schmeling, Alfred
Schroeder, Hermann
Segschneider, Martin
Speck, Theodor
Tappe, Klaus-Henning
Wendt, Johannes

Winter-Semester 1956/57
Ahlheim, Helmut
Bollmann, Peter
Brehmer, Dieter
Brummack, Dietrich
Eggers, Hans-Helmuth
Gerlitzky, Wilhelm
Hoppe, Gerhard

Jensen, Hans-Friedrich
Kurowski, Martin
Meyer, Uwe
Sponholz, Gunter
Wyszomierski, Dietrich

Sommer-Semester 1957
Bock, Richard
Eggers, Hans-Helmuth
Frank, Johannes
Goetz, Alfred
Henrich, Wolfgang
Hesse, Karl-Wilhelm
Joppien, Lothar
Kosmahl, Hans-Joachim
Lindner, Peter
Mantzel, Jürgen
Mess, Dietrich
Peters, Dietrich
Reuß, Jürgen
Riege, Ludwig
Walther, Helmut

Winter-Semester 1957/58
Bartel, Benno
Gossmann, Klaus
Heidrich, Otto
Hollm, Uwe
Jacobsen, Uwe
Kurowski, Friedrich-Karl
Lüth, Friderich
Mehnert, Gottfried
Mess, Dietrich
Oppermann, Herbert
Richter, Harald
Stoltenberg, Gerd
Thies, Klaus Jürgen
Thomsen, Klaus
Tiltack, Kurt
Urban, Richard
Vogt, Gert
Voigt, Fritz

Sommer-Semester 1958
Anacker, Heinrich
Asmussen, Uwe
Bartels, Hugo
Bock, Richard
Brandstäter, Gottfried
Cyrus, Bernhard
Hoppe, Georg
Hotzelmann, Peter
Kobold, Hermann
Mattutis, Wilhelm
Muhs, Hans Joachim
Niemeyer, August-Hermann
Schall, Traugott
Sievers, Wilhelm
Teply, Rolf
Tockhorn, Paul

Winter-Semester 1958/59
Basche, Reimer
Dannmeier, Erich
Findeisen, Sven
Heidenreich, Ulrich
Hoppe, Georg
Hotzelmann, Peter
Kirschstein, Alexander
Kobold, Hermann
Küchenmeister, Rumold
Meyer, Manfred
Muhs, Hans-Joachim
Niemeyer, August-Hermann
Nottrott, Johannes
Piper, Detlef
Reventlow, Henning Graf von
Riege, Ludwig
Schmidt, Owe Mattsen
Schroeder, Hans-Hartmut
Schröer, Henning
Schwandt, Friedrich
Stoeckicht, Hans-Christian
Wagner, Karl-Theodor
Wischnewski, Heinz

Sommer-Semester 1959
Barharn, Karl-Helmut
Basche, Reimer
Friese, Reinhard
Gerlach, Heinrich-Christian
Goertzen, Johannes-Friedrich
Hamann, Eberhard
Hanssen, Hans-Detlef
Hoerschelmann, Paul-Gerhard
Kiewning, Helmut
Meyer, Manfred
Piper, Detlef
Plautz, Werner
Schröer, Henning
Schwandt, Friedrich
Stoeckicht, Hans-Christian
Tauscher, Heinrich
Wester, Manfred

Winter-Semester 1959/60
Barharn, Karl-Helmut
Beland, Hermann
Brix, Harald
Fast, Heinz
Fischer, Ernst
Frenz, Helmut
Gerlach, Heinrich-Christian
Görtzen, Johannes-Friedrich
Hamann, Uwe
Hamann, Eberhard
Hanssen, Hans-Detlef
Hoerschelmann, Paul-Gerhard
Hoffmann, Holger
Jegodzinski, Helmut
Juhl, Klaus
Kiewning, Helmut
Klingenberg, Walter
Knoke, Walther
le Coutre, Leberecht
Schulze, Eberhard
Tauscher, Heinrich
Toepffer, Hinrich
Wester, Manfred

Sommer-Semester 1960
Bahr, Hans-Eckehard
Beland, Hermann
Bock, Hans-Dieter
Dannmeier, Erich
Fischer, Ernst
Frenz, Helmut
Greulich, Wilhelm
Hamann, Uwe
Hasselmann, Karl-Behrnd
Hoffmann, Holger
Jegodzinski, Helmut
Juhl, Klaus
Klingenberg, Walter
Knoke, Walther
Krüger, Joachim
le Coutre, Leberecht
Meyns, Paul-Gerhard
Prey, Horst
Raab-Straube, Albrecht von
Rathjen, Hans Joachim
Schreckenbach, Dietrich
Wagner, Karl-Theodor
Witt, Hans

Winter-Semester 1960/61
Barth, Irmin
Bock, Hans-Dieter
Czycholl, Arno
Dosch, Gerhard
Gorgs, Hans-Jürgen
Grunwald, Walter
Harder, Ernst-Friedrich
Hasselmann, Karl Behrnd
Hoppe, Hanno
Jastram, Gerhard
Jessen, Wolf-Richard
Jürgensen, Claus
Krüger, Joachim
Kunze, Sieghard
Martensen, Hans-Peter
Meyns, Paul-Gerhard
Prey, Horst

Raab-Straube, Albrecht von
Rathjen, Hansjoachim
Rebling, Gerhard
Rühe, Peter-Friedrich
Schreckenbach, Dietrich
Senft, Hans-Joachim
Treplin, Hans Gustav
Witt, Hans
Wulf, Hans-Walter

Sommer-Semester 1961
Barth, Irmin
Binder, Ulrich
Czycholl, Arno
Friese, Reinhard
Gorgs, Hans-Jürgen
Grunwald, Walter
Harder, Ernst-Friedrich
Hoppe, Hanno
Hummel, Reinhart
Jastram, Gerhard
Jessen, Wolf-Richard
Jürgensen, Claus
Kiers, Herbert
Lescow, Adolf
Mallek, Richard
Martensen, Hans-Peter
Naunin, Burkart
Rühe, Peter-Friedrich
Senft, Hans-Joachim
Treplin, Hans Gustav
Wulf, Hans Walter

Winter-Semester 1961/62
Andresen, Dieter
Augustin, Hermann
Berg, Horstklaus
Eichler, Martin
Heinze, Egbert
Hoppe, Eckart
Horbatschewsky, Fred von
Kiers, Herbert
Klein ,Gotthold

Klugkist, Henrich
Kohlwage, Karl Ludwig
Luthardt, Hans-Helmut
Naunin, Burkart
Neumann, Peter-Heinz
Pörksen, Jens-Hinrich
Scheunemann, Volkhard
Seredszus, Erhard
Thiel, Bodo
Voedisch, Werner
Volz, Günter
Weitling, Günter
Wibrow, Egar
Zückler, Walther

Sommer-Semester 1962
Adolphsen, Gunnar
Andresen, Dieter
Bruhn, Alfred
Eichler, Martin
Gruhn, Klaus
Hartmann, Gert
Heinze, Egbert
Hertzberg, Andreas
Hoppe, Eckart
Horbatschewsky, Fred von
Kähler, Hans Hermann
Kamper, Manfred
Keil, Siegfried
Klein, Gotthold
Knuth, Peter
Krause, Egbert
Lehmann, Helmer-Christoph
Möller, Hermann
Pörksen, Jens-Hinrich
Rehder, Martin
Runge, Horst
Scharbau, Friedrich-Otto
Schulze, Günter
Seredszus, Erhard
Stümke, Werner
Thiel, Bodo
Wibrow, Edgar

Winter-Semester 1962/63
Adolphsen, Gunnar
Arndt, Dankwart
Bruhn, Alfred
Busse, Heinrich
Dahl, Nils
Ehmsen, Jürgen
Hartmann, Gert
Hertzberg, Andreas
Hesse, Gottfried Christopher
Illert, Dieter
Kalms, Ulrich
Kamper, Manfred
Knuth, Peter
Krause, Egbert
Krieg, Ulrich
Kuhn, Johann
Lehmann, Helmer
Luthard, Hans-Helmut
Möller, Hermann
Mondry, Rudi
Ott, Siegfried
Peemöller, Ulrich
Scharbau, Friedrich-Otto
Stümke, Werner

Sommer-Semester 1963
Benthien, Jürgen
Busse, Heinrich
Dosch, Gerhard
Ehlers, Eyke
Ehmsen, Jürgen
Geldschläger, Dieter
Hesse, Gottfried
Kalms, Ulrich
Kietzell, Hans Dieter von
Knaak, Jürgen
Krieg, Ulrich
Kruse, Siegfried
Küchenmeister, Manfred
Kuhn, Johann
Lenz, Karl-Ludwig
Lincke, Klaus

Mack, Ulrich
Manzke, Friedrich-Wilhelm
Möller, Carl-Heinz
Obst, Gerhard
Peemöller, Ulrich
Pustowka, Martin
Schröder, Hans-Dietrich
Sohrt, Karsten
Süchting, Werner

Winter-Semester 1963/64
Benthien, Jürgen
Böhnisch, Wilfried
Diekow, Jürgen
Ehlers, Eyke,
Findeisen, Robert
Geisel, Dieter
Gillert, Bernd
Kietzell, Hans-Dieter von
Knaak, Jürgen
Küchenmeister, Manfred
Laube, Klaus Jürgen
Lehrbaß, Karl Heinrich
Lenz, Karl Ludwig
Lincke, Klaus
Lütjohann, Uwe
Manzke, Friedrich-Wilhelm
Möller, Carl-Heinz
Obst, Gerhard
Pustowka, Martin
Schröder, Hans-Dietrich
Sohrt, Karsten
Stümke, Jürgen
Willert, Friedrich

Sommer-Semester 1964
Böhnisch, Wilfried
Diekow, Jürgen
Findeisen, Robert
Geisel, Dieter
Gillert, Bernd
Henschen, Gerd
Karez, Gerd

Krug, Ingo
Laube, Klaus Jürgen
Lehrbaß, Karl Heinrich
Lütjohann, Uwe
Mahler, Georg
Mißfelder, Theo
Pfeifer, Ernst-Justus
Richter, Reinhard
Rohwedder, Ernst-Martin
Stümke, Jürgen
Voß, Eberhard
Willert, Friedrich
Winkler, Traugott

Winter-Semester 1964/65
Bruhn, Ehlert
Esch, Hans-Adolf
Gericke, Hartmut
Henschen, Gerd
Hohlfeld, Winfried
Holborn, Peter
Horn, Klaus-Jürgen
Karez, Gerd
Krug, Ingo
Mahler, Georg
Mißfelder, Theo
Ott, Johannes
Pfeifer, Ernst-Justus
Reetz, Reinhard
Richter, Reinhard
Rohwedder, Ernst-Martin
Voß, Eberhard
Winkler, Traugott
Wölfel, Dietrich
Wuttke, Hermann

Sommer-Semester 1965
Asmussen, Hans Christian
Hinz, Hans Joachim
Schroeder, Nils
Schulz, Günter
Wihstutz, Olaf
Tresse, Richard

Romberg, Paul Martin
Bruhn, Ehlert
Esch, Hans Adolf
Gericke, Hartmut
Hohlfeld, Winfried
Holborn, Peter
Horn, Klaus-Jürgen
Ott, Johannes
Reetz, Reinhard
Wölfel, Dietrich
Wuttke, Hermann-Adolf

Winter-Semester 1965/66
Böttcher, Klaus
Brandt, Siewert
Fiebig, Hans-Peter
Fricke, Klaus-Dietrich
Hartmann, Friedrich
Hube, Christian
Lange, Eckard
Lopau, Hans-Heinrich
Neubert, Hans-Jürgen
Nickelsen, Gerd
Nielsen, Hans-Martin
Powierski, Alfred
Quandt, Horst
Richter, Peter
Schurbohm, Erich

Sommer-Semester 1966
Böttcher, Klaus-Günther
Brandt, Siewert
Clasen. Burckhard
de Jager, Cornelis
Grabowski, Klaus
Hartmann, Friedrich
Hell, Christian
Hörcher, Jens-Hermann
Hube, Christian
Huhn, Edgar
Irgens, Günther
Neubert, Hans-Jürgen
Nielbock, Hartmut

Nielsen, Hans-Martin
Powierski, Alfred
Quandt, Horst
Schubert, Eike
Schümann, Bodo
Schurbohm, Erich
Spiesswinkel, Bruno
Weihmann, Lothar
Willborn, Rudolf

Winter-Semester 1966/67
Becker, Klaus
Bente, Hartmut
Braun, Eckhard
Burkhardt, Helmut
Christophersen, Jes
de Jager, Cornelis
Hansen, Ernst-Otto
Hoerschelmann, Werner
Huhn, Edgar
Kahl, Hartwig
Kehring, Helmut
Köhn, Ulrich
Kühl, Wolfgang
Lodemann, Hans Hermann
Lohse, Tim-Hermann
Nielbock, Hartmut
Schmidt, Gerhard
Schulz, Hans Eberhard
Schümann, Bodo
Spießwinkel, Bruno
Ullisch, Georg
Weide, Volkmar
Weihmann, Lothar

Sommer-Semester 1967
Adolphsen, Helge
Albrecht, Gerhard
Becker, Klaus
Bente, Hartmut
Bethge, Martin
Braun, Eckehard
Burckhard, Helmut

Christophersen, Jes
Eggert, Frank
Hansen, Ernst-Otto
Hesekiel, Walter
Hoerschelmann, Werner
Junge, Karl
Kahl, Hartwig
Kehring, Helmut
Kohl, Gert-Dietrich
Köhn, Ulrich
Kühl, Wolfgang
Lange, Eckhard
Lodemann, Hans-Hermann
Lohse, Timm-Hermann
Oberjat, Bodo
Plautz, Werner
Richter, Peter
Schleeh, Manfred
Schmidt, Gerhard
Schulz, Hans-Eberhard
Schümann, Bodo
Steinwarder, Werner
Ullisch, Georg
Weide, Volkmar

Winter-Semester 1967/68
Adolph, Norbert
Adolphsen, Helge
Bethge, Martin
Dahl, Frank
Eggert, Frank
Fiebig, Hans-Peter
Frommhagen, Ernst-Christoph
Gertz, Peter
Hitzer, Otto
Junge, Karl
Kohl, Gert-Dietrich
Lopau, Hans-Heinrich
Mittmann, Hubert
Nickelsen, Gerd
Oberjat, Bodo
Parge, Peter
Petters, Karl-Günther

Plautz, Werner
Ritter, Rolf
Rogmann, Willi
Rüppel, Erich
Schleeh, Manfred
Steenbuck, Karl-Wilhelm
Steinwarder, Werner
Taube, Dieter

Sommer-Semester 1968
Binge, Melf
Börner, Kai
Clasen, Burckhard
Dahl, Frank
Rüppel, Erich
Elliesen-Kliefoth, Helmut
Frommhagen, Ernst-Christoph
Gerke, Joachim
Gertz, Peter
Hansen, Sönke
Hell, Christian
Hitzer, Otto
Hollstein, Hans
Ketelhodt, Matthias, Freiherr von
Kurz, Adolf
Laudien, Bruno
Liepke, Hartmut
Merle, Klaus-Albrecht
Mittmann, Hubert
Parge, Peter
Petters, Karl-Günther
Ritter, Rolf
Rogmann, Willi
Schubert, Eike
Taube, Dieter

Winter-Semester 1968/69
Binge, Melf
Börner, Kai
Bosse, Klaus
Ehlers, Hans-Jürgen
Elliesen-Kliefoth, Helmut
Friedrich, Reinhard

Gerke, Joachim
Hansen, Sönke
Hector, Horst
Hildemann, Klaus
Hinz, Rudolf-Günther
Hollstein, Hans
Kurz, Adolf
Laudien, Bruno
Lessig, Eberhardt
Liepke, Hartmut
Lingenberg, Eckehard
Merle, Klaus-Albrecht
Meyer, Hans
Oelert, Rainer
Welsch, Friedrich
Wolter, Rudolf
Wree, Lorenz Peter
Ziegler, Jochen

Sommer-Semester 1969
Bosse, Klaus
Gorny, Helmut
Günther, Hans Joachim
Hector, Horst
Levin, Friedrich-Wilhelm
Lingenberg, Eckehard
Mahnke, Walter
Nägler, Dankfried
Perle, Joachim
Petersen, Hans-Peter
Schierstedt, Karl-Friedrich von
Schmidt, Gerd
Schneider, Raimund
Schneider, Martin
Schröder, Reinald
Sellin, Eberhard
Sieg, Rainer
Simon, Hans-Joachim
Timm, Jens
Ziegler, Jochen

Winter-Semester 1969/70
Barg, Klaus-Peter

Blöchle, Herbert
Bolscho, Ulrich
Bucholz, Egon
Gorny, Helmut
Gronau, Andreas
Hahn, Friedrich-Wilhelm
Hansen, Martin
Hausen, Volker
Hechenleitner, Eberhard
Knuth, Hans-Christian
Mahnke, Walter
Miether, Jörg
Möller, Elsbeth
Mordhorst, Kay
Nägler, Dankfried
Nickels, Peter
Niechziol, Udo
Ottemann, Hans-Joachim
Otto, Gernot
Pörksen, Sönke
Reier, Helmut
Schröder, Hauke
Schulz-Ankermann, Johannes
Schulze, Rainer
Sellin, Eberhard
Semmler, Gundolf
Steingräber, Joachim
Voss, Fritz
Wersig, Jens-Uwe
Wiese, Egon
Ziehm, Dorothee
Ziehm, Klaus

Sommer-Semester 1970
Barg, Klaus-Peter
Dohrn, Jürgen
Eichhorn, Bernd
Gollnik, Elisabeth
Heering, Jürgen
Mosch, Elke
Motschmann, Jens
Puschke, Martin
Puschmann, Wolfgang

Ranck, Karsten
Reimer, Kai-Burkhard
Röhrs, Helmut
Starke, Hans-Georg
Szepan, Wolf-Dietmar
Tillmann, Erhard
Zimmermann, Klaus
Voigt, Broder

Gruppe Kiel 1970/71
Barth, Peter
Breede, Holger
Eilers, Andreas
Hand, Helge
Hülsmann, Hartmut
Pfeifer, Johannes
Regel, Heinz
Schlicht, Frank
Schroedter, Walter
Wolf, Tilman

Gruppe Schleswig 1970/72
Bregas, Klaus
Harbeck, Jan-Detlef
Kammholz, Knut
Krüger, Helmut
Mahnke, Hermann
Reinhard, Wolfgang-Rüdiger
Schäfer, Hans-Ferdinand
Schäfer, Ingrid
Thun, Rainer
Ziegler, Gero

Gruppe Ahrensburg 1970/72
Bregas, Maria
Dietrich, Helmut
Eulenberger, Klaus
Feige, Michael
Halpaap, Monika
Hoffman, Christina
Homann, Ingrid
Horn, Armin
Jepsen, Peter

Kähler, Bernd
Klinge, Wolfgang
Kröger, Dirk
Rechel, Peter
Schierenberg, Heiko
Seehaber, Wolfgang
Teichert, Wolfgang
Thies, Joachim
Wierig, Karl-Heinrich
Wunneberg, Otto

Gruppe Pinneberg 1971/73
Herrmann, Christian-Ulrich
Kaehlcke, Karsten
Reinke, Wolfgang
Selke, Hartwig
Speck, Theodor
Vogt, Wolfgang
Weber, Traugott

Gruppe Kiel 1971/73
Andresen, Jens-Peter
Berg, Ove
Both, Ulrich
Brockmann-Schmidt, Elisabeth
Bucher, Markus
Harig, Günther
Heiland, Dorothea
Looft, Sabine
Mahnke, Ingrid
Puls, Kurt-Günter
Seyler, Manfred
Stark, Hans Joachim
Stengel, Ursula
Wunsch, Gernod

Gruppe Schleswig 1972/74
Gadow, Klaus-Olaf von
Kah, Erich
Nagel, Gernod
Siemens, Edzard
Vierck, Enno

Gruppe Ahrensburg 1972/74
Bartels, Michael
Benz, Gisela
Bösenberg-Moll, Gisela
Braungardt, Hein
Bülow, Hans von
Haberland, Uwe
Heinemeier, Gerriet
Hoffmann, Dietrich
Klatt, Hartmut
Leib, Hans-Helmut
Plaschke, Georg
Poleske, Horst
Tröber, Helmut
Zschau, Erich

Gruppe Pinneberg 1973/75
Bechmann, Friedhelm
Blaschke, Heinz-Jochen
Friedrichs, Hartmuth
Hagemaier, Martin
Herrmann, Johannes
Hertel, Matthias
Jackisch, Günther
Klein, Joachim
Kratzmann, Barbara
Krieger, Siegmund
Michaelsen, Bernd
Petersen, Lutz

Gruppe Kiel 1973/75
Bethge, Rüdiger
Godzik, Peter
Korthals, Achim
Mackensen, Knut
Pawelitzki, Reinhard
Schauer, Volker
Schorr, Willi
Schwedler, Edgar
Speck, Johannes Martin
Stengel, Wolfgang
Tegtmeyer, Joachim

Vetter, Hans-Jochen
Weimer, Martin

Gruppe Schleswig 1974/76
Friedel, Hartmut
Jordan, Reinhard
Kasch, Klaus
Krämer, Karl-Ulrich
Lehmann, Kurt
Ludwig, Hans-Joachim
Petersen, Friedrich-Wilhelm
Schlösser, Michael
Spießwinkel, Hans-Peter
Traulsen, Werner

Gruppe Ahrensburg 1974/76
Bertz, Hans-Joachim
Brinkmann, Friedhelm
Bröcker, Klaus
Dismer, Rolf
Ellerbrock, Jochen
Haeger, Hans-Joachim
Hagemann, Holger
Jantzen, Johann-Albrecht
Kruse, Peter
Kurzewitz, Siegfried
Lehmann, Klaus-Peter
Otremba, Günther
Seip, Otto Albert
Thomsen, Hans-Friedrich
Wiebe, Hans-Hermann

Gruppe Pinneberg 1975/77
Kruse, Peter Johannes
Liebich, Hartwig
Lies, Rudolf
Sujatta, Lieselotte
Wiechmann, Ursula
Wiechmann, Matthias

Gruppe Kiel 1975/77
Caßau, Hans-Georg
Drobnik, Kurt Robert

Eckert, Ursula
Ehlen, Christine
Fenten, Peter
Fettback, Ralf
König, Volker
Krech, Winfred
Nase, Eckart
Ringleben, Joachim
Stracke, Roland
Wirtz, Klaus-Dieter

Gruppe Schleswig 1976/78
Gebert, Angelika
Gilde, Rüdiger
Heiden, Volker
Köppen, Gotthard
Lehmann, Jens
Liedtke, Harry
Schmidt, Walter
Wingert, Dieter
Zamel, Martin

Gruppe Ahrensburg 1976/78
Dabelstein, Rolf
Eckert, Dieter
Huppenbauer, Christoph
Johannsen, Klaus
Kock, Lorenz
Leiner, Erhard
Miller, Merve
Neiß, Helmut
Ramm, Hans-Joachim
Thobaben, Petra
Triebel, Kurt
Waldow, Hans-Werner
Weskott, Harald

Gruppe Kiel 1977/79
Bagdahn, Volker
Dopheide, Erika
Göldner, Ortwin
Grund-Unger, Annegret
Grimm, Eckhard

Haarmann, Hans-Peter
Kuchenbecker, Dieter
Schleiff, Thomas
Schmudde, Gisela
Schrader, Harald
Schwinge, Monika
Stegmann, Christoph
Stubbe, Ellen
Wälzholz, Eckart
Zimmermann-Stock, Heinz

Gruppe Pinneberg 1977/78
Berg, Gunnar
Krüger, Bodo
Meyer, Harry
Probst, Jürgen
Roos, Otfried
Schultz, Ulrich
Warnke, Erhard
Widulle, Ellen
Wiebicke, Bärbel

Gruppe Ahrensburg 1978/80
Bellmann, Heinrich
Engel, Justus
Falk, Jens Christian
Frank, Rainer
Gärtner, Uwe
Hotze, Hubertus
Nohr, Andreas
Seeliger, Elke
Seeliger, Friedrich
Irmer, Wolfgang
Kratzmann, Gesa
Lembke, Ingo
Rutkowski, Frank
Schmidt, Hartmut
Schmoll, Heiner
Speck, Wolfgang
Stäcker, Käthe
Stein, Dietrich
Störmer, Christoph
Wagner, Ulrike

Gruppe Schleswig 1978/80
Fritsche, Berthold
Maly, Volker
Martens, Wulf
Wilckens, Norbert

Gruppe Hamburg-West 1979/81
Baron, Rudolf
Braune, Christian
Diez, Ralf
Feigel, Uwe
Gehlhaar, Martina
Langbein, Ekkehard
Mester, Gisela
Miller, Merve
Neumann, Bernd
Nietschke, Franz-Wilhelm
Paul, Michael
Quast, Hartmut
Rausch, Wolf Werner
Rehse, Hans-Uwe
Schlender, Rudof
Höcherl, Johannes
Voigt, Wolfgang
Wolter, Uta

Gruppe Kiel 1979/81
Einfeld, Rüdiger
Grotjahn, Jens-Olaf
Halver, Astrid
Halver, Henning
Hanssen, Olaf
Heine, Angela
Jensen, Jens-Otto
Jensen, Michael
Jessen, Horst
Juretzka, Rüdiger
Mattern, Michael
Möbius, Stefan
Neumann, Matthias
Schmidt, Albrecht
Taubner, Gisela
Ulrich, Gerhard

Voigt, Gabriele
Zengel, Jörg
Zühlke, Matthias

Gruppe Ahrensburg/Lübeck '80/82
Arp, Gisela
Hofmann, Bernd
Kleist, Ekkehard von
Krech, Ingrid
Sprung, Dietmar
Vering, Jens
Vogel, Thomas
Westphal, Maike
Erler, Andreas
Fohl, Sabine
Fridetzky, Jürgen
Kretzmann, Thomas
Külls, Ekhard
Mahn, Birgit
Marwege, Günter
Pjede, Wolfgang
Scheer, Dorothea
Ubbelohde, Hanna
Watzlawik, Michael
Wisch, Jürgen

Teilgruppe HP Quest
Gause, Detlev
Gelder, Katrin
Gleßmer, Uwe
Hardt, Winfried
Kayser, Petra
Lemke, Gemma
Pikora, Reinhard
Reimers, Stephan
Schubert, Hartwig von
Wienicke, Harald

Gruppe Schleswig 1980/82
Bartels, Dieter
Bretschneider, Volkmar
Baumgarten, Margit
Bubert, Martina

Buhl, Hans-Jürgen
Dallmeyer, Joachim
Fincke, Rainer
Gießler, Gudrun
Gorsolke, Joachim
Kah, Paul
Kaljurand, Jan
Möller, Theodor
Pawlas, Andreas
Schönle, Volker
Spiegelberg, Heike
Spieckermann, Holger
Steffen, Michael
Wasserberg, Günter
Zöpf, Michael

Gruppe Hamburg-West 1981/83
Baron, Hans-Georg
Borck, Sebastian
Bormann, Matthias
Bues, Heinrich
Edelmann, Friedrich-Helmut
Fecht, Hans-Ulrich von der
Gerhard, Georg
Handler, Hermann
te Heesen, Hans-Dietrich
Hinnrichs, Heike
Hoffmann, Rüdiger
Kannenberg, Karlfried
Kirst, Helmut
Lenz, Johanna
Lindenlaub, Susanne
Reichmann, Anne
Tauscher, Detlef
Vogelmann, Wolfgang
Woldag, Ada

Teilgruppe HP Mohaupt
Bornemann, Christoph
Conradi, Claus
Gorski, Horst
Heimer, Karl
Miller, Michael

Moser, Felix
Scharrer, Friederike
Weschollek, Thomas
Reimers, Stephan

Gruppe Kiel 1981/83
Biallas, Hans-Christian
Claußen, Sönke
Gänßler-Rehse, Ruth
Hagge, Volker
Kramer, Otto-Uwe
Krause, Regina
Lemke, Adolf
Loose-Stolten, Christa
Manthey, Klaus-Dieter
Meyenburg, Harald
Neubert, Redlef
Pudimat-Rahlf, Fritz
Rosenthal, Angela
Stüven, Andrea
Szelinski-Döring, Michael
Tank, Astrid
Wagner-Heidenreich, Friedrich
Weiß, Andreas
Wichmann, Regina

Gruppe Ahrensburg/Lübeck '82/84
Barkowski, Martin
Bruns, Hans-Martin
Kohl, Margarethe
Mell, Ulrich
Modrow, Renate
Schlenzka, Matthias
Schumacher, Karsten
Seemann, Rolf-Dieter
Storm, Hans-Martin
Timm, Dieter
Wüstemann, Cornelia

Gruppe Schleswig 1982/84
Aschoff, Birgit
Bartels, Walter
Brodthage, Gerlinde

Durst, Stefan
Ehlen, Hanns-Johann
Friemuth, Claus-Michael
Gesewski, Hans-Dieter
Hoffmann, Reinhard
Ihrens, Rainer
Kernich, Susanne
Köchling, Christel
Lindemann, Ulrike
Möller, Telse
Oppermann, Ralf
Schacht, Hans-Heinrich
Uecker, Christian
Vesper, Margit
Waack, Regina
Wolfschütz, Stefan

Teilgruppe HP Stolt
Böschemeyer, Gisela
Chrobog, Dietmar
Dierks, Norbert
Jacke, Gabriela
Kleinhempel, Benedikt
Mühlenberend, Ursula
Seidel, Bettina von
Weißmann, Holger

Gruppe Hamburg-West 1983/85
Bartholomae, Gesa
Decker, Michael
Delfs, Jakob
Dietrich, Eckhart
Deter, Thomas
Fröling, Reiner
Heber, Karl-Heinz
Hellmann, Uwe
Kilian, Hans
Knigge, Vivian
Krumm, John-Carsten
Lehmig, Jutta
Mundhenk, Ronald
Oldemeier, Christine
Peek, Stephan

Schiller, Ulrich
Wendt, Fritz

Gruppe Kiel 1983/85
Agahd-Bubmann, Margarete
Busse, Ute
Dahl, Christian
Döring, Gundula
Effland, Kirsten
Engel-Runge, Kerstin
Fiehland, Astrid
Früchtnicht, Susanne
Grunwald, Klaus
Hesse, Günter
Knutz, Marion
Laubvogel, Matthias
Lemke, Klaus-Michael
Müller-Bader, Ekkehard
Sauerberg, Carsten
Seidler, Bernd
Seiler, Bettina
Schlüter, Bernd
Schmidt, Vigo
Timmermann, Hendrikje
Timmermann, Roland
Wegner, Annegret

Teilgruppe HP Quest
Abarbanell, Stephan
Beckershaus, Thomas
Burmester, Jasper
Köppen, Ute
Kraack, Kay
Merker, Hans-Joachim
Rahlmeier, Rainer
Zimmermann, Volker

Gruppe Ahrensburg/Lübeck '84/86
Berndt, Anke
Berndt, Eckhard
Bohl, Matthias
Boye, Karin
Boysen, Dörte

Boysen, Willy
Hirsch, Thomas
Jaacks, Hans-Christian
Kehring-Ibold, Margit
Laeske, Andrea
Magaard, Gothart
Mallek, Joachim
Manhold, André
Reimer, Torsten
Runge, Wolfgang
Schröder, Thomas-Christian
Schultner, Martin
Thomas, Günter
Viertel, Matthias
Weiss, Roland
Wienigk, Harry

Teilgruppe HP Dr. Hoerschelmann
Hübbe, Hilma
Storm, Corinna
Weißflog, Stefan
Weißmann, Angelika

Gruppe Schleswig/Eckernförde '84/86
Beese, Tom
Behrens, Ingo
Cahnblei, Jens
Daum, Susanne
Falke, Jörn
Grabbert, Christian
Hanno, Rainer
Heik, Thomas
John, Werner
Kreutz, Rüdiger
Müller, Reinhard
Nolte, Thomas
Nüchter, Ingo
Rathjen, Jens
Röhlk, Thomas
Schmidt, Jörg-Michael
Stahnke, Frithjof
Tams, Gernot
Thiessen, Erik

Voß, Kirsten
Weigt, Andrea
Weiß, Jutta

Teilgruppe HP Dr. Mohaupt
Blaffert, Dorothea
Calliebe-Winter, Johannes
Kolbe, Reimer
Krüger, Marie-Luise
Pieper, Wolfgang
Rahe, Anne
Rüder, Christel
Taube, Roselies

Gruppe Hamburg-West 1985/87
Berg, Carsten
Bruhn, Lutz
Diskowski, Klaus
Eitzen, Marina
Green, Friedemann
Greve, Harald
Heinrich, Uwe
Hildebrand, Georg
Hirt, Hannelore
Jessen-Thiesen, Jürgen
Kempermann, Johan
Kaiser, Manfred
Karstens, Christoph
Knees, Willfried
Krüger, Ingmar
Möller-Herr, Michael
Otto-Kemermann, Susanne
Plümer, Hans-Christoph
Schöttler, Ute
Schuh, Iris
Teckenburg, Harro

Gruppe Kiel/Plön 1985/87
Buer, Michael
Ebeling, Renate
Feddersen, Bettina
Franzen, Hans-Henning
George, Ulrich

Hagge, Uwe
Hasselmann, Anke
Jungnickel, Rainer
Kaiser, Matthias
Krumbeck, Martin
Paul, Christian
Pfeifer, Anke
Pfeifer, Christoph
Pieper, Friedhelm
Pieper, Susanne
Schade, Manfred
Schmidt-Langholz, Heilburg
Severin-Kaiser, Martina
Tetzlaf-Prusch, Christel
Ullrich, Sönke
Wilde, Manfred
Wingert, Jan

Gruppe Ahrensburg/Lübeck '86/88
Barz, Peter
Burmeister, Babette
Clausen, Peter
Fabian, Ingrid
Faehling, Erich
Friedrich, Burkhard
Göbel, Thomas
Haak, Helgo
Hansen, Maike
Höppner, Volker
Janus, Ehrhard
Kolwe, Bettina
Kröger, Christian
Masch, Joachim
Münster, Hannelore
Patz, Rainer
Paulekun, Hans Martin
Plüschau, Frauke
Reinhard, Christian
Rothe, Christoph
Schweda, Torsten
Sonnenberg, Andreas

Gruppe Schleswig 1986/88
Bornholdt, Johannes
Dahl, Ernst Martin
Fischer, Martin
Friedrichsen, Dorothee
Gallien, Rita
Gradert, Ulrich
Greßmann, Ralf
Heesch, Erland
Heyde, Maren von der
Jeß, Dirk
Lehming, Hanna
Lotichius, Frank
Lutz, Rüdiger
Rähse, Michael
Rehder, Jutta
Riebl, Andreas
Scheel, Roland
Schläger, Klaus
Schmidt, Angelika
Seiß, Gerson
Wallmann, Elisabeth
Winter, Karsten

Gruppe Hamburg-West 1987/89
Appel, Ralph-Martin
Berg, Dagmar
Brandi-Hinrichs, Friedrich
Breuer, Hans-Günter
Clüver, Wolf
Dittmann, Anke
Drews, Eckhart
Driesnack, Jochen
Gerber, Hans-Christian
Herrmann, Jörg
Juhl, Renate
Kapust, Anja
Kißling, Klaudia
Kohring-Drews, Reinhild
Krüger, Wolfgang
Martin, Rolf
Posner, Dagmar
Schacht, Jürgen

Tretow, Christoph
Urbach-Waltsgott, Idalena
Waack, Friederike

Gruppe Kiel 1987/89
Bassi, Hasko von
Biehl, Michael
Eissing, Christian
Fleischbein, Theo von
Jäger, Bernd
Kiene, Henning
Kinder, Ulrike
Koop, Henry
Landa, Barbara
Lauer, Marion
Neddermeyer, Dorothea
Pentzien, Holger
Popp, Kerstin
Rattay, Marlies
Schwan, Wolfgang
Simonsen, Horst
Thies, Stefanie
Wallmann, Eckhard
Weiß, Hartmut Dr.
Willkomm, Helmut
Wulf, Rosemarie
Ziegler, Tilman

Gruppe Ahrensburg/Lübeck '88/90
Baar-Thalmann, Astrid
Berger, Bernd
Bothe, Gerhard
Brötzmann, Ulrike
Grulke, Eckard
Heitmann, Matthias
Johannson, Birgit
Kiesbye, Christian
Kruckis, Bettina
Markert, Elke
Melzer, Karl-Heinrich
Penning, Gunnar
Pentzien, Holger
Petersen, Andreas-Michael

Puckelwald, Frank
Reinholtz, Bernd
Reinsberg, Thomas
Rose, Michael
Struve, Klaus
Wandtke-Grohmann, Andreas
Weißbach, Jörg-Michael
Wolf-Tretow, Margit
Zingel, Susanne

Gruppe Schleswig 1988/90
Carlson, Bertolt
Fabricius, Samone
Fahrenholtz, Elisabeth
Fehrs, Karsten
Gruenagel, Annette
Hoefflin, Eva
Holtrup, Sven
Johnsen, Christian
Kell, Heidi
Köhnke, Hergen
Kramer, Stefan
Liß, Joachim
Müller-Busse, Jochen
Ohm, Friederike
Prieß, Dieter
Sandig, Annette
Schlotfeldt, Henning
Sölter, Hartmut
Volkelt, Lothar
Wernecke, Kirsten
Wippermann, Jürgen
Worm, Thorsten

Gruppe Hamburg-West 1989/91
Babiel, Michael
Bemmé, Stefan
Billerbeck, Hanno
Ehlert, Florian-Sebastian
Jungnickel, Jutta
Kiehn, Matthias
Koertge, Ulrike
Krause, Otmar

Lienau-Becker, Thomas
Lohse, Bernd
Lungfiel, Gottfried
Melzer, Margitta
Prahl, Volker
Rogall, Wiebke
Ruppert, Karlheinz
Schöneberg-Bohl, Barbara
Schülert, Margit-Marie
Storck, Steffen
Schulze, Amei
Touché, Christoph
Wehde, Klaus-Peter
Wilhelm-Kirst, Petra

Gruppe Kiel 1989/91
Baden-Rühlmann, Karsten
Boten, Wolfgang
Christensen, Jan
Fenske, Jörg
Gerber, Helmut
Hamami, Anas
Hartmann, Susanne
Heesch, Matthias
Huchzermeier-Bock, Susanne
Jatzow, Kirsten
Jessen, Thorsten
Klatt, Martin
Landa, Volker
Miether, Wolfgang
Möller, Jörn
Poehls, Klaus-Georg
Rasmussen, Jörg
Schulz, Marlies
Sievers, Christian
Simowski, Andrea
Soltau, Bernd
Tamminga-Boyke, Heike

Gruppe Ahrensburg/Lübeck '90/92
Baltrock, Thomas
Bilitewski-Heinrich, Jutta
Böhrk, Marion

Denecke, Jörg Stefan
Dircks, Reinhard
Dreessen, Detlef
Dülge, Otto-Michael
Ebert, Olaf
Einfeldt, Ronald
Fischer, Elisabeth
Groh, Elsbeth
Günther, Walter
Heusinger, Mechthild von
Jastrow, Michael
Lehmann-Fahrenkrug, Susanne
Mahler, Andreas
Meister-Karanikas, Ralf
Rausch, Egmont
Schäfer, Gertud
Thieme, Stephan
Wessel, Thorsten
Wöhlbrand, Inken
Zimmermann, Jörg

Gruppe Schleswig 1990/92
Baden-Rühlmann, Karsten
Brand, Ulrike
Decke, Carolyn
Feldmann, Thies
Findeisen, Arne
Franke, Rainer
Goßmann, Hans-Christoph
Hansen, Jens
Hartmann, Elisabeth
Kanehls, Peter
Karstens, Rainer
Kieb, Torsten
Lange, Wolfgang
Maase, Constanze
Manzke, Maren
Müller-Busse, Luise
Nagel, Christine
Ramm-Böhme, Sabine
Schäfer, Anke
Schwichtenberg, Regine
Selbmann, Jutta

Stollenwerk, Annemarie
Voß, Jens

Gruppe Hamburg-West 1991/93
Brunke, Rolf
Engelkes, Maike
Fallbrüg, Renate
Fock, Christopher
Gauer, Christian
Heinecke, Friederike
Howaldt, Frank
Jacobs, Helgo
Jürgensen, Jens-Uwe
Kaiser, Susanne
Kiersch, Burkhard
Krüger, Ulrich
Lammer, Kerstin
Memming, Uta
Sierts, Margit
Schwarke, Christian
Stabenow, Oliver
Tappert, Heide
Tharun, Thomas
Treuenfels, Lucia von
Wedemeyer, Heiner
Wegenhorst, Andreas

Gruppe Kiel 1991/93
Bauer, Uwe
Bitta-Schäfer, Martin
Born, Katharina
Doege-Baden-Rühlmann, Angelika
Fabian, Ingrid
Fenske, Petra
Funck, Sönke
Grube, Peter
De Haan, Denise
Jensen, Okke
Johannigmann, Bert
Lau, Susanne
Lemke, Thomas
Menke, Frank
Naß, Heiko

Paulsen, Sabine
Peemöller-Schulz, Anke
Peter, Hajo
Rose, Thorsten
Windhorn-Stolte, Maike
Witt, Almut

Gruppe Ahrensburg/Lübeck '92/94
Albrecht, Christian
Boysen, Frank
Ehm, Systa
Ellendorff, Michael
Gätcke, Jane
Globig, Christine
Holst, Regina
Hose, Jochen
Hose, Katja
Kaufmann, Ulrich
Kilian, Maren
Krauskopf, Anke
Lux, Andreas
Markwardt-Mahler, Birgit
Penner, Anett
Ritzel, Anne
Rössler, Martin
Salzmann, Sven
Schark, Diethelm
Stuck, Hans-Joachim
Träger, Andreas
Weber, Ulrich

Gruppe Schleswig 1992/94
Bohne, Inga
Butt, Christian
de Jager, Jörn
Ehlers, Hans-Heinrich
Erichsen, Jens-Peter
Fanslau, Dirk
Fröhlich, Brigitte
Harms-Heynen, Volker
Liebers, Reinhold
Maase, Ekkehard
Mahler, Niels-Peter

Peter, Carmen
Ramm, Jens-Uwe
Sattler, Kirstin
Schuchardt, Peter
Sobott, Dirk
Stolte-Edel, Anke
Struck, Karsten
Ulrich, Martina
Voß, Tim
Winter, Christian Anders
Wünsche, Matthias

Gruppe Hamburg-West 1993/95
Ackermann, Dirck Robert
Baldenius, Andreas
Brand, Ulrike
Brandt, Sabine
Brehms, Michael
Christiansen, Nils
Dietz-Marquard, Ingeborg
Franke, Michael
Grimme, Mathias
Kalkowski-Sierts, Andreas
Lenz, Matthias
Medina, Margaritha
Michaelis, Hans Gottfried
Möller-Barbek, Kirsten
Pfeiffer, Carsten
Schmidtpott, Susanne
Schott, Craig
Schweikle, Bettina
Stolt, Ilsabe
Thieme-Kschamer, Joachim
Wendt, Vivian
Wichern-Einfeldt, Maren

Gruppe Kiel 1993/95
Andresen, Eike
Brüning, Claudia
Bruweleit, Claudia
Carls, Peter Rainer
Gerundt, Arne
Gottschalk, Frank

Haese, Bernd-Michael
Hapke, Raimund
Heyde, Eberhard von der
Hieber, Matthias
Höcker, Bertold
Janssen, Bernd-Holger
Krause, Thorsten
Lau, Wolfgang
Laudan, Margret
Levsen, Thomas
Mohr, Heike
Müller, Birke
Nikolaides, Eike
Schaack, Kerstin
Schiewek, Werner
Schildt, Susanne
Schnoor, Frank

Gruppe Ahrensburg/Lübeck '94/96
Bostelmann, Susanne
Bugdahn, Kai-Johannes
Corves, Matthias
Gottsmann, Maren
Gustmann, Sigrid
Gutjahr, Britta
Haasler, Martin
Kranefuß, Björn
Lemke, Lars
Lempelius, Arnd
Löffelmacher, Maren
Lüdtke, Andreas W.
Matzat, Thorsten
Mayer, Gabriele
Meers, Wiebke
Rix, Jürgen
Schulz, Andreas
Schulz, Ekkehard
Stribrny, Luise
Uter, Stefan
Weiß, Knud
Wahnung. Hartmut
Wittfoht, Karsten

Gruppe Schlewig 1994/96
Andresen, Ute
Asmussen, Erik
Birkner, Daniel
Brämer, Christine
Emersleben, Karin
Ernst, Torsten
Finnern, Iris
Frost, Sönke
Halley, Ole
Homrighausen, Dirk
Hunzinger, Christa
Jochims, Dietlind
Kleine, Friedrich
Maleska, Dirk
Meyerding, Sylvia
Nitz, Regina
Röhlk, Bettina
Schlotfeldt, Maren
Schreiber, Iris
Sender, Bettina
Spethmann, Torsten
Vagt, Anke

Gruppe Hamburg-West 1995/97
Bendrath, Christian
Boldt, Rebecca
Dörfel, Donata
Engelbrecht, Frank
Geiser, Stefan
Grabarske-Kurzweg, Michael
Gressert, Tatjana
Grey, Barbara
Gruebner, Birgit
Kress, Jörn
Müller, Bernd
Neitzel, Götz-Volkmar
Palm, Martina
Raap, Christian
Spirgatis, Sabine
Wierk, Silke

Gruppe Kiel 1995/97
Baus, Susanne
Crystall, Andreas
Deutschmann, Stefan
Hansen, Silke Nicoline
Hansmann, Birte
Heisig, Torsten
Hoerschelmann, Martin
Jessen, Anja
Liepolt, Simone
Nehmzow-Lenz, Nicola
Paschmann-Melzer, Regine
Schaack, Thomas
Schoeler, Kord
Schubring, Susanne
Stauffert, Jürgen
Zeidler, Robert

Gruppe Ahrensburg/Lübeck '96/98
Dau-Schmidt, Jörn-Detlef
Diederichs, Christian
Ehlert, Ute
Gerber, Simon
Götz, Ekkehard
Hannemann, Johanne
Hummel, Magdalene
Johannsen, Thomas
Klinge, Christiane
Limberg, Jens
Möller-Ehmke, Jörg
Nestorius, Marianna
Peine, Andreas
Ralf, Frank
Reimann, Lars
Schwarze, Bernd
Wittig, Kathrin
Wrohn, Peter

Pfarrvikare 1970-80

1969/70 Buchholz, Egon
Ehlers, Eckhard
Hechenleitner, Eberhard
Junger, Manfred
Krutscher, Werner
Manzke, Dietrich
Miether, Jörg
Munz, Siegfried
Potten, Jürgen
Schulz-Ankermann, Johannes
Steingräber, Joachim
Twisselmann, Hans-Jürgen
Wahnung, Hans

1971/73 Heldmann, Siegfried
Hellmanzik, Hans-Peter
Kruse, Christine
Willnat, Eva

1972/74 Homfeld, Helmut
Kosbab, Klaus
Rieper, Hilde

1973/75 Dettmers, Dettmar
Hoffmann, Wolfdietrich
Janus, Hermann
Neumann, Horst
Wrede, Peter

1974/76 Buchholz, Werner
Fischer, Gerd
Frank, Claus
Gierke, Gerd
Großmann, Hanne-Lore
Wehrmann, Niels

1975/77 Gröwe, Karl-Heinz
Krämer, Fritz
Ludzuweit, Norbert
Meyn, Gottfried
Müller-Krumwiede, Gerhard
Naterski, Rudi
Siebert, Erich